U0930974

宁波市传媒及创意文化产业基地成果

文 化 创 意 与 传 播 丛 书

区域媒体竞争力：
实证、范式、差异化

COMPETITIVENESS OF THE REGIONAL MEDIA: PRACTICE, PARADIGM, DIFFERENTIATION

◉ 刘建民 著

ZHEJIANG UNIVERSITY PRESS
浙江大学出版社

图书在版编目（CIP）数据

区域媒体竞争力：实证、范式、差异化／刘建民著
．—杭州：浙江大学出版社，2010.8

ISBN 978-7-308-07714-9

Ⅰ.①区… Ⅱ.①刘… Ⅲ.①媒体—市场竞争—研究
Ⅳ.①G206.2

中国版本图书馆 CIP 数据核字（2010）第 116117 号

区域媒体竞争力：实证、范式、差异化

刘建民　著

丛书策划　朱　玲
责任编辑　朱　玲
封面设计　俞亚彤
出版发行　浙江大学出版社
（杭州市天目山路 148 号　邮政编码 310007）
（网址：http://www.zjupress.com）
排　　版　杭州中大图文设计有限公司
印　　刷　杭州日报报业集团盛元印务有限公司
开　　本　710mm×1000mm　1/16
印　　张　23.5
字　　数　420 千
版 印 次　2010 年 8 月第 1 版　2010 年 8 月第 1 次印刷
书　　号　ISBN 978-7-308-07714-9
定　　价　48.00 元

浙江大学出版社发行部邮购电话　(0571)88925591

序

许为民*

经过30年的改革开放，中国的经济建设取得了举世瞩目的辉煌成就，但是，以高投入、高消耗、高排放、低效率为特点的经济增长方式，也带来了资源浪费严重、生态环境恶化等一系列问题。宁波地处东南沿海，在改革开放的进程中一直走在前沿，社会经济发展很快，城市综合竞争力连续三年跻身全国十强。但是，宁波的进一步发展，同样面临着资源与环境的制约。在新的形势下，党的十七大明确提出要“转变经济发展方式”，并把它作为“关系国民经济全局紧迫而重大的战略任务”。在这样的背景下，发展文化创意产业，具有十分重要的现实意义。

20世纪末，随着西方发达国家经济发展模式从重型产业向轻型产业的转型，“文化创意产业”越来越受到重视。1998年出台的《英国创意产业路径文件》中明确提出了“创意产业”的概念，并将其界定为“源自个人的创造力、技能和天分，通过知识产权的开发和运用，具有创造财富和就业潜力的行业”。这是世界上第一个把发展创意产业确定为国家政策的政府。此后，在世界范围内兴起了发展文化创意产业的热潮。

创意产业是一个新型的产业群，按照英国的划分，创意产业至少包括广告、建筑艺术、手工艺品、时尚设计、电影与音像、互动休闲软件、音乐、表演艺术、出版业、软件、计算机服务、电视和广播等13个领域。不过，美国则把版权作为核心内容。尽管文化创意产业在不同的国家有不同的理解，但其基本特征是明确的，即强调个人创造性、注重文化内涵、重视知识产权、强调创造财富、为社会提供就业机会。

作为一个新型的产业群，创意产业已经引起我国的高度重视，尤其是北京、上海等一些国际化程度较高的大都市，正依托城市文化的底蕴、人才的优势、现代高新技术和金融业的发展，来推进创意产业的成长。以创意产业为支柱建设

---

* 许为民：教授，博士生导师，浙江大学宁波理工学院党委书记。

创新型城市,已经成为城市管理者、决策者、学界、业界广泛讨论的议题。

浙江大学宁波理工学院是由宁波市人民政府投资、浙江大学负责办学与管理的一所本科高校,创办于2001年。学校虽名为"理工学院",但无论从专业设置、师资力量,还是从在校学生数量来说,人文社科类都占了一半。学院自创立之日起,就坚持立足宁波、服务宁波的方针,通过各种方式为宁波经济社会的发展作出自己的贡献。2006年,宁波市社科联批准设立"宁波市传媒及文化产业研究基地浙大宁波理工学院点",希望通过跨学科的综合研究,推进传统文化产业(包括新闻出版业和广播电视业)的现代化,培育新兴的创意文化产业,探索文化体制改革的"宁波模式",最终使宁波成为长三角南翼传媒及文化产业研究的学术高地。

根据我院的学科专业特点,我们研究基地的主要研究领域涉及新闻出版业研究、广播电视研究、创意产业研究、文化体制改革研究、知识产权保护研究等。除浙江大学宁波理工学院的教师外,宁波大学、浙江万里学院、宁波广播电视大学等高校的教师也积极参加相关学术活动,并且承担了有关研究课题。这样,以这个研究基地为平台,我们整合了宁波市若干高校的研究力量,形成了一支比较稳定的研究队伍。他们从不同的角度对宁波市的传媒及文化产业进行了研究,除了发表学术论文外,最终成果则汇集在这套"文化创意与传播从书"中。

文化创意产业虽然出现的时间不长,但发展速度很快,而学术界对它的研究则显得不足。本丛书尽管是我们这个基地近年研究成果的展示,但肯定也会存在诸多的不足和问题。我们热诚欢迎各种批评意见,以期一起推进这项新兴的研究。

本丛书在出版过程中,得到了宁波市社会科学联合会谢永康主席、许勤彪副主席的精心指导和大力支持,得到了各位作者和研究人员的积极配合,得到了浙江大学出版社朱玲编辑等的热心帮助,在此一并表示衷心的感谢。

目　录

卷二　差异化与竞争力

引言:一座城市和它的报纸

报纸是一个城市的面孔。

目前全世界大约有超过50%的人口居住在城市。城市成为社会的主体,成为人们主要的工作场所、居住场所和活动场所。

随着市场经济体制的发展,我国城市化进程也逐步加快。这种变化也正深刻地影响着中国报业。都市类报纸的崛起也深刻印证了中国经济、政治和社会转型期的蓬勃生机。

有人说目前是中国报业的"盛世",同时也有人提出城市报纸是过剩还是不足的疑惑。

从20世纪90年代以来,中国许多大城市相继爆发了报业大战,对报刊市场的争夺差不多成了各家报社的重头任务。特别是同城报纸间竞争尤其惨烈:竞相改版、扩版进行内容战,同时还有贴身肉搏的广告战、发行战等不一而足。

报业大战的惨烈现象促使我们思考:中国报纸数量是不是过剩了?在2007年全国都市报研讨会上,《北京晨报》提交了一份有关北京报业市场的材料:"统计表明,目前至少有200家以上的报纸在'分割'和抢占北京报业市场,这个数字比素有报业大战密不透风之称的香港还要高出3倍之多。"

而同时,中国报纸数量还显不足。"我国的每千人拥有日报数尚未达到发展中国家的平均水平,仅为世界平均水平的一半稍多一些,离发达国家的平均水平至少还有3/4的距离。"[1]"中国作为世界第一人口大国,大报发行量最高的也不过两三百万,而且超过百万的仅仅有四五种。而人口比中国少得多的日本,其大报日发行量也有上千万份,这至少可以从理论上说明,中国的报刊在发行市场上存在着10倍以上的潜在空间。"[2]

2008年,全国共出版报纸1943种,平均期印数21154.79万份,总印数442.92亿份,总印张1930.55亿印张,定价总金额317.96亿元。全国性报纸平

[1] 朱宜学.统筹规划、均衡发展.中国报业,2002(2).

[2] 曹鹏.我国内地报业市场形势和经济前景初探.中华新闻报,2001-01-20.

均期印数为 2944.79 万份,与上年相比下降 4.27%;省级报纸与上年相比种数增长 1.23%,平均期印数增长 10.81%,总印数增长 3.02%;地市级报纸与上年相比种数下降 0.57%,平均期印数下降 9.75%,总印数下降 2.19%。[1]

全国性报纸的发行已经连续多年持续下跌,2008 年更是呈现了加速萎缩的态势。如今,中国报业市场的一个明显趋势是,都市报比较发达,而地市级报纸受到来自省会都市报"攻城略地"的威胁,日子不再好过,这在全国已是普遍现象。

深入研究中国报纸过剩还是不足的二律背反,可以得出结论:中国报纸从数量到类型只是一种相对过剩和结构性过剩。总量不足、局部过剩和结构单一是目前我国报业发展的主要特点。

一方面,我国的报业日益繁荣;而另一方面,报纸在为读者提供新闻和信息方面远远没有满足多层次读者的多方面需求。报业繁荣的背后,报纸相对过剩的真正原因是报纸类型的趋同,报纸同质化严重。

报纸如何走出同质化是摆在报社、报人面前共同的课题。

20 世纪 80 年代以来,我国城市化进入了一个快速发展的时期。以小城市为代表的"据点型"城市化和大城市空间扩展为特征的"辐射型"城市化相得益彰,共同推动我国大中小城市的共同发展。与此同时,城市化进程与产业发展良性互动。传媒作为一种产业形态,几乎与城市化建设同步发展。特别是近几年来其高速发展一直是我国经济生活中的亮点。

城市和大众传媒、报纸的联系之密切不言而喻。包括报纸、广播、电视和新媒体在内的大众传媒已在影响着一个城市的精神文明和市民素质。大众传媒是一座城市的文化名片,是政府和百姓之间的桥梁,既要宣传党和国家的政策,又要反映社情民意。而报纸,是城市形象的记录者和引领者。都市报,更是城市风格的塑造者,城市进程的推动者。

报纸,承载着一座城市的记忆和梦想。

在我国经济生活中,宁波是一个亮点频现的城市。

位于东海之滨、长江三角洲南翼的宁波,是具有 7000 年历史的"河姆渡文化"的发祥地,唐宋以来,一直是我国重要的对外贸易口岸。近年来,GDP 跨越 3000 亿元"高竿"、杭州湾跨海大桥建成通车、港口集装箱吞吐量超过 1000 万标

---

[1] 新闻出版总署财务司,《2008 年全国新闻出版业基本情况》统计报告. 中国新闻出版报. 2009-07-21.

准箱——长期以来，这三个事件被认为标志着宁波一个全新的发展阶段的开始。

2007 年，宁波 GDP 总量超越 3400 亿元，跻身中国 13 个城市（直辖市除外）GDP“3000 亿俱乐部”。2008 年 5 月 1 日，宁波迎来杭州湾跨海大桥的顺利通车，重构与长三角城市群的地缘经济关系。根据目前的增长态势，宁波港口集装箱吞吐量将达到 1100 万标箱。

宁波报刊事业的重新复苏同样始于党的十一届三中全会后，停刊已久的《宁波报》、《余姚报》、《慈溪报》、《奉化报》、《鄞县报》先后复刊，又新创办了《宁波晚报》（简称晚报）、《侨乡报》、《宁波广播电视报》。

2008 年，在北京召开的第三届中国传媒创新年会上，宁波日报报业集团（简称“宁报集团”）一举获得“2007 年度中国十大创新传媒集团”等四项创新大奖。评委会是这样评价它们的：“2007 年，宁波日报报业集团在数字报业的创新与发展、从报业集团向文化传播集团的战略性转型中进行了积极探索，取得了显著成果，并将深刻影响中国传媒业。”

宁波经济的发展必然带来报业的繁荣。这座城市为产业发展提供了有效的平台，各种产业不仅为报纸提供了充足的资讯来源，大大丰富了报纸的内容，而且成为报纸收入的重要来源。宁波城市经济的迅速发展，同样需要大众传媒实时记录和见证，也需要正确的舆论引导、理性的方向把握，还需要积极向上的城市风气和市民文化的营造，这就需要大众传媒结合城市实际，发挥自身优势，把握城市脉搏，凝聚市民的精神力量，推进城市性格塑造和城市文明建设，为城市发展服务，为推动城市的发展与文明而努力。

中国报业市场硝烟四起，在中心城市上演的“城池战”正在向“三线城市”推进。在中国的城市序列里，北京、上海、广州、重庆等这些特大型城市被视为一线城市；其次，像成都、武汉、南京这样的各省省会城市，被视为二线城市；大量的地市级城市，被视为三线城市。2008 年，中国报业竞争格局中一个明显的特征就是竞争的主战场开始向三线城市转移[1]。

从 2003 年起，原本比较平静的宁波报业风生水起，竞争日趋激烈：由新华社浙江分社主办的《现代金报》（简称金报）以强势之态，来到宁波安营扎寨，与宁波报业同行展开竞争。提高区域媒体竞争力以吸引更多的读者，成为每一个办报人殚精竭虑思考的问题。

---

[1] 唐绪军，卓悦. 2008 年中国报业关键词，2009 年：中国传媒产业发展报告. 北京：社会科学文献电子音像出版社，2009.

在强力发展的经济支撑之下，传承着海洋文明的宁波报人，也正以崭新的英姿，书写着区域媒体竞争发展的新华章。不言而喻，竞争全面提升了这座城市报纸的质量，特别是都市类的平面媒体的质量。

从2005年起，我们对计划单列市宁波这样一个介乎于二线和三线之间城市的平面媒体特别是都市类媒体给予了特别的关注。《宁波晚报》、《东南商报》（简称商报）和《现代金报》作为宁波区域都市类平面媒体的研究样本，在连续三年的抽样统计分析和实证研究过程中，我们清晰地看到了它们的竞争脉络。范式的概念和理论的创建者美国著名科学哲学家托马斯·库恩特别强调科学的具体性，并把具体性看做是科学的基本特性。他认为一套实际的科学习惯和科学传统对于有效的科学工作是非常必要和非常重要的，它不仅是一个科学共同体团结一致、协同探索的纽带，而且是其进一步研究和开拓的基础。在这样的理念引导下，研究宁波的报纸，我们的着眼点主要集中于以下细化的考察指标：

1. 版面总量统计
2. 区域新闻版面比重，本地新闻总量
3. 版面内容构成
4. 版面结构分析（版块情况、版组设置等）
5. 重点栏目设置对比
6. 读者定位分析
7. 市场目标实现度分析
8. 各报亮点概述，各报特色表现
9. 公信力、权威性、主流表现
10. 内容的差异化表现
11. 时效性表现（第一落点新闻抓取情况）
12. 行业新闻展示能力
13. 新闻策划表现
14. 热线接近性表现
15. 独家新闻
16. 通联能力观察
17. 新闻采写倾向判断（具体到稿件）
18. 稿件信息含量对比（长、短稿情况）
19. 新闻深度观察（深度新闻、分析新闻）
20. 有偿新闻、关系新闻情况

21. 舆论监督表现
22. 新闻活动开展
23. 新闻遗漏状况
24. 写作风格观察
25. 线索来源分析
26. 标题制作特色与误区
27. 复式稿件制作表达
28. 版式语言分析(个性)
29. 版面组合特征
30. 图片使用分析
31. 冲击力表现(卖点展示手段)
32. 编辑能力印象
33. 经济专刊表现
34. 副刊表现分析
35. 版面信息含量分析
36. 重点新闻包装能力
37. 常规新闻表现方式
38. 编辑价值取向
39. 编译能力
40. 服务性表现分析
41. 资讯整合情况
42. 互动性渠道
43. 新闻突破能力
44. 战役性报道表现
45. 时政报道含量
46. 社会新闻取向
47. 经济新闻质量
48. 报纸娱乐功能发挥
49. 广告占版情况简述
50. 差错率调查
51. 印刷效果对比
52. 市场发展潜力

53. 总体印象

长期以来，报纸作为一种平面媒体，其核心价值是文字所承载的信息内容，传统的报业经营理念自然也将产品的重心放在报道内容上。但是在传媒竞争日益激烈的今天，仅靠“内容为王”这样一种经营理念，很难走出同质化的境地。报纸市场的日益细分和竞争的加剧，决定了只有那些确立了差异化竞争优势，能够提供独特资讯服务的报纸产品，才能得到迅速发展。这样，不断寻求自身的独特个性，做到报道方式、版面编排和服务等各方面与众不同，就成了不少报纸主要的竞争策略。

差异化（或异质性）策略，顾名思义，就是要求独特、与众不同。这种战略渗透在报社人员的思维、规划、决策、方法、管理等各个环节，以致诸如接听读者来电、广告词、版面等各细节方面的微小差异。

城市是鲜活的，报纸是凝固的；城市车水马龙、灯火辉煌，城市有固定的建筑，报纸是这个城市传承的名片。城市也许会有变迁，报纸却可以写进历史书，永远留在人们的记忆里。

报纸通过报道形成一种“媒体社区”，参与并推动着城市的发展进程。报纸的发展依托于城市，同时又丰富着市民生活，推进城市发展，进而推动地区发展和社会文明进步。

一份好的报纸，承载着一座城市的光荣与梦想。

卷一　区域化与创新力

传媒的区域化，是以中心城市为依托，在一个相对独立的经济区域内自发形成的类型齐全又具有良性竞争的传媒生态环境。传媒区域化是经济区域化的必然结果，经济区域化不可避免地会带动媒介的区域化发展。

1 区域媒体与传媒区域化

区域媒体的出现与我国特殊的媒介生态环境紧密相连。

新中国成立以来，按行政区域设立了中央、省（自治区）及直辖市、地区和县市四级媒介管理体制，相应建立了四级媒介类型。尽管后来经过调整压缩了层级，但是媒体的布局始终未按其自身发展规律形成，而带着浓厚的计划色彩。

“区域媒体”一词在相关文献中出现，多是指一个相对狭小的地区的媒体。与全国性媒体相比，省（自治区、直辖市）级媒体、地市级媒体和县一级媒体属于区域媒体；或者在对外传播中，国内的媒体被称为“区域媒体”。对它们的称谓多为习惯使然，没有特别的界定，只是在表达一个相对的空间概念时用到的一个代名词。

由于国内学术界没有按区域给媒介分类的做法，与“区域媒体”相似或相近的名词在一些比较普及的新闻学教材中都没有涉及，其被用来指代紧跟区域经济发展步伐的媒体也只是近些年的事。

随着经济区域化的不断深入和发展，在全国报业市场上出现了报纸区域化发展的现象。随着珠三角、长三角等经济地带的形成和部分跨省市经济区域的建立以及媒体自身产业化进程的推进，区域媒体才浮出水面。

区域媒体是在区域经济一体化和媒体跨区域经营双重作用下产生的，它的建立与发展对在我国现行体制下传媒业的走向有着极强的借鉴意义。

1.1 区域媒体理念梳理

所谓传媒的区域化，就是以中心城市为依托，在一个相对独立的经济区域内自发形成的类型齐全又具有良性竞争的传媒生态环境。传媒的区域化是相对于传统的传媒区划而言的。[1] 在一定经济区域内，传媒业相互影响，良性竞争，功能互补，形成一种动态平衡的生态环境，这只有在媒体产品及生产要素可以比较

[1] 赵振祥，罗任飞. 传媒的区域化趋势、问题及对策. 新闻记者，2005(1).

自由地跨区域流动后才能实现。如果完全按传媒区划，各媒体割据一隅，自产自足，重复建设，与比邻媒体“鸡犬之声相闻，老死不相往来”，则会导致信息沟通不畅，不能服务于区域一体化建设。

有学者指出，区域化媒介的形成不容忽视：“中国区域经济的发展伴随着区域市场的产生，而区域市场的产生也给区域媒介的发展带来了良好的机遇。区域化媒介虽然在全国的影响力较弱，但其在区域市场具有不可估量的影响，区域化主流媒介的地位正在提升。”[1]区域媒体的一些优势，如市场意识较强、内部机制较为灵活、区域覆盖率高、传播成本低、对区域文化和消费者特征的把握比较到位等。

所谓区域性媒体，是指立足于特定的区域市场，在自己的势力范围内具有较强影响力的媒体。[2]一些学者认为，在中国目前的媒体架构中，各省级地面频道、大多数的卫星频道，其实都是区域媒体的一种。面向特定的区域市场和具有较强影响力是区域媒体的两个重要特征。

从现有文献来看，在国内率先运用“区域媒体”一词来界定区域经济一体化背景下媒体自身发展的新趋势是在《新趋势、新逻辑与新形态——区域媒体的形成轨迹与发展趋势解读》一文中：“在未来，地方媒体必将随着区域经济一体化的发展获得更大的发展空间，突破地域局限，突破‘块块分割’的现实，资源集聚、低成本运作、优势互补、规模优势等状况将相继出现，形成强大的市场竞争力；与此同时，区域经济的崛起，促进区域社会的形成，信息传播需求大规模地扩增，加之知识经济兴起所带动的经济转型，以广播电视为龙头的文化产业必将崛起，一方面借助区域经济所打造的更广大的平台，另一方面借助区域经济带来更强大的经济推动力，地方传媒会获得新的资源基础、施展空间和动力源泉，自身经济效能、社会影响力迅速扩充，生存和发展的根基进一步深厚，在促进社会和谐进步的同时，地方广电的触角和功能获得前所未有的延展。那么，在这一阶段，地方传媒或者地方广电的提法将不再合适，‘区域媒体’将闪亮登场，成为替代词。”[3]

有学者认为，“区域媒体”的最终形成将是在特定历史时期中由诸多要素协同作用的结果，这是一个符合中国特殊国情的发展逻辑。把它们基于广电业的

---

[1] 周鸿铎. 区域传播学导论. 北京：中国纺织出版社，2005：151.

[2] 王光伟，刘团结. 区域性媒体，找自己的活法. 广告大观(综合版). 2006(8).

[3] 黄升民，宋红梅. 新趋势、新逻辑与新形态——区域媒体的形成轨迹与发展趋势解读. 现代传播. 2007.

认识推广到整个传媒业是可行的，但是区域媒体的最终形成可能并非只有地方媒体发展壮大这一条途径，随着传媒体制的变革，媒介资本运营、跨区域融合将有更大的操作空间，区域媒体的建立也就有了更多的路径。

由于种种原因，区域媒体自身的发展仍处于步履蹒跚的起步阶段，理论界显然已经关注到它的存在，但是目前缺乏足够多的实践佐证。

1.2 传媒的区域化与区域传播

区域媒体可以是纸质媒介，如日报和周报；也可以是以播报新闻为主的电视频道和广播频率；还可以是网络，如新闻网站。它以传播特定区域内的新闻为主，并且其传播范围能基本覆盖该区域，故称为区域媒体。

在传播学中，区域的概念既带有自然的色彩，也体现文化的理念。它是指一个意义能够被共享的空间，在这个空间里，人们的文化属性比较相近，生活习惯相对一致。

早先在人们习惯的行政区划归属的意识中，区域是一个多层次、分等级的概念。由于我国媒体被分为全国性媒体和地方性媒体，区域媒体既是等同于地方媒体、与地方媒体混用的一个概念，也是隶属于同级行政区划、归口管理的一个单位。随着区域经济一体化的推进，区域社会开始形成，分属不同行政区域的人们渐渐开始习惯于自己所归属的共同的经济圈，如长三角、珠三角、环渤海湾地区等称谓。区域媒体也由此获得全新的内涵。

传媒的区域化，是以中心城市为依托，在一个相对独立的经济区域内自发形成的类型齐全又具有良性竞争的传媒生态环境。传媒区域化是经济区域化的必然结果，经济区域化不可避免地会带动媒介的区域化发展。经济区域内人口集中，市场繁荣，企业协作活跃，广告在经济区域内的集中投放效果明显，区域经济的繁荣催生出巨大的广告市场，因而会吸引各路媒体抢滩布点。区域媒体正是在传媒区域化背景下，打破了行政区划封锁、与区域经济一体化相协同，传播区域社会中人们关心的新闻，具有区域影响力的一类媒体。

区域传播是指在特定区域内的、具有区域特色的传播行为。区域传播的构成要素分为实体性要素和非实体性要素。实体性要素有传播者、受众、传播媒介，非实体性要素有区域文化基础、经济发展水平、技术水平和区域传播体制，各要素相互制约。区域经济技术和文化发展水平是根本性决定力量。

在实体性要素中，区域媒体的传播者是区域新闻报道的采集传送者，是在特定区域媒体中工作的人；受众是指特定区域中享用新闻信息的人和关注这个区域的区外人，按照区域媒体的定位可将区域内受众列为核心受众，区域外受众列为边缘受众；传播媒介有报纸、电视频道和广播频率、网站等。在非实体要素中，区域文化基础主要是指区域内占主导性的文化、区域内受众的受教育程度、传媒产品品质期待和媒体接触习性等；经济发展水平决定着人们能在多大程度上享有休闲和娱乐以及决定人们在个人发展中的教育投入，这对作为文化产品的区域媒体至关重要。技术水平直接地影响传授质量和传播方式；区域传播体制既是指我国新闻媒体归国家所有、接受国家新闻纪律约束这一决定性制度，也指区域媒体内在的组织管理制度等。

由此而言，区域媒体是以特定经济区域为主要传播区域，以该区受众为核心受众、以区域新闻报道为主要传播内容、具有较大区域影响力的新闻媒体。一家成功的区域媒体应当能承担如下责任：树立区域形象，成为区域对外传播的窗口；加强区域内外的信息交流，服务于区域一体化进程；协调区域内的各种关系，构建和谐区域社会。

1.3　传播中心、传播腹地和传播网络

传播区域是指由人的传播活动（或由大众传播活动）所形成的，具有特定的地域构成要素的社会综合体。借鉴区域经济学中对经济区域要素的分析，可以将传播区域的构成要素分为传播中心、传播腹地和传播网络。

传播中心是指大众传播产品生产、加工和流通的集散点，通常是传媒业较发达的中心城市或城市中心。

传播腹地是指传播中心影响和辐射的地域范围，通常是中心城市的周边郊区或与城市中心相对的城市外围，以传播中心产生的媒介产品的消费地区的身份出现。

传播网络是指传播活动各项要素间的联系脉络和这种联系的实体依托。它表示传播活动的组织者、传播内容的物质渠道和传播信息交流系统。[1]

由于区域媒体所属的传播区域往往是整个经济圈，在这个经济圈内往往有多个中心城市，这些中心城市相互间有着交通便捷、联系紧密的特点。如长三角经济圈，它包括江苏、浙江和上海两省一市，现已构成基于交通一体化之上的“3 小时经

[1] 周鸿铎．区域传播学导论．北京：中国纺织出版社，2005：6～7．

济圈”。在区域经济发展之初，上海、南京和杭州分别是该区的中心城市，有着发达的传媒业。随着江苏省的扬州、泰州、南通、镇江、常州、无锡、苏州，浙江省的嘉兴、湖州、宁波、绍兴、舟山、台州等新兴城市的崛起，区域城市网络形成，传媒业的三雄分立态势被打破，市场中的渗透和反渗透竞争激烈，构成区域城市网络的各城市已经成为新的传播中心，传播腹地向经济同样发达的郊区和农村扩散。

随着宁波在全国城市中地位的迅速提高，作为一家区域性的媒体，宁波日报报业集团自 2004 年以来加快文化产业布局调整，增强服务型和创意性成分，完成了一次“华丽的转身”。集团通过政府划拨、现金收购、对外投资等多种方式拓展市场主体，在传统平面媒体、数字新媒体、图书销售、高端动漫、商务印刷、教育、文化创意产业园区等产业发展中取得了长足进步。目前，初步形成了以新闻出版为主业的文化传播集团格局，拥有 8 报 2 刊 1 网站 1 出版社 1 书店等市场经营主体。

理论界一般把传播区域作三个层面上的划分：第一种划分是根据传播区域与行政区域的相对关系，分为错位区和重合区。第二种划分是根据区域传播的发达程度，将其分为发达传播区域、欠发达传播区域和不发达传播区域。区域媒体往往首先在发达传播区域中产生，只有具备完善的区域传播网络、充实的资本、成熟的受众群体，才有可能促使一个区域媒体的生成。这也是为什么区域媒体首先在区域经济一体化发展到较高层次的经济圈内得以产生的原因。第三种划分是根据区域文化特色对传播区域作出划分，如在国内可以分为巴蜀传播区、齐鲁传播区、长江三角洲传播区、闽南传播区等。

2 《宁波日报》：区域媒体的产业布局

从宁波日报报业集团的实践分析来看，区域性新闻媒介发展的根基在于创新媒介的管理体制与运作机制；在新闻媒介的转型与多元化过程中，抓住在新兴文化产业中重新布局的机遇；在新闻与广告服务战略上，区域型新闻媒介的品牌建设至关重要。

2.1 媒介发展根基：区域性新闻媒介的管理与机制创新

宁波日报报业集团打造出在新闻报道上具有专业性、权威性、大众性和有影响力的、不同层次的产品才有立得住、打不垮的市场竞争力，并以此带动整体经营，包括广告。

发展需要改革，改革促进发展，报业发展的动力在于改革。改革就是遵循报业生产力和报业生产关系相互矛盾运动的规律，对旧的束缚报业发展的运作机制进行新的构建与调整。

一、创新管理模式

实践证明，创新的管理模式可以夯实集团媒介新闻服务和广告服务的根基。

宁波日报报业集团按决策、管理、运营三个层面完善集团组织架构，真正变“报办集团”为“集团办报”。集团架构下的运营层共22个独立核算单位，各独立核算单位根据各自不同的职能承担政治导向、办报质量、队伍建设等责任；各运营单位相应的自主权包括经营权、用人权、经费使用权、分配权。集团所有独立核算单位无亏损，2006年，经宁波市国资委审计核定的经济指标为国有资产，保值增值率114.08%，净资产收益率13.29%，投资回报率17.79%，实现利润9554万元，是2002年的17倍。2006年，事业性质的宁报集团经中共宁波市委批准成立了国有全资的“宁波日报报业集团有限公司”，实行国有资产授权经营。宁报集团在层次清晰、运作高效、充满活力的管理模式下稳步前进。

二、改革体制机制

整体布局之下，“错位竞争”是最好的发展方式，只有这样才可能共同培育市场，促进报业市场向良性态势发展。而“错位竞争”的本质要求是集团内部体制和机制的改革与创新。宁波日报报业集团内部布局的子媒体仅报纸就有八种。如果内部的体制和机制不改革、不创新，就谈不上子媒体在新闻与广告服务中的错位竞争和发展。集团旗下的《东南商报》和印务中心作为浙江省首批文化体制改革试点单位，从2003年下半年就开始启动，分别制订完善了改革方案与实施意见，目前各项改革任务已完成并收到良好的效果。

以《东南商报》为例：《东南商报》主要进行采编经营两分开试点改革，主要亮点是：规范操作、引入民营资本、改革采编机制、改革人事分配制度。通过改革，《东南商报》的活力和竞争力大大增强，特别是人事管理上实行“三挂钩一脱钩”，就是采编内设机构与行政编制脱钩，干部身份与行政职级脱钩，职工与事业身份脱钩，所有人员收入分配与岗位和业绩挂钩。完全打破身份界限，改“身份管理”为岗位管理，消灭了“大锅饭”现象。对比《东南商报》2003年和2007年的数据，发行量由日均12万份增加到日均25万份，广告到款额由3800万元增加到8200万元，年利润由400万元增加到1450万元，现已成为宁波报业市场的一支劲旅。

以印务中心为例：印务中心转企改制试点也收到预期效果。印务中心由原来的事业单位内设机构改制为全新的“宁波报业印刷发展有限公司”。新公司成立后，建立了以岗定薪竞聘上岗制、员工试用制、每日考勤制、绩效考核制、业务部门责任考核制、经济责任赔偿制、领导责任追究制等一系列现代企业管理制度，取得了明显成效：提高了资源利用率，大大节约了成本；提高了开拓市场的能力，生存与发展能力显著增强；调动了职工的积极性，提高了生产效率；加强技改投入，为印刷产业增添后劲。目前，印刷公司自筹资金建设的近5万平方米新厂房已经竣工，自行投资1000万元添置了印刷设备。2007年公司总产值达到5.9亿元，利润2650万元，比改制前增加了1倍以上。

与此同时，《宁波日报》（简称日报）、《宁波晚报》、《东南商报》和中国宁波网等新闻单位在内部机构设置、管理与考核等方面不断创新，适应了新的形势，形成了灵活的运行机制。

体制决定机制，机制决定活力，作为区域型的新闻媒介，宁波日报报业集团在产业发展上的活力正是来源于体制创新。体制和机制上的不断创新，正是集团产业成长裂变的基因。

2.2 产业布局机遇：区域性新闻媒介的转型与多元

现代新闻媒介功能与媒介视阈的多元化，使中国媒介产业转型或者进行产业转型成为一种基本趋向。[1] 在这个趋向当中，报纸延伸了平面媒介的优势，广告服务空间在增加，新闻服务空间也在增加，社会影响和经济影响都在加大。

一、传统报业向数字报业转型

现代服务业企业一方面是伴随着信息技术和现代化管理理念发展起来的新兴企业，另一方面是运用新技术改造和更新传统服务业企业而形成的企业。媒介产业作为后者，不仅是文化产业的重要组成部分，也是信息产业的内容产业。

从宁波日报报业集团的实践来看，突出体现在报业布局重心的转移、发展模式的变革。

近年来，宁波日报报业集团在新媒体领域的研究和发展有重大突破，其中《互动多媒体报》、《电子纸报》和《宁波播报》三个项目入选首批中国数字报业创新项目。

集团自 2005 年开始，明确"中国宁波网"负责以互联网为基础的所有新媒体业务。"中国宁波网"现日访问量达 500 万人次以上，是国内最早开设网上电视和网上广播的新闻网之一，已成为全国重要的城市新闻门户网站。在探索数字报业发展道路过程中，集团以中国宁波网为主要平台，将"四报一码"作为新媒体的探索重点，相继推出了国内第一份互动多媒体报《播报》、新一代互动手机报、全国首份成规模推出全新编辑形态的电子纸报《宁波播报》、大规模建设城市户外电子屏报以及全国第一家报业集团所属平面媒体集群推出的宁报动码(二维码)。[2]

新型报业集团要始终坚持传播先进文化，引导社会舆论，促进社会和谐。同时，以主流、新文化、和谐、适应变化的新形象，满足客户的新需求，成为有竞争力的文化传播与多媒体内容产业集团。2006 年，宁波日报报业集团着手制订《数字报业发展规划》，明确报业集团要积极适应时代和媒体发展环境的变化，抓住

---

[1] 胡正荣. 中国媒介市场格局与产业转型. http://www.artist.org.cn/student/1/cmacmpl200409/53334.html.

[2] 中国宁波网：http://news.cnnb.com.cn/system03/13/005508611.shtml.

数字媒体时代的机遇，成功转型，保持集团在数字媒体时代的核心竞争优势和主流地位。集团提出了一个中心、两个基础、三个阶段、四个产品、十个计划的实施规划。

2007年，宁波日报报业集团在全国各大报业集团中率先建设集新闻内容采编分发、经营管理于一体的全媒体的数字技术平台。针对集团数字报业的发展需要，整合集团现有资源，为集团提供基于数字技术的多种媒介生产和发布、业务运营、决策管理等各方面支撑的系统平台。该技术平台适应报业新媒体发展和多元业务拓展的需要，通过该技术平台，可建立灵活的数字技术机制和畅通的数字业务流程，有利于多媒体采编业务的拓展和建立新的数字传播介质，也有利于加强集团内部的资源共享，降低运营成本，提高工作效率，规范决策管理。如今，投资3000万元的全媒体数字技术平台项目已全面启动建设。

二、多元化布局文化产业

中国报业已经到了发展的关键时期，这个关键时期是报业增长的平台期、产业的调整期和发展的机遇期。宁波日报报业集团除了报纸，还有出版社、新华书店和网络等。集团在抓好广告、发行、印刷等传统报业经营工作的同时，努力实现多元化文化产业的发展目标。目前，主要从以下五个方面拓展经营领域，布局文化产业：

(1)建设以“甬江边的城市书房”为主题的宁波书城。项目通过对滨江水岸工业遗存的保留和改造，兴建一组具有独特建筑风格、充满书香气氛、具有多种功能的建筑群落。项目总投资8亿元，总面积9万多平方米，是宁波文化大市建设重点项目，项目资金全部由宁报集团自筹，并按市场方式建造和经营。宁波书城竣工投入使用后，宁报集团以图书销售流通为主的文化产业链将得到更有效的延伸，文化产业新一轮大发展的良好机会即将来临。

(2)开发高端动漫产业。宁报集团投资组建新文三维股份公司。该公司由宁波日报报业集团控股，是以三维仿真技术为基础的高科技产业，主要从事立体影视、三维动画、虚拟现实、仿真模拟等产品的研发、设计、制造，科技馆、博物馆、展览馆、主题公园等的创意、设计、产品供应及工程承包。

(3)启动早期教育培训项目。宁波日报报业集团与韩国相关单位合作开发早期教育培训项目，培训对象是0岁到6岁的儿童。目前，已完成了公司注册等工作，相关教师培训、教具生产和研发正在进行中。

(4)拓展商务印刷业务。宁波报业印刷公司新厂区占地3.3公顷，总建筑面积5万平方米。该项目将于2008年初完工，其中2/3的面积将用来拓展商务印刷。同时，宁报集团将完成对现有印刷厂地块的腾笼换鸟，开辟新的产业园区。

(5)发挥好宁波音乐厅、邵洛羊艺术馆等非盈利性文化单位的社会服务功能，进一步完善市场化运作，推广品牌，扩大影响，体现社会效益，回报社会。

中国传媒业的发展正处在一个深刻转型的变革之中，现代服务业的蓬勃发展，更为作为文化产业的报业的发展提供了在产业布局中的转型与多元机遇。在转型探索中，新闻媒介的运作正在发生着巨大变革，宁波日报报业集团致力于整合报业资源，培养独立的新经营主体，使集团每个车轮都转动起来以迎接这一场深刻的变革。

2.3　现代服务战略：区域性新闻媒介的品牌与联合

新闻服务与广告服务包括政策与法制服务、思想与情感服务、信息与咨询服务、投资与理财服务、管理与营销服务、生活与消费服务等不一而足。媒介品牌正是从这些服务中诞生的。

一、报纸创新和品牌建设战略工程

品牌建设是事关报纸媒体生存和发展的重大问题，也是任何一家新闻媒体在贯彻落实科学发展观、发展社会主义先进文化的过程中不能不重点研究、规划与实施的重大课题。宁波日报报业集团在实践中特别注重品牌建设和主题报道创新。

区域性主流媒体必须引领时代潮流，突破旧传统，创新新闻报道，以创新的思维、视角和形式去反映市场经济风云变幻的现实。区域性报纸的读者、客户、市场虽然是区域性的，但其新闻报道万万不能偏执于一隅。

“新闻要出精品，栏目要做品牌”，这是宁波日报报业集团各媒体形成的共同认识。在社会生活瞬息万变、媒体产品日益丰富的新形势下，平面媒体主题报道却因程式化、概念化等弊端受到了严重的挑战。宁报集团各媒体在深入推进主题报道精品化战略，加强策划，求新求变等方面做出了积极探索，积累了一些经验，也取得了一些成绩。自2006年浙江省开展新闻精品品牌年活动以来，集团各媒体不断巩固和重点培养了一批精品栏目。评论一直是《宁波日报》的强势和优势，在《宁波日报》四件中国新闻奖获奖作品中，有三件是评论作品。《宁波日报》理论版“学苑”周刊创新实践和思路，正确引导舆论，深度解读政策，受到中宣部等各级领导表扬，也深受读者喜爱。“明州论坛”专栏被评为浙江省首批精品栏目。宁报集团还重点打造了一批新的精品栏目，包括《宁波日报》的“甬城晨笔”、《宁波晚报》的“静雅调查”、《东南商报》的“小本创富”、中国宁波网的“对话”等。

经济的融合和区域化为区域性媒体提供了前所未有的机遇。同时，报纸的经营有大经营、小经营，拓展报纸的市场有大谋略、小谋略。在同质化竞争激烈的市场上，强化和创新新闻报道，以高人一筹的报道为特色实现报纸的差异化，这是当今区域性主流报纸的大经营、大谋略。

宁波日报报业集团的经营核心战略是抓住经营主业求突破，拓展广告发展服务空间。抓广告经营，集团将其放在报业经营重中之重的位置。首先，在广告经营的管理模式上坚持统分结合的原则，对《宁波日报》、《宁波晚报》和《东南商报》三报广告部实行经营运作机制改革，在岗位的设立、市场的开拓、资源的整合、收益的分配、激励与处罚等方面采取了一系列措施，充分调动和发挥各报广告经营人员的积极性、创造性。其次，集团建立广告监控和协调会制度。集团经营管理办公室专门研制了集团广告管理软件，每天都对集团媒体与竞争对手刊登的广告进行比较分析，对广告市场、行业态势进行分析，进行及时的信息服务与监控管理。同时，由集团分管副社长牵头，建立广告协调会制度，定期对各报广告经营情况进行交流、沟通、协调、指导和监控，发挥总体优势。再次，三报广告部在热点品牌广告的策划上不断创新，以策划活动带动广告。晚报策划的“就业指南”、“新家园”、“健康”等专栏、专刊，成了晚报广告新的增长点，商报策划的以团购带动广告也产生了良好的效应。日报不断拓展广告业发展空间，通过在楼市、车市、家装等领域的成功策划，产生的效益占全年广告总量的20%以上。

二、媒体结盟创造新价值

2004年12月9日，由《宁波日报》发起的《沈阳日报》、《大连日报》、《厦门日报》、《无锡日报》等五家报社的社长、总编辑齐聚上海金茂大厦，发表《上海宣言》，正式宣告广告收入超亿元的中国日报五强联盟成立，由此开创了地市级党委机关报结盟合作的历史先河。2007年，《青岛日报》、《珠海特区报》加入五强联盟，并将名称改为“中国东部城市党报广告联盟”。

成立“中国日报广告五强联盟”，主要是通过战略合作、战略运作、战略实施，打造共同的权威传媒广告品牌，更好地走向市场、占领市场。以结盟单位的共同点为基础,互相沟通,互相了解,合作共赢,到市场上去应对共同遇到的问题。这五家日报的共同点就是广告经营都超过1亿元、日发行量超过20万份。

五强联盟成立后,《宁波日报》担任首届轮值主席,推出一系列举措,突显联盟的作用。

——在信息流动快、经济规模大、城市规模最大的几个城市联合举行媒体广告推介会,展开与广告大客户和广告业界精英面对面的沟通。一年间,五强联盟先后在上海、北京、广州三大城市举行媒体广告4A公司推介会。

——开展"十城百企万里行"活动,开拓广告支柱产业市场。这是五强联盟成立后首次针对全国市场的一次跨区域互动,100多家大型汽车与IT企业的掌门人纷纷借助五强联盟扩大市场影响,进一步树立形象、开拓市场。

——整合渠道,资源共享。五强联合,实现广告经营资源互通,使各家共享市场资源、客户资源,并利用各处的资源协同对方的广告经营。这就打通了信息通道,协同了市场战术运作。

——五强联手,打造新车月度榜。针对生产商非常看好五大报社或集团旗下的近20个新闻媒体所拥有的1000多万名社会主流读者与影响辐射的近1亿人口的广大消费市场,五强联盟推出了中国"五强月度车型榜"。此举不仅影响着中国的轿车销售市场,也提升了五强联盟的影响力。

——以五强联盟为依托,建立全面战略协作伙伴关系。经过一年多的运作,以五强联盟为载体,五家党报的广告联盟合作关系如今正向建设现代传媒集团的全面战略协作伙伴关系发展,实现了在文化体制改革、新闻采编与办报改版、生产经营等方面的经验共享。

五强联盟的成立,是党报品牌意识的觉醒,有利于打造媒体广告品牌,提高社会美誉度。它变过去的"单兵作战"为"强强联手",打破了可能出现的商家价格壁垒,避免广告价格恶性竞争。它也是报人在中国报业广告市场激烈竞争中的一种有效模式和理性选择。它有利于降低成本,取得最佳的经营效益。地域较远的五家联盟体之间没有直接的经济利益冲突,更有利于建立互惠、互利的市场协作关系。

作为一个具有较强实力的新闻传播文化集团,2007年,宁波日报报业集团实现销售收入9亿元,广告实到款收入4亿元,利润9320万元。宁波日报新闻作品第四次获得中国新闻奖,在浙江新闻奖评选中,集团共获得八个一等奖,创历史之最,在全省地市级报社中位列第一。宁波出版社获得了全国精神文明"五个一工程"奖和浙江省树人出版奖特等奖;宁波日报印刷质量连续四年获评"全国精品级报纸”，理论宣传获评浙江省市级党报理论宣传优秀单位；《宁波日报》、《宁波晚报》获得“浙江省 AAA 级广告信用单位”称号；发行中心获得“全国报纸自办发行先进集体”称号；中国宁波网获评“全国报业新媒体 10 强”。

这些成绩的取得，印证了宁波日报报业集团作为一份有影响力的区域性新闻媒介，近年来在产业发展中立体式、服务型布局的改革探索与实践的成功，树立了一个成功的样本。

3 大桥效应:区域媒体创新力

3.1 区域媒体影响力的价值取向

区域媒体,特别是地市级媒体身处地级城市,相对于国家和省的宏观层面而言,可称之为中观层面。地市级媒体,必须在地市级中观区域范围内,在正确引领中观舆论环境的过程中形成自己的价值取向,发挥自己的影响力,肩负起引导舆论、影响社会的传播职责。

地市级区域媒体必须客观面对目标受众的价值需求。报纸、电视、广播、网络的对象分别是读者、观众、听众和网民。增强媒体的影响力,就是要根据不同媒体的特点,殚精竭虑地贴近受众,真正做到媒体为受众所用,情感为受众所系,利益为受众所谋,在满足地市级区域媒体不同目标受众群客观需要的同时,有针对性地影响目标受众的思想和行为,形成正确的舆论导向和舆论氛围。地市级区域媒体还必须客观面对媒体广告及客户的市场需求。媒体既是事业,又是产业。它既是舆论阵地,又要从事广告经营及与媒体相关联的文化产业经营。媒体只有与市场对接,才能获得市场体验,才能适应市场、获得市场。如果媒体影响力对广告客户市场或产业经营是正面的,那么媒体影响力就是有效的,对广告客户市场或产业经营的拉动越大;说明媒体的影响力越大,反之亦然。换言之,媒体经营状态如何,是媒体影响力的一个重要标志。

提高媒体影响力的根本途径是增强核心竞争力。核心竞争力,是媒体影响力的根本性因素。报纸、广播、电视、互联网等媒体,各有特色,各领风骚。首先,特色本身就是一种核心竞争力。报纸的权威性是其核心竞争力,电视的影像声情是其核心竞争力,广播的音响可听是其核心竞争力,等等。每一种媒体,都应把各自特色发挥到极致,充分形成各自的核心竞争力。其次,媒体宣传内容和形式的独特性也是核心竞争力,表现为新闻内容的独特性,如独家新闻、相同新闻事实报道中新闻观点及处理的独特性、节目栏目的独创性等。第三,媒体引导舆论的能力更是核心竞争力。舆论的形成有其规律性。一种观点或一个舆论场的形成，首先发端于舆论引导者。常常处于引领舆论者地位的媒体，可通过有效主导信息流动与信息解读，从而对新闻舆论的倾向与指向产生有效影响。媒体影响力决定于创新能力。如襄樊电台新闻频率全天节目建立开放式结构，全天滚动更新播出内容，随时插播重要新闻，这样可充分发挥广播反应快、时效性强的优势，努力"办看得见的广播"，通过不断举办各种活动，展示广播形象，培养人们收听广播的习惯和意识。媒体的影响力还决定于媒体对目标受众的到达率。在三大传媒中，报纸讲发行量和主动阅读率及传阅率，广播电视讲覆盖率和收听收视率，而网络媒体讲点击率。地市级媒体要提高自己的影响力，必须在报纸发行量和广播电视覆盖率上狠下工夫。

3.2 权威、主流、高端、强势：大桥新闻盛宴

如何在重大新闻事件报道方面更出色，是新闻媒体在新闻实践中持续探索的一个课题。世界最长的跨海大桥——杭州湾跨海大桥的建成通车举国瞩目，作为重大新闻事件，给媒体的新闻报道留下了一个巨大的施展空间。

百年梦想，十年论证，五年施工，融资140亿元，创新250多项技术……杭州湾跨海大桥通车盛典，是一场新闻的盛宴。

2008年5月1日，世界上最长的跨海大桥——杭州湾跨海大桥试运营通车。这座南起宁波慈溪北至嘉兴海盐、全长36千米的大桥是中国海湾大桥建设的标志性工程，也是宁波"接轨大上海，融入长三角"发展战略的里程碑，它将直接加速长江三角洲地区经济和社会的一体化，使得江浙沪城市带加快迈向世界级城市群。

海内外各家媒体以权威、主流、高端、强势的报道，加入了这场新闻盛宴。见证开通盛况，展示大桥雄姿；回顾建设历程，讴歌创业创新；描绘大桥时代，唱响大桥经济；借力大桥通车，全力展示宁波……这一次，各路媒体结合自身的不同特点，精心策划，专心采编，以创新精神组织了一场重大新闻事件的重头战役报道，大手笔频现，大作为频出。

没有创新，就没有今天的杭州湾跨海大桥。大桥通车的新闻宣传的实践同样证明：唯有创新，才能跨越。此次杭州湾跨海大桥主题宣传，各路媒体在传播理念创新、传播形式创新、传播手段创新、传播技术创新等方面进行了有益的探索，相信会给人们以有益的启示。

在新的历史起点上，宁波正积极应对和做足做深"大桥"文章，建设大港口，

推进大开放，发展大产业，构筑大都市，全面推进现代化国际港口城市建设。我们有理由相信，在这一历程中，各路媒体将继续把目光聚焦在宁波发展和大桥经济上，努力实现媒体服务经济建设、新闻助力区域经济发展的传播目标。

3.3 大策划：实现全方位跨越

宁波市委、市政府对杭州湾跨海大桥的宣传工作高度重视。市委分管领导靠前指挥，所有参战人员以强烈的责任感和使命感，精心策划、精心组织、精心实施，全力推进大桥通车的各项外宣工作。宁波改革开放30周年、计划单列20周年来取得的成就，宁波城市的知名度和美誉度，通过这场以大桥通车为契机的重大主题外宣获得了充分展示和提升。

大桥外宣的新跨越，建立在以创新外宣思路、创新新闻理念、创新展示手段的大桥宣传策划之上。

整个大桥通车的对外宣传，从2007年11月底启动方案策划，2008年春节后启动前期宣传，2008年4月下旬至5月1日达到宣传高潮，整整历时半年。宁波市委宣传部、市委外宣办在此期间精心组织了六次有200多家海内外主流媒体参加的前期集中采访活动、两场大型新闻发布会、三场通车仪式大型现场直播，接待主流媒体记者700多人次。据不完全统计，在这半年时间内，报（报纸）台（广播电视台）网（网络）等各类海内外媒体共刊发转载稿件万余篇，图片6000多张，形成了集中宣传宁波和大桥的浩大声势，赢得了各界人士的广泛好评。

特别是进入2008年4月下旬，海内外多家主流媒体对宁波发展和大桥经济的报道更达到了前所未有的力度。如《人民日报》、《光明日报》、《经济日报》、《浙江日报》、《解放日报》、上海《文汇报》、《中国交通报》在头版头条位置分别刊发了《一桥飞越杭州湾》等七篇重头报道，《人民日报》还推出了《宁波之变》一个整版的摄影报道；中央电视台在《新闻联播》、《焦点访谈》、《新闻会客厅》、《走遍中国》、《今日关注》、《经济半小时》等知名栏目和其他重要栏目中播发了150余篇次报道；新华社在《新华视点》等知名栏目中播发了一组重头报道，相关稿件为绝大多数国际知名通讯社选用转发；中央人民广播电台在《全国新闻联播》、《新闻和报纸摘要》、《新闻纵横》中播发了一组报道；与此同时，英国《泰晤士报》、西班牙埃菲社、西班牙国家电视台、日本共同社、日本朝日放送、日本关西电视台、德国广播协会、新加坡《联合早报》等国际主流媒体；凤凰卫视、《香港文汇报》、香港《大公报》、《香港商报》、《香港经济日报》、《南华早报》、《信报》、《新报》、《台湾联合早报》等港台地区主流媒体，东方卫视、《新华日报》、江苏卫视、《瞭望东方周刊》等长三角主流媒体，人民网、新华网、新浪网、江苏网、东方网、浙江在线等网络主流媒体，也在重要位置和时段集中推出了一批报道。中央电视台一套黄金时段、凤凰电视台在《凤凰早班车》和《时事直通车》节目中推出了15秒城市形象宣传片，以优美的电视画面展现了宁波东方大港、和美之城的良好形象。

如同大桥建设所创造的纪录一样，这次大桥通车的对外宣传，也创下了宁波外宣历史上的多项纪录：一是对同一重大题材，第一次集中组织六路海内外主流媒体来宁波采访。二是对同一重大题材，央视第一次高密度、多频道地集中报道宁波。如《新闻联播》栏目从2008年4月17日至5月2日，连续播发了七条报道，平均每两天达到一条。特别是5月1日当晚，中央电视台一套于18:57分播出宁波城市形象片，随后在19:00《新闻联播》、19:38《焦点访谈》、20:00《走遍中国》、20:30《新闻会客厅》、21:30《今日关注》以及其他多个频道整点新闻中连续不断地进行报道，形成了极为强烈的宣传效应。三是第一次在中央电视台组织为时两个多小时的大规模现场直播。四是第一次采用报纸、杂志、电台、电视台、网络、城市形象广告"六位一体"的立体化宣传方式。

大桥外宣的新跨越，更建立在对区域经济的准确判断、对重大新闻的精确定位、对宣传方式的明确把握之上。

杭州湾跨海大桥的建成通车，是宁波改革开放30年来发展成就的具体见证，是大桥建设者创业创新精神的生动体现，为促进宁波、浙江和整个长三角地区经济社会又好又快发展带来了重大机遇。为此，宣传部门在策划过程中，将大桥通车宣传主题确定为"高举旗帜、科学发展、创业创新"，明确提出要把大桥通车宣传同纪念改革开放30周年、实施"两创"发展总战略、推进"六大联动"、实现"六大提升"有机结合和贯通起来，把宣传重点放在三个"着力推进"上：一是着力推进大桥创新和大桥经济的对外宣传；二是着力推进宁波城市的对外宣传；三是着力推进长三角区域协调发展的对外宣传。在为市领导拟订专访提问、接待各路记者团采访、准备新闻背景资料的过程中，都努力体现这方面的目的和意图，积极影响记者采访，从而使一批重点报道和专版宣传能够鲜明地凸现宣传主题，突出宣传重点。《人民日报》的长篇通讯《一桥飞越杭州湾》，由于其承载的厚重主题，被纳入"高举旗帜、科学发展"专栏，并在头版头条位置予以刊发；新华社《杭州湾跨海大桥：凭什么敢当"世界之最"》，从投融资体制、科技和管理三个方面入手，介绍大桥建设的自主创新之路，被作为《新华视点》专稿播发；香港《大公报》推出的对宁波市主要领导的专访，既有宁波抓住机遇打好桥牌的内容，又充分展现宁波市30年实现三个大跨越的成就，主题十分鲜明，重点十分突出。其他一批重头报道也体现了这方面的特色。

回眸大桥通车的对外宣传，无论是新闻宣传，还是电视、广播、网络直播，或是宁波城市形象宣传，都受到了海内外各界人士的良好评价。不少受众认为，宁波借助大桥通车，大规模地组织对外宣传，是一次有益和成功的尝试，对于扩大宁波的知名度和美誉度，提升城市形象，起到了非常显著的效果。许多受众在阅读、收听和收看报道后，激动地表示:"大桥建成通车，是宁波的骄傲、浙江的骄傲、中国的骄傲。通车后，宁波将会变得更加美好!"来甬采访的记者，也为大桥的雄姿所折服，为宁波的发展而赞叹，他们纷纷表示，杭州湾跨海大桥见证了宁波改革开放30年来的巨大变化，大桥建成通车，也必将推动宁波进一步融入长三角，促进大发展，取得更加辉煌的发展成就。一些记者在报道中写道，借助大桥，宁波人民正在掀起新一轮创业创新的浪潮。同时，他们表示，宁波拥有丰厚的新闻资源，在大桥通车宣传结束后，将继续关注宁波的建设和发展，并以更大的热情宣传报道宁波。凤凰电视台在播出宁波城市形象片后，香港宁波同乡会即致电该台，表示宁波城市形象片制作得很好，用优美的电视画面展现了宁波美景，全体在港宁波人为之深感骄傲!据了解，中央、浙江、宁波和嘉兴四家电视台对大桥通车仪式同步并机直播后，其收视率均名列各台节目前茅，而收听中央、浙江、宁波和嘉兴广播电台联合直播以及观看网络视频直播、视频回放的受众则超过了3500万人次。

3.4 大手笔:力推新闻精品

2008年6月25日，宁波电视台的电视专题新闻《合龙》、中国宁波网的新闻访谈《对话杭州湾跨海大桥贯通看自主创新》、宁波人民广播电台的新闻专题《跨越蓝色的梦想——写在杭州湾跨海大桥贯通合龙之际》等以2007年大桥合龙为题材的作品均获得中国新闻奖，在网上公示。而2008年的大桥通车，各路媒体进一步树立力创新闻精品的理念，精心采写新闻报道。

2008年5月1日，在杭州湾跨海大桥通车当天，《宁波日报》推出了通讯:《一桥惊世界——杭州湾跨海大桥助推长三角迈向世界级城市群》。这篇大手笔的精品报道把关于大桥对长三角的影响的评论推向了高潮，并将主题集中在长三角打造世界级城市群上，避开了其他媒体的类同主题，而且文章语言精练，评述有理有据，见人见物，见新出彩。面对各新闻媒体之间日趋激烈的竞争，以新闻精品增强党报在大桥报道中的影响力和引导力，是党报义不容辞的责任，也是广大受众的需求，更是党报自身生存发展的需求。宁波日报报业集团所属媒体各展所长，采取多种形式开展报道，推出了一批精品报道。

深入到与新闻主题密切相关的时代生活中去，新闻才能出精品。《宁波日报》从大桥通车前1个月开始推出“跨越杭州湾”专栏（见图3-1）。这个专栏分别以国际国内著名桥梁、港口、区域经济学家评价大桥地位；记者走进长三角15个城市感受大桥效应；宁波主要部门和有关市、区负责人详解大桥战略；身临其境观赏大桥美景；大桥通车后的辐射波五个主题进行。这些报道篇篇都给读者留下了深刻的印象，特别是记者走进长三角15个城市采访更是受到读者的一致好评。3月中旬，日报大桥报道组就开始收集长三角15个城市的资料，联系相关

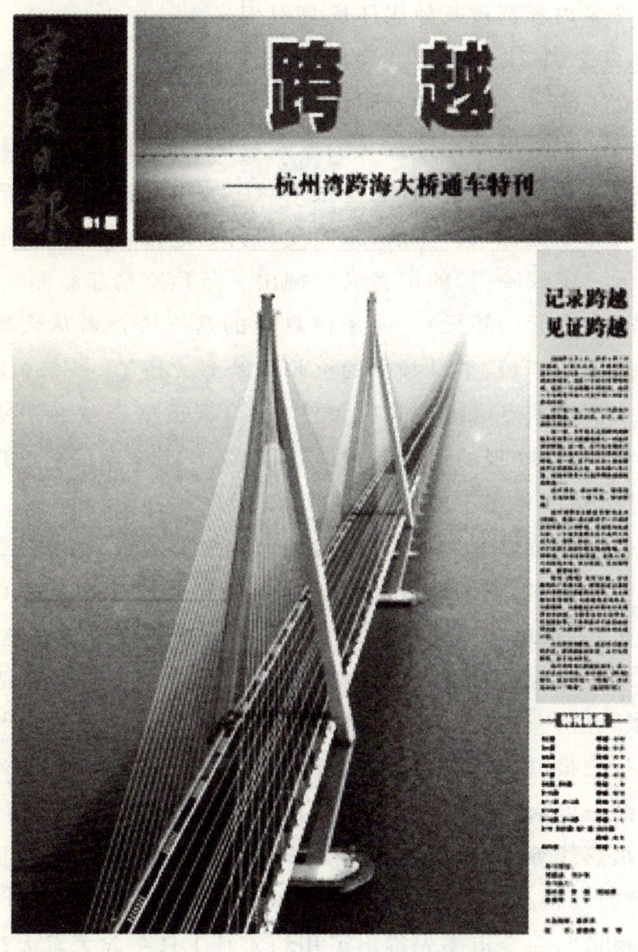
跨越

——杭州湾跨海大桥通车特刊

记录跨越
见证跨越

图3-1　《宁波日报》的大桥特刊

部门，确定初步采访对象，为采访做准备。3月底，第一采访小组走进长三角龙头城市上海，采访了上海市原副市长庄晓天、华师大区域经济专家沈玉芳教授，推出两个版面的采访稿件。4月1日，第二采访小组赴苏北采访。在短短的两个星期里，采访组兵分两路，走遍了长三角15个城市，完成了数万字的发稿量。在这次采访15个城市期间，参与采访的同志随机应变，通过各种渠道，寻找采访对象，进行采访，圆满完成了采访任务。

新闻作为一种特殊商品，必然要面对激烈的市场竞争。新闻市场已从卖方市场向买方市场转化，市场呼唤品质优良的新闻作品，且新闻媒体也必须在激烈的竞争中展示才华，求得生存和发展的空间。有付出总会有收获，《宁波日报》的这组精品报道许多内容都被其他媒体反复引用。

早在2006年3月28日，《宁波晚报》推出的特别报道《创新世界第一桥》至今仍然让人念念不忘。这篇反映杭州湾跨海大桥自主创新的报道本身就是一次新闻实践的精品。报道以章回体演义的形式写出了杭州湾跨海大桥自主创新很多不为人知的故事和细节，使读者通过报道对宁波市推进自主创新、建设创新型城市的战略意义有了更深入的了解，激发受众自觉地投入到不断的自主创新中。在大桥通车当天，《宁波晚报》的记者又发掘出一条独家精品新闻《一双脚印差点毁掉第一片100多万元的箱梁》。这条消息说的是当天记者从大桥管理局获悉一个很少有人知道的事情：举世瞩目的杭州湾跨海大桥第一片50米箱梁曾因两个脚印而受到大桥技术专家组的高度关注；这篇报道精彩就在于所有人沉浸在大桥通车的喜悦中时，晚报的记者却独辟蹊径，从一个全新的角度反映了大桥建设者精细化管理、精细化施工的“细节决定成败”的精神（见图3-2）。

新闻精品必须坚持以人为本，才能增强新闻报道的亲和力、吸引力、感染力。这样的要求反映在杭州湾跨海大桥的报道上，就是要把反映人民心声和通达社情民意统一起来，多报道大桥开通与地方人民群众的工作生活息息相关的内容，多宣传人民群众中涌现的建设典型，激励全体人民信心百倍地创造更美好的生活。《东南商报》突出一贯优势，从独家新闻和读者互动入手，如寻找大桥奠基时照片中的小男孩的报道，从民生角度贴近超大型建设项目，有始有终，出奇制胜。商报同时还从贴近群众、贴近读者的角度征集45名读者去看大桥，推出大桥指挥部领导接商报热线等活动，不仅体现为读者服务的意识，也使商报获得了独家新闻，产出一批新闻精品，吸引了读者的眼球。《东南商报》策划的“杭州湾跨海大桥通车特别报道”，在全市率先推出了相约4月1日一起去看大桥的活动。进入4月份商报又连续推出了8个版面的报道《天堑通衢》，分为人物篇、活动篇、

宁波晚报

珍藏版

大跨越

长桥飞架杭州湾

大桥的N个瞬间

历经风雨架彩虹

大桥的六大亮点

大桥区域怎么走

02 宁波晚报 珍藏版

大跨越

杭州湾跨海大桥通车

大桥通史

十年决策

图 3-2　《宁波晚报》大桥特刊

见证篇，报道了大桥建设的功臣、投资大桥的民企、抢先看大桥雄姿的读者等，这些内容视角独特，颇有新意，确为大桥报道精品（见图 3-3）。

东南商报

天堑通衢

——杭州湾跨海大桥通车特别报道

01~08

东南商报 C02

天堑通衢

大桥秘笈全公开

创新来自于挑战

图 3-3　《东南商报》大桥特刊

要出精品，则必须提升新闻作品的感召力、诱惑力。在传媒竞争日趋激烈的背景下，广电媒体则可以精心制作那些真正抢眼的、立体的、多彩的，既具有贴近性又富有魅力的新闻精品，让新闻更加亮丽地呈现于听众和观众面前。大桥报道，更是一场视听的盛宴。大桥通车前后，宁波人民广播电台新闻综合频道先后推出专稿《三桥演绎“东方大港”之梦——写在杭州湾跨海大桥试运营通车之际（上、中、下）》；新闻关注《全省人民共企盼》、《杭州湾跨海大桥开通以后》、《杭州湾跨海大桥引发宁波旅游热潮》等；音响报道《省长吕祖善考察杭州湾跨海大桥》、《市委书记巴音朝鲁谈大桥经济》、《市长毛光烈谈大桥影响力》等。特别是5月2日“宁广早新闻”节目以多维的新闻视角向全市人民充分展示大桥通车这一重大新闻事件：“杭州湾跨海大桥通车典礼昨天下午隆重举行”、“温家宝总理与宁波工人共度‘五一节’”、“上海到宁波两小时经济圈成为现实”、“记者见证大桥通车那一刻”、“颂歌献给大桥建设者文艺晚会精彩上演”等主题报道集纳播出，形成规模效应，产生强大的听觉冲击力，成为空中传播的“耳朵里的精品”。

我们期待，大桥通车的新闻作品能够如愿获得全国新闻大奖。

3.5 大作为：打造新闻团队

我们可以从杭州湾跨海大桥通车前后的这一场新闻硝烟背后，看到宁波媒体人的凝聚力和战斗力。

一支有凝聚力和战斗力的团队首先是一支能够克服任何困难，能打且善打硬仗的团队。宁波广电人就是这支团队的代表。

《跨越杭州湾》是一场盛大的电视直播，由中央电视台、浙江卫视、宁波电视台、嘉兴电视台联袂打造，而宁波电视台有30多位编导技术人员参与其中。作为重大建设工程的现场直播，技术难题一个接一个出现。直升机和船上的超强功率微波信号，桥上移动直播点的移动微波信号，都要事先经过精确地调试。直播前，光是技术调试就需要一个星期，但是实在没有那么多时间。因此，只能白天调试，晚上开会，当场提出的问题必须当场解决。在直播最后的4天里，天天如此，晚上开会经常开到后半夜才能结束。

4月30日，这一天是临战前的最后一天，下午终于进行了联合彩排。好在技术方面没有出太大的问题，但是文本方面却出现了超时一小时的大问题。当晚，节目组在给全体人员开过大会小会后，已经是11点多了。留下的不到10个人，这才开始对文本进行大幅度地“削砍”。节目组的主要编导一条一条地往下理，一分钟一分钟地削减时间。有的时候是一小段一小段地删减——砍到“血肉模糊”。最后，大家戏称“央视第一刀”、“都是大砍刀”。这一顿“砍”，直“砍”到后半夜快3点了。一部分人员休息去了；一部分人员要对直播流程进行重新排列，打印装订；还有一部分人员，要按照新的时长要求，对VTR进行删减修改。宁波电视台编导还在与省台编导一起，对片头中的两段音乐如何衔接问题，一再尝试修改。等到结束时，已是4点多钟了。可以说，为了第二天直播成功，大家又度过了一个不眠之夜。5月1日早上8点，大家不得不从床上爬起来，开始最后紧张的备战。

如此艰辛的努力，换来了良好的直播效果。5月1日下午13点30分，《跨越杭州湾》大型直播如期举行，一举创下了白天档新闻节目的收视高峰。从宣传效果来看，也实现了宣传大桥、宣传宁波的最终目的。如果说，杭州湾跨海大桥是建设者，是宁波人用激情、智慧和胆识创造了中国桥梁建造史上一个奇迹的话，那么，所有参与直播的新闻工作者，也是凭着执著与果敢，在技术条件如此严苛的情况下，创造了浙江电视新闻史上的一个奇迹。

异地采访，人生地不熟是最大的障碍。尽管有兄弟城市电视台的大力配合，但宁波电视台的采编人员仍然觉得不像在本地采访那么得心应手。采访对象难找：有的相关负责人由于种种顾虑不愿接受电视采访，采访小组只能采取死缠烂打、软磨硬泡的方式，最终才得以采访成功。采访地方陌生：前去广州南沙开发区的塘坑村，愣是错过了高速公路的出口，浪费了一个多小时。对当地市情的不熟悉、信息的不灵通，也使采访小组很难找到鲜活的新闻素材。出发之前，采访小组充分考虑到了异地可能遇见的种种不利因素，尽可能地与当地电视台做好沟通工作，尽量求得当地跑线记者协助拍摄，甚至参与到我们报道的谋篇布局中。在有限的时间里，攻坚克难，采访到节目所需的对象和事件。

一流传媒需要一流的队伍，而队伍是不是一流要在同台打擂竞技中考验和鉴别。这次杭州湾跨海大桥报道一役，高手云集，新老相传，成为展示采编人员才华的平台，也成为锻炼记者编辑的战场。这突出表现在：一是发扬拼搏精神和过硬的采访作风——宁波区域10多家媒体几年来不懈地探究大桥报道创新思路，特别是近几个月来又展开了行程万里的跨省、跨区域采访，形同长途拉练，同台比武，大家克服时间紧迫、人地生疏等困难，顺利完成采访任务；二是体现了过硬的业务能力和写作水平——各媒体采编人员提前介入，认真思考，日行夜写，落笔成篇，打出了宁波媒体人的水平和声誉；三是在宁波开始形成一种新的传播理念，产生一种新的追求。

宁波电视台参加这次杭州湾跨海大桥建成通车现场直播的采编播人员普遍感到,通过与中央电视台的联合直播,更多先进的直播理念、娴熟的直播掌控、灵巧的移动直播以及举重若轻的主题把握、精益求精的采访要求、一丝不苟的敬业精神都成为自身的一部分。联合直播,不但进一步扩大宁波城市在国内外的知名度和影响力,而且对电视台自身的节目形态、操作方式、运行机制等方面都可作些探索和创新。现场直播的合作过程中,文案编辑要把握报道采访的大方向,并且保证策划的稳定。记者则要严格按照策划的要求进行采访写作,并在采访过程中实现新闻资源的合理配置和互补。现场主持人在把握直播文稿主题的基础上,要不断捕捉现场正在发生变化的新闻事实细节和事物矛盾冲突,增强节目现场感和可听性。技术人员要详尽制订现场直播操作方案和应急预案,确保直播顺畅,保障有力。一场直播下来,一支政治强、作风正、业务精、纪律严,反应灵敏,善打胜仗的广播现场直播团队就已经成型了。

3.6 大传播:塑造媒体品牌

5月1日上午10时,不少准备过五一节假期的市民们没有像往常一样外出旅游或者逛街购物,而是选择观看中国宁波网8小时直播杭州湾跨海大桥通车节目,这个节目一直持续到晚上6时才结束。与此同时,海内外的网民通过人民网、新华网、新浪网等全国24家网站的视频转播宁波网的节目,与浙江人民共同见证了世界最长的跨海大桥的通车。截至5月3日上午11时,有1013万人次通过中国宁波网观看了杭州湾跨海大桥通车仪式的视频直播和专题报道。这是中国宁波网报道杭州湾跨海大桥的高潮。

助推一个区域经济、政治、文化的发展,必须加强主流媒体建设和新兴媒体建设,形成舆论引导新格局;必须从社会舆论多层次的实际出发,把握媒体分众化、对象化的新趋势,以党报党刊、电台电视台为主,整合都市类媒体、网络媒体等多种宣传资源,努力构建定位明确、特色鲜明、功能互补、覆盖广泛的舆论引导新格局。在杭州湾跨海大桥的报道中,宁波媒体完成了一次成功实践。

报道杭州湾跨海大桥是宁波区域媒体的一场新闻大戏。在这场新闻大戏中报出特色、报出水平、报出效果,进一步提升跨海大桥影响力,同时也提升自身媒体影响力,塑造媒体品牌,实现区域媒体的跨区域传播,是宁波媒体的必然追求。中国宁波网着眼创新、精心策划,通过建立新闻专题、实时视频直播、网上互动对话、组织主题活动等多种方式,多媒体、多渠道地对杭州湾跨海大桥进行了全面报道展示，累计发布关于杭州湾跨海大桥的文字报道4500余篇、图片作品560多幅、视频作品27个，总点击量达5000万人次。杭州湾跨海大桥宣传的最高潮是2008年5月1日的通车。为了报道好这一历史性时刻，宁波网提前策划，精心准备，展开了一系列宣传推广活动。2007年底，率先推出《杭州湾跨海大桥网上家园》专题，新颖的形式、实用的资讯、互动的体验受到网民欢迎。2008年的头四个月，中国宁波网又发起"世界十大名桥评选"等多项活动，为通车仪式的举行营造了良好的舆论氛围。

中国宁波网发挥多媒体优势，致力打造第二现场，让网民零距离接触大桥；与24家网络媒体联动直播，引发全国的网络"大桥热"；传播、制作技术同步创新，实现技术通畅"零障碍"——这是宁波网络宣传的一次新突破，是杭州湾跨海大桥通车宣传的一个新亮点，更是向国内外展现宁波城市形象的一次成功实践。

4 《现代金报》:区域新闻“桥牌”

新闻创新是全国新闻界面临的一个重大课题。

时代在发展,新闻如果不创新,就难以切近时代的脉搏;任务在翻新,新闻如果不创新就难以承担起党和人民以及时代所赋予我们的任务;读者的口味、群众的口味、观众的口味在变化,新闻如果不创新,就很难有吸引力、感召力,很难收到宣传效果。

杭州湾跨海大桥是宁波发展史上的重大事件。从前期论证到开工再到建设,所有宁波区域媒体一直关注着大桥的每一步进展,对大桥的报道整体上已经非常充分;在大桥通车的新闻素材几乎都已“榨干吃尽”,从题材到素材都已经没有多少新鲜的东西可以挖掘的情况下,5 月 1 日的大桥通车报道如何实现“完美收官”? 在大桥通车全球关注,新闻大战硝烟弥漫的情况下,作为地方媒体,如何才能在与海内外众多重量级媒体“同场竞技”中显出特色,以卓越的新闻策划和超常规的新闻操作手段实现这场战役性报道的完胜?

制胜的法宝就在于新闻创新!

宁波媒体在这场战役中纷纷使出自己的“撒手锏”,依靠创新的思维,在新闻观念、新闻内容、新闻形式、新闻方法、新闻手段上实现了一次“华丽的转身”。

新闻创新,要求我们的媒体在新闻报道中体现出媒体特有的思想维度和独特的报道创意。《现代金报》发挥新华社社办媒体的队伍优势和资源优势,在大桥新闻报道上立足宁波,在新闻视角上走出宁波,站在长三角的高度俯瞰宁波,从全国港口城市的大视角审视宁波,高屋建瓴,使报道内涵更深远,立意更宏大,为在大桥报道中的新闻创新打开了一个新的视野。

4.1 策划牌:先发制人抓新闻,后发制人推思想

新闻创新,从媒体的属性来讲,就是一个新闻机构在其媒体上实现作为“一个重大历史事件的最忠实的记录者和见证者”的使命。

金报作为主流日报,始终遵循重大新闻事件策划先发制人的原则;先发制

人，是昙花一现，靠超前思维形成独家新闻。同时，日报的重大事件新闻策划同样离不开后发制人；后发制人，靠二次思维显示一家媒体的后劲、实力。金报的大桥报道从《大桥通史》到《大城崛起》，完成了一次从先发制人到后发制人的精彩新闻实践，印证了媒体更重要的操守是，为读者提供思想，或者思想的维度。

金报大桥报道总编辑亲自挂帅，组织专门报道力量，集中大家的智慧和才干，选择最好的报道方式，多角度、多侧面、全方位报道杭州湾跨海大桥，忠实地记录和见证大桥从建设到通车的每一个重要历史时刻。

杭州湾跨海大桥是由我国自行设计、自行管理、自行建造、自行投资建设的重大交通基础设施，因其包含着理念创新、科技创新、管理创新，体现浙江人敢想、敢干、敢为人先的浙江精神等多种要素而备受瞩目。自大桥建设以来，金报密切关注和跟踪大桥建设的每一次重大进展，每一次重大技术突破，对大桥建设的阶段性成果不惜版面进行报道。2007 年 6 月 25 日，杭州湾跨海大桥建设进入冲刺阶段，金报为此组织了一支最强的报道队伍，历时一个月时间，推出了 12 个版面的《大桥通史》特刊，对杭州湾跨海大桥的历史、现状以及对经济、社会的影响做了深入全面细致的报道和剖析，让读者第一次对杭州湾跨海大桥从规划设计到建设施工，再到科技攻坚和技术创新，以及对宁波经济和社会发展的深刻意义有了全面系统的认识和了解。

为了配合 2008 年 5 月 1 日大桥通车这一重大历史时刻的报道，金报早在一个月前，就由总编辑挂帅，组成了一支精干的报道团队，在大桥通车前的 4 月 29 日，推出了 12 个整版的《大城崛起》特刊。这份特刊从大桥通车后宁波中心城市的定位，到宁波应该如何打好大桥这张“牌”；从宁波加工企业面临的再次洗牌，到宁波服务业应如何乘“桥”而上，再度崛起；从大桥如何串起宁波的旅游碎片，到寻找宁波文化的新坐标；等等，全方位、多视角地向读者展示了大桥之于宁波的深远意义。报道体现出该报特有的思想维度和独特的报道创意（见图 4-1）。

4.2 独家牌：从独家资源到独家视角、独家创意

新闻创新，很大程度上是要增强舆论引导的针对性和实效性。

挖掘独家题材，选择独家视角，为读者奉献独家报道，增强报道的必读性是平面媒体与电视、网络，乃至平面媒体之间竞争的一个基本策略，就是追求“差异优势”；而构成“差异优势”的好报道，离不开“独家、首发、现场感、观点犀利”等元素。当今，读者口味日益“刁钻”、新闻资源渐趋共享、报道同质化趋于严重、媒体

图 4-1 《现代金报》大桥特刊

竞争日渐残酷,想在重大事件报道中抓独家"活鱼",越来越难。

作为新华社媒体,金报拥有特殊的渠道资源。在大桥报道的媒体比拼中,金报力求使自己成为杭州湾跨海大桥报道中的一个真正称职的媒体,一个重大历史事件的最忠实的记录者和见证者之一。强烈的使命感和难得的报道机遇让金报不敢有丝毫的懈怠,报社领导层一起上阵,共同研究确定报道思路,精心策划每一个报道选题,规划多条采访路线,安排记者按报道分工,分赴舟山、嘉兴、温州、南通、大连、青岛等地采访。记者所到之处均请专家谈大桥带来的"辐射功能"、周边城市如何寻求"错位发展";找大连、青岛、南通市长谈作为港口城市宁波如何借鉴港口城市发展模式,捕捉发展机遇;找市民谈大桥建设和开通给他们生活带来的巨大而深刻的变化和影响……

一位著名报人提出："在今天，'独家新闻'的概念已经发生了深刻变化。'独家新闻'已不仅仅意味着抢到了'第一落点'和'第一时间'，它还意味着独家观念、独家视角、独家方法。要力争对同一新闻事件，挖掘比别人更深入的新闻事实，阐发出新的观点。"

在占有丰富采访素材和认真思考的基础上，金报在报道中提出了"宁波将扮演长三角新势力"，"港桥海引擎启动，宁波将成为发达区域中心城市"，"宁波工厂该加速洗牌，服务业应乘桥而上"等涉及区域经济发展的新闻构想。报道立足宁波，着眼长三角，再辐射全国，力求为读者展开一个更大的经济视野，一幅更壮观的历史和现实图景，从而激发人们更丰富的联想，让读者在飞扬激荡的思辨中得到更多的启迪。

金报同时特别强调独家包装，独家版面编辑语言，把稿件"扮靓"，把版面"扮靓"，形成独家创意，使报道的内容、形式和传播效果达到最佳。

4.3 互动牌：建立新闻共鸣主渠道

互动是媒体与受众建立新闻共鸣的主渠道。

金报的大桥报道在坚持重大报道的宣传功能的同时，兼顾可参与性，让广大读者与大桥建设之间实现互动共鸣，可以扩大媒体的报道效果和影响力，激发读者热爱宁波、热爱家乡的热情。

杭州湾跨海大桥从开工建设起，就已经成为宁波的一道可载入历史的壮丽景观，能事先看到大桥建设情况，领略大桥独特的风采，早已成为人们的一个美好梦想。为满足广大读者的心愿，金报2008年3月策划了"金报带你看大桥"活动，招集宁波在各领域有突出贡献和影响的人物，由金报与大桥建设工程指挥部联系，组织大家观看杭州湾跨海大桥奇观。在两三个月的时间里，金报先后四次组织近百人走上大桥，一睹大桥和大桥建设者的风采。有机会第一次走上大桥的读者对关于大桥的一切都有极大的兴趣，他们了解大桥的建筑特点、施工难度、抗击风浪的措施，展望大桥通车后给他们带来的诸多方便。一些参加"看大桥"活动的市民激动地告诉金报记者："走上这座全世界最长的跨海大桥，我们看到的是国力的昌盛，是科技的振兴，是经济的腾飞，是宁波未来更加美好壮丽的图景。百闻不如一见啊！"

为了让读者更切实地感受到大桥将给他们的生活带来的巨大变化，金报还与《嘉兴日报》进行媒体联动，开辟了“大桥两岸行”专栏，用两地记者的眼光，向读者展示杭州湾跨海大桥通车后将给两地人民带来的福运和机遇。通过这组报道，金报不仅让读者从另一个角度看到了大桥通车后将给两地发展带来的机遇——促进了宁波和嘉兴两地在经济上共生互补，也让读者第一次了解了发源于7000年前的河姆渡文化因杭州湾跨海大桥的开通，彻底实现了与发源于嘉兴的同样古老的马家浜文化的交融。

4.4 服务牌：媒体务必秉持的民生理念

解疑释惑，服务大众，体现了金报在关乎民生的问题上所秉持的民生理念。

在关于杭州湾跨海大桥报道中，金报一再阐述飞架南北的跨海大桥，有利于增强以海为龙头的世界第六大城市群的整体竞争力；有利于完成长三角区域的交通布局，促进环杭州湾产业带战略发展布局的实施；有利于贯彻“以人为本”的理念，满足人民群众的出行需要，进一步提升长三角领域的经济合作与交流水平；有利于更好地实现节能降耗，促进资源节约型和环境友好型社会建设。但市民的心中仍有一些疑问需要解答。比如大桥耗资118亿元，用这么多钱建大桥究竟值不值？为此，金报在报道中请专家为读者算了几笔账。

一是民生账。从沪甬两地的班车绕杭州湾“大喇叭”走沪杭甬高速公路，至少要4个小时。而大桥开通后，从上海到宁波的直线距离骤然从304千米缩短到179千米，最快1小时40分钟就可以到达。而上海到温州的距离缩短到427千米，车程将由原来的7小时缩短到4小时内，上海到台州的距离也将缩短到5小时车程左右。这座大桥带来的直接结果就是让长三角变“小”了。民生账合不合算老百姓心里有数了。

二是旅游账。跨海大桥开通后会产生旅游辐射效应，奉化景区溪口由4A级景区升格成5A级，慈溪达蓬山旅游度假村2008年也正式开放。而跨海大桥本身也成了旅行社争抢的对象，慈溪、宁波、嘉兴三地已推出了杭州湾跨海大桥一日游的旅游产品，跨海大桥带来的好处就是宁波也进入了以上海为核心的长三角两小时旅游圈，两小时交通就可以做成一日游，省掉了住宿费，团费可少一半，哪个地区进了这个圈，哪个地区就财源滚滚。

三是生命账。从建桥的那天起，设计者第一位考虑的就是怎样让司机安全经过杭州湾跨海大桥。桥面的钢箱间预留可移动空隙，热胀冷缩不会让路面起鼓，栏杆上安装防风屏障，海风到了桥面速度就减小。另外，司机最怕的就是路边景色不变导致疲劳，而走杭州湾跨海大桥，在 36 千米范围内可以经过引桥，航道桥的风景变换，使疲劳导致车祸的可能性大大降低。多重设计让司机行车更安全，走跨海大桥无疑是安全的。

类似服务民生，解疑释惑的“以人为本”的报道，贯穿于金报关于杭州湾跨海大桥报道的始终，既让读者了解到关于杭州湾跨海大桥的各种知识和常识，也剔除了存在于读者心中的隐忧，报道所带来的正面效果是常规新闻报道所不可替代的。

依托杭州湾跨海大桥建成通车这样的重大新闻契机，金报人全面深入地宣传宁波、服务宁波，通过自己的大手笔新闻“桥牌”，交上了一份令读者满意的“新闻纸”答卷。

新闻创新，要求媒体更多地按照新闻传播规律办事，创新观念、创新内容、创新形式、创新方法、创新手段，努力使新闻宣传工作体现时代性、把握规律性、富于创造性，不断提高舆论引导的权威性、公信力、影响力。《现代金报》在杭州湾跨海大桥报道中以《大城崛起》、《大桥通史》等特刊为核心的报道创新意识浓厚，报道立意深远、气势宏大、高屋建瓴，得到了宁波市委、市政府主要领导的高度评价，也在社会上产生了强烈的反响。

金报围绕杭州湾跨海大桥的一系列报道，不仅向世人展示了宁波的最新坐标——长江三角洲南翼经济中心的定位，也让人感受到作为浙东南中心城市的宁波所承担的历史责任和必修的功课。作为媒体中的一员，金报带领读者感受着大桥建成通车带来的振奋和喜悦、思考着大桥给宁波带来的机遇和挑战，也承担着作为新华社社办媒体所肩负的更深更重的责任和使命。

5 县市报样本:县域传播的区域霸主

5.1 背景:市场改变命运

县域传播市场的变局起于2003年。

2003年7月15日,中共中央办公厅、国务院办公厅发布《关于进一步治理党政部门报刊散滥和利用职权发行,减轻基层和农民负担的通知》(19号文件)。2003年7月25日,新闻出版总署办公厅印发了关于落实中办、国办19号文件的实施细则《中央编发关于治理报刊散滥工作中机构编制调整问题的通知》,全国有262家县(市、旗)和城市区的报纸被纳入停办之列。此前,县市报急剧增多,给行业监管带来了困难,行业内无序竞争的状态长期得不到治理。县市报停办与否的命运大致尘埃落定,绝大部分县市级党报被停办,只保留一小部分经济规模较大的县市报。在这次县市级报纸大整改中,浙江省宁波市共有《慈溪日报》、《余姚日报》、《鄞州日报》、《奉化日报》等四家县(市)级报纸被保留下来。经过改革,四家报纸一同划归宁波日报报业集团管理,由宁波日报报业集团控股51%,地方市政府控股49%。

绝大部分县市报的停办,并不意味着县报概念的从此消失——停办的只是县级党报。一如《市场改变命运》[1]所言:"那种将舆论阵地与报业市场人为割裂、用计划经济方式办县级党报的时代已经结束……一个面向群众、面向市场、按新闻规律和市场规律办报的新的县报时代已经来临。"

弹指一挥间。从2003年到2008年,经过五年的"试水",被保留下来的县市报群体的实际情形究竟如何?以一个县域平面传媒生态的角度来考察县市报的管理经营和新闻实践样本,进行一次典型解剖非常必要,且具有现实意义。2008年8月,笔者走访了宁波大市范围内的这四家具备正式出版刊号的县市级报纸,通过调查、分析和研究宁波市四家县市报近年来的生存和发展状况发现,作为最

[1] 周杰三,朱代军,黄启键. 市场改变命运——县市报之归去来兮. 传媒,2003.

贴近基层的报纸，县市报在近年来笼罩报业的“寒冬论”、“拐点论”[1]中，通过强化本地优势和创新多元经营，不仅成功地掌握了自己在文化传播产业中的命运，更给整个报业的县域发展带来了可资借鉴的经验。

《慈溪日报》、《余姚日报》、《鄞州日报》、《奉化日报》生存于党报集团之内，却再也没有了党报的牌子，不再由当地党委主管主办，失去了发行上的“保护伞”，却因为少了某些方面的制约，而赢得了更多按市场规律发展的主动权，赢得了按企业化运作的制度创新、机制再造的广阔空间。

调研结果表明，宁波良好的地域经济助力了四家报业传媒的强势发展。四家报纸也紧紧结合地域经济发展实际，满足现有经济发展的需要，为地方经济发展服务。调研数据透露，2007 年《慈溪日报》、《余姚日报》、《鄞州日报》、《奉化日报》四家报社的广告收入分别为 1902 万元、2002 万元，1166 万元、710 余万元，远远超过国家保留县市级报纸 400 万广告收入的标准。《余姚日报》以 2002 万元的广告收入位列浙江省各县市报第三位，其中政府公告收入占到广告总收入的 1/3，如此高的政府公告收入在一定程度上表现了余姚经济的发展和政务的公开透明，也在另一个侧面反映了区域经济的强势为县市报的发展提供了有力保障。

经过五年多的经营管理和采编实践，面对生存和发展的双重压力，四家报纸各自寻求着适合自己的独特的生存之路。同时也不难发现，宁波四家县市报纸面向市场的万里征程其实才刚刚开始——突破困惑的智慧感悟和突破困境的自由发展，缘于县市报对于现实困惑和困境的深刻认识：他们离真正按市场规律和按新闻规律办报还有差距。要将命运牢牢掌握在自己手中，只有与时俱进，面向群众，面向市场，建立适合社会主义市场经济的办报体制和采编经营运作机制。

5.2 《慈溪日报》：打造最具品牌的文化企业

《慈溪日报》自觉接受市场的洗礼，不断推进新闻改革，为当地人民奉献了一份不可或缺的文化精神食粮。《慈溪日报》在文化市场上的贡献在于彻底改变了农村读者不读报的习惯，一步步成长为当地最具影响力的第一媒体。

---

[1] 喻国明. 拐点中的传媒抉择. 北京：经济日报出版社，2007.

一、抓住媒体扩展文化产业优势,助力地方文化建设

以“建设慈溪区域内最具强势的主流媒体,最具品牌的文化企业”为总发展方向,《慈溪日报》抓住媒体扩展文化产业的优势,根据慈溪地方经济特色,力求在文化产业中开拓发展新路。

在坚持办报为主业的前提下,围绕文化建设这个主题,《慈溪日报》积极创造条件开展多元化经营。2006 年 4 月成立了文化传媒公司,公司依托媒体的品牌与优势,致力于各类文艺、庆典、体育赛事、培训、会展、会议活动等文化活动策划,已策划了野生动物保护周活动、全国禁毒等 20 多个项目的活动方案并组织实施。2006 年 6 月 18 日,他们在宁波新文三维股份有限公司投资入股 180 万元,开展了资本经营投资活动。

从 2006 年开始,慈溪的“杨梅仙子”评选活动由《慈溪日报》、慈溪新闻网、慈溪市旅游局等单位作为一个文化品牌推出已连续三届,并已注册了商标。六月杨梅遍地红,八方佳丽展风采,杨梅仙子评选活动已经成为慈溪一个颇具影响力的区域性文化品牌,在杨梅收获的美丽季节绽放异彩。《慈溪日报》利用媒体的资源与优势,运用市场化运作的方式,通过冠名、协办等合作形式,吸收了一批企业参与,扩展了新闻资源、经营资源和社会资源,达到了社会效益与经济效益的双丰收。2007 年,组委会为提高慈溪杨梅的知名度,在上一年举办首届“杨梅仙子”评选活动的基础上,将杭州湾跨海大桥的建设与地域文化结合起来,使慈溪、跨海大桥、杨梅三点成一线,由第一届评选活动亏损 50 万元发展为盈利 30 万元;2008 年,以“看跨海大桥,品慈溪杨梅,评美丽仙子,做爱心使者”为主题的第三届杨梅仙子评选活动决赛与颁奖同为四川赈灾结合起来,举办慈溪市第三届杨梅仙子评选决赛暨赈灾晚会,杨梅仙子成为传播爱心和温情的使者。

二、经营与新闻分开,报社企业化、制度化规范运作

《慈溪日报》自成立报业有限公司以来,按照经营与新闻两分开的原则,在办好报纸的同时,建立和健全了报业经营工作机制,使报业有限公司做到真正意义上的企业化运作。

更新经营理念。在报社上下真正形成了报业有限公司是一个独立企业法人的概念,并保证它的独立经营管理的法定地位。在制度上,实行公司一本账的财务管理,为经营报业建立了体制保证。在策略上,改报业经营为经营报业,强化产业化意识,用市场化的经营理念和办法来运作整张报纸,不仅要实现报纸内

容、发行、广告之间的联动,而且要拓展报业产业链,在制定报业有限公司《章程》时,充分考虑了拓展报业产业链的若干经营项目。在导向上,牢牢确立以市场为导向的意识,按照市场与读者的需求,不断强化报业创新机制,加快调整办报与经营模式的转型。

建立健全机构。为使公司早日运转,建立了与新闻采编相分离、与报社班子成员相分设的公司领导班子,由总经理、副总经理、总经理助理、财务总监等组成,在公司董事会领导下,实施对公司的管理。同时,公司下设了综合部、财务部、经营发展部,结合报纸扩版改版,通盘考虑了公司人员安排,对现有人力资源进行了整合,内部挖潜,从采编、行政人员中抽调骨干,充实到公司从事报业经营和管理。目前公司共有各类人员15名,占报社员工数的21%。

实施制度化、规范化运作。在严格执行公司章程的前提下,起草了《慈溪日报报业有限公司管理办法》、《慈溪日报报业有限公司财务管理细则》、《慈溪日报报业有限公司经营管理细则》等制度规定,并设立了总经理办公会议制度,实施对公司的管理。同时,还对处理好公司班子与报社班子的关系进行了规范,对议事内容、决定事项、决策程序等进行了界定和规定。

三、报纸征订出新招,发掘农村潜在市场

《慈溪日报》积极探索新形势下报纸发行的新路子,在稳定各级机关部门征订的同时,主攻报纸进家庭、进企业、进农村、进社区,着力在增加有效发行和提高投递质量上下工夫,切实加强了报纸发行日常管理工作,对报纸投递开展了经常性的跟踪检查,征询订报大户、重点单位的意见与建议,同时采取分类指导、条块结合等有效办法,做好破月零星订报工作。2007年,在报价提升的情况下,订报数仍比上年增加了1000多份,尤其是城乡家庭订户明显增加,当年度报纸发行总数达到了3.5万份。

《慈溪日报》看到了农村这个潜在的市场,积极扩大农民订报,根据农村实际情况施行了一些营销措施,通过农村地区有条件的半价优惠订报、部分订报额奖励制度等,着力培养农民读者。

四、发挥地域接近性优势,多领域扩展经营

面对宏观政策和市场环境的严峻考验,《慈溪日报》充分发挥地域接近性优势,以报纸广告为主体,拓展经营空间,加强经营管理,保持了报业经济的稳定增长。

2006 年，《慈溪日报》社总收入达到了 2523 万元，实现净利润 213 万元，分别比上年增长 41.8%和 45.1%。其中报纸广告收入 1784 万元；报纸征订 3.3 万份，发行收入突破 500 万元；文化传媒公司收入 57 万元；网络经营收入 20 万元。2007 年报业经营保持稳定增长的局面，全年总收入 2932 万元，实现净利润 217 万元，分别比上年增长 16.2%和 1.9%。其中报纸广告财务收入 1902 万元，比上年增加 6.6%；报纸发行收入突破 545 万元，比上年增加 21%；《慈溪日报》印刷费以外的印刷业务销售额 338 万元，比上年增加 62.5%，文化传媒经营额 117 万元，比上年增加 105.3%(见图 5-1)。

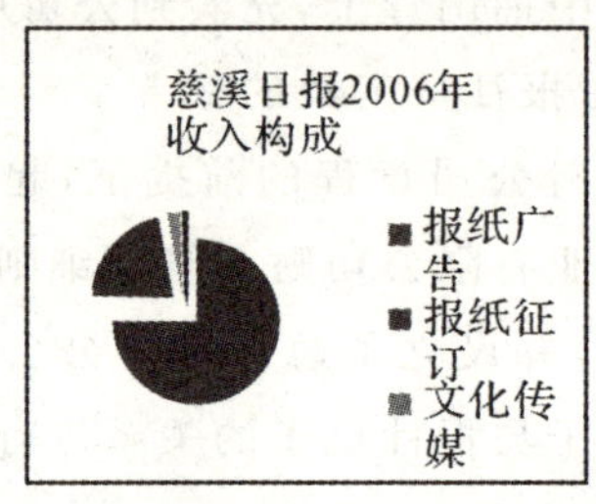

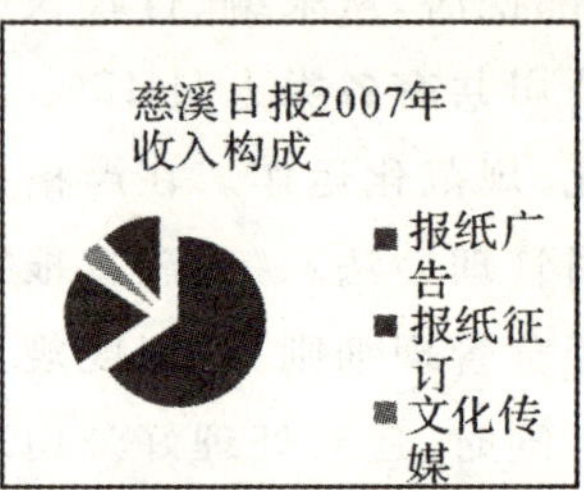

图 5-1 《慈溪日报》2006、2007 年收入构成对比图(单位：万元)

扩展广告经营，坚持以报纸广告为主体，强化策划设计，开拓报纸广告。《慈溪日报》在办好健康、休闲、家居、车市专版的同时，创办了为部门和企业服务的部门专版和《民营经济周刊》；举办慈溪市最受欢迎的服务行业系列评选：涉及餐饮、汽车、旅游、家装、娱乐休闲等多个行业，报名参加评选活动的企业达到 100 多家，评出 50 家“最受欢迎的服务行业企业”，开展了品牌推广宣传；从 2006 年开始，每年《慈溪日报》复刊日，组织开展一年一届的《慈溪日报》联谊单位活动，整体推出以全年重大节日祝贺广告专版为主的联谊载体，提升企业形象、文化内涵，2007 年已共有 120 多家市级部门、镇(街道)、企事业单位成为联谊单位。

报网互动，开展网络经营。按照“立足慈溪，面向世界，新闻立网，凸显特色”的办网宗旨，进一步整合慈溪新闻、文化、服务信息资源，以新闻为主干，以政务和商务为延伸，立足慈溪地域特色，不断改进和完善板块、频道和栏目的设置。目前共设有“新闻中心”、“慈溪概览”、“跨海大桥”、“慈溪政务”、“慈溪日报电子版”和“慈溪商人”等 17 个频道，200 多个子栏目。报网互动，慈溪新闻网及时、准确、全面地向外报告慈溪政治、经济、文化等多个领域的动态，较好地发挥了向外宣传慈溪的重要窗口作用，在全国县市新闻网站首次评定中，获得了“全国十大县市新闻网站”称号。

五、报纸发展三大制约之首:不完全市场化

调查发现,面对日益激烈的竞争环境,《慈溪日报》在改革建设中也凸显出发展中存在着的三大制约。

制约之一是:体制改革与机制不协调、不配套、不彻底的现象制约着报社管理效能与工作质量的提高。“机制”指的是有机体的构造、功能和相互关系,泛指一个工作系统的组织或部分之间相互作用的过程和方式。“体制”指的是国家机关、企业、事业单位等的组织制度。《慈溪日报》中的采编工作人员有事业编制、企业编制、招聘、临时招聘等不同群体,市场化的体制与不完全市场化的机制不能相互配套,以至于带来报社权利与义务不对等的副作用。着力建立健全符合报社发展实际,既有活力又行之有效的管理机制、用人机制和协调机制,以切实增强报社机制活力。

制约之二是:办报规模偏小和办报模式常规型、新闻内容承载能力的限制和报业发展受到的限制制约着报纸塑造强势媒体和支撑报业发展能力的增强。报社正通过依托报纸版面、扩大报纸发行、发展商务印刷、扩展文化产业等方面的持续不断的努力,坚持以报为本,多元发展,实施以“新闻为核心、发行为基础、广告为支柱”的报业联动战略和以经营活动为载体的报网互动战略,积极拓展报业经营产业链,加快经济发展。

制约之三是:长远投入和骨干人才的缺乏,制约着报业持续发展后劲的增强。现在的《慈溪日报》很多硬件设施、技术设备已日趋先进,但存在着报社既有成员依旧按常规办事以及如何很好利用高水平的人才的问题。报社旨在通过抓好学习教育,提高全体员工政治业务素质;抓好班子建设,提高领导决策能力;抓好人才培养,着力提高人才使用效能等抓手,切实提高报社队伍素质。

5.3 《余姚日报》:从报纸经营到经营报纸

《余姚日报》创刊于 1956 年,中间停刊,1989 年在《余姚科技报》的基础上复刊。至 2008 年中在编人员 47 人,全部工作人员 120 多人。经营范围包括广告、发行、印刷、网站四个方面。像当前其他县市报一样,《余姚日报》不仅要面临多种传统媒体的挤压,而且要面对各种新兴媒体的挑战。在新闻传播竞争如此激烈的情况下,《余姚日报》尝试着探索了一条适合自己发展的道路。

一、采编上致力于做党和人民的共同“喉舌”

2004年,《余姚日报》被纳入宁波日报报业集团旗下。总编由报业集团任命,余姚地方市委建议。原则上《余姚日报》的定位已经不再是地方党报,而是时政类报纸。但余姚市政府仍把它当作自己的党报,对其非常重视,政府公告占其广告总量的1/3;另外,为了扩大发行量,报纸报道的内容必须要贴近群众,贴近生活,满足市场的需要。如何处理好这两方面的关系就显得至关重要。

关注新闻,准确表达党和政府的声音。拓宽思路,把握全局,把党和政府的重要方针政策迅速转变为新闻选题。加强策划,改进新闻报道形式,采取评论、图表、数字、系列报道等群众易于接受的宣传形式,帮助群众解读党和政府的重要方针政策。党的十七大召开期间,《余姚日报》紧扣余姚市十七大党代表裘秀菊这一新闻点,进行积极策划,通过《记者博客》这一栏目,以记者观察、叙述的方式向读者展示裘秀菊在京参加党的十七大的所见所闻和感受,让读者从一个更生动、更贴切的角度加深对党的十七大精神的理解。

贴近民情,做好服务文章,拉近与群众的距离。首先,展开热线追踪,利用媒体优势为群众的所求所需提供帮助,如《好想有个“家”:一群樟树的自白》、《5000棵樟树都找到了新家》、《苏州吴先生寻找“余姚女儿”》、《吴先生要找的人却在余姚》等热线追踪报道;其次,密切关注与市民生产、生活有关的问题,及时采编解答,如《三月植树忙,苗木哪里买?》、《八成消费官司消费者败诉,为何?》等;最后,利用“民生实录”这一长期专栏,以群众来电形式刊登大家在日常生活中遇到的各类问题,反映群众心声。

贴近读者,做好深度报道,彰显地方特色。县市报来源于一方水土,就要扎根于一方水土,服务于一方水土。《余姚日报》周二有《经济周刊》,周三有《文化周刊》,周四有《社会周刊》,周五有《新闻周刊》。《经济周刊》、《文化周刊》牢牢立足于余姚本地经济、文化生活中的大事、要事,推出了一系列有深度、有见地的报道。如《经济周刊》中的《四明茶香:能否飘得更远——从“中国高山云雾茶之乡”大岚镇看全市茶叶产业发展》等报道,不仅为政府决策提供相关参考建议,也能为企业发展提供有关信息。其中《农家乐:不能失却的土味》一文发表后,有关乡镇还根据报道所提的建议建立了旅游协会农家乐分会,使农家乐旅游业走上规范发展道路。而《文化周刊》推出的《在尘封的历史中走进汪洋明身世》、《再现先民生活场景 复原远古江南风貌——田螺山遗址探秘》等报道,让读者充分体会到了地方文化魅力。《社会周刊》旨在以深度报道的形式聚焦余姚本地各领域的人群,让本地群众、本地新闻在更广阔的舞台上唱主角。

二、经营上从报纸经营到经营报纸

从报纸经营到经营报纸，这是办报理念一个质的飞跃。经营报纸与报纸经营的最大区别就是办报者把广告经营与编辑报纸看成是一个水乳相融、休戚相关的整体，双方相互依赖，相互支持。首先，对于报社来说，最大的广告经营资源就是报纸版面，竞争广告客户的最大优势也是报纸版面。《余姚日报》认识到这一点，在原有的《经济周刊》、《文化周刊》、《新闻周刊》的基础上又增加了《社会周刊》。版面的增加，扩大了广告经营的阵地。其次，面对严峻的广告形式，一方面抓广告服务，与新老客户加强联系与沟通，保证客户源；另一方面加强专栏、专版策划，如周二的“塑模·机械·五金”、周三的“百姓生活”、周四的“家居”、周五的“二手房超市”、周六的“双休日服务信息专栏”等，多方吸引广告客户。最后，积极进行报业大型广告活动策划，用活动带动广告，使广告业务得到有力拓展。如2007年是塑料诞生100周年，《余姚日报》请来了10多个塑料研究的顶级专家，用了4个版面介绍了塑料的情况，刊登了专家的文章和相关广告(见图5-2)。

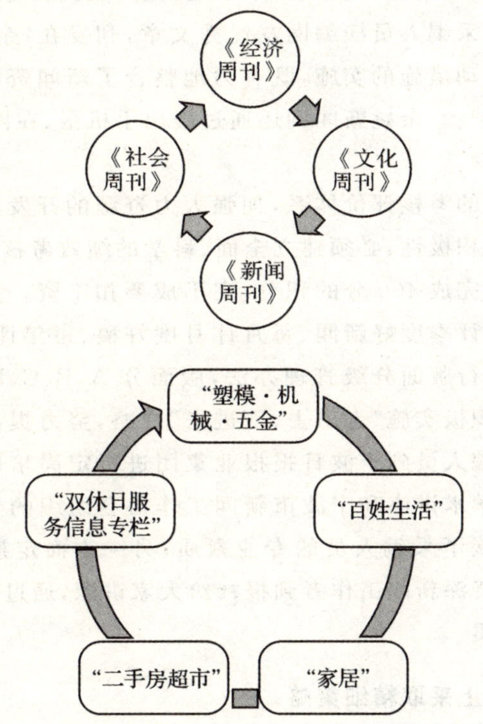

图5-2 《余姚日报》周刊设置及经济类专栏设置图

通过活动策划、新闻策划，扩大报社影响力，全面提升报社形象。《余姚日报》不断加大对社会的关注度、介入度，在新形势下创新办报思路，着力提升自身影响。如2008年借举世瞩目的杭州湾跨海大桥5月1日试运营通车这一契机，于4月7日至4月底组织开展“环杭州湾纪行”大型采访活动，由报社班子成员分别带队，分成四组先后前往海盐、平湖、海宁、余杭、萧山、绍兴、上虞、慈溪、镇海、北仑等杭州湾两岸及附近的相关县市进行采访。这次大规模出访，加强了报社与其他各地的互动、交流，提升了报社形象。另外，报社先后举办了“企业与社会责任”研讨会、“创新余姚”高端论坛等一系列活动，获得社会各界极大关注和积极参与，有力提升了报社影响力。

对接新媒体，迎接数字化。在网络信息时代，网上看报将成为一种新的阅读方式。传统报业要积极采用数字化技术，实现报纸新闻内容、纸质报纸、网络报纸和电子版销售的完美融合。余姚新闻网开通了《余姚日报》电子版，使读者能更便捷地阅读到报纸，实现了报网齐飞。余姚新闻网在2007年中国县市区域报新闻网站建设评比中获得“十佳网站”称号。另外，新闻网还开通了报网互动频道，借助这一平台，新闻网每月提出一个话题，让广大网友参与讨论，发表自己的看法和感想，月底由采编人员摘编网友优秀文章，刊发在《余姚日报》的《报网平台》专版上。报网互动措施的实施，既有力地整合了新闻资源，又开辟了读者投稿的渠道，聚集了人气。余姚新闻网还通过推出手机报、在网站上刊登小广告等形式赢得了一定利润。

建立全面、科学的考核评价体系，加强人力资源的开发、培训和管理。要解放生产力，调动人的积极性，必须建立全面、科学的绩效考核评价体系。《余姚日报》要求其记者每月完成400分的积分，完不成要扣工资。另外，报社聘请了七位专业评报人，每季评季度好新闻、每月评月度好稿、每年评年度好新闻。报社从2008年开始还实行版面分级管理办法，版面分A、B、C、D四等，进一步加大了奖优罚劣力度。积极实施“走出去、请进来”战略，努力提高采编人员的素质。一方面定期派送采编人员到宁波日报报业集团进行定岗培训，组织工作人员参加报业集团组织的学术讲座和宁波市新闻工作协会组织的异地采风活动，通过“走出去”极大地拓展了采编人员的专业素质；另一方面定期邀请《浙江日报》、《宁波日报》等媒体资深新闻工作者到报社给大家讲课，通过面对面的交流，提高采编人员的业务素质。

三、在服务读者上采取精细策略

报纸的宗旨是为读者提供服务，每个报纸都有自己的有效读者群。对于县市报来讲，不仅要服务当地群众，还肩负着宣传当地党和政府方针政策及中心工作的任务。因此，县市报有必要在服务读者上采取精细策略。报纸是由一个个版面组成的有机整体，每个版面承担着各自的功能。在经济规模达到一定层次的前提下，县市报纸可适当增多版面，这样不仅可以扩大广告经营的阵地，而且可以兼顾到服务群众与服务党和政府两方面的内容。

《余姚日报》把报纸的版面分为三个部分：第一部分的版面以围绕中心、服务大局为主旨，报道围绕党和国家的中心工作展开，报道本地区政治、经济、文化、社会建设等方面的成就，解读党和政府的重要方针政策；第二部分的版面关注民生，为普通的群众服务，编发与百姓工作生活密切相关的实用新闻和信息。新闻的接近性告诉我们，读者最关心的是自己的事、自己身边的事、自己熟悉的事，所以在第二部分的版面要强化本土新闻；第三部分的版面实现新闻与信息的互动，切实把报纸与经营联动起来，以活动为抓手，吸引更多的读者和商家关注。健康、教育、IT、汽车等都成为这一部分版面的题材。

5.4 《鄞州日报》："非典型"竞争中的特色突围

自进入宁波日报报业集团后，《鄞州日报》一直坚持区委区政府的"喉舌"意识，围绕党的工作中心，充分发挥全体员工的主观能动性，积极探索报业发展新路子，积极应对报业市场竞争，在办报、经营、管理、队伍建设等方面取得了新的成绩。仅 2007 年报社（公司）实现销售收入 3974 万元，其中广告收入 1166 万元、发行收入 512 万元、印务收入 2295 万元；利润 233.8 万元，比上年增长 41%。在浙江县市区域报新闻奖评选中，共获三个一等奖、三个二等奖、四个三等奖，在全省县市级报纸中位列前茅。在宁波新闻奖评选中，共有 18 篇作品获奖；在中国报纸副刊研究会年赛中，获一等奖一个、二等奖三个、三等奖一个。

一、面对竞争：鄞报的"非典型"问题

《鄞州日报》虽取得了不错的成绩，但其面临的形势及未来发展的道路和生存空间依然值得思考。像其他众多县市级报纸一样，《鄞州日报》还面临着许多的问题和困难。

同城媒体竞争压力巨大。除《宁波日报》外，宁波地区还有《宁波晚报》、《东南商报》、《现代金报》三家都市类报纸。特别是在新华社系统的《现代金报》进入宁波以后，对《鄞州日报》的影响相当大。

城区读者被分流——作为地方性报纸，《鄞州日报》具有固定的读者群。但《东南商报》和《现代金报》的进入使原本属于《鄞州日报》的读者一部分外流。再加上《东南商报》和《现代金报》属都市类报纸，在报道形式和内容选择上更具灵活性和新鲜性，而《鄞州日报》属于地方性时政报，在报道形式和报道内容的选择上要受到一定限制，因此在吸引读者方面劣于《东南商报》和《现代金报》。

广告额受到打压——众所周知，广告是目前大多县市级报纸的主要经济来源，是各大报纸努力经营的重中之重。如今《东南商报》和《现代金报》不仅使读者分流，在很大程度上影响了《鄞州日报》的广告额收入。

员工队伍建设面临新问题——在市场经济的外部影响下，在报业竞争形势下，《鄞州日报》的员工队伍建设还面临许多新情况、新问题。部分员工对报社的忠诚度，对事业的热爱以及人生观、价值观都不断受到挑战。报社体制改革后的特殊性和机制改革创新的不彻底性，导致员工未尽其用、工作苦乐不均、利益分配有失公平、资源浪费严重等现象仍然存在。鄞州日报报社作为一个事企混合型单位，在员工队伍建设上面还有很多工作需要探索、创新和改进。

体制机制对把握新机遇还有距离。随着鄞州经济的快速健康发展，区委区政府对新闻媒体作用的重视以及对《鄞州日报》各地各部门工作报道的关注，为鄞州日报报业发展带来了新的机遇。但是目前《鄞州日报》的体制机制距离把握新的机遇还有一段距离。

《鄞州日报》的这些巨大竞争压力，特别是同城媒体的巨大竞争，在宁波的其他三家县级报纸中是不存在的，所以鄞报的状况可以称之为“非典型”问题（见图 5-3）。

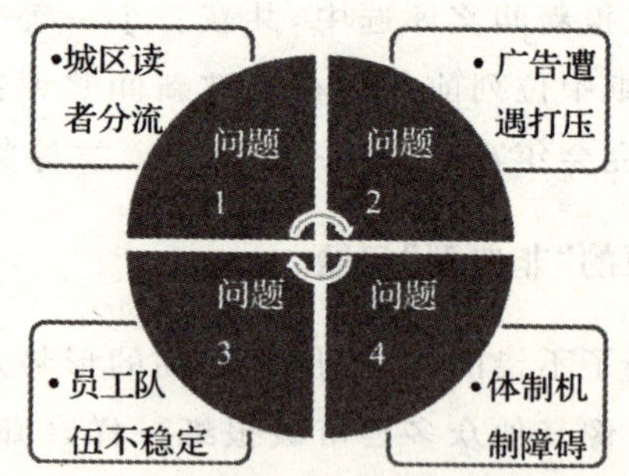

图 5-3 《鄞州日报》竞争环境的“非典型”表现

二、发展战略与对策:特色突围

与其他纸媒相比,县市报有自己独具的优势,优势就是生命力所在。

《鄞州日报》在面临挑战和困难时,积极应对,走出了一条"以特色突围"的道路。

天然的地域接近性。当前,国内纸媒的发展越来越区域化,读者越来越分众化。一些新兴的、完全市场化的媒体,正是遵循这一理论,而在短期内找准了市场定位。报纸的区域化,读者的分众化,使得城市报和大多数党报在读者定位上错开了县域内的多数读者;编辑方针的错位,使其内容自然地不适应城镇读者,更不适应农村读者。而县市报天然的地域接近性,使其在读者定位上有得天独厚的优势。一方水土养一方人,县市报刊登的大都是身边的人和事,对读者有亲和力,只要牢牢抓住这一点,县市报就有了立身之本。《鄞州日报》充分利用县市报的地域优势,强化贴近性来增强竞争力。《鄞州日报》紧紧围绕鄞州区地域特色和热点现象进行深度剖析,推出了"关注鄞州餐饮"、"新城区还缺少什么"、"狂风暴雨看鄞州外贸"等系列报道,引起了读者的广泛共鸣。社会民生版通过对报道的日常策划和版面的精心经营,民生的诉求得到进一步显现,服务的特质得到进一步体现。一些品牌栏目如"你点我访"、"鄞州巧匠"、"鄞州历史上的今天"等,以其鲜明的特色、稳定的质量和不可替代的内容,受到读者的关注和肯定。《鄞州日报》浓墨重彩做好撤县设区五周年报道——专题报道经精心策划,以"世纪华章——鄞州设区五周年特别报道"为主题,分"聚焦鄞州篇"、"魅力鄞州篇"、"解读鄞州篇"、"未来鄞州篇"五大系列,自 2007 年 4 月 2 日推出到 4 月 24 日结束,以每周三次、每次头版和专版呼应的频率和手法见报,贯穿庆祝设区五周年的全过程,浓墨重彩地展示了鄞州走在前列的生动实践、融入都市的豪迈气魄、和谐发展的辉煌成就。

县市报有县城外媒体难以比拟的快捷度。县市报离本地读者距离最近,只要是日报,把发行网络建好,提高投送质量,完全可以在第一时间将信息传递给读者。同时,多数基础好的县市报已经实现与互联网的对接,对国内外大事享有与其他报纸一样的接受速度。同时经济发达的县域有庞大的读者群和强烈的信息需求。鄞州,经济发展迅猛,多年位居全国经济百强县前列。2002 年 4 月 19 日改名为宁波市鄞州区。目前,全区共有 20 个镇(乡)、3 个街道、3 个工业区,74.27 万人口。外来商品需要在本地交流信息,本地厂家、商家更需要信息交流。他们需要了解当地政经大事及各类信息,他们最需要的、最看重的是当地媒介。《鄞州日报》的《宁波新闻周刊》强化新闻的重量、质量和品牌效应,在采编力量有限的情况下,发挥主观能动作用,创立自己的副刊《新闻周刊》。《宁波新闻周刊》准确把握周刊定位理念,强调策划先行,精选精编,不断强化版面质量。《〈三字经〉申遗引发作者之争》、《新鄞州七十二变》、《咱当兵的人——八位宁波人的光辉岁月》、《双城记——纪念香港回归10周年特别报道》、《城市记忆——宁波灵桥大修录》、《鄞州财政5年翻两番启示录》、《难忘的战斗——记者节特别报道》等报道都受到读者的好评。

编织鄞州新闻网,以占据"第四媒体"一席之地。县市级报纸这种在印刷媒介基础上产生的传统媒体,在当前网络时代大背景下,正通过自身的努力,应对正在迅速崛起的互联网。地方报纸无一不受到地域的限制,因此在中小型城市报刊的竞争中形成了这样一个怪圈,外地报纸能打进来,本地报纸却出不去。而网络的出现,给地方报纸一个公平竞争的机遇。在如今网络大环境下,《鄞州日报》创设了鄞州新闻网。鄞州新闻网在确立"立足区域,服务区域"这一办网定位基础上,发挥网络传播的优势,不断加大资源整合,围绕区委区政府工作中心,积极做好重大主题宣传报道工作。同时,运用多种报道方式,突出原创,在第一时间推出了鄞州区"王应麟与《三字经》研讨活动"等自采新闻。在设法补充调整人员,完善日常网络管理机制的同时,鄞州新闻网开拓思路,从2007年5月起自主开发推出了互动多媒体电子报,领先于宁波县市级新闻网站。2007年11月,进一步研发了互动多媒体电子报的订阅系统,由鄞州区委副书记、区长薛维海亲自点击开通。

县市报运行成本低,办报环境好,广告空间大。如果把媒体看作企业,大型传媒是大企业,县市报就是小企业。在市场经济条件下,大企业不一定活得好,小企业也不一定活得不好。其中一个重要的因素,就是县市报负担轻、成本低。《鄞州日报》的经营,可以说是易于相随、挑战亦重,各经营部门发挥主观能动性,抓住机遇绝不放松,未雨绸缪应对挑战,激活机制增强动力,改进服务拓宽市场,使经营总量达到年初目标,尤其是广告中心、印务中心轮转部、发行中心的业绩较为突出。广告中心实施微观创新,引进业务人才,完善具有激励效应的考核机制,合理整合资源,精心策划活动,超额完成年度目标,产值同比增长17%。特刊部齐心协力加强服务,顺利完成任务。印务中心轮转部切实加强机器设备保养维护,在巩固印刷大客户的同时,努力开发小报印刷业务,超额完成年度指标,产值比指标增长16.6%;平板部调整了业务结构,向杂志等高端印刷方向发展,虽然人员工资成本增加、纸张涨价,但总体发展态势良好。发行中心主动争取领导重视，创新征订过程中的督查办法，大力拓展企业订报数，提高投递质量，超额完成年度目标(2.9万份)，发行量达3万余份，增长率达到5%。

5.5 《奉化日报》:在平稳中求发展

在宁波的四家县市级报纸中，《奉化日报》所处的奉化市是宁波大市中地域面积最小、人口最少的一个县级市。近几年与宁波市周边县市相比，经济发展水平处于相对落后的位置。如何在经济发展相对缓慢、人口总量少等艰难的环境中办好报纸成了《奉化日报》亟待解决的问题。在长期的探索中，《奉化日报》形成了一套自己的办报思路，它始终坚持“三服务”的办报宗旨，紧紧把握正确舆论导向，主动积极配合宁波市委、市政府中心工作，为奉化政治、经济、社会、文化发展营造良好的舆论氛围。同时注重报纸的地方特色，关注民生民情。把党委政府的中心工作和广大人民群众的关注点、关心点和切身利益、实际问题结合起来，从民生角度来关照中心工作、重点工作，体现了本地新闻的“三贴近”，同时做大做活民生新闻，提高宣传效果。报社在平稳中求发展，并在经营上形成了一套适合其发展的工作思路。

一、新闻立报，质量办报，提高报纸可读性

新闻立报，质量办报，报纸生命力的关键在于报纸自身的质量，面对各类媒体竞争，《奉化日报》把提高办报质量作为首要工作来抓，切实提高报纸的可读性，“抢”到读者。在重大题材报道、挖掘民生新闻等方面形成一套有自身特色的报道方式，以其自身报道的接近性和可读性在奉化市民中形成了品牌效应，获得了其不可动摇的地位。

第一，精心策划，深入采访，形成重大主题报道主旋律、多重唱。

重大主题报道反映了社会和时代的亮点，是新闻宣传的重头戏，也是县市报一个极其重要的任务和职责。然而，受传统办报理念影响，县市报的重大主题报道模式化、程式化比较严重。如何改变这种媒体唱“独角戏”，受众不爱看的尴尬局面？近几年《奉化日报》对此作了实践和探索。在一系列重大主题的报道中，《奉化日报》精心策划，深入采访，形成了重大主题报道主旋律、多重唱。以《奉化日报》对于党的十七大的报道为例。2007年党的十七大在北京胜利召开，在党的十七大报道中，报社圆满出色地完成了报道任务。2007年8月22日起，报纸第一版推出“科学发展共建和谐喜迎十七大”专栏。该专栏分“创新创业篇”、“党

的建设篇"、"时事工程篇"三个子栏目，分别报道党的十六大以来奉化市各街道干部群众创业创新的做法和成就。该专栏共刊发21篇文章。2007年9月中旬起第二版推出"身边事看变化"专栏，从一位市民或一个家庭的角度，反映党的十六大以来奉化的变化。如9月28日，"每周关注"专版推出一期专题，以奉化力邦村第一批居民为透视点，反映五年来外来务工者工作生活等方面的变化。党的十七大召开期间，《奉化日报》为出色完成这一重大政治任务，用足版面，第一版基本上均用于党的十七大报道，并几次扩版，开幕、闭幕，胡锦涛总书记报告：党章等新华社重要稿件均全文刊登。期间共刊登30余篇新华社通稿。

第二，新闻报道贴近生活，紧扣地方特色。

贴近生活是新闻的源头活水。但要让报道出彩，关键还在于强化策划意识，最大限度地挖掘重大主题报道中的亮点，策划到位、采编到位，经得起推敲，才能增强报道的可读性和公信力。

奉化处于东南沿海地区，常受台风等自然灾害影响。2007年8月上旬奉化市旱情严重，《奉化日报》不但及时报道旱情，更注重报道奉化市干部群众奋起抗旱的动人事迹，期间刊发了20余篇抗旱稿件。8月10日，"每周关注"专版以尚田镇大岱村为切入点，深刻报道全市旱情和干部群众抗旱的事迹。8月"圣帕"、9月"韦帕"、10月"罗莎"三个超强台风影响奉化市，记者深入一线认真采访，及时准确反映灾情，生动报道干部群众抗灾自救的事迹。10月12日"每周关注"推出整版《"罗莎"的考验》，报道抗击"罗莎"的科学决策和东江调洪能力的思考。10月17日，第一版推出7000余字的长篇通讯《洪波曲》，分"罗莎"逞威、无眠之夜、力拒洪魔、风雨同舟四个篇节，全面反映全市干部群众在抗击"罗莎"肆虐过程中谱写的动人乐章。

此外，奉化是蒋介石的故乡，是对台工作的窗口城市、海峡两岸交往的热地，《奉化日报》很好地抓住这一优势努力做好体现地方特色的文章，为推进当地改革开放和改进两岸关系积极发挥作用。同时也挖掘了一些有价值的新闻，2006年《蒋氏后人蒋孝严昨抵溪口》获浙江省新闻奖三等奖。

第三，贴近读者，打好民生牌，注重民生新闻报道。

胡锦涛总书记在党的十七大报告中提出，社会建设与人民幸福安康息息相关。必须在经济发展的基础上，更加注重社会建设，着力保障和改善民生，推进社会体制改革，扩大公共服务，完善社会管理，促进社会公平正义，努力使全体人民学有所教、劳有所得、病有所医、老有所养、住有所居，推动建设和谐社会。县市报作为最基层的主流媒体，距离读者最近，与读者有亲切感，这是县市报的区位优势。近几年《奉化日报》在做报道时，十分注重利用好这一优势，将报道的角度转向平民视角，由以往的俯视视角转向深入普通人生活的平视视角。

自2006年1月1日起，第二版“综合新闻”改为“民生民情”，及时为人民群众排忧解难。“民生民情”贴近民生民情的报道解决了不少与群众生活息息相关的老大难问题，使一些遇到特殊困难的百姓及时得到社会的救助。如“每周关注”2007年7月7日、14日刊发的两版《烤点上的环卫工人》和《烤点下的民工兄弟》姐妹篇，进一步激发了社会对弱势群体的同情和关爱，同时赢得了良好的社会评价。“民生民情”版彰显奉化地方特色，同时关注民生民情，增加了报纸的可读性并赢得了读者的肯定，也成为《奉化日报》生存发展的有效着力点。

二、结合自身情况求生存

要在艰难的环境中求得生存和发展，《奉化日报》还在“人员素质”、“管理”、“设备”、“报网建设”等四方面下工夫。

首先，抓人员素质。《奉化日报》在实践中认识到，既要加强对全体采编人员的政治意识、大局意识的教育，强调“政治家办报”，强调“人人把关”的同时，还要加强职业道德建设和作风建设，提高现有人员的政治素质。以《中国新闻工作者职业道德准则》和《关于新闻采编人员从业管理的规定》规范新闻从业人员行为。积极组织各类培训，去兄弟报社学习取经、邀请名家作辅导报告和购买业务书籍等多种途径，拓宽新闻从业人员的知识面，提高业务水平。在学习、培训、教育和实践锻炼的同时，加大激励机制建设力度，进一步奖优惩劣，奖勤罚懒。一是完善质量等级稿制度，提高质量等级稿相对于数量稿的权重，倡导记者写好稿优稿。二是改革考核制度，降低工资在总收入中的比重，提高奖金在总收入中的比重。

第二，抓管理。谁拥有了一支高素质的采编队伍，又有了一个好的运作机制，谁就拥有了未来。报社实行党总支领导下的社长负责制，积极抓报社的运行管理。这几年，还积极向先进县报和地市报学习制度建设和管理方面的先进经验，采取“请进来”、“派出去”的办法，对采编人员进行培训，努力提高业务水平。

第三，抓设备。在报社经历自办印刷厂自印报纸等一系列大动作后，2002年4月，报社投资近200万元购置上海高斯WS-A高速轮转彩色胶印机，开始自印彩报，大大提高了报纸的印刷效率。

第四，报网建设两手抓。奉化新闻网作为传播不受限制的新兴媒体，在新闻传播中，与报纸互动，突出做专题新闻和策划新闻互动活动、对话活动。在特色频道设置上,注重浓郁的地方特色和强烈的时代气息相交融。自开网至今,奉化新闻网全球网站排名一直在宁波四家同时开网的县市级网站中居首位,吸引力和影响力不断提高,覆盖面逐步扩大,2007年还开设奉化新闻网溪口、莼湖、裘村三个网页。2008年建立了各镇(街道)新闻网页,专门配置采编人员协助镇街进行新闻采编,使新闻网的内容更丰富,更贴近基层,更具地方特色。

三、拓展广告经营,增强办报实力

近年来地方财政补贴的"断奶",报社运行自负盈亏,给报社的生存发展带来了巨大的压力。《奉化日报》所在的奉化市人口总量为4.8万人,无论是人口总量还是经济总量相对于《慈溪日报》等三家县市级报纸所在的县市都相对薄弱,报纸的发行和广告经营一直面临多重困难。面对残酷的经营现状,《奉化日报》努力在广告经营上寻求突破,报社千方百计调整广告结构,挖掘广告源,对广告经营采用分块承包的办法。对于商业广告单独承包、单独考核,从而打破商业广告长期停滞不前的局面,广告收入有了可观的增长。同时报社还采用与企业合作办刊等办法,也增加了一定的广告收入。

《奉化日报》广告业务发展呈现良好发展势头。2005年广告额达580万元,2006年641万元,2007年突破710万元。2007年较2006年同比增长10.8%。广告收入的大幅增长保证了报社日常运营所需的开支,有效地增强了报社的办报实力。

相比宁波大市其他公开发行的三家县市报,《奉化日报》的发展相对薄弱,无论在经营规模上还是报纸版面质量上,还有一定差距,在广告经营上存在广告额经营面狭窄等问题。但在新媒体迅速崛起,县市报发展陷入尴尬境地的情况下,《奉化日报》还是在奉化获得了一席之地,目前仍在健康良好地运行。

5.6 县域媒体生态:重塑强势格局

一、本土化战略:新闻竞争放大市场优势

市场竞争的表象在经营环节,而竞争的核心要素则是新闻竞争。近几年,宁波县域经济的高速发展,使得当地党委、政府和区域内民众从没有像今天这样,意识到一张县域报纸存在的重要性。县市区域内广大居民对本区域信息的强烈需求是空前的。县市报区域局限性的劣势已经转化为市场贴近性的优势。有鉴于

此，将本土新闻做大、做好、做强已成为县市报与其他媒体竞争的最有力的撒手锏。

专家们曾担忧会发生“奶酪之争”：县市政府和报业集团出于各自利益，削弱县市报自身的发展自主权。事实恰恰相反，被保留下来的县市报得到了县市政府支持和报业集团支持“两个优势”后，“奶酪”越做越大。宁波四家县市报近年来的快速稳步发展，成为报业集团整合县市报的成功范例。

调研显示，县市报纸实行本土化新闻战略具体体现在以下方面：

第一，走出机关化办报的套路，本土新闻“质”、“量”并举，提升市场竞争力。走出机关化办报是县市报面向市场转型的首要举措。原先充斥版面的文山会海、领导讲话、工作概况、部门总结、好人好事等诸多“黑板报”式的报道退出了，取代的是区域内新鲜的动态信息、突发事件、奇闻趣事。加大本土新闻刊发量，报纸同质化竞争问题迎刃而解。一位县市报老总总结，吸引本地读者，就要实施本土新闻的“密集轰炸”。

第二，运用“双贴近”整合本土新闻资源，注重策划，建立本土新闻“绿色通道”。一头贴近本地党委、政府，一头贴近本区域百姓，并尽量在两者交集部分做文章，称为“双贴近”，这已成为县市区域报打响地方牌的通用手法。所谓“绿色通道”，是指将本土新闻进行分类组合，打通报社运作环节和报纸所有版面、栏目，全方位策划和联动，实行传播效果最大化。

第三，再造采编流程，大刀阔斧改革新闻“制作加工”手法。以本土新闻为链条串起版面，不再单一采编分开或采编合一。改跑会跑机关、改材料为视角下移、笔头下移，以小见大，注重细节。改变采、摄、编、排等“制作加工”环节流程，传统的“记者→编辑部→值班总编”程序被“杂糅”甚至逆向操作。不少报社提倡打破题材、体裁框框，鼓励写消息式通讯、通讯式消息，“倒金字塔”格式被摒弃，拒绝官腔语言，什么方式传播效果最佳就怎么操作。

第四，把民生新闻放在本土新闻前台，凸现人文关怀色彩。身边人的成长、悲喜，更能引起区域受众的兴趣与关注。“从新闻中找人、从人群中找新闻”，成为诸多报社对记者的直接要求。有些县市报甚至明确规定，每天必须要有数篇“人”的报道。而由社会新闻分支出的民生新闻，更是在县市报得到快速嫁接。由于和上级党报、都市报错开了区域服务功能定位，许多县市报更易在扶贫帮困、便民服务、消费投诉等方面做到“好看又实用”。

二、多元化经营：区域市场重塑强势格局

当初管理层将县市报保留与否的指标之一定为广告额400万元，正因如此，

许多保留下来的县市报老总时刻意识到广告额是悬在头顶上的一把利剑，将广告蛋糕做大是规避今后政策与市场双重风险的必然抉择。

放眼近几年全国报业市场，经过多年的连续增长后，报业广告出现“拐点”，特别是省级报纸、晚报、都市报广告明显滑坡。全国保留下来的48家县市报呈现的却是家家报纸广告额逆势飘红。据对江苏、浙江的27家县市报统计，广告年均递增幅度超过22%❶。

为什么省域、地级市区域经济在大幅增长，而其报业广告并没有水涨船高呢？工业时代的区域经济增长主要依靠第一、二产业的驱动，而实际作用于报业的市场动力不仅是经济总量叠加，还要看区域经济的内在结构性变化。由此，县市报三年来实现广告快速增长的途径是务实、可靠的。

第一，以“第一位”的有效发行拓展区域主流广告资源。有效发行结构、发行规模直接决定广告投放量。更关键的是，各家县市报使尽浑身解数增点扩面，使大量报纸进入了社区、家庭和酒店、客房等公共场所，报纸的影响力更加集聚，使得主流广告资源不得不首选本地区域报。发行“第一”带来广告“第一”，这是市场规律决定的。

第二，创新建立多元市场机制，细分区域广告市场。2003年前，全国县市报大多采用的是市场经济初期的承包责任制。随着市场化进程加快，这种机制逐渐出现风险加大、短期行为凸显等弊端。经过近年的摸索，宁波的县市报创新出了“统分结合”的新运行机制：“统”是指报社统一掌握资源，层层确定经营目标，层层绩效挂钩，变少数人承包为团队承包；“分”是指按市场性质或区域分类，细分成金融房产、城乡教育等若干小市场，靠专业分工做活做大每块市场蛋糕。

第三，向策划营销要市场份额，挖掘、膨化广告资源平台。当地经济发展状况大致框定了报纸广告承载总额度。但是，这个总额度弹性很大，县市报依靠“近、快、灵”的优势将营销策划与办报本土化并驾齐驱，赢得市场空间。直接结果就是，运用编辑特刊、节庆活动、品牌评选、会展演艺等多种创意手段，使许多少做或干脆不做的广告纳为“盘中餐”。县市报几乎所有老总都直言不讳：“我们的许多广告不在版面上。”《慈溪日报》、《鄞州日报》等策划的房产交易会、车展成为当地的重要经济活动。

第四，以报纸为载体，搭建多媒体赢利平台。经营报纸，就是经营区域影响

---

❶ 崔益稳．市场已经改变命运——从三年来的实践看县市区域报的发展路径．传媒，2007(9)．

力。以报纸的传媒功能和良好形象，县市报运用其独特影响力，向户外媒体、网络电子传媒、数字媒体延伸了空间。

对宁波四家县市报纸的调研分析让我们看到，在新一轮的市场洗牌当中，谁能尽快建立起适应市场、有活力的体制及运营机制，谁就会有发展先机。每一家县市报都有自己的优势，优势就是生命力，就是竞争力。县市报有天然的地域接近性，有相对庞大的读者群，有运行成本低、广告空间大等优势，可以说商机无限，潜力也很大。所以，作为县市文化传播的一支生力军，只要县市报的从业者真正抖擞精神、勇往直前，在竞争中学会竞争，就一定能在文化大发展的背景下，把握媒体的市场化、差异化的采编经营方向。

“既然市场是一种宿命，今日因市场而寂死的县报，明日仍可因市场而重获新生。”[1]

从这个意义上讲，我们寄厚望于大部分县市报人，包括一些仍以内刊形式苦苦求索的县市报人，多从县市区域市场优势入手思考问题、解决问题，从而驾驭市场，改变命运，真正成为县域传播市场上的区域型霸主。

---

[1] 周杰三，朱代军，黄启键．市场改变命运——县市报之归去来兮．传媒，2003(8)．

卷二　差异化与竞争力

都市报是当前我国报业中最有活力和社会影响力的报群，在历经十余年发展壮大的同时，也面临着来自外部环境和报社内部的多方面挑战，复杂的媒介生态环境对都市报的生存和发展具有决定性作用。宁波都市类报纸的发展既是我国都市报发展的一个缩影，同时又有其自身的特殊性。

6 宁波:都市报现状及媒介生态环境

20世纪90年代中后期,我国报业刮起一股强劲的改革之风,都市报成为改革中的后起之秀。从1995年中国第一张都市报《华西都市报》创刊至今,都市报在中国从产生到崛起只有短短十多年的历程,但因其贴近市民生活的报道特点,曾掀起了发行数量和广告投放的历史高峰,当之无愧地成为目前中国报业中最有活力和社会影响力的报群。然而,在当今市场环境瞬息万变的情况下,都市类报纸在发展壮大的同时也面临着来自外部环境和报社内部的多方面挑战,原有的发展模式已经难以适应市场环境变化的要求。

宁波位于东海之滨,长江三角洲的南翼,是浙江省的经济中心,也是中国经济最活跃的地区之一。宁波都市类报纸的发展既是我国都市报发展的一个缩影,同时又有其自身的特殊性。那么宁波报业市场上的都市类报纸竞争形势如何?它们所处的媒介生态环境如何?它们未来发展的道路该怎么走?

6.1 宁波都市报的现状

一、宁波报业市场

党的十一届三中全会后,宁波报刊事业重新复苏,停刊已久的《宁波报》、《余姚报》、《慈溪报》、《奉化报》、《鄞县报》先后复刊,又新创办了《宁波晚报》、《侨乡报》、《宁波广播电视报》。宁波报刊事业不断振兴,为深化改革,扩大开放,发展经济,稳定社会,建设社会主义现代化国际港口城市创造了良好的舆论氛围。

《宁波日报》前身为《宁波大众报》(宁波地委机关报)和《宁波报》(宁波市委机关报),先后创刊于1951年9月1日和1956年1月1日,后分别于1972年10月、1961年2月停刊。1980年6月,《宁波报》复刊,结束了宁波七年多无党报的历史。1983年1月1日《宁波报》改名《宁波日报》,下半年地市合并后为市委机关报。为适应对外开放的形势,1987年元旦起,由4开4版改为对开大报;1993年7月1日起扩大为对开8版。发行量由复刊初期的近3万份上升到1997年的13万余份，成为覆盖全市城乡、具有对外开放港口城市特色的综合性日报。

为响应邓小平同志提出的“把全世界‘宁波帮’都动员起来，建设宁波”的号召，市侨办、侨联于1988年5月创办《宁波侨乡报》，1990年7月经新闻出版署批准向国内外公开发行，委托宁波日报社主管。这份报纸现更名为《新侨报》，为4开56版周报，发行量近2万份，邮寄海外64个国家和地区。

1989年开始，县（市）级党报复兴。余姚、慈溪、奉化、鄞县县（市）委机关报相继复刊，并公开发行，年总发行量7万多份，成为反映农村经济、农业改革和乡镇两个文明建设的重要舆论阵地。

为满足城乡人民对精神文化生活和信息的需求，宁波日报社于1994年下半年筹办《宁波晚报》，经国家新闻出版署批准于1995年元旦正式公开出版，初为4开4版，后扩大为8版，1997年发行量就突破10万份，成为宁波当地一家重要的新闻媒体。新闻舆论阵地日益扩大，逐步适应宁波对外开放港口城市和历史文化名城的地位。

宁波日报社主办的另一张子报《东南商报》经国家新闻出版总署批准，于2001年1月1日正式创刊。其办报方针是：“商贸经济，我所关注；服务百姓，我的宗旨；各类新闻应有尽有，各人爱好照顾周全。”

2002年6月20日，新闻出版总署正式发文批准组建宁波日报报业集团，同年8月，集团挂牌成立。集团于2003年完成了整个集团的组织架构设计，现有“八报二刊一社一网站一书店”，即《宁波日报》、《宁波晚报》、《东南商报》、《余姚日报》、《慈溪日报》、《奉化日报》、《鄞州日报》、《新侨报》、《宁波通讯》、《宁波经济》、宁波出版社、中国宁波网和宁波市新华书店。经宁波市国资委批准，集团已实行国有资产授权经营。

自2004年以来，宁波日报报业集团加快文化产业布局，通过政府划拨、现金收购、对外投资等多种方式拓展市场主体，在图书销售、平面媒体、数字新媒体、高端动漫、商务印刷、教育、文化创意产业园区等产业发展中取得长足进步。目前，集团初步形成了以新闻出版为主业的文化传播集团格局。[1]

2003年，由新华社浙江分社主办，现代报系投资的《现代金报》以后起之势入驻宁波，具有新华社资源优势和姊妹早报南京《现代快报》办报经验的《现代金报》，在原本波澜不惊的宁波报业市场刮起了一阵竞争风波，同时也灌输了新鲜

[1] 吕道宁.坚持创新促发展：宁波日报报业集团党委书记、社长张秉礼访谈录.今传媒，2008(6).

的血液，成为到目前为止宁波唯一外来的本地报纸，促进了宁波报业市场尤其是宁波都市类报纸的繁荣。

二、宁波都市报概况

位于东海之滨的宁波是浙江省的经济中心之一，也是中国经济最活跃的地区之一。随着宁波经济的不断发展，城区面积的不断扩大，城镇居民人口的不断增加，对宁波加快文化产业的建设，增强信息的交流提出了更高要求，尤其是杭州湾跨海大桥的建成又将宁波经济圈与上海经济圈相连，更为宁波都市报的发展打下了坚实的基础。有研究认为，在国内数年的报业大战后，都市报在上海、北京、杭州等大城市的市场已经鲜有空隙，开始出现萎缩，报业下一个增长点将是宁波这一类型的区域次中心城市。

在宁波现有都市类报纸主要包括《宁波晚报》、《东南商报》和《现代金报》三家。

《宁波晚报》创刊于 1995 年 1 月 1 日，为宁波日报报业集团所属晚报，办报宗旨为“心系寻常百姓，可用可读可亲”。《宁波晚报》是目前宁波发行量最大、入户率最高、市区零售数量最多的综合性城市报纸。2004 年至 2006 年《宁波晚报》连续三年蝉联全国晚报都市类报纸竞争力 20 强。日发行量达 30 余万份（见图 6-1）。

《东南商报》创刊于 2001 年 1 月 1 日，为宁波日报报业集团所属早报，定位为财经类都市报，以主流消费人群和工作人群为目标受众。2003 年，《东南商报》成为浙江省文化体制改革试点的三家平面媒体之一。2004 年 5 月，雅戈尔集团股份有限公司和宁波日报报业集团共同出资组建宁波东南商报经营有限公司，雅戈尔以 4500 万元掌控该报 45％的股份。日发行量 20 余万份（见图 6-2）。

《现代金报》创刊于 2003 年 10 月 22 日，由新华社浙江分社主办，现代报系投资，是目前宁波唯一外来的本地报纸。《现代金报》具有新华社资源优势，定位为“主流大报、财经特色、立足宁波、影响浙江”。2005 年 10 月 11 日，《现代金报》全新改版。日发行量近 30 万份。

《宁波晚报》由于抢占了先机，而且在创办之初，就是以都市生活报的面貌出现，因此，在历经十余年的发展之后，已形成了平和温馨、可读可亲的特色，成为宁波报业市场上最具品牌竞争力的报纸。《东南商报》的读者主要定位于城市中青年为主体的主流消费人群和工作人群，在内容选择和版式设计上，都比较强调冲击力，但历经近十年的发展，业绩仍显一般。《现代金报》定位为财经都市报，

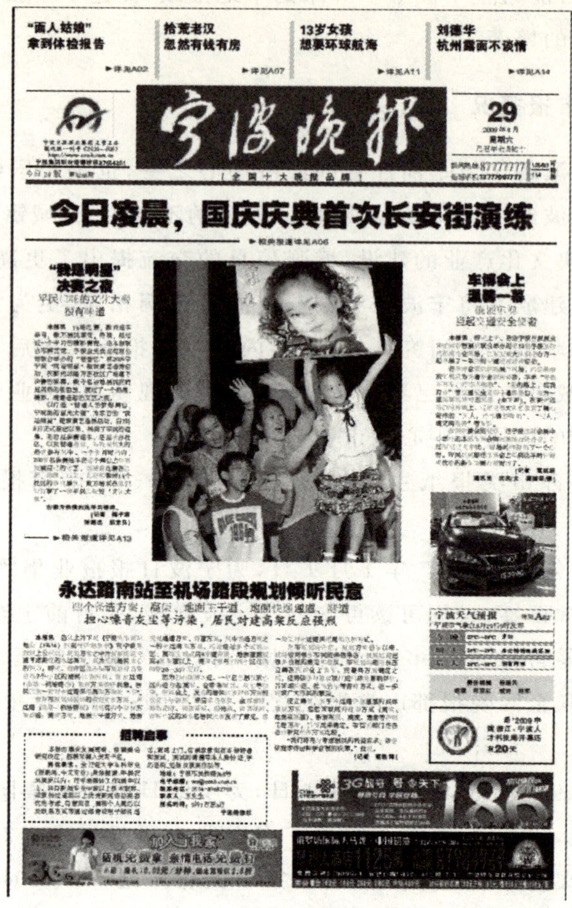

"面人姑娘"
拿到体检报告
▶详见A02

拾荒老汉
忽然有钱有房
▶详见A07

13岁女孩
想要环球航海
▶详见A11

刘德华
杭州露面不谈情
▶详见A14

宁波晚报

【全国十大晚报品牌】

29

今日凌晨，国庆庆典首次长安街演练

"我是明星"
决赛之夜
▶相关报道详见A13

车博会上
温馨一幕

永达路南站至机场路段规划倾听民意

担心噪音灰尘等污染，居民对建高架反应强烈

招聘启事

宁波天气预报

3G 186

图 6-1 《宁波晚报》样报

力图形成勇敢、正义、刚强的特色。虽然进入宁波才短短六年时间，但在宁波报业市场上已经占有了一席之地。

三、宁波都市报特点

总体而言，宁波报业市场的竞争态势才刚刚形成，宁波都市类报纸才刚刚兴盛。因为在 2003 年以前，宁波报业市场基本上由宁波日报报业集团一家把持，直到《现代金报》的入驻，才让人们闻到了一些报业大战的硝烟味，使原本平静的宁波报业市场出现了新的生机和活力，尤其是促进了宁波都市类报纸的繁荣。目前，宁波都市类报纸的发展主要呈现以下几方面的特征。

2009.8
30
星期日

东南商报 SOUTHEAST BUSINESS

满腔真情
贴心服务
87270000

明起宁波至台湾实现直航

首航由东航执飞，仅需80分钟，团队票价往返1660元

人员配备参照专机

机上乘客可吃两餐

完全体现宁波特色

化工厂起火

缅甸炮弹落入中国1死多伤

A02

趣乐吧
www.766club.com

扶残助残　有你有我

图 6-2　《东南商报》样报

(1)市场定位呈现明显的同质化倾向

在宁波现有的三份都市报中，《宁波晚报》的市场定位最为明确。当前，在全国晚报界已有半数以上提出或已经实施“晚报早出”，但《宁波晚报》在面对《现代金报》的强势攻击之下，仍坚持“晚出”，继续发挥“晚”的特征，保持温和的面貌，终于走出了自己的特色之路，在市场竞争中不仅没有被打倒，反而获得了新发展。

相比之下，《东南商报》和《现代金报》的定位则有些雷同，两家都是财经类的都市早报，以城市主流人群为核心读者，力图向主流都市报迈进。《现代金报》进入宁波后，对《宁波晚报》倒是没有造成多大威胁，但却分割了一大块《东南商报》

的市场，为此，两家报纸间还大打口水仗，水火不容，出现了一定程度的恶性竞争。而两家报纸对同一新闻事件或题材的相同报道，是其同质化的最突出的表现之一。据不完全统计，在一个月内，《东南商报》和《现代金报》用同一新闻事件作为头版头条或次头条的就接近半数。尤其是碰到国内外重大新闻事件时，这种“撞车”现象更为明显。而且报道大都采用新华社的稿件或图片，因此内容几乎没有差异。

(2)报纸内容表现庸俗化倾向

在报纸内容上，《宁波晚报》提出要靠精心策划打造精品报道，以思想的力量来吸引读者提升品牌。而《东南商报》则提出要强化商贸经济新闻，并力求经济新闻上质量、上档次。《现代金报》一开始就把自身定位为主流报纸，以财经为特色，以主流人群为读者对象，并在周一至周五固定推出“金评天下”的评论版，力求掌握话语权，引导舆论。❶

但是，在实际操作中，为了争夺市场和读者，体现服务性和可读性，各家报纸都在不同程度上偏离了自身的定位，在内容上表现出明显的庸俗化倾向——以市民的口味来选择内容，以市民的意识来进行报道，一味地迁就市民的审美情趣。而这种迁就实质上是进一步弱化了市民的审美情趣，造成了市民的审美疲劳。《东南商报》和《现代金报》都希望以财经取胜，但实际上真正的卖点还是社会新闻、文娱新闻、副刊和情感等内容，而这些内容大多以猎奇和煽情为主。

(3)经营运作形成恶性竞争

由于在市场定位上存在同质化的倾向，宁波的三家都市报具有较强的可替代性，使得读者有了更多的选择权，报纸的竞争也日趋激烈起来。首先表现出来的就是价格大战，虽然不是直接的降价，但《东南商报》的订报打折、《现代金报》的订报送油等活动已给市民带来了不少实惠。此外，为了赢得更多广告商的青睐，增加广告收入，报纸的广告价格也出现了打折。但是打价格战肯定不是长久之计，只会扰乱市场，形成恶性竞争。

---

❶ 李淑瑛.宁波都市类报纸发展前景探析.浙江万里学院学报，2006(5).

6.2　宁波都市报的媒介生态环境分析

一、宏观环境:政策、行业、技术

宏观环境包括政策环境、行业环境和技术环境三个层面。

(1)政策环境

目前,我国的报业经营仍一定程度上受到现有国家报业管理体制的制约。一方面,报纸准入制度以及对刊号、异地办报等限制造成了市场门槛,使竞争者难以进入报纸领域。就宁波报业市场而言,到目前为止,仅有一家打着新华社旗号的《现代金报》孤军奋战,要想与实力雄厚的报业集团相抗衡,可谓孤掌难鸣。另一方面,也给报业的扩张带来了障碍,增加了扩张成本和风险。报业市场走向产业化是大势所趋,未来行政壁垒有望局部突破。

(2)行业环境

从经济环境看,GDP 的增长是报业发展的有利因素,消费转型也为报业的发展提供了良好的环境。改革开放以来,我国国民经济蓬勃发展。1978—2006年年均 GDP 增长率达 9%以上,另据有关"十一五"(2006—2010 年)规划期间GDP 增长趋势预测,我国经济将保持平均为 7.2%～9%的增长速度。商务部最新公布的数据显示,2008 年我国人均 GDP 达 2520 美元。根据发达国家经验表明,国民经济人均收入 1000～3000 美元是消费转型关键期,文化娱乐消费在居民消费中的比重就会呈直线上升的趋势,即从生存向享受发展转变。[1] 报纸是现代社会的重要文化产品,在经济发达国家的社会消费中占有相当比重,经济的快速发展为报业创造了前所未有的消费需求和市场环境。

从需求看,在发达国家,广告总量一般可以占该国 GDP 的 2%～3%,而目前我国广告总量只占 GDP 的 1%左右,即使是发达地区如北京、上海、广东,广告总量也只占到 GDP 的 1.5%。联合国教科文组织制定的千人报纸参考目标为 100 份/千人,而我国目前尚未到达此标准。可见,我国报业在发行市场上存在着较大的潜在空间,至少在 5～10 年内报纸的发展趋势还是向上。[2]

报业扩张领域也将扩展。由于网络、手机等新兴媒体的兴起,受到前所未有

---

[1] 夏永辉,孙晶,何琳. 报业:生态环境与生态前景. 新闻前哨. 2008(6).

[2] 陈季冰. 中国与西方报业经济结构比较——瑞典报业观察与思索. 新闻记者,2004(8).

冲击的传统报业也纷纷主动出击，不断延伸领域，巩固地位。目前，延伸的领域已经包括报纸广告、电视广告、期刊广告、广播广告、广告公司、有线电视收费、图书出版、报纸发行、期刊发行、电影票房、音像制品、手机短信、上网费、游戏等十余类，上述中国传媒产业核心层产值规模已超过 3000 亿元。从目前国际传媒的业务结构来看，越来越多的传媒机构试图将传媒运作的各个环节都纳入自己的版图，从而达到资源共享、发挥最大协同效应的目的。

从报业竞争看，竞争方式将呈现多元化趋势，从单媒体到多媒体，从本土到跨区域，从一元化到多元化，从相关多元化向诸如房地产、商业零售等非相关专业化方向发展。在加入 WTO 的背景下，报业的经营一方面在报道内容上需要全球化视野，另一方面报业的市场操作手法将直接向国外同业看齐。报纸的生存基于其盈利能力，在报业利润渐薄的态势中，越来越多的报业集团将表现出对资本运作的浓厚兴趣。

值得关注的是，传播媒介市场的供求关系出现转化，媒介市场的吸引力促进媒介供应扩大，传播媒介由稀缺变为过剩，内容生产供应已经远远大于需求。同时技术变革引发传播手段多样化催生了网络、短信等新形态传播媒介，也加剧了媒介供求关系的转换速度。[1]

这些年来，宁波日报报业集团加快文化产业布局，通过政府划拨、现金收购、对外投资等多种方式拓展市场主体，在图书销售、平面媒体、数字新媒体、高端动漫、商务印刷、教育、文化创意产业园区等产业发展中取得长足进步。尤其是在新媒体领域的研究和发展中有重大突破，其中《互动多媒体报》、《电子纸报》和《宁波播报》三个项目入选首批中国数字报业创新项目。

(3)技术环境

从 20 世纪末开始，报业生态环境最大的变化是信息技术的进步，即以网络、手机为代表的新兴媒体的诞生，打破了报纸等传统媒体的渠道霸权。由新技术催生的新媒体如网络、手机报、QQ、BBS、博客(BLOG)以及电子介质的“电子报纸”等，极大地丰富了公众接受和传递信息的方式，受众的信息来源越来越多，选择自主性得到充分发挥，选择余地也越来越大。同时也彻底改变了传媒传统格局，使包括报纸在内的平面媒体面临前所未有的尴尬和困境，同质化严重，读者大量流失，经营效益萎缩，公信力、影响力、竞争力下降。

未来传播技术仍将继续呈现高速发展势头，3G 应用、3C 融合使得传播手段

---

[1] 孙德坚. 都市报的媒介环境分析及发展对策. 福州大学学报，2008(1).

越来越多样，新兴媒体冲击传统媒体趋势明显。但报纸在深层新闻、本土新闻以及实用信息等方面，仍将继续成为读者和广告客户最主要的媒介。同时，报纸的电子版及自身网站已成蓬勃发展之势。目前，全国范围内已有近300家平面媒体开通了数字报，报纸新闻的传播终端已经形成了传统纸质报纸、网站(同时承载电子报、多媒体数字报)、手机报、报纸阅读器、街头电子显示屏等多媒体融合共存的格局。可以说，互联网的发展为报纸带来了新的传播途径，这样的途径随着网民的增多，必将为报纸带来新的利润来源。

在探索数字报业发展道路过程中，宁波日报报业集团自2005年开始以中国宁波网为主要平台，将"四报一码"作为新媒体的探索重点，相继推出了国内第一份互动多媒体报《播报》、新一代互动手机报、全国首份成规模推出全新编辑形态的电子纸报《宁波播报》、大规模建设城市户外电子屏报以及全国第一家报业集团所属平面媒体集群推出的宁报动码(二维码)。中国宁波网现日访问量500万人次以上，是国内最早开设网上电视和网上广播的新闻网之一，已成为全国重要的城市新闻门户网站。

2007年，宁波日报报业集团在全国各大报业集团中率先建设集新闻内容采编、分发、经营管理于一体的全媒体数字技术平台。该技术平台针对集团数字报业的发展需要，整合集团现有所有资源，为报业集团提供基于数字技术的多种媒介生产和发布、业务运营、决策管理等各方面的支撑。该技术平台适应报业新媒体发展和多元业务拓展的需要，通过该技术平台，可建立灵活的数字技术机制和畅通的数字业务流程，有利于多媒体采编业务的拓展和建立新的数字传播介质，也有利于加强集团内部的资源共享，降低运营成本，提高工作效率，规范决策管理。如今，投资3000万元的全媒体数字技术平台项目已全面启动建设。

二、微观环境：市场、产业、内部

微观环境包括市场环境、产业环境和内部环境三个层面。

(1)市场环境

都市报的发展依托于城市，城市单一、市场规模有限导致报业市场拓展空间受限；但是，国内城市化进程为报纸在单一城市的发展提供了一定的新空间，在三线城市市场则孕育着相应的机遇。

作为我国东南沿海发达城市的宁波，居民整体消费水平历来走在全国城市前列。近年来，宁波的经济总量和增长速度更是稳步提升，众多国内外领先行业和知名品牌纷纷入驻宁波，使宁波行业呈现多元化，经济的快速发展为宁波报业创造了前所未有的消费需求和市场环境。而且,随着杭州湾跨海大桥于2008年5月1日的建成通车,宁波将迎来全面融入长三角都市经济圈的时代,除了拉近了宁波与上海的时间与空间距离之外,也为宁波都市报的进一步发展开辟了一条康庄大道。

(2)产业环境

根据波特的产业分析模型[1],一个行业中的竞争存在着五种基本的竞争力量:潜在的行业新进入者、替代品的竞争、买方讨价还价的能力、供应商讨价还价的能力以及现有竞争者之间的竞争,如图6-3所示。

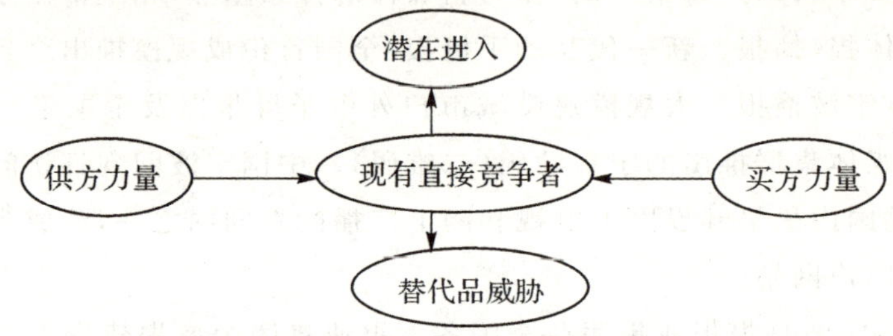

图6-3 波特的产业分析模型

潜在竞争者进入市场的可能性由市场吸引力和市场壁垒的大小决定。从市场吸引力看,宁波位于中国经济最发达的东南沿海地区,港口经济繁荣,市场规模较大;而且宁波的报业环境不像北京、上海、杭州等地那样竞争激烈,相对较为温和,发展潜力巨大,预计增长速度将高于全国平均。

从竞争角度看,国外一城一报的基本格局有可能在国内出现,目前《广州日报》、《华商报》(西安)、《楚天都市报》(武汉)、《大河报》(郑州)等都是在当地具有绝对优势。在经历激烈竞争后,必将形成单一城市中某家都市报一家独大的态势,并使得都市报的市场地位呈稳定状态。《宁波晚报》、《东南商报》、《现代金报》这三家宁波本地都市报,以目前的发展现状观察,表面上看似"三国鼎立",但实质上实力较弱的《东南商报》已明显处于下风,而定位较为明确的《宁波晚报》和报道特色鲜明的《现代金报》则在争夺宁波都市报市场的竞争中越显势均力敌。

从替代品的威胁看,当前报业面临传统大众媒体、分众媒介和新兴媒体对受众注意力资源的争夺。受众接触媒介的时间是有限制的,一种媒介占用了受众

[1] 孙德坚.都市报的媒介环境分析及发展对策.福州大学学报,2008(1).

时间，另一种媒介必然减少。传统媒介、分众媒介和新兴媒介对注意力资源的分割必然导致对广告市场的分割。宁波报业集团旗下的“中国宁波网”、《宁波播报》、《宁波手机报》等新媒体的崛起瓜分了部分三家都市报的受众群，对都市报的发行量产生了一定影响。

从买方力量看，读者分散化是报纸面临的主要问题，在报社满足读者群共性的同时，读者群需求的个性逐渐彰显。与此同时，传播载体的多样化，使得读者对阅读的选择能力增加，即读者的力量趋向增强。传播载体的多样化同时也导致广告商在媒介选择上出现分化，广告商议价能力也趋于增强。

从新闻纸供应角度看，宁波都市报的供求双方力量基本平衡。但有不少地方都市报的大规模扩张受到印力的制约。

(3)内部环境

与大部分城市的地方都市报类似，《宁波晚报》、《东南商报》、《现代金报》三家宁波都市报区域性特征显著，新闻生产能力尤其是本地新闻信息的生产能力比较强。自有发行网络有一定规模，渠道优势明显。资本方面，三家都市报的流动资金和储备资金充足，具有比较强的资金实力和抗击风险能力。其中三份报纸中特别值得一提的是，2004 年 5 月雅戈尔集团股份有限公司和宁波日报报业集团共同出资组建宁波东南商报经营有限公司，对《东南商报》进行采编、经营两分开试点改革。改革的主要亮点是：规范操作、引入民营资本、改革采编机制、改革人事分配制度。通过改革，《东南商报》的活力和竞争力大大增强。

但同其他都市报一样，宁波的都市类报纸在经营上也面临着诸多劣势。当前存在的主要问题是：缺乏品牌营销能力、收入渠道单一、经济实力单薄。首先，报纸的重复建设缺乏特色，导致广告份额的单薄。其次，宁波都市类报纸的收入来源仍停留于传统的报纸发行、广告、印刷三大块，其中最大的一块收入来自广告。盈利模式的单一使同一地域报纸的广告竞争异常激烈，花样不断翻新，甚至出现恶性竞争的局面。这相对于都市报这样一种信息社会中的新型报刊来讲，是相当不合时宜的。现在的都市类报纸每年促销费用在 1000 万元以上的比比皆是，恶性竞争使许多报纸陷入经营困境，不仅造成了严重的资源浪费现象，对都市类报纸的发展也是一次严重打击。同时，恶性竞争容易使报纸影响力、公信力受到损害，更难以打造自己独特的品牌效应。再次，宁波都市报经营还存在着经营队伍专业性不强，整体素质不高的问题。经营人员只顾埋头搞发行和广告，缺乏整体产品概念和服务意识。

6.3 宁波都市报的发展策略

一、革新都市报内容的定位

宁波都市类报纸为了避免“小报”作风，都不约而同地提出要向“主流报纸”迈进，争取小报大办。但是从事实出发，且不说主流报纸是否能够真正实现，即使它们都能办成主流报纸，实质上是又进入了另一层面的同质化恶性竞争。我国都市类报纸的兴起与发展，与西方发达国家通俗报纸的发展历程较为相近，西方发达国家的主流报纸的确是在通俗报纸的基础上发展起来的，但它们是在通俗报纸出现50年后才开始兴起的。主流报纸与大众报纸相比，非一朝一夕能够成功，需要相当长的一段培育期。更何况在主流报纸出现以后，通俗报纸也没有被完全取代，直到现在仍然是西方发达国家报业家庭中的重要成员。

另外，为了塑造和提升自身的品牌形象，宁波都市类报纸都想把自己打造成真正的新闻报，尤其是想要做大做强时政新闻、财经新闻、国内新闻、国际新闻以及时评等内容。但是，对于地方都市类报纸来说，要做大做强以上这些类别的新闻谈何容易，除了需要投入大量的人力、财力以外，在信息源、信息流通渠道上的要求也是相当高的。事实上，国内外大量的严肃报纸和主流报纸也都在不断地扩大自身的报道范围，越来越重视地方新闻、社会新闻、体育新闻、文娱新闻及副刊等内容。

因此，宁波都市类报纸应该尽快结束目前这种无序的报业竞争态势，克服庸俗化倾向，而其中最重要的一点就是在原有优势的基础上进一步精耕细作，实现报纸内容的优化。宁波经济的活跃使得宁波社会结构呈现出了多样化的特点，社会分层加剧，不仅出现了差异化的读者群，而且同一读者的阅读需求也越来越多样化。所以，无论是老牌都市报还是新加盟者，都应该结合自身的市场定位，进一步发掘读者的阅读需求；同时，还应该跟随社会环境的变化，及时修正和调整自身的内容定位。

首先，科学合理地细分市场，找准目标读者是都市报的生存之本。由于都市报的读者绝大部分是普通的城市居民，因此，同城竞争的报纸要根据报纸自身的品牌特点、资源特点、队伍特点、时段特点和发展远景等，针对不同读者群的兴趣、爱好、需求、文化水平、收入状况，确定自己的目标读者和市场定位。这样既可以避免各种报纸盲目地去争抢同一热门读者市场而忽视了其他的读者市场，也可以避免由此产生的在内容风格上的相互模仿，如晨报的目标读者是上班者和晨练者；商报的目标读者应更多地盯住国有、民营及个体私营经济经营者和广大的消费者。

其次，调整新闻的报道角度，增强读者的阅读欲望。新闻信息是每家都市报都不可能遗弃的内容，新闻版往往被设计在报纸的第一版，因而如何报道新闻显得尤为重要。每家报纸必须基于自身的特点和优势，调整新闻的报道角度。理论上讲，日报、晚报和晨报可以互不重复地瓜分一整天的新闻资源，但事实上，各家报纸应该发掘新闻资源，相互形成真正意义上的优势互补。

第三，加大服务性信息，突出都市报的实用性特点。一张具有“必读性”的报纸应该兼具好看、有用、重要三个基础要素，其中好看是躯体，而有用是灵魂。都市报的首要任务是报道与市民生活密切相关的方方面面，不断了解读者群的生活习惯和信息需求。具体来说，一是要在第一时间采集都市新闻，记录都市生活的方方面面。这些以社会生活为主要题材的市民新闻，在第一时间反映了看似琐碎实则烦扰的社会问题，拉近了读者和都市报之间的距离。二是要提供大量有用信息，具体地服务于广大市民。如每日停水、停电、天气预报以及高考、中考等市民普遍关注的话题等。三是要开辟版面供市民交流自己关心的话题，如设立讨论处理家庭婆媳关系、夫妻关系等永不疲倦的话题，甚至提供相应的解释、援助服务。除此之外，都市报还应特别照顾到本地市民的种种需求，增强他们的地域归属感，避免发行时间与当地市民的阅读习惯与生活习惯之间的矛盾。

总而言之，都市报应力求“每个市民都有一版内容爱看”，让每个人都能找到自己喜欢的版面，从而最大限度地吸引广大市民。

第四，突出个性，提高读者的接纳率。都市报直接反映了都市生活的风貌，除了在内容上要适应读者的需要外，也应在表现形式上有所突破。因此，报社也必须注重印刷设备的引进和发行队伍的建设。都市报必须在生活化的基础上，力求对现有报纸版面风格有所突破。整体风格上要生活气息浓，注意包装，清新悦目。[1]

二、构建核心竞争力支撑点

作为宁波都市文化的传承者和宣传者，如何构筑自身的核心竞争优势，受到

---

[1] 熊江华，樊铁军. 都市报面临的竞争环境与发展对策. 湖北商业高等专科学校学报. 2001(9).

更多读者的认可和欢迎，是宁波本地都市报的立足之本。通过观察和分析宁波都市报的发展现状和所处的生态环境可以发现，要构筑核心竞争力，构建都市报的创新体制、战略规划、组织建设、技术平台四个支撑点至关重要。❶

第一，在传媒竞争加剧的大背景下，体制的先进程度将成为报业竞争的重要因素。都市报原有的体制已经不能适应报业发展的形势，都市报的增长方式必须由原来的靠惯性增长为主，转变为靠体制和机制促动型增长。市场导向、企业化思维和现代企业制度，是都市报体制机制创新的三个关键点，未来都市报将按先延伸产业后报业主业的次序，逐步变革经营管理体制，最终建立起以现代企业制度为原则组建成的新型报业治理结构。❷

第二，未来，传媒的环境仍将处于不断变化之中，且环境的变化迅速而频繁，因此，需要强化都市报的战略研究规划能力，通过对经营环境的扫描，发现市场机会，抢得市场先机和预警危机以避免经营风险，保证都市报的发展始终与环境相适应，对市场变化能在第一时间作出反应。

第三，报业是知识主导型产业，报业竞争的本质是人才的竞争，通过组织建设和人力资源规划，打造一支一流的办报和经营团队是都市报持续良性发展的保证。报社应制订中长期人力资源计划，首先是明确各个岗位和职务的资格标准与基本任务，建立职务规范标准，纳入规范化管理体系之中；其次是建立常设的高水平专业培训机制；再次是设计“员工职业生涯规划”的工作体系，建立多条职业通道，健全职业化人才梯队。

第四，技术平台既是报业的生产工具又是经营管理的支撑平台，无论是对新闻生产还是报业经营都至关重要。目前，全国的都市报基本上都拥有了自己的数字平台，但是，在报业数字化的浪潮中，很多报业集团对运用数字化技术的热情远远高于对数字化内容的重视，很多新型报纸无非是传统报纸内容的多个媒介版本，内容同质，原创性差，新媒介的特长没有得到足够的发挥。其根源在于多年积累形成的传统新闻采编、展示、传播的理念没有完全适应报业数字化转型的需要。未来整个传媒业的技术将快速变化，技术平台决定了报纸的新闻生产效率、内部资源利用水平和市场反应速度，是报业竞争力的重要构成因素，都市

---

❶ 喻国明.分析新型主流媒体的核心竞争力.2005 年 4 月 17 日“中国财经媒体运营高峰论坛”主题演讲.

❷ 孙延海.企业发展战略本质论.http://www.umgr.comblogpostview.aspx?bpid=13147,2009-02-23.

报必须保持技术平台的领先。因此，不断探索传统报纸和新媒体的有机结合，通过报纸原创内容优势和新媒体数字化传播优势的结合，推进数字报业发展，开展与其他媒介融合，既是报纸创新发展的重大战略选择，也是报纸发展中的必然趋势。

三、革新都市报的经营管理理念

作为市场化程度最高的都市类报纸，报纸经营是其重要的生命线。中国第一张都市报——《华西都市报》的成功就与其经营管理理念的不断创新分不开。无论是初创时期的“敲门发行”还是现今的“追踪发行”和“叫卖词”传达制度，都为《华西都市报》的持续、超常发展提供了原动力，它的经营管理模式还被同行竞相效仿。因此，要使都市报在同类竞争对手中立于不败之地，革新报纸的经营管理理念至关重要。

首先，要调整发行格式，力求市场化。随着市场经济法则渗透到新闻出版领域，都市报必须彻底转变传统上由邮局垄断发行，长期依靠行政手段增加订户和发行量的报业营销理念。只有建立以读者为中心的自费订阅观念，才能让都市报摆脱对行政订报的依赖性，增强市场竞争力。都市报必须强化自办发行网络，拓展各种零售渠道。

其次，都市报在经营管理过程中，各种活动的运作要符合自身盈利环节的定位。报纸存在着两次销售，第一次是将信息包括事实和新观念卖给读者，以取得一定的读者群；第二次销售是将读者群卖给广告主。如果着眼点在第一次销售就盈利，那么整体的方案要放在控制成本的前提下达到发行印刷费用最小而发行量尽可能大。这种思路便更多地考虑容易劝说其购买的潜在读者，而不过多考虑读者群的结构及分布是否对广告主有吸引。在经营上是重编务而轻广告。这种模式主要存在于某些党报、机关报和一些具有行业垄断性质的报纸中，大部分市场化程度高的报纸已经从发行盈利转到了二次销售盈利，也就是反过来根据广告市场来确定版面样式，再来确定文章，即为市场度身定制。

因此，都市报需要加强对报纸广告的研究，根据自身的发行量及受众特点，有效地制定广告发布措施。[1]

第三，寻求都市报的纸质版与网络版的最佳结合点。

---

[1] 熊江华，樊铁军. 都市报面临的竞争环境与发展对策. 湖北商业高等专科学校学报，2001(9).

通常互联网是以一种强者的姿态俯视传统媒体的，其实，媒体发展的必然趋势应该是新媒介与旧媒介之间相互依存、相互融合，求得共同发展。网络媒体与传统媒体的整合是都市报发展的又一出路。网络版相对于纸质版也有其致命的劣势。在人的信息消费心理中，存在一种反复消费、反复品味的心理需求。这是因为不同的传播方式都有自己独特的魅力。正是基于以上考虑，目前，全国绝大部分省市的主要报纸均已上网发行电子版。但网络版与纸质版并存的前提是两者在传播内容上既有继承又有创新，要根据各自的媒体性质和特色，面向不尽相同的受众群，制造不同的内容或同一内容的不同传达方式。

比如《楚天都市报》的读者涵盖街头巷尾的妇孺老幼，而网上读者主要面向30岁以下的年轻人。这样一来，网络版非但没对报纸发行量造成冲击，反而扩大了报纸的影响。宁波都市报都有自己的网络报纸，可以借助网络多媒体手段，提供新闻事件的活动如文字报道、静态图片、专访、分析述评，从而增强报道的丰富性、多样性。

当代都市对经济、文化、教育、科技、医疗卫生以及实用服务信息的热切需求直接导致都市报的异军突起，成为当前我国报业中最有活力和社会影响力的报群。都市报在报业市场化运作中，培育了读者市场，开拓了广告市场，完善了发行市场。但是，由于各种信息传播媒体的迅猛发展和相互渗透，都市报的生存和发展也面临极为严峻的竞争生态环境。

通过对宁波都市报的发展现状及其所处的媒介生态环境的分析，可以清楚地感受到宁波都市类报纸的发展已经进入了一个新阶段，报业大战的号角已经吹响，报业竞争日趋白热化。

在传播媒体迅速发展的今天，宁波都市类报纸只有从自身特点和优势出发，正确定位报纸的内容和形式，按市场规律调整报纸的经营理念，不断增强自身的竞争实力，才能实现新的突破和新的飞跃，才能在庞大的信息传播市场中占有一席之地。

7　量化比较2005：两虎相斗

宁波经济发达，但报业市场竞争不充分。有研究认为，在国内数年的报业大战后，都市报在上海、北京、杭州等大城市的市场已经鲜有空隙，开始出现萎缩。报业下一个增长点将是宁波这一类型的区域次中心城市。

这意味着宁波报业市场即将迎来杭州《都市快报》等外地报纸的强势冲击。在这个背景下，我们对宁波两家都市类早报《现代金报》和《东南商报》进行了量化比较研究。研究方法采取文献检索参考、个案实证观察、实地采访调查、内容比较分析等。统计对象是2005年10月17—23日的上述宁波两报，并同时订阅《宁波日报》、《宁波晚报》、《钱江晚报》、《都市快报》、《青年时报》与之进行参照。按照研究的意图，做了初步的假设和量表的设计。为了了解两报在市民中的地位和影响，随机访问了海曙、江东、鄞州、慈溪三区一市（县）两报的读者和报刊零售主，获知了重要的受众资料；为了研究两报的办报思路，还分别查阅了两报管理层的访谈资料和文章，查阅了两报相关的研究论文，并研读了两报的内部资料，了解和掌握了两报可靠的信息。在具体的研究中，我们对两报相关要素进行了定义，设计了26类共163个相关的图表，最终形成了数据库（见卷三）。这里提取数据库中两报有关宁波本地新闻报道的一些数据，进行量化分析和比较，得出研究结论。

7.1　两报本地新闻报道有关数据分析

一、头版本地新闻及图片情况

《现代金报》与《东南商报》一周头版本地新闻及图片情况见表7-1和表7-2。

表 7-1 《现代金报》一周头版本地新闻及图片情况

日　期	17 日	18 日	19 日	20 日	21 日	22 日	23 日	总计
本地新闻	3	2	3	2	3	4	3	20
头版新闻总数	9	6	6	6	6	9	10	52
占　比	33.33％	33.33％	50.00％	33.33％	50.00％	44.44％	30.00％	38.46％
本地图片	0	0	0	1	1	1	2	5
图片总数	1	2	1	1	1	1	2	9
占比	0	0	0	100％	100％	100％	100％	55.56％

表 7-2 《东南商报》一周头版本地新闻及图片情况

日　期	17 日	18 日	19 日	20 日	21 日	22 日	23 日	总计
本地新闻	5	0	1	2	0	1	1	10
头版新闻总数	6	2	2	3	3	2	6	24
比　例	83.33％	0	50.00％	66.67％	0	50.00％	16.67％	41.67％
本地图片	1	0	1	1	1	1	1	6
图片总数	6	1	1	1	1	1	1	12
比　例	16.67％	0	100％	100％	100％	100％	100％	50.00％

一周 17 日、22 日、23 日三天的两报头版头条内容相同。两报头条本地新闻以第九届国际服装节为主，各占两条。《现代金报》一周头版本地新闻比《东南商报》多 10 条，《现代金报》一周头版新闻总数也比《东南商报》多，达到 18 条。《现代金报》的版面面积为 888 平方厘米，《东南商报》版面面积为 828 平方厘米。《现代金报》一周头版广告面积总量有 2436 平方厘米，《东南商报》为 2983.8 平方厘米。《东南商报》版面面积不比《现代金报》大，但头版广告面积要多出 547.8 平方厘米。这是《东南商报》头版新闻量较《现代金报》少的原因之一，此外《东南商报》的图片数量和面积总量也是需要考虑的因素。

在头版本地新闻图片使用上，《东南商报》有六天的头版图片是有关本地的，占 85.7％。《现代金报》为四天，占 57.1％。《东南商报》在头版图片使用上，比《现代金报》更有本地色彩。

二、本地新闻版面情况

本地新闻一周版面情况见表 7-3、表 7-4。

表 7-3 《现代金报》一周新闻版面情况

日　期	17 日	18 日	19 日	20 日	21 日	22 日	23 日	总计
版面总数	20 版	36 版	40 版	40 版	44 版	32 版	16 版	228 版
新闻版面总数	12 版	25 版	26 版	20 版	17 版	17 版	12 版	129 版
新闻版面占比	60.0%	69.4%	65%	50%	36.3%	53.1%	75.0%	55.3%
本地新闻版面总数	3 版	5 版	5 版	7 版	9 版	7 版	4 版	40 版
本地新闻版面总数/新闻版面总数	25.0%	20.0%	19.2%	35%	53.0%	41.2%	33.3%	31.0%
本地新闻版面总数/版面总数	15.0%	13.9%	12.5%	17.5%	20.5%	21.9%	25.0%	17.5%

表 7-4 《东南商报》一周新闻版面情况

日　期	17 日	18 日	19 日	20 日	21 日	22 日	23 日	总计
版面总数	20 版	28 版	32 版	28 版	40 版	20 版	16 版	184 版
新闻版面总数	15 版	20 版	19 版	18 版	22 版	12 版	7 版	113 版
新闻版面占比	75.0%	71.4%	59.3%	64.3%	55.0%	60.0%	43.8%	61.4%
本地新闻版面总数	4 版	5 版	6 版	5 版	7 版	5 版	4 版	36 版
本地新闻版面总数/新闻版面总数	26.7%	25.0%	31.6%	27.8%	31.8%	41.7%	57.1%	31.9%
本地新闻版面总数/版面总数	20.0%	17.9%	18.8%	17.9%	17.5%	25.0%	25.0%	19.6%

从表 7-3 和表 7-4 可知，《现代金报》一周版面总数 228 版，新闻版面 129 版，本地新闻版面 40 版，一周本地新闻版面数分别占新闻版面和总版面的 31.0% 和 17.5%。《东南商报》一周版面总数 184 版，新闻版面 113 版，本地新闻版面 36 版，一周本地新闻版面数分别占新闻版面和总版面的 31.9%、19.6%。两报新闻版面、本地新闻版面占各自报纸比例接近。

再看两报本地新闻版面广告占版情况（见表 7-5）。

表 7-5　宁波本地新闻版面广告所占面积　　单位:平方厘米

报纸 \ 日期	17日	18日	19日	20日	21日	22日	23日	总计
《现代金报》	0/3版	760/5版	1152/5版	1269.2/7版	822/9版	1436.9/7版	0/4版	5440.1
《东南商报》	273.3/4版	639.75/5版	1215.05/6版	314.2/5版	1018.53/7版	824/5版	99.7/4版	4384.53

《现代金报》10月17日和23日两天的本地新闻版面中未有广告出现,但广告在本地新闻版面中的比例仍有15.3%,比《东南商报》略高。就报纸整体广告比例而言,10月17—23日一周内,《现代金报》广告总面积占报纸总面积的34.75%,《东南商报》为28.4%。一直有读者认为《现代金报》与《东南商报》的广告太多,以至于民间流传着"金报商报,没有新闻,只有广告"这样的戏谑。实际量化后,广告并没有在两报占过多比例。按照业内广告与新闻4∶6就可获得较好利润的标准,再参考宁波目前低迷的广告市场因素,两报的广告业务量并不乐观。

一周中,《现代金报》广告量日平均版面为32.6版,《东南商报》广告量日平均版面为26.3版。在都市报"厚报"化大趋势下,宁波的都市报却没有"变肥长胖"。广告量有限是一个因素,报业竞争不充分也是一个因素。

三、本地新闻报道情况

两报本地新闻报道情况以及本地新闻信息含量统计见表7-6和表7-7。

表 7-6　两报本地新闻数量情况

《现代金报》

日　期	17日	18日	19日	20日	21日	22日	23日	总计
本地新闻数量	19	24	38	35	19	27	18	180
新闻总量	109	138	141	100	90	80	72	730
占　比	17.4%	17.4%	27.0%	35.0%	21.1%	33.8%	25.0%	24.7%

《东南商报》

日　期	17日	18日	19日	20日	21日	22日	23日	总计
本地新闻数量	15	33	30	23	31	37	35	204
新闻总量	87	84	101	87	114	70	84	627
占　比	17.2%	39.2%	29.7%	26.4%	27.2%	52.9%	41.7%	32.5%

表 7-7　宁波本地新闻信息含量统计

字数范围	100～500字	500～1000字	1000字以上	总计
《现代金报》	104	53	23	180
占　比	57.8％	29.4％	12.8％	
《东南商报》	142	48	14	204
占　比	69.6％	23.5％	6.9％	

《东南商报》一周本地报道比《现代金报》多 24 条，主要集中在 500 字以下的短新闻上。500 字以下的新闻一般为资讯类新闻。作为本地报业集团成员的《东南商报》，其本地新闻采访成本要小于《现代金报》，关口新闻等获得渠道多，因此短新闻资源相对丰富。《现代金报》在 500～1000 字及 1000 以上两档新闻中处于优势。长稿一般具备深度，有利于报纸赢得主流受众。《现代金报》此举可谓扬长避短。

从本地新闻占总新闻量比例上来看，《现代金报》为 24.7％，《东南商报》为 32.5％。两报在本地新闻的开发与报道中，仍有较大增长空间。

四、本地新闻分类

两报本地新闻分类见表 7-8。

表 7-8　两报一周本地新闻类别分布情况

《现代金报》

类　别	时政	社会民生	法制	文娱	体育	财经	教育
条　数	21	86	8	10	7	36	12
比　例	11.7％	47.8％	4.4％	5.6％	3.9％	20％	6.7％

《东南商报》

类　别	时政	社会民生	法制	文娱	体育	财经	教育
条　数	27	96	14	12	9	21	25
比　例	13.2％	47.1％	6.8％	5.9％	4.4％	9.8％	12.7％

《现代金报》一周本地新闻类别排名依次为社会民生、财经、时政、教育、文娱、法制、体育。《东南商报》排名依次为社会民生、时政、教育、财经、法制、文娱、体育。作为都市类财经报，《现代金报》和《东南商报》本地新闻既要重视社会民生，又要兼顾财经动向。从所占比例看，《现代金报》基本符合都市财经报纸的要求。《东南商报》则与自身定位不符。

文娱与体育类本地新闻总量在《现代金报》和《东南商报》本地新闻中只占

9.5%和10.3%。宁波是历史文化名城，既有悠久的人文历史资源，又有蓬勃发展的现代艺术事业，梅花奖等重量级文化奖项频频获颁，宁波大剧院又活动不断。近年宁波的体育事业也有较好发展，八一男篮、中国女排、WCBA的赛事多在宁波举行。客观地说，宁波本地不缺文体新闻。可惜对于文体新闻，两报不是以简讯处理，就是干脆不报。两报如对文体新闻足够重视、适度开发，应该能对宁波文化氛围的营造作出重要贡献。

教育类本地新闻量，《东南商报》比《现代金报》多。因《东南商报》有教育专版。教育新闻也是一个巨大的资源。宁波有初等教育、中等教育、高等教育的完整体系。两报对这一资源也没有充分开发。这就造成了两报在学生人群，特别是在大学生人群中的低占有率。

值得注意的是，《现代金报》改版后将自己明确定位为新主流媒体。做新主流媒体，是都市报的发展方向，即将都市报从市民报向主流报转变，重点突出时政新闻和经济新闻报道。《南方都市报》和《新京报》是主流报的代表。近期新闻出版总署官员也积极提倡把都市报办成读者欢迎的主流媒体。《现代金报》改版前就有时评版"金评天下"，这是主流类都市报的一个标志。改版初期的《现代金报》，主流倾向更加明显。

《现代金报》和《东南商报》在本地新闻报道中，海曙、江东、江北老三区的新闻报道分别占到了本地新闻总量的59.5%和48%(见表7-9)。不难看出，两报目前的发行重点是老三区，老三区成为两报主要的争夺市场。《现代金报》和《东南商报》都采取以市区为中心向周边县市辐射的方针。与市区距离越远的县市，两报上的相关新闻就越少。即使有，也是一些刺激眼球的法制、社会新闻。以市区为发行重点，有两报现实的考虑。但《现代金报》和《东南商报》不重视县市新闻的开发，给诸如杭州《都市快报》等强势报纸转战宁波市场争夺本地读者提供了一个很好的机会，极可能导致"后院起火"。这是两报需要注意的。

表7-9　两报一周本地新闻地域分布情况(%)

地域 报纸	海曙	江东	江北	鄞州	北仑	镇海	余姚	慈溪	奉化	象山	宁海	老三区相关*	全市相关*
《现代金报》	25.6	13.9	5.0	5.0	2.8	3.9	1.7	1.7	1.1	0.5	0.5	15.0	23.3
《东南商报》	19.1	10.8	3.4	6.4	5.9	2.9	3.4	3.0	2.0	0.5	2.9	18.1	21.6

注：*"海曙、江东、江北"为明确的区域属地新闻，"老三区相关"为发生在"海曙、江东、江北"，但事实上却超越某一行政区域属性，属于老三区共同属性的新闻；"全市相关"为此条新闻见各全市属性。文中以下文字表述和表格中出现的"老三区相关"及"全市相关"同此表述。

五、本地同源报道情况

两报本地新闻同源报道情况见表 7-10。

表 7-10 两报本地新闻同源报道情况

17 日

版面	《东南商报》	字数	版面	《现代金报》	字数
A13	《小百花张小君获戏剧梅花奖》	100～500 字	A13	《宁波越剧演员摘得第三朵梅花》	100～500 字
A5	《广交会纺织服装交易大幅下降》	500～1000 字	A17	《广交会首日成交 4 亿元 宁波团开门红》	100～500 字

18 日

版面	《东南商报》	字数	版面	《现代金报》	字数
A2	《庆丰桥将进入地面施工》	100～500 字	A10	《庆丰桥将上地施工》	100～500 字
A2	《机关枪齐刷刷对准“走私船”东海最大规模反走私演习昨上演》	500～1000 字	A10	《7 分钟拿下“可疑船只”东海昨上演历史最大规模反走私演习》	500～1000 字
A3	《2005 宁波科技大赛胜出 88 个项目两份“白纸”融资 1400 万》	500～1000 字	A10	《科技创业大赛昨落幕 两项目融资 1400 万》	100～500 字
A3	《地产精英齐聚宁波 中城联盟宁波峰会本周举行》	100～500 字	A10	《中城联盟 22 日开峰会 房产巨头来甬“论房”》	100～500 字
A3	《第四季度粮价有望稳中有降》	100～500 字	A10	《未冲击陈米市场 新米上市价略降》	100～500 字
A3	《11 类账户不受影响》	100～500 字	A10	《小额账户工行也要收费 300 元内快去归并或注销 11类账户不受影响》	500～1000 字
A4	《12 名孤残儿免费手术》	100～500 字	A10	《12 名孤残患儿已被选出 今明实施矫正手术》	100～500 字

续表

19 日

版面	《东南商报》	字　数	版面	《现代金报》	字　数
A4	《公交拖伤老太赔 13 万》	100～500 字	A12	《老太下车被车拖倒　公交公司赔偿 13 万余元》	100～500 字
A4	《18 辆“自由舰”服务盛会》	100～500 字	A3	《18 辆自由舰为服装节客商开路》	100～500 字
A3	《县市区也可设限制乞讨区》	100～500 字	A4	《医院拒收乞儿将问责》	100～500 字
A3	《慈善一日捐募款 890 万》	100～500 字	A6	《慈善一日捐善款 890 万》	100～500 字
A4	《为了服装节昨起夜间交通整治》	100～500 字	A4	《提前为节保畅通交警便衣查三车》	100～500 字
A5	《金库值班员监守自盗 50 万案发　宁海一信用社 2 名嫌疑人已分别在南京、泉州落网》	500～1000 字	A8	《信用社出纳盗金库 52 万　警方 20 天破案两嫌疑人落网》	500～1000 字
A21	《晴好天气持续至明天》	100～500 字	A6	《后天起宁波降温有小雨》	100～500 字
A19	《用琴声抒发乡思乡情》	500～1000 字	A19	《10 万美元邀老乡》	1000 字以上
A19	《国际声乐赛昨晚落幕》	500～1000 字	A20	《中国金嗓勇夺魁》	500～1000 字

20 日

版面	《东南商报》	字　数	版面	《现代金报》	字　数
A4	《从四大创新看服装节求变　本报记者专访副市长余红艺》	1000 字以上	A4	《三大新特色灿烂服装节　专访副市长余红艺》	500～1000 字
A5	《两台晚会带来精彩艺术享受》	100～500 字	A4	《培罗成之夜唱响七彩梦》	100～500 字
A5	《男子爬上 8 米高景观柱》	100～500 字	A9	《一男无工作夜坐柱子顶》	500～1000 字
A5	《三歹徒夜抢的哥　7 分钟后主谋落网》	100～500 字	A9	《的哥遭抢抓一歹徒》	100～500 字

续表

21 日

版面	《东南商报》	字　数	版面	《现代金报》	字　数
A5	《宁波国际服装节揭开七彩盖头》	100～500 字	A9	《八方霓裳今起献演连台好戏》	100～500 字
A4	《七彩梦演绎宁波装》	100～500 字	A4	《宁波人的梦是七彩梦》	500～1000 字
A4	《香港服装学院设分院》	100～500 字	A4	《甬港联袂"造"名师 港服院第 8 分院落户宁波》	100～500 字
A4	《首套服装专题邮票发行》	100～500 字	A4	《中国首套服装邮票宁波造》	100～500 字
A10	《一核二轴三心商务文化并重》	1000 字以上	A10	《海曙新版图将有 11 个街区》	1000 字以上
A9	《余姚段两车追尾三人死亡》	100～500 字	A14	《两车追尾夺命 3 条》	500～1000 字
A7	《水龙头 3 晚被盗 200 多只 窃贼竟是 5 个小男孩》	100～500 字	A14	《为玩游戏公园"找钱" 5 少年夜盗 200 水龙头》	100～500 字

22 日

版面	《东南商报》	字　数	版面	《现代金报》	字　数
A2	《服装节商机勃发生意兴隆》	500～1000 字	A4	《1 万多海内外客商聚甬城》	500～1000 字
A2	《甬港联会 25 岁了》	100～500 字	A4	《甬港联谊会 25 周岁》	100～500 字
A2	《青年最喜爱服装揭晓》	100～500 字	A2	《李宁雅戈尔列前二》	100～500 字
A2	《设计大赛决出金奖》	100～500 字	A4	《肃衣朱绣设计大赛夺冠》	100～500 字
A2	《美术馆有两大展览》	100～500 字	A4	《时尚中国摄影大赛揭晓》	100～500 字

23 日

版面	《东南商报》	字　数	版面	《现代金报》	字　数
A2	《400 多年前意大利就熟知宁波》	1000 字以上	A4	《宁波 400 多年前已是名城》	500～1000 字
A2	《爱伊美获得出口免检》	100～500 字	A4	《甬诞生出口免检企业》	100～500 字
A2	《青年服装展示馆揭幕》	100～500 字	A4	《青年设计展示馆开馆》	100～500 字
A2	《香港宁波帮捐助家乡学子》	100～500 字	A4	《甬港联谊会昨发助学金 53 名 宁波学子获资助》	100～500 字

续表

版面	《东南商报》	字　数	版面	《现代金报》	字　数
A2	《红帮传人来甬踊跃捐赠藏品》	100～500字	A4	《20位红帮传人昨聚首》	500～1000字
A4	《6人及时献血挽救3命》	500～1000字	A8	《稀有血型血需求大》	1000字以上

汇总

报　纸	《现代金报》	《东南商报》
一周总相同条数	40	40
一周宁波新闻总条数	187	198
占　比	21.4%	20.2%

同质化,是同城报纸不可避免的。在本地新闻报道中尤其明显。《现代金报》和《东南商报》一周新闻报道内容相同的本地新闻有40条,分别占各自本地新闻比例的21.4%和20.2%。从内容分析来看,《现代金报》在同源报道中做得有更深度、更有特色。

2005年10月17—23日一周中共有四个重大事件发生,全国范围的有"神六"返回、巴金去世、十运会,宁波本地的有第九届宁波国际服装节开幕。两报有关服装节专题版面及报道情况见表7-11。

表7-11　两报关于"服装节"专题版面及报道情况

两报关于"服装节"专题版面

日　期	17日	18日	19日	20日	21日	22日	23日	总计
《现代金报》专版	0	0	0	0	4版	4版	1版	9版
版面总数	20版	36版	40版	40版	44版	32版	16版	228版
占　比	0	0	0	0	9.1%	12.5%	6.3%	3.9%
《东南商报》专版	0	0	0	0	1版	2版	2版	5版
版面总数	20版	28版	32版	28版	40版	20版	16版	184版
占　比	0	0	0	0	2.5%	10.0%	12.5%	2.7%

两报关于"服装节"的报道情况(条数)

日　期	17日	18日	19日	20日	21日	22日	23日
《现代金报》	1	0	5	2	9	14	8
《东南商报》	1	0	5	3	7	10	13

续表

占本地新闻的比例(%)

日　期	17日	18日	19日	20日	21日	22日	23日
《现代金报》	1/20=5	0	5/50=10	2/29=6.9	9/18=50	14/25=56	8/18=44.4
《东南商报》	1/15=6.7	0	5/29=17.2	3/26=11.5	7/30=23.3	10/36=27.8	13/27=48.1

总计(条数)

报　纸	"服装节"总报道数	本地新闻总数	占　比
《现代金报》	39	180	21.7%
《东南商报》	39	204	19.1%

《现代金报》服装节专版有九个版，比《东南商报》多四个版。两报服装节一周新闻报道数都是39条。其中同源报道较多。服装节报道是两报的一次阶段性战役，我们将其与两报"神六返回"、"巴金去世"、"十运会赛事"这三个阶段性报道"战役"放在一起进行考察。不难发现，在重大新闻事件的策划能力和报道技巧上，《现代金报》要好于《东南商报》。两报在"阶段性战役"中共同存在的问题是，不能很好地保证报道的总体质量。以两报对突发的"巴金去世"事件为例，尽管两报都有很快的反应，但相关报道差错很多。如《现代金报》把巴金的女儿李小林说成是巴老的儿子，儿子李小棠说成女儿。又把萧乾、汪曾祺等在巴金之前就去世的名人生前对巴金的评价，说成是"得知巴金离去他们说"，既贻笑大方，损害报道的效果，又降低了报纸的可信度和权威性。

7.2　两报替代率、差异系数分析

一、用替代率分析两报内容差异

我们分别用1和2表示《现代金报》和《东南商报》；它们的总版数分别为T_1和T_2；两者相同内容的版数为S_1和S_2；相同内容版数占各自总版数的比率为V_1和V_2；替代率用R表示。则有$R=V_1/V_2$，由于$V=S/T$，所以$R=(S_1/T_1)/(S_2/T_2)$。

设一周《现代金报》总版数为T_1，相同内容的版数为S_1，相同内容版数占各自总版数的比率为V_1。相应的，《东南商报》所对应的值分别为T_2、S_2、V_2。

$T_1=20+36+40+40+44+32+16=228$

$T_2=20+28+32+28+40+20+16=184$

$S_1=41$

$S_2=43$

$V_1=41/228=18.0\%$

$V_2=43/184=23.4\%$

$R=(S_1/T_1)/(S_2/T_2)=(41/228)(43/184)=0.77$

替代率 R 越接近 1，两家媒体的可替代性越强，竞争越激烈，越遵循“竞争性复制”规律。而《现代金报》和《东南商报》的替代率只有 0.77，说明两者替代性不强、竞争不激烈。

二、差异系数分析内容多样化程度

假设有 n 家媒体，V^* 表示相同内容版数占各自总版数比率的平均数。差异系数则用 D 表示。有 $V^*=(V_1+V_2+\cdots+V_n)/(T_1+T_2+\cdots+T_n)$，

第 i 家媒体的差异系数则为 $D_i=[(T_i-S_i)/T_i]/V^*=(1-V_i)/V^*$

设《现代金报》的差异系数为 D_1，《东南商报》的差异系数为 D_2，则

$V^*=(18.0\%+23.4\%)/(228+184)=0.414/412=0.001$

$D_1=[(T_1-S_1)/T_1]/V^*=(1-V_1)/V^*=(1-18.0\%)/0.001=820$

$D_2=[(T_2-S_2)/T_2]/V^*=(1-V_2)/V^*=(1-23.4\%)/0.001=766$

D 值越大，表明该媒体新闻内容的差异性越大，产品越具有特色。计算得出，《现代金报》的差异系数为 820，《东南商报》的差异系数为 766。显然，《现代金报》要比《东南商报》更具有特色。

从差异系数还可以看出一家报纸所面对的读者范围。D 值越大，报纸所面对的受众就越广泛。从 D 值来看，《现代金报》的受众群要比《东南商报》的更广泛。这一点从两报的版面安排上也同样可以看出。

8　量化比较 2006：三分天下(上)

由于中国报业是以党报为主体的四级党报结构，这与从中央到省、市、县的党政机关系统是相对应的。因此，宁波虽然是一个经济发达的副省级城市，但作为原地市一级的宁波，同时存在着四级报纸，同城报业竞争就产生了。

宁波本地报业市场目前存在着一家党报和三家都市报。党报为《宁波日报》，三家都市报分别为《宁波晚报》、《东南商报》和《现代金报》。除本地报业之外，还有《钱江晚报》、《都市快报》等省会杭州的都市报在宁波发行，积极扩张。

就本地报业市场而言，宁波目前的都市报数量非常符合"三四律"，即在一个报业市场中，最终对市场起决定性影响的报纸不会超过三家。宁波作为一个发展势头良好的沿海开放城市，对长三角地区的贡献毋庸置疑，按照文化产业理论，一个地区的经济越发达，其媒体也就越发达。在杭州、南京等城市，报业竞争异常激烈，报业经济也相对活跃。而同样作为经济大市，且是副省级城市的宁波，报业市场却是基本没有风浪，这是值得思考的。

2006 年，我们对宁波三家都市类报纸《宁波晚报》和《东南商报》和《现代金报》进行了量化比较、差异化研究。统计了 2006 年 10 月 16—22 日宁波的上述三报。在具体的研究中，对三报的相关要素进行了定义，设计了 23 类共 166 个相关的图表，最终形成了数据库(见卷三)。这里延续上一年的方式，提取数据库中三报有关差异化的一些数据，继续进行量化分析和比较。

8.1　三报本地新闻报道有关数据分析

一、2006 年 10 月 16—22 日三报概述

本研究抽取 2006 年 10 月 16—22 日《宁波晚报》、《东南商报》和《现代金报》三报一周(周一至周日)的报纸作为研究对象。一周中，《宁波晚报》、《东南商报》和《现代金报》三报的总版面数分别为 204 版、224 版(2005 年同期 184 版)和 252 版(2005 年同期 228 版)。三报一周新闻条数分别为 486 条、536 条和 571 条。

《宁波晚报》、《东南商报》和《现代金报》一周日均版数分别为 29.1 版、30.8 版和 36 版，与 2005 年同期相比，《东南商报》与《现代金报》日均版数有所上升(2005 年两报日均版数分别为 26.3 版和 32.6 版)，三家都市类报没有一家报纸的日均版数超过 40 版，这与国内其他城市的报业市场情况有明显差别。从 20 世纪 90 年代开始的报业“扩版潮”似乎并没有影响到宁波的报业市场。因此，宁波的报业市场不属于“厚报市场”，但也不能将宁波的都市报简单归类为“薄报”。

二、一周头版头条分析

三报一周头版头条分析见表 8-1。

表 8-1 《宁波晚报》、《东南商报》和《现代金报》一周头版头条情况

日 期	《宁波晚报》	《东南商报》	《现代金报》
16 日	《温家宝总理寄语宁波企业要注重自主创新，小产品有大市场》	《温总理鼓励甬创业创新开拓》	《制裁朝鲜：排除用武力》
17 日	《一起寻找感人的慈善故事》	《动物咬伤处置规定首次公布》	《欣弗事件撤职 5 人》
18 日	《罗成山会是下一个国家地质公园吗》	《你我共建和谐宁波》	《服装节将开幕 交警先指路》
19 日	《共建共享和谐社会》	《天气偏热青菜价格猛跌》	《南站旅客救急基金告急》
20 日	《市民对环保满意率达到 83%》	《超八成市民认为生活很滋润》	《浙江楼市降温了》
21 日	《下午 2 时大卫雕像落户宁波大剧院》	《胡锦涛、温家宝分别会见赖斯》	《公交临时调整，请你看清线路》
22 日	《第十届中国国际服交会上午开幕》	《宁波国际服装节精彩开幕》	《服装节酒会环卫工成贵宾》
本地新闻总计	6	4	4
占 比	85.70%	57.14%	57.14%

头版版面是报纸的“脸面”。心理学研究证明，人的行为总有一定的惰性和惯性，购买报纸亦然。受众经过报摊，总是希望能够在极短的时间内，迅速发现“老朋友”或者漂亮的“新面孔”，这便是封面的“约会效应”，即“自己人效应”。在实际生活中，报纸不可能将所有版面在报摊上一字排开、全面展示，因此报纸头版的优劣在报业竞争中有着十分重要的意义。

三报一周头版头条中,《宁波晚报》本地新闻比例占到85.70%,《东南商报》本地新闻比例57.14%(2005年同期比例为28.6%,增幅明显),《现代金报》本地新闻比例为57.14%(2005年同期比例为42.9%,也有增长)。

从一周头版头条情况来看,《东南商报》、《宁波晚报》在16日、20日、22日三天的头版头条内容相同;《东南商报》18日头条与《宁波晚报》19日头条都有关于“和谐社会”的内容,也属同源新闻;《东南商报》21日国务院总理温家宝会见美国国务卿赖斯的报道,直接选用新华社稿件。

《宁波晚报》和《东南商报》头版头条中,时政新闻所占的比例相对较大,这跟两报同属宁波日报报业集团存在一定关系,一方面,可以资源共享,但方便的同时也养成了记者的惰性,对新闻的采访因而失去了主动性,于是出现了“有了空调,没了头条”的现象(李良荣语);另一方面,上述情况也反映出作为都市报而非党报的两报在具体报道安排上与其本身民生化定位存在一定偏差。

《现代金报》头版头条的选取基本以民生新闻为主。如19日的《南站旅客救急基金告急》、20日的《浙江楼市降温了》等。《现代金报》一周头版新闻中,时政新闻所占比例较《宁波晚报》、《东南商报》少,较符合都市报本身的定位,也不与其“新主流媒体”道路相悖。

三家报纸22日头版头条都是有关于国际服装节的新闻:《现代金报》为《服装节酒会环卫工成贵宾》,《宁波晚报》为《第十届中国国际服交会上午开幕》,《东南商报》为《宁波国际服装节精彩开幕》。《现代金报》在新闻标题的制作、新闻报道的角度选取以及新闻价值的挖掘和展现上都胜于《宁波晚报》和《东南商报》。《现代金报》的标题非常有特色,虚实结合,又不失冲击力,较能引起受众兴趣,真正起到了“新闻的眼睛”的作用。

三家报纸也存在漏报现象。如16日的《宁波晚报》和《东南商报》的头版头条皆为温家宝总理鼓励甬企业的新闻,而《现代金报》在当天的新闻中没有这条新闻,属于漏报行为。同时,《现代金报》10月18日的头版出现了明显的错误,“发现和谐系列报道推出第六篇”,在头版错印成“第五篇”。上述这些都是不应该的。

三、一周头版新闻及图片分析

三报一周头版新闻及图片分析见表8-2、表8-3和表8-4。

表 8-2 《宁波晚报》一周头版本地新闻及图片情况

日 期	16 日	17 日	18 日	19 日	20 日	21 日	22 日	总计
本地新闻	6	5	4	5	6	3	3	32
头版新闻总数	9	7	6	7	9	6	8	52
占 比	66.67%	71.43%	66.67%	71.43%	66.67%	50.00%	37.50%	61.54%
本地图片	3	1	1	1	1	2	3	12
图片总数	3	1	1	1	1	2	4	13
占 比	100%	100%	100%	100%	100%	100%	75.00%	92.31%

表 8-3 《东南商报》一周头版本地新闻及图片情况

日 期	16 日	17 日	18 日	19 日	20 日	21 日	22 日	总计
本地新闻	4	3	5	2	5	5	3	27
头版新闻总数	8	7	9	6	7	10	5	52
占 比	50.00%	42.86%	55.56%	33.33%	71.43%	50.00%	60.00%	51.92%
本地图片	1	1	1	0	1	3	1	8
图片总数	1	1	1	1	1	3	1	9
占 比	100%	100%	100%	0	100%	100%	100%	88.89%

表 8-4 《现代金报》一周头版本地新闻及图片情况

日 期	16 日	17 日	18 日	19 日	20 日	21 日	22 日	总计
本地新闻	4	3	3	3	4	3	3	23
头版新闻总数	7	8	6	7	8	6	3	45
占 比	57.14%	37.50%	50.00%	42.86%	50.00%	50.00%	100%	51.11%
本地图片	1	1	0	0	0	0	1	3
图片总数	1	1	1	0	1	0	1	5
占 比	100%	100%	0	0	0	0	100%	60.00%

《宁波晚报》头版一周新闻总条数 52 条，本地新闻比例 61.54%；《东南商报》一周新闻总条数 52 条，本地新闻比例 51.92%（2005 年同期《东南商报》一周头版

新闻总数 24 条、本地新闻数 10 条、头版本地新闻比例 41.67%)；《现代金报》头版一周新闻总数 52 条，本地新闻比例 51.11%(2005 年同期《现代金报》一周头版新闻总数 52 条、本地新闻数 20 条、头版本地新闻比例 38.46%)。

《宁波晚报》头版一周新闻图片 13 张，并且一周中每天的头版都有图片，本地新闻图片 12 张，本地新闻图片所占比例为 92.31%；《东南商报》一周新闻图片 9 张，本地新闻图片 8 张，有 6 天的头版图片是本地新闻图片，其所占比例为 88.89%(2005 年同期比例为 50.00%)；《现代金报》头版一周新闻图片 5 张，一周只有 3 天的本地新闻有图片，本地新闻图片 3 张，本地新闻图片所占比例为 60%(2005 年同期比例为 55.56%)。

从三报一周的头版新闻和图片使用情况来看，新闻本地化是三报共同的策略，但在具体的操作过程中各有差异。

从头版本地新闻及图片比例中，我们可以看出《宁波晚报》是走本地化道路最明显的宁波报纸。《宁波晚报》的头版新闻数量和图片数量都是最多的，分别达到 52 条和 13 张。从每天的分布及所占比例来看(新闻和图片比例分别为 61.54%和 92.31%)，《宁波晚报》也是高度本地化的。毋庸置疑，新闻本地化是《宁波晚报》在同城报业竞争中的一个差异化路线。

《东南商报》头版新闻及图片本地化程度排在《宁波晚报》之后。一周头版本地新闻比例与 2005 年同期相比，增幅为 10.25%，变化明显。从新闻形式及编排比较，《东南商报》可视为《宁波晚报》的市场跟随者，而且它所采取的也正是市场跟随者策略。

《现代金报》头版新闻及图片使用，则明显区别于《宁波晚报》和《东南商报》。自 2005 年改版以来，《现代金报》一直在实践其新的策略与方案。一周头版当中，本地新闻与国际国内新闻都有兼顾，充分体现了《现代金报》立足江浙，彰显主流的定位，可视为《现代金报》走差异化道路的一个重要表现。

四、一周新闻版面分析

三报一周新闻版面分析见表 8-5、表 8-6 和表 8-7。

表 8-5 《宁波晚报》一周新闻版面比重

日　期	16日	17日	18日	19日	20日	21日	22日	总　计
版面总数	20版	28版	36版	48版	36版	20版	16版	204版
新闻版面总数	17版	18版	23版	26版	26版	14版	13版	137版

续表

日　期	16 日	17 日	18 日	19 日	20 日	21 日	22 日	总　计
新闻版面占比	85.00%	64.28%	63.89%	54.17%	72.22%	70.00%	81.25%	67.16%
本地新闻版面数	6 版	9 版	10 版	10 版	9 版	6 版	4 版	54 版
本地新闻版面数/新闻版面总数	35.29%	50.00%	43.48%	38.46%	34.61%	42.86%	30.77%	39.42%
本地新闻版面数/版面总数	30.00%	32.14%	27.78%	20.83%	25.00%	30.00%	25.00%	26.47%

表 8-6　《东南商报》一周新闻版面比重

日　期	16 日	17 日	18 日	19 日	20 日	21 日	22 日	总　计
版面总数	20 版	36 版	44 版	36 版	36 版	28 版	16 版	216 版
新闻版面总数	14 版	20 版	22 版	21 版	23 版	14 版	13 版	127 版
新闻版面比例	70.00%	55.56%	50.00%	58.33%	63.89%	50.00%	81.25%	58.80%
本地新闻版面数	4 版	3 版	11 版	2 版	8 版	11 版	6 版	45 版
本地新闻版面数/新闻版面总数	28.57%	15.00%	50.00%	9.52%	34.78%	78.57%	46.15%	35.43%
本地新闻版面数/版面总数	20.00%	8.33%	25.00%	5.56%	22.22%	45.83%	37.50%	20.83%

表 8-7　《现代金报》一周新闻版面比重

日　期	16 日	17 日	18 日	19 日	20 日	21 日	22 日	总　计
版面总数	20 版	36 版	40 版	64 版	40 版	20 版	32 版	252 版
新闻版面总数	11 版	24 版	20 版	22 版	20 版	13 版	24 版	134 版
新闻版面比例	55.00%	66.67%	50.00%	34.38%	50.00%	65.00%	75.00%	53.17%
本地新闻版面数	3 版	11 版	10 版	12 版	5 版	4 版	15 版	60 版
本地新闻版面数/新闻版面总数	27.20%	45.80%	50.00%	54.54%	25.00%	30.77%	62.50%	44.78%
本地新闻版面数/版面总数	15.00%	30.56%	25.00%	18.75%	12.50%	20.00%	46.88%	23.81%

一周中，《宁波晚报》新闻版面总数为 137 版，占总版面比例 67.16%。一周本地新闻版面为 54 版，占新闻版面和总版面的比例分别为 39.42% 和 26.47%；

《东南商报》一周新闻版面总数为 127 版，占总版面比例 58.80%。一周本地新闻版面为 45 版，占新闻版面和总版面的比例分别为 35.43% 和 20.83%（2005 年同期，一周新闻版面总数为 113 版，占总版面比例 61.4%。一周本地新闻版面为 36 版，占新闻版面和总版面比例分别为 31.9% 和 19.6%）；《现代金报》新闻版面总数为 134 版，占总版面比例 53.17%。一周本地新闻版面为 60 版，占新闻版面和总版面的比例分别为 44.78%、23.81%（2005 年同期，一周新闻版面总数为 129 版，占总版面比例 56.6%。一周本地新闻版面为 40 版，占新闻版面和总版面比例分别为 31.0%、17.5%）。

《现代金报》在一周新闻版面和本地新闻版面数量为宁波三家都市报之首。较 2005 年同期相比，新闻版面与本地新闻版面的增幅分别为 3.88% 和 50.00%。本地新闻版面如此高的增长速度，使《现代金报》新闻本地化比例保持在第一位。《东南商报》与 2005 年同期相比，新闻版面增幅为 12.39%，而本地新闻版面虽然有 25.00% 的增长，但占新闻版面总数的比例却有所下降，是其同城报纸竞争战略调整的一个表现。与 2005 年相比，《东南商报》在头版新闻广度上进行了有益的探索，在深度上没有较大变化。《宁波晚报》一周新闻版面总量较《现代金报》多 3 个版，而新闻版面占总版面比例达到了 67.16%，分别高出《东南商报》、《现代金报》8.36 和 13.99 个百分点。因此，《宁波晚报》是宁波都市报中新闻比例最高的报纸。

五、一周本地新闻报道分析

三报一周本地新闻报道情况和新闻信息含量统计见表 8-8 至表 8-12。

表 8-8 《宁波晚报》本地新闻报道情况

日　期	16 日	17 日	18 日	19 日	20 日	21 日	22 日	总　计
本地新闻数量	33	27	30	27	33	13	29	192
新闻总量	70	70	65	62	95	54	70	486
占　比	47.14%	38.75%	46.15%	43.54%	34.74%	24.07%	41.42%	38.32%

表 8-9 《东南商报》本地新闻报道情况

日　期	16 日	17 日	18 日	19 日	20 日	21 日	22 日	总　计
本地新闻数量	21	37	32	32	22	18	25	187
新闻总量	85	69	93	63	82	80	64	536
占　比	24.71%	53.62%	34.41%	50.79%	26.83%	22.50%	39.06%	34.89%

表 8-10 《现代金报》本地新闻报道情况

日　期	16 日	17 日	18 日	19 日	20 日	21 日	22 日	总　计
本地新闻数量	26	33	36	34	42	25	19	215
新闻总量	68	91	88	88	92	76	68	571
占　比	38.24%	36.26%	40.91%	38.64%	45.65%	32.89%	27.94%	37.65%

表 8-11　三报一周新闻信息含量统计

字数范围	100～500 字	500～1000 字	1000 字以上	总　计
《宁波晚报》	306	126	54	486
占　比	62.96%	25.93%	11.11%	100%
《东南商报》	282	152	102	536
占　比	52.61%	28.30%	19.03%	100%
《现代金报》	374	150	47	571
占　比	65.50%	26.27%	8.23%	100%

表 8-12　宁波本地新闻一周信息含量统计

字数范围	100～500 字	500～1000 字	1000 字以上	总　计
《宁波晚报》	127	47	18	192
占　比	66.15%	24.48%	9.38%	100%
《东南商报》	117	55	15	187
占　比	63.59%	29.89%	8.02%	100%
《现代金报》	133	59	23	215
占　比	61.86%	27.44%	10.70%	100%

一周中,《宁波晚报》本地新闻数量 192 条,占总新闻量比例为 39.51%;《东南商报》本地新闻数量 187 条,占总新闻量比例为 34.89%;《现代金报》本地新闻数量 215,占总新闻量比例为 37.65%。三报在本地新闻数量上差别不大。

就一周新闻信息含量而言,《宁波晚报》稿件与《现代金报》稿件在 100～500 字、1000 字以上的新闻分布较接近,《东南商报》1000 字以上稿件的比例明显小于其他两报。实际情况为,《东南商报》1000 字以上稿件多为通讯社、网络和其他报刊上转载,所刊稿件并不代表其记者队伍的采编水平。《宁波晚报》和《现代金报》在三类稿件的数量和质量方面都证明了自身良好的实力。从对一周情况的研究来看,《现代金报》要略好于《宁波晚报》。

三报一周本地新闻类别情况分析见表8-13至表8-17。

表8-13 《宁波晚报》一周本地新闻类别分布情况

类别	时政	社会民生	法制	文娱	体育	财经	教育
条数	4	155	2	4	7	18	2
占比	2.1%	80.7%	1.0%	2.1%	3.7%	9.4%	1.0%

表8-14 《东南商报》一周本地新闻类别分布情况

类别	时政	社会民生	法制	文娱	体育	财经	教育
条数	8	138	3	6	9	20	3
占比	4.3%	73.8%	1.6%	3.2%	4.8%	10.7%	1.6%

表8-15 《现代金报》一周本地新闻类别分布情况

类别	时政	社会民生	法制	文娱	体育	财经	教育
条数	21	151	2	10	12	18	1
占比	9.8%	70.2%	0.9%	4.7%	5.6%	8.3%	0.5%

表8-16 《宁波晚报》一周本地新闻类别地域分布情况

类别	时政	社会民生	法制	文娱	体育	财经	教育
海曙	0	8.85%	0	0	0	0.52%	0
江东	0	7.81%	0	0.52%	1.56%	1.04%	0
江北	0	4.68%	0	0	0	0.52%	0
鄞州	0.52%	6.25%	0	0	0.52%	0	0
北仑	0	4.16%	0	0	0	0	0
镇海	0	2.08%	0.52%	0	0	0	0.52%
余姚	0.52%	1.04%	0	0	0	0	0
慈溪	0	2.08%	0	0	0	0	0
奉化	0	2.6%	0	0	0	0	0
象山	0	4.68%	0	0	0	0	0
宁海	0	1.04%	0	0	0	0	0
老三区相关	0	3.12%	0	0	0	0	0
全市相关	1.56%	38.54%	0.52%	1.56%	1.56%	8.3%	1.04%

表 8-17 《东南商报》一周本地新闻类别地域分布情况

类别	时政	社会民生	法制	文娱	体育	财经	教育
海曙	0.53%	12.29%	0.53%	0.53%	0	0	0
江东	0	10.69%	0	1.06%	0	0	0
江北	0	10.69%	0	0	0	0	0
鄞州	0	6.95%	0.53%	0	0	0	0
北仑	0	1.06%	0	0	0	0	0
镇海	0	0	0	0	0	0	0
余姚	0	0.53%	0	0	0	0	0
慈溪	0	0.53%	0	0	0	0	0
奉化	0	2.13%	0	0	0	0	0
象山	0	0.53%	0	0	0	0	0
宁海	0	0	0	0	0	0	0
老三区相关	0	6.95%	0	0	0	0	0
全市相关	3.20%	19.25%	0.53%	1.60%	4.81%	10.69%	1.60%

表 8-18 《现代金报》一周本地新闻类别地域分布情况

类别	时政	社会民生	法制	文娱	体育	财经	教育
海曙	0.93%	10.69%	0	0	0	0	0
江东	0.93%	8.83%	0	0.46%	0.46%	0	0
江北	0	10.23%	0	0	0	0	0
鄞州	1.39%	3.72%	0	0	0.46%	0	0.46%
北仑	0	1.86%	0	0	0	0.46%	0
镇海	0	0	0	0	0	0	0
余姚	0.46%	0.46%	0	0	0	0	0
慈溪	0	1.39%	0	0	0	0	0
奉化	0	1.39%	0	0	0	0	0
象山	0	0	0	0	0	0	0
宁海	0	0	0	0	0	0	0
老三区相关	0	6.51%	0	0.93%	0	0	0
全市相关	6.04%	29.76%	0.93%	3.25%	4.65%	7.44%	0

表 8-19　三报一周本地新闻类别地域分布情况

报纸	《宁波晚报》	《东南商报》	《现代金报》
海曙	9.30%	15.50%	12.09%
江东	8.85%	11.76%	11.16%
江北	6.77%	10.69%	8.37%
鄞州	9.37%	7.48%	5.11%
北仑	5.21%	0	2.32%
镇海	3.12%	0	0
余姚	1.56%	0	0.93%
慈溪	3.12%	0.53%	1.39%
奉化	3.12%	0.53%	0.93%
象山	5.21%	1.60%	0
宁海	1.04%	0	0
老三区相关	3.64%	3.20%	10.23%
全市相关	39.06%	39.03%	46.50%

《宁波晚报》一周本地类别新闻类别排名依次为社会民生、财经、体育、时政、文娱、教育、法制；《东南商报》排名依次为社会民生、财经、体育、时政、文娱、教育、法制（2005 年同期，排名依次为社会民生、时政、教育、财经、法制、文娱、体育）；《现代金报》排名依次为社会民生、时政、财经、体育、文娱、法制、教育（2005 年同期，排名依次为社会民生、财经、时政、教育、文娱、法制、体育）。

作为都市类财经报，《现代金报》与《东南商报》本地新闻既要重视社会民生，又要兼顾财经动向。值得注意的是，《现代金报》改版后将自己明确定位为"新主流媒体"。做新主流媒体，是都市报的发展方向，即将都市报从市民报向主流报转变，重点突出时政新闻和经济新闻报道。近期新闻出版总署也积极提倡把都市报办成受读者欢迎的主流媒体。《现代金报》改版前就设有时评版"金评天下"，这是主流类都市报的一个标志。改版一年后的《现代金报》，主流倾向更加明显，新闻类别前三位分别为社会民生、时政、财经，便是一个很好的证明。与 2005 年同期相比，法制新闻在三报本地新闻类别中的排名明显退后，这是一个好现象。时下报章的法制新闻，多为报道"杀人放火"等案件，以求吸引受众眼球的刺激型新闻，而非真正警策世人的新闻。《东南商报》2005 年同期法制新闻比例较高，一定程度上影响了其在受众中的形象和地位。2006 年，法制新闻在《东南商报》本地新闻类别的名次由2005年的第五位降到最后一位，是《东南商报》重树形象的一个有益举措。

因此，与2005年同期相比，《东南商报》新闻类别构成更符合自身定位。但其构成与《宁波晚报》完全一致，在差异化上没有做好。

从本地新闻类别及地域分布上可以看出，《宁波晚报》的新闻采编地域最为广阔，《现代金报》第二，《东南商报》最后。《宁波晚报》作为在宁波存在时间最长、公信力最好的都市类报纸，拥有一支优秀的记者队伍及通讯员队伍，其在新闻地理覆盖上的优势是必然的。而《现代金报》作为一张异地新办报纸，能够在短短三年内培养一批深入基层的好记者及通讯员是非常难得的，这也为《现代金报》作宁波地区的"新主流媒体"提供了有力的保证；而作为具有宁波日报报业集团背景的《东南商报》，在记者能力培养、队伍建设及集团资源利用方面尚需改进。

文娱与体育类本地新闻总量在《宁波晚报》、《东南商报》和《现代金报》本地新闻中分别只占5.5%、8.2%和10.3%。加强文体新闻报道，走人文路线也是做到报纸差异化的一种非常有效的途径。

《东南商报》和《现代金报》在本地新闻报道中，海曙、江东、江北老三区的新闻报道分别占到了本地新闻总量的28.56%、41.15%（2005年同期48%）、41.85%（2005年同期59.5%）。不难看出，《东南商报》与《现代金报》目前的发行重点仍是老三区。《现代金报》与《东南商报》都采取以市区为中心向周边县市辐射的方针。与市区距离越远的县市，两报上的相关新闻就越少。即使有，也是一些刺激性的法制、社会新闻。以市区为发行重点，有两报现实的考虑，也符合都市报的特点。实际上，杭州的《都市快报》目前已在城乡占有一定市场。在慈溪，《都市快报》的读者远比《宁波晚报》、《东南商报》和《现代金报》要多。三家宁波报纸已经意识到这点。《宁波晚报》在老三区和全市拥有一定市场，目前正在进一步巩固和开拓。《现代金报》较2005年同期，已将新闻采访与报道的"触角"延伸到了大市内更多的社区、人群。《东南商报》在这方面表现尚不明显，这对其发展是不利的。

六、一周财经新闻报道分析

三报一周财经新闻报道分析见表8-20至表8-22。

表 8-20 三报财经版面占版情况

日 期	16 日	17 日	18 日	19 日	20 日	21 日	22 日	总计
《宁波晚报》专版	1 版	0	0	0	0	0	0	1 版
版面总数	20 版	28 版	36 版	48 版	36 版	20 版	16 版	204 版
占 比	5.00%	0	0	0	0	0	0	0.49%
《东南商报》专版	3 版	3 版	3 版	3 版	3 版	2 版	0	17 版
版面总数	20 版	36 版	44 版	36 版	36 版	28 版	16 版	216 版
占 比	15.00%	8.33%	6.81%	8.33%	8.33%	7.14%	0	7.88%
《现代金报》专版	1 版	3 版	3 版	3 版	3 版	3 版	0	16 版
版面总数	20 版	36 版	40 版	64 版	40 版	20 版	32 版	252 版
占 比	5.00%	8.33%	7.50%	4.69%	7.50%	15.00%	0	6.35%

表 8-21 三报一周财经新闻占新闻条数情况

日 期	16 日	17 日	18 日	19 日	20 日	21 日	22 日	总计
《宁波晚报》	13	12	12	14	11	7	0	69
新闻总条数	70	85	65	62	95	54	70	501
占 比	18.57%	14.12%	18.46%	22.58%	11.58%	12.96%	0	13.77%
《东南商报》	17	18	17	21	22	12	0	107
新闻总条数	85	69	93	63	82	80	64	536
占 比	20.00%	26.09%	18.28%	33.33%	26.83%	15.00%	0	19.96%
《现代金报》	0	15	12	13	11	16	0	67
新闻总条数	68	91	88	88	92	76	68	571
占 比	0	16.48%	13.64%	14.77%	11.96%	21.05%	0	11.73%

表 8-22 三报一周本地财经新闻占本地新闻条数比例情况

日 期	16 日	17 日	18 日	19 日	20 日	21 日	22 日	总计
《宁波晚报》	5	2	4	6	1	0	0	18
本地新闻条数	33	27	30	27	33	13	29	192
占 比	15.15%	7.41%	13.33%	22.22%	3.03%	0	0	9.38%
《东南商报》	2	4	2	5	2	2	0	17
本地新闻条数	21	37	32	32	22	18	25	187
占 比	9.52%	10.81%	6.25%	15.63%	9.09%	11.11%	0	9.09%

续表

日　期	16日	17日	18日	19日	20日	21日	22日	总计
《现代金报》	9	2	2	0	2	2	0	17
本地新闻条数	26	33	36	34	42	25	19	215
占　比	34.62%	6.06%	5.56%	0	4.76%	8.00%	0	7.91%

《宁波晚报》、《东南商报》和《现代金报》都有财经专版。在 2006 年 10 月 16—22 日这一周中,《宁波晚报》只有 1 个财经专版,《东南商报》一周财经版面总量为 17 版,《现代金报》一周财经版面总量为 16 版。

《宁波晚报》一周财经新闻 69 条,占该报一周新闻的比例为 13.77%;《东南商报》一周财经新闻 107 条,占该报一周新闻的比例为 19.96%;《现代金报》一周财经新闻 67 条,占该报一周新闻的比例为 11.73%。

《宁波晚报》一周本地财经新闻 18 条,占该报一周本地新闻的比例为 9.38%;《东南商报》一周本地财经新闻 17 条,占该报一周本地新闻的比例为 9.09%;《现代金报》一周本地财经新闻 17 条,占该报一周本地新闻的比例为 7.91%。

对定位为财经类都市报的《东南商报》和《现代金报》来说,本地财经新闻 9.09%、7.91%这样的比例并不能凸显其定位。相比之下,《现代金报》在财经新闻上有明显的特色。

《现代金报》的“18 创富”栏目定位是帮助中小企业,成为服务中小企业的第一媒体品牌。它专为宁波中小企业服务,提供资讯、求购、订单等各种信息,同时策划各种形式的推荐会、加盟会、18 活动等。

“18 创富”每周都会刊登财富案例。如《现代金报》10 月 16 号 A18 版的关于《百万年薪“需要”还是“炒作”,贝发给“赢在中国”选手开百万年薪》的新闻,趣味性、可读性很强,新闻价值也体现得很好。

《现代金报》的“金点理财”栏目,每期就如何投资国债、股票、基金、店铺等,发布理财情报,传授理财技巧,提供理财方案。这些财经资讯贴近百姓生活,而记者采写的新闻本身也生动活泼、通俗易懂。

《现代金报》10 月 16 日 A20 版的新闻《千万资金短期如何“钱生钱”》,它的导语:“半年过后,房地产商人俞先生的 1000 多万元资金闲置在银行里吃活利息。我这个项目不知道什么时候能找好,这之前老是吃 0.72%的活期利息,收益太低了点,你们能否帮我请个理财专家出出主意?”这样的导语就很有吸引力,将受众感兴趣的故事作为由头和引子,传播效果远比那些生硬的说教和牵强的套话要好。

相对于《现代金报》，定位为财经类都市报的《东南商报》，其财经新闻相对晦涩难懂，报道缺乏可读性、实用性和服务性。《东南商报》本地财经新闻只占本地新闻的9.09%，非本地财经新闻基本选用新华社稿件。财经证券类新闻，《东南商报》基本没有自己采写的稿子。

《东南商报》自己采写的财经新闻中，有不少稿件读起来生硬。如《东南商报》10月20号A9版的《9月份的家具建材消费猛增》的报道："9月份市场消费品……当月实现零售额75.5亿元……同期增长16.4%，提高3.7个百分点，横向比较从16.4%……"一篇200多字的新闻用了29个数字，期间没有生动的解读，枯燥无味，老百姓自然对这样的新闻没有兴趣，新闻中原本一些对百姓生活有重要指导意义的信息也就这样被忽略了。

由此可见，三报在财经类本地新闻的开发上略显不足。小到粮油、猪肉价格变动，大到房价起落、证券市场涨跌，这些都是老百姓非常关心的新闻。财经新闻本身就是一个重要的新闻类型，宁波又是经济发达的沿海开放城市，市民对财经信息的需求量是巨大的。只要注重财经新闻的服务性、实用性和可读性，就有很大的市场潜力！

七、阶段性战役新闻、同源新闻等分析

三报本地新闻同源报道情况见表8-23至表8-36。

表8-23　10月16日三报本地新闻同源报道情况

版面	《宁波晚报》	字数	版面	《东南商报》	字数	版面	《现代金报》	字数
A1	《老外志愿者昨精彩亮相》	100～500字	A5	《600名外籍人士当服装节志愿者》	100～500字	A4	《国际志愿者首次亮相服装节》	100～500字
A7	《广交会送出宁波礼品800件，千玉琉璃让外国友人赞不绝口》	500～1000字	A2	《广交会昨送出800件"宁波礼品"赠予外国友人，薄熙来赞千玉琉璃》	500～1000字	A4	《薄熙来在宁波赞礼品好》	100～500字
A6	图片新闻(白领丽人大赛)	100～500字	无	无	无	A14	《白领丽人昨甬城斗艳》	100～500字
A19	《宁波代表团力争"榜眼"》	100～500字	A14	《宁波代表团有望实现争二保三》	100～500字	A15	《省运会昨日台州开幕》	500～1000字

表 8-24　10 月 17 日三报本地新闻同源报道情况

版面	《宁波晚报》	字数	版面	《东南商报》	字数	版面	《现代金报》	字数
A4～A5	《唱响和谐曲》	1000 字以上	A1	《共建共享和谐社会》	100～500 字	A3	《关注身边人和事》	1000 字以上

表 8-25　10 月 18 日三报本地新闻同源报道情况

版面	《宁波晚报》	字数	版面	《东南商报》	字数	版面	《现代金报》	字数
A5	《杭甬运河打造水上黄金通道》	500～1000 字	A2	《杭甬运河将通 500 吨级船舶》	500～1000 字	A5	《杭甬运河改造明年完工》	500～1000 字
A20	《宁波姑娘何宁世锦赛初体验》	500～1000 字	A23	《宁波体操走在复兴路上》	500～1000 字	A15	《体操比赛昨落幕，宁波 11 金排第二》	100～500 字

表 8-26　10 月 19 日三报本地新闻同源报道情况

版面	《宁波晚报》	字数	版面	《东南商报》	字数	版面	《现代金报》	字数
A21	《印度总领事盛赞〈阿育王〉》	500～1000 字	B1	《印度总领事来甬看戏》	100～500 字	A22	新版《阿育王》看点多	500～1000 字
A23	《田径场上甬将"掘金"跳高"刘翔"临阵退赛》	100～500 字	A20	《田径项目取得开门红，宁波又收获 9 金》	100～500 字	A21	《宁波田径开门红》	100～500 字
A7	《智能公交系统方便多多》	500～1000 字	A2	《站台实时播报公交车到站时间》	1000 字以上	无	无	无

表 8-27　10 月 20 日三报本地新闻同源报道情况

版面	《宁波晚报》	字数	版面	《东南商报》	字数	版面	《现代金报》	字数
A20	《18 枚！夺金最高潮》	100～500 字	A21	《宁波团昨天大丰收》	500～1000 字	A30	《宁波队日进 18 金》	100～500 字
无	无	无	A20	《他们眼中的世界冠军何宁》	100～500 字	A29	《冠军阿拉宁波人》	100～500 字
A2	《宁波国际服装节组委会办公室负责人答记者问》	1000 字以上	A7	《宁波国际服装节组委会办公室负责人答记者问》	1000 字以上	无	无	无

表 8-28 10 月 21 日三报本地新闻同源报道情况

版面	《宁波晚报》	字数	版面	《东南商报》	字数	版面	《现代金报》	字数
A1	《第十届宁波国际服装节今晚开幕，下午 2 时大卫雕像落户宁波大剧院广场》	100～500 字	A10—11	《穿越时空的使者漂洋过海来看你》	1000 字以上	无	无	无

表 8-29 10 月 22 日三报本地新闻同源报道情况

版面	《宁波晚报》	字数	版面	《东南商报》	字数	版面	《现代金报》	字数
A1	《第十届中国国际服交会上午开幕》	100～500 字	A2—A3	《第十届宁波国际服装节昨晚隆重开幕 大卫不远万里来当宁波"市民"》	500～1000 字	A4—A5	《第十届宁波国际服装节昨晚隆重开幕》	500～1000 字
A1	《烟花璀璨霓裳夜》	100～500 字	A1	《火树银花迎盛会》	100～500 字	A1	《火树银花夜甬城》	500～1000 字
A16	《宁波游泳从头开始往上赶》	500～1000 字	无	无	无	A15	《浙江游泳后劲足，宁波勇夺 9 金》	500～1000 字

表 8-30 《宁波晚报》、《东南商报》一周本地新闻同源情况汇总

报　纸	《宁波晚报》	《东南商报》
一周相同条数	49	49
一周本地新闻总条数	192	187
所占比例	25.50%	26.20%

表 8-31 《宁波晚报》、《现代金报》一周本地新闻同源情况汇总

报　纸	《宁波晚报》	《现代金报》
一周相同条数	32	32
一周本地新闻总条数	192	215
所占比例	16.70%	14.90%

表 8-32 《东南商报》、《现代金报》一周本地新闻同源情况汇总

报 纸	《东南商报》	《现代金报》
一周相同条数	43	43
一周本地新闻总条数	187	215
所占比例	22.99%	20.00%

表 8-33 三报关于"宁波第十届国际服装节"专题版面情况

日 期	16 日	17 日	18 日	19 日	20 日	21 日	22 日	总计
《宁波晚报》专版	0	0	0	0	1	1	2	4
版面总数	20	28	36	48	36	20	16	204
占 比	0	0	0	0	2.78%	5.00%	12.50%	1.96%
《东南商报》专版	0	0	0	0	1	0	2	3
版面总数	20	36	44	36	36	28	16	216
占 比	0	0	0	0	2.78%	0	12.50%	1.39%
《现代金报》专版	0	0	1	0	0	0	2	3
版面总数	20	36	40	64	40	20	32	252
占 比	0	0	2.50%	0	0	0	6.25%	1.19%

表 8-34 三报关于"宁波第十届国际服装节"专题新闻报道情况

日 期	16 日	17 日	18 日	19 日	20 日	21 日	22 日
《宁波晚报》	0	0	0	0	1	2	4
《东南商报》	0	0	2	0	0	3	12
《现代金报》	0	0	0	0	0	0	8

表 8-35 三报关于"宁波第十届国际服装节"新闻报道占本地新闻比例

日 期	16 日	17 日	18 日	19 日	20 日	21 日	22 日
《宁波晚报》	0	0	0	0	3.00%	15.40%	13.80%
《东南商报》	0	0	6.25%	0	0	16.70%	48.00%
《现代金报》	0	0	0	0	0	0	42.00%

表 8-36 三报关于“宁波第十届国际服装节”新闻报道情况总计

	服装节总报道数	本地新闻总数	所占比例
《宁波晚报》	7	192	3.65%
《东南商报》	12	187	6.42%
《现代金报》	8	215	3.72%

《宁波晚报》、《东南商报》和《现代金报》三家都市报在“阶段性战役”非本地新闻策划报道版面情况、三报本地新闻同源报道情况、三报阶段性报道情况、三报其他非宁波新闻同源情况的不同分析与比较中，都有各自的特点。

首先，分析三报“阶段性战役”非本地新闻策划报道版面情况。三报对处理同一新闻事件时各自的报道版面情况中，《现代金报》在阶段性新闻的策划中反应迅速、报道完善。

10 月 16—22 日这一周关于“构建和谐社会的系列”专题报道，《宁波晚报》10 月 17 日和《东南商报》10 月 18 日推出关于和谐社会的系列报道时，《现代金报》10 月 18 日一期报纸已经是系列(六)，这就意味着《现代金报》提早把握了有关和谐社会系列报道的时机。由此，《现代金报》在战略上领先于《宁波晚报》和《东南商报》，占据了和谐社会主题的报道优势，差异化明显。

在“欣弗事件”系列报道中，《宁波晚报》、《东南商报》和《现代金报》三报在相关报道上还是处于比较接近的程度，占新闻总量的 0.4%～0.5%；三报对于“绿盛牛肉干”事件的报道中，《宁波晚报》与《东南商报》占版情况一样，相关报道都出现在 17—18 日，各占一版。而《现代金报》对于该事件没有任何报道，是漏报还是报道安排关系，抑或是涉及广告客户的关系，不得而知。

其次，在三报本地新闻同源报道情况中，可以看到，同源报道中 500～1000 字的文章篇幅占绝大部分，各类报道的题目接近，行文风格接近。如宁波国际服装节的系列报道，三报报道的角度、新闻点雷同，特别是《宁波晚报》与《现代金报》。

一周中三报多次出现重要新闻两报皆有报道，而另外一份报纸没有报道的情况。如：10 月 16 日的《宁波晚报》和《东南商报》头版头条是关于“温总理鼓励甬企业”的报道，《现代金报》没有相关报道，属于漏报；同一天的报道中《宁波晚报》与《现代金报》都报道了“白领丽人甬城斗艳”，而《东南商报》却没有这则新闻，应该是漏报新闻。10 月 19 日《宁波晚报》的 A07 版与《东南商报》A02 版都报道了“智能公交系统”，而《现代金报》却没有发，这是新闻源的问题，可见《现代金报》还需积累经验，融入整体，进一步巩固和拓展各条口的新闻源。10 月 20 日《现代金报》的 A29 版与《东南商报》的 A20 版都发了关于“冠军何宁（宁波籍）”的报道，而《宁波晚报》没有发；同日《宁波晚报》的 A02 版与《东南商报》的 A03 版都发表了“宁波国际服装节组委会答记者问”，而《现代金报》没有。对于以上现象，可理解为差异化的一些表现。

非本地新闻同源报道情况，三报几乎雷同。关于国际新闻，基本是来源于通讯社以及网络，稿件几乎全部来自于新华社。

文娱新闻也基本类似，本地的文娱新闻很少，三报在新闻的选择上极其类似，不同的仅仅是个别配图新闻的图片不一样，综合新闻稿没有大的区别。这是简单的趋同。

《宁波晚报》和《东南商报》在一些硬新闻处理上不如《现代金报》。如 10 月 19 日《宁波晚报》A3～A4 版与《东南商报》A16～A18 版对《中共中央关于构建社会主义和谐社会若干重大决定》这条新闻为全文刊登，而《现代金报》在当日的 A13 版仅登 100 余字的消息稿。10 月 20 日《宁波晚报》A10～A11 版与《东南商报》的 A14～A15 版对纲领性文件凝结全党的智慧的报道有两个版面，而《现代金报》没有进行相关报道。作为宁波日报报业集团的子报的《宁波晚报》和《东南商报》应该明确自身的定位，作为党报的《宁波日报》会刊发纲领性文件全文，它们作为都市类报纸就没必要全文刊登，在时政版面刊登消息稿，或者不登都是可以的。

一周中也出现两家报纸在不同的时间刊登同一条新闻的现象。如《东南商报》在 10 月 18 日 A21 版的一条娱乐新闻“陈好拍戏空运洗脸水”，在《现代金报》的 10 月 19 日 A22 版上也出现了该条新闻；《东南商报》10 月 18 日 A16 版的“台风来了，该怎么办，温州台风知识编入书本”，出现在《现代金报》的 10 月 21 日的 A7 版。这个现象，说明报社采编人员存在作风上的问题，既是对新闻工作的失职，也是对读者朋友的不尊重；既浪费了良好的新闻资源，又失陷于泛滥的同质窠臼。

第三，对三报的“阶段性战役”报道情况的分析可以看出三报总体上还是紧扣主题，及时发现并报道当地重大新闻的。通过相关数据的比较，三家都市报在这方面还是比较平均的。三报还是能够立足本地，把本地的新闻做好，将本地的新闻信息及时传递给读者，应该说在这方面值得肯定。不过在对重大新闻事件的报道中，三报还是存在不少相似性。读者是不希望看到同样累赘的报道，如果三份报纸都报道趋同，那么读者只需买一种报纸就够了。所以，创新始终是工作中的重要环节，尽量做到与众不同，提高受众度。

最后，在三报其他非宁波新闻同源情况的研究中，三报的比例接近，《宁波晚报》占了1.60%，《现代金报》占了1.23%，《东南商报》新闻同源情况所占比例相对较少，只占了0.37%。

八、三报一周广告分析

三报一周广告分析见表8-37和表8-38。

表8-37 三报一周广告占版情况

报纸	《宁波晚报》	《东南商报》	《现代金报》
广告专版数	24版	34版	53版
广告专版面积(平方厘米)	21996	29209.4	49767
全版广告总面积(平方厘米)	186966	185565.6	236629
专版广告面积占全版广告面积比例	11.76%	15.74%	21.03%
非专版广告面积(平方厘米)	41353.87	30607.22	38821.26
非专版广告面积占全版广告总面积比例	22.12%	16.49%	16.41%
总占比	33.88%	32.23%	37.44%

表8-38 三报头版广告占版比例

日期	16日	17日	18日	19日	20日	21日	22日	总计
《现代金报》面积(平方厘米)	430.20	266.40	470.93	461.70	388.80	523.93	137.37	2679.33
占总版面面积比例	45.75%	28.33%	50.08%	49.10%	41.34%	55.71%	14.61%	40.70%
《东南商报》面积(平方厘米)	276.00	163.03	276.36	384.00	396.00	72.63	288.00	1856.00
占总版面面积比例	33.17%	19.59%	33.22%	46.15%	47.60%	8.73%	34.62%	31.87%
《宁波晚报》面积(平方厘米)	251.25	376.00	376.00	376.00	362.75	369.50	28.75	2140.24
占总版面面积比例	27.31%	40.87%	40.87%	40.87%	39.43%	40.16%	3.13%	33.23%

《现代金报》版面面积为940.41平方厘米，比2005年同期的888平方厘米

多出 52.41 平方厘米；《东南商报》的版面面积为 832 平方厘米；《宁波晚报》的版面面积为 920 平方厘米，与 2005 年同期相比没明显变化，这跟报业集团的经营思路有关，即不走厚报、薄报之路，版面的增加与否取决于广告量的多少。

《现代金报》头版一周广告面积总量有 2679.33 平方厘米，《东南商报》为 1856 平方厘米、《宁波晚报》为 2140.24 平方厘米，《现代金报》版面面积比《东南商报》、《宁波晚报》大，头版广告面积比商报多出 823.33 平方厘米、比晚报要多 539.09 平方厘米。虽然，《现代金报》的版面面积比其他两报要大，但新闻总量比其他两报少，主要原因是《现代金报》广告的比例大。此外，《现代金报》的图片数量及其所占版面面积总量也是需要考虑的因素。

在广告专版的统计中，《宁波晚报》的广告专版数是最少的，一周总数为 24 版；《东南商报》居第二位，为 34 版；《现代金报》最多，为 53 版。三家报纸的专版广告内容包罗万象，证券、招聘、楼市汽车、房屋出租、公司招聘、医药卫生等。一周中，《现代金报》的广告的专版数最多，其中星期四的招聘专版就有三个版，包含有大量的招聘信息，这个版面为金报拉了一批读者，很受大众的欢迎。广告不仅仅只是信息，更重要的是一种经济信息，《现代金报》在广告专版上更具特色。

在非专版广告总面积占全版广告总面积比例这一部分，《宁波晚报》的比例最高，达 22.12%，而其他两家报纸都在 16%左右。宁波晚报的非专版广告不管在色彩上还是内容上都与所在版面新闻相对较协调。

三报都有很不协调的版面，如《宁波晚报》的 10 月 20 号 A17 版的文化新闻版面，上半版是纪念鲁迅逝世 70 周年，下半版却是男性生殖健康大盘点；《现代金报》2006 年 10 月 19 日的 A5 版，"发现 · 和谐"版中加入了女性丰胸广告。

在一些文娱新闻下放上大气的房产广告，如《东南商报》2006 年 10 月 19 日 B02 版，达不到预期的传播效果。因为一些文娱新闻的受众往往是一些女性读者。房产广告和汽车广告还是放在体育版或者是财经新闻下为宜。

8.2 三报替代率、差异系数分析

一、《现代金报》与《东南商报》替代率

我们分别用 1 和 2 表示《现代金报》和《东南商报》；它们的总版数分别为 T_1 和 T_2；两者相同内容的版数为 S_1 和 S_2；相同内容版数占各自总版数的比率为 V_1 和 V_2；替代率用 R 表示。则有 $R=V_1/V_2$，由于 $V=S/T$，所以 $R=(S_1/T_1)/(S_2/T_2)$。

$T_1=20+36+40+64+40+20+32=252$

$T_2=20+36+44+36+36+28+16=216$

$S_1=43$

$S_2=51$

$V_1=S_1/T_1=43/252=0.171$

$V_2=S_2/T_2=51/216=0.236$

$R=(S_1/T_1)/(S_2/T_2)=(43/252)/(51/216)=0.723$

二、《现代金报》与《东南商报》差异系数

假设有 n 家媒体，V^* 表示相同内容版数占各自总版数比率的平均数。差异系数则用 D 表示。有 $V^*=(V_1+V_2+\cdots+V_n)/(T_1+T_2+\cdots+T_n)$，第 i 家媒体的差异系数则为

$D_i=[(T_i-S_i)/T_i]/V^*=(1-V_i)/V^*$

设《现代金报》的差异系数为 D_1，则《东南商报》的差异系数为 D_2，则

$V^*=(17.1\%+23.6\%)/(252+216)=0.407/486=0.0008$

$D_1=[(T_1-S_1)/T_1]/V^*=(1-V_1)/V^*=(1-17.1\%)/0.0008$

$=1036.25$

$D_2=[(T_2-S_2)/T_2]/V^*=(1-V_2)/V^*=(1-23.6\%)/0.0008=955$

三、《现代金报》与《宁波晚报》替代率

分别用 1 和 3 表示《现代金报》和《宁波晚报》，总版数分别为 T_1 和 T_3，相同内容版数占各自总版数的比率为 V_1 和 V_3；替代率用 R 表示。

$T_1=252$

$T_3=204$

$S_1=32$

$S_3=36$

$V_1=S_1/T_1=32/252=0.127$

$V_3=S_3/T_3=36/204=0.176$

$R=(S_1/T_1)/(S_2/T_2)=(32/252)/(36/204)=0.721$

四、《现代金报》与《宁波晚报》差异系数

设《现代金报》的差异系数为 D_1，《宁波晚报》的差异系数为 D_3，则

$V^{*}=(12.7\%+17.6\%)/(252+204)=0.303/456=0.0007$

$D_1=[(T_1-S_1)/T_1]/V^{*}=(1-V_1)/V^{*}=(1-12.7\%)/0.0007=1247$

$D_3=[(T_3-S_3)/T_3]/V^{*}=(1-V_2)/V^{*}=(1-17.6\%)/0.0007=1177$

五、《东南商报》与《宁波晚报》替代率

分别用 2 和 3 表示《东南商报》和《宁波晚报》，总版数分别为 T_2 和 T_3，相同内容版数占各自总版数的比率为 V_2 和 V_3；替代率用 R 表示。

$T_2=216$

$T_3=204$

$S_2=54$

$S_3=49$

$V_2=S_2/T_2=54/216=0.25$

$V_3=S_3/T_3=49/204=0.24$

$R=(S_2/T_2)/(S_3/T_3)=(54/216)/(49/204)=1.04$

六、《东南商报》与《宁波晚报》差异系数

设《东南商报》的差异系数为 D_2，《宁波晚报》的差异系数为 D_3，则

$V^{*}=(25\%+24\%)/(216+204)=0.49\div420=0.001$

$D_2=[(T_2-S_2)/T_2]/V^{*}=(1-V_2)/V^{*}=(1-25\%)/0.001=750$

$D_3=[(T_3-S_3)/T_3]/V^{*}=(1-V_3)/V^{*}=(1-24\%)/0.001=760$

我们将《宁波晚报》、《东南商报》和《现代金报》运用公式进行替代率和差异系数两两比较。替代率 R 越接近 1，两家媒体的可替代性越强，竞争越激烈，越遵循“竞争性复制”规律。而差异系数 D 值越大，表明该媒体新闻内容的差异性越大，产品越具有特色。从差异系数还可以看出，一家报纸所面对的读者范围，D 值越大，报纸所面对的受众就越广泛。

《现代金报》与《东南商报》替代率为 0.723，与 2005 年同期的 0.77 相比，两家报纸愈加没有替代性，竞争也愈加不强。《现代金报》差异系数为 1036.25，《东南商报》差异系数为 955。与 2005 年同期的 820、766 相比，差异性增大。《现代金报》比《东南商报》更有特色，有更广泛的受众群。

《宁波晚报》与《现代金报》，替代率为 0.721，两报替代性不强，竞争不激烈。《宁波晚报》差异系数为 1177，《现代金报》差异系数为 1247。显然《现代金报》要比《宁波晚报》更具有特色，有更广泛的受众群。从差异系数上来看，《现代金报》

已经威胁到《宁波晚报》本地报业市场老大的地位了。

《宁波晚报》与《东南商报》替代率为 1.04，很明显两报可替代性很强。《东南商报》作为与《宁波晚报》同一报业集团的都市报，其差异化策略并不成功。作为市场跟随者，《东南商报》仅仅是对《宁波晚报》的简单复制，其要想在宁波报业市场立足，这种道路只会越走越远。《宁波晚报》的差异系数为 760，《东南商报》的差异系数为 750，从差异系数上来看，《宁波晚报》略比《东南商报》有特色，它的受众面也略较《东南商报》广泛。一方面反映《宁波晚报》具有一定发展潜力，在年轻读者中有市场；另一方面也说明了《东南商报》不够活泼，存在过于“老龄化”的问题。

8.3 话题：宁波都市报可持续发展探讨

一、共同创造良好的报业市场环境

通过对宁波三家都市报 2006 年一周报纸的量化、比较、分析，可以看到，宁波的报业市场竞争不充分，宁波的报纸尚未完全进入竞争状态。

在外部报业气候的影响下，宁波都市报在缓慢的成长。较 2005 年同期相比，《宁波晚报》在新闻本地化程度上进一步加强，继续保持在宁波地区的第一大综合性报纸地位。《东南商报》在市场跟随者战略下，有所发展，但实力仍然较弱，问题仍然很多。《现代金报》在其定位下坚定地走“新主流媒体”之路，较有成效，已初步达到自身目标，并得到受众普遍喜欢和接受。

三家报纸互相间的竞争不积极，在未来仍有较大竞争余地。按照目前情况，宁波媒介环境健康较好，宁波都市类报纸可进行可持续发展。

宁波报业市场相对于国内其他省市的报业市场而言，是很单纯与平和的。没有出现其他同城报纸竞争过程中出现的低价叫卖、互相叫骂等不良现象。宁波报纸的公众形象比较受宁波受众的认可和欢迎，而宁波的媒体环境也是适合报纸的良性发展的。

在如此好的条件下，宁波同城都市报日后的竞争应该会趋利避害。而目前宁波同城报纸的竞争，还处于开始阶段。公平、公正，是宁波报业市场得以良性竞争的重要因素，其他城市报纸要想走可持续发展道路，在自身发展和市场争夺过程中，也需谨记这两点。

二、在同质化与差异化之间博弈

在报业体制与市场的都市化、区域化双重背景下，同城都市报竞争在所难免。而在报业竞争中出现同质化的问题是不可避免的。有竞争就会有复制，这是媒介市场的惯常现象。市场竞争的结果必然会导致差异化缩小，出现模仿与跟风。在现有的宁波报业市场中，同质化现象比比皆是，而多数的同质案例属于粗浅的仿制。

差异化道路是报纸在同城竞争中得以生存与发展的唯一途径。报纸怎样从同质化的"泥沼"中抽身，在差异化中新生，并不再陷入同质困境，是次博弈。

首先，差异化道路必须走"相对差异化"而不是"绝对差异化"路线。绝对差异化，意味着超前卫的市场定位、超瞩目的独家新闻、超低价的市场经营，它需要充分的财力支持或者人力保障。"绝对差异化"可以做到报纸在同城竞争中大大占优势，遥遥领先。但此种方式，并不是一个长远之计。巨大的人力与财力投入，极有可能会拖垮一家报社。《现代金报》在宁波创刊之初，采用了"绝对差异化"策略。轰动的独家新闻、诱人的订阅赠品，使《现代金报》在短期内收到了良好的宣传效果，从而成功进入了宁波报业市场。之后，《现代金报》按常规手段进行运作。可见，"绝对差异化"路线只能是一种谋略，而不能是一种方针。报纸要想可持续发展，只有走"相对差异化"路线，即在既有条件下，带去媒介产品或者服务的增值。

其次，"内容为王"始终是报社管理层和从业人员需要牢牢记住的。内容的生产是媒介市场价值的保障。目前在宁波都市报业市场中，《宁波晚报》、《东南商报》和《现代金报》三家报纸在内容上存在两大问题：一是三报在内容的深度和广度上有明显欠缺；二是三报在新闻类型与风格上差异不大。这就导致了宁波都市报纸的"相貌平平"的现象。

解决三报内容问题的方法需要报社领导的"放手"及新闻记者的"放开"。领导的"放手"，就是让管理层放下诸多经营顾虑，积极出台政策，鼓励员工将报纸办活、办好；记者的"放开"，就是在新闻的采写上大胆创新，积极学习兄弟报纸和其他媒介的优秀新闻报道方式、方法，创造新风格，发现新角度，从而使新闻鲜活，使报纸有朝气。

最后，要破"平"入"深"。宁波报纸有一个共同风格就是"平"、"实"。总体评价当下宁波三家都市报，都缺少一种灵秀之气，它们太过中庸，太过不尖锐。《宁波晚报》仍需减少它的政治味，增加更多的生活气息和生活趣味。《宁波晚报》作为八小时之外的报纸，其报道就是要细，看着琐碎，但正是那些东西才是真正引起人们关注的。跟百姓利益息息相关的东西，记者都要紧紧抓住。《东南商报》需要减少一般化的新闻，努力突出其财经定位。一味大众化下去，怕离其定位越来越远，终将失去读者和市场。而《现代金报》需要拿出之前的锐气。只有深入新闻第一线，深入解读新闻，传播主流资讯，才能成就一个“新主流媒体”。

宁波都市报业市场的结构还是相对合理的，只要各家报纸科学合理地走差异化道路，在同城竞争中，才会不断进步与成长。

9 量化比较 2007:三分天下(下)

都市报在经历长达十余年的黄金发展时期后,进入新一轮的攉城拔寨的竞争时期,从中央到地方,各种新创办的报纸层出不穷,几乎每周都有新鲜面孔,报业市场竞争加剧。由于对报纸经营管理的认识不足,许多进入者纷纷陷入同质化竞争的误区中。宁波是一个经济发达的副省级城市,市民文化消费水平相对较高,那么宁波报业市场上的都市类报纸竞争形势如何呢?

9.1 关于传媒竞争力

我国的研究者在相关著论中广泛使用着传媒竞争力这一概念,但使用者对其含义往往不作明确的界定,因而在研究者之间很难形成有效的对话与交流。不同的人可能是在不同的层面上运用这一术语——传媒竞争力。对传媒竞争力的理论界定,应该具有高度的概括性和普遍适用性。借鉴经济学对企业竞争力的定义,我们可以将传媒竞争力界定为:一个媒体在市场竞争中所具有的能够持续地比其他媒体更有效地向目标受众提供产品或服务,并获得盈利和持续发展的整体性力量或综合性素质。新闻传媒的核心竞争力,是指在经营和发展过程中胜过竞争对手的核心资源和能力。具体而言,它是传媒以其主体业务为核心形成的能够赢得受众、占领市场、获得最佳经济和社会效益,并在众多传媒中保持独特竞争优势的资源和能力。相对于竞争对手而言,这些资源和能力具有:价值优越性、独特性(稀缺性)、不可复制性(替代性)以及延展性(可持续发展性)。其中价值优越性和不可复制性是构成核心竞争力的最重要的因素。

竞争力的完成指标包括:

市场占有率:是指某一报刊的发行量占全国该类报刊总发行量的比重。

固定市场份额:在特定时期内,某一媒体的市场份额的增长率与该媒体为保持原有市场占有份额所应有的增长率之差。

显示性比较优势指标:某一报刊的发行量占全国该类报刊总发行量的比重与全国该类报刊总发行量占全国所有报刊总发行量的比重之商。

总收入媒体：在核算期内从事各种经济活动所取得的所有收入。

净利润媒体：在一个时期内的总收入和完全成本之间的差额。

9.2 宁波都市报差异化竞争策略分析

一、三报一周概况

我们抽取了 2007 年 10 月 16—22 日《宁波晚报》、《东南商报》和《现代金报》三报一周的报纸作为研究对象。一周中，《宁波晚报》、《东南商报》和《现代金报》三报一周的新闻总条数分别为 629 条、597 条和 571 条，总版面数分别为 224 版（2006 年同期 204 版）、216 版（2006 年同期 216 版）和 224 版（2006 年同期为 252 版）。具体版面统计如表 9-1 所示。

表 9-1 2007 年 10 月 16—22 日一周版面统计

日期 报纸	16 日	17 日	18 日	19 日	20 日	21 日	22 日	总 计
《宁波晚报》	32 版	40 版	48 版	40 版	20 版	16 版	28 版	224 版
《现代金报》	28 版	40 版	44 版	48 版	24 版	16 版	24 版	224 版
《东南商报》	40 版	40 版	40 版	32 版	24 版	16 版	24 版	216 版

《宁波晚报》、《东南商报》和《现代金报》一周日均版数分别为 32 版、30.8 版和 32 版（2006 年同期为 29.1 版、30.8 版和 36 版），与 2006 年同期相比，《现代金报》日均版数有所下降，其他两报日均版数相差不大。三家都市报没有一家报纸的日均版数超过 40 版，在都市报“厚报化”大趋势下，宁波的都市报并没有“变肥长胖”。不走“厚报道路”是出于市场考虑，客观上也说明宁波报业竞争不是很充分。

二、一周新闻版面差异

三报一周新闻版面差异如表 9-2 至表 9-4 所示。

表 9-2 《宁波晚报》新闻版面比重

日　期	16 日	17 日	18 日	19 日	20 日	21 日	22 日
版面总数	32 版	40 版	48 版	40 版	20 版	16 版	28 版
新闻版面总数	19 版	19 版	19 版	19 版	10 版	14 版	11 版
新闻版面占比	59.4%	47.5%	39.6%	47.5%	50.0%	87.5%	39.3%
本地新闻版面总数	6 版	8 版	8 版	4 版	4 版	5 版	7 版
本地新闻版面总数/新闻版面总数	31.6%	42.1%	42.1%	21.1%	40.0%	35.7%	63.6%
本地新闻版面总数/版面总数	18.8%	20.0%	39.6%	10.0%	20.0%	31.2%	25.0%

表 9-3 《东南商报》新闻版面比重

日　期	16 日	17 日	18 日	19 日	20 日	21 日	22 日
版面总数	40 版	40 版	40 版	32 版	24 版	16 版	24 版
新闻版面总数	23 版	26 版	20 版	20 版	20 版	8 版	17 版
新闻版面占比	57.5%	65.0%	50.0%	62.5%	83.3%	50.0%	70.8%
本地新闻版面总数	4 版	17 版	4 版	4 版	8 版	1 版	5 版
本地新闻版面总数/新闻版面总数	17.4%	65.4%	20.0%	20.0%	40.0%	12.5%	29.4%
本地新闻版面总数/版面总数	10.0%	42.5%	10.0%	12.5%	33.3%	62.5%	20.8%

表 9-4 《现代金报》新闻版面比重

日　期	16 日	17 日	18 日	19 日	20 日	21 日	22 日
版面总数	28 版	40 版	44 版	48 版	24 版	16 版	24 版
新闻版面总数	21 版	31 版	20 版	18 版	14 版	11 版	15 版
新闻版面占比	75.0%	77.5%	45.5%	37.5%	58.3%	68.8%	62.5%
本地新闻版面总数	5 版	18 版	7 版	9 版	5 版	2 版	4 版
本地新闻版面总数/新闻版面总数	23.8%	58.1%	35.0%	50.0%	35.7%	18.2%	26.7%
本地新闻版面总数/版面总数	17.9%	45.0%	15.9%	18.8%	20.8%	12.5%	16.7%

一周中，《宁波晚报》版面总数为 224 版，新闻版面总数为 111 版，占总版面比例的 49.55%，本地新闻版面总数为 42 版，占总版面比例的 18.75%（2006 年

同期为67.16%和26.47%);《东南商报》版面总数216版,新闻版面总数134版,占总版面比例的62.03%,本地新闻版面总数为43版,占总版面比例的19.91%(2006年同期为58.80%和20.83%);《现代金报》版面总数为224,新闻版面总数为130版,占总版面比例的58.04%,本地新闻版面总数是50版,占版面总数的22.32%(2006年同期为53.17%和23.81%)。

从抽取的报纸样式上看,《宁波晚报》和《现代金报》版面总数一致,但《现代金报》在新闻版面总数和本地新闻版面总数上要多于《宁波晚报》。而且从《现代金报》自身的纵向情况看,2006年较2005年同期相比,新闻版面与本地新闻版面的增幅分别为3.88%和50%,2007年和2006年数据较接近,稳定中有小幅增长。

《东南商报》2006年与2005年同期相比,新闻版面增幅为12.39%,本地新闻版面增幅为25%,2007年的数据与2006的数据变化不大,总数增幅为3.2%,本地新闻版面增幅为3.7%。《宁波晚报》相比2006年数据,新闻版面和本地新闻版面均有所下降。

《现代金报》连续两年(2006年、2007年)在新闻版面以及本地新闻版面数量上在三报中占据首位。一方面,《现代金报》依托新华社,其优势在于信息的权威性,新华社其国家通讯社的地位决定了信息来源的广泛性、信息报道的权威性,这为《现代金报》的新闻报道提供了先天的有利条件;另外,实现本地新闻与重要资讯的全方位覆盖,是《现代金报》在宁波报业市场分一杯羹的不二法门。在短短几年里,《现代金报》解决了自身"本土化"的问题,把发展都市新闻作为突破口,进一步确立都市报主流的地位。《东南商报》新闻版面在不断地提高,同时本地新闻也在不断地扩大,财经新闻尤为突出,这是竞争策略不断调整的重大体现;相反,《宁波晚报》在新闻版面的量上不断减少,但本地新闻的数量在三报中还是居于老大地位。

三、本土新闻差异

地域性是地级市都市报的生命力与优势,因此地级市都市报要充分发挥地域优势,努力挖掘地方新闻宝藏,让地方新闻唱主角、放新彩,让报纸充满浓郁的地方特色。而且据新闻心理分析,读者看报有新闻接近性的特点,在地域上、心理上和利益上容易产生感情上的共鸣。在报业竞争十分激烈的条件下,本土新闻成为媒介发展新的亮点,地方都市报最明智的对策就是在努力扩大信息量的同时,扬长避短,深入挖掘独具特色的地方新闻,做好本土新闻,将本地的新闻信息及时传递给读者。

三报一周本地新闻差异分析如表 9-5 至表 9-10 所示。

表 9-5 《宁波晚报》一周本地新闻情况统计

日　期	16 日	17 日	18 日	19 日	20 日	21 日	22 日	总计
本地新闻	41	38	47	34	18	16	29	223
新闻总量	98	110	122	116	58	42	83	629
占　比	41.84%	34.55%	38.52%	29.31%	31.03%	38.10%	34.94%	35.45%

表 9-6 《东南商报》一周本地新闻情况统计

日　期	16 日	17 日	18 日	19 日	20 日	21 日	22 日	总计
本地新闻	22	33	34	28	42	11	12	182
新闻总量	106	102	117	82	81	51	60	599
占　比	20.75%	32.35%	29.06%	34.14%	51.85%	21.57%	20.00%	30.38%

表 9-7 《现代金报》一周本地新闻情况统计

日　期	16 日	17 日	18 日	19 日	20 日	21 日	22 日	总计
本地新闻	30	42	27	28	17	14	17	175
新闻总量	67	103	119	85	63	53	81	571
占　比	44.78%	40.78%	22.69%	32.94%	26.98%	26.42%	20.99%	30.65%

表 9-8 《宁波晚报》一周本地新闻类别分布情况

类　别	时政	社会民生	法制	文娱	体育	财经	教育
条　数	4	149	5	19	9	23	14
占　比	1.79%	66.82%	2.24%	8.52%	4.04%	10.31%	6.28%

表 9-9 《东南商报》一周本地新闻类别分布情况

类　别	时政	社会民生	法制	文娱	体育	财经	教育
条　数	6	106	6	20	4	22	18
占　比	3.29%	58.24%	3.29%	10.99%	2.20%	12.09%	9.90%

表 9-10 《现代金报》一周本地新闻类别分布情况

类　别	时政	社会民生	法制	文娱	体育	财经	教育
条　数	6	129	5	10	2	23	0
占　比	3.43%	73.72%	2.86%	5.71%	1.14%	13.14%	0

《宁波晚报》一周本地新闻条数223条(2006年同期为192条),《东南商报》182条(2006年同期为185条),《现代金报》175条(2006年同期为187条)。《宁波晚报》在本地新闻的量上居于首位,比《现代金报》多48条,比《东南商报》多41条,主要集中在500字以内的短新闻上。500字以下的新闻一般为资讯类新闻,作为本地报业集团的《宁波晚报》,其本地新闻采访成本要小得多,新闻获得渠道多,因此短新闻资源相对丰富。尤以一周本地社会民生、法制、文娱新闻优势明显,应该说《宁波晚报》在通讯员队伍整体建设和地理分布情况要比《现代金报》好。《现代金报》在500～1000字及1000以上两档新闻中处于优势。长稿一般具备深度,有利于报纸赢得主流受众。《现代金报》此举是为了扬长避短。

从内容上看,新闻来源和新闻价值判断等方面的趋同化严重,但有差异。如16日三家报纸关于广交会的有关新闻,《东南商报》和《现代金报》分别都进行了专题报道,两者使用了相同的图片,均为新华社所发。《东南商报》的标题为:《纺织品服装输欧美形式尚不明朗甬企广交会上接单格外谨慎》。《现代金报》的标题是:《广交会:一块甬企应变的"试金石"》。两者的报道角度不一样,前者是纺织品服装输欧美形势的不明状态给服装企业带来的忧,后者报道的是面对出口退税率下降、人民币升值、原材料和劳动力价格上升等压力,宁波出口企业各自支招。两家的报道都是分模块进行深入报道,以小标题、小栏目的形式进行报道,深度和广度上都有拓展。相比之下,《宁波晚报》的报道就没有那么详尽和深入。

此外,从报纸的定位上来看,《东南商报》19日在B02的大消费·商业广场版有这样一篇报道:《重阳"银发经济"期待加温》,从商业角度分析报道了老人市场的相关情况,近1000字,按照"实用、理性是老人的购物标准"、"找准老人消费什么是关键"、"老人市场需要耐心培养"三个小片段来写。《现代金报》同日也有类似的报道,题为"给老人买礼物,好难"。根据"市民反映"、"记者调查"、"市场预期"三部曲,既结合了市民的实际事例,又分析了老人的消费市场,既贴近了人们的日常生活,又彰显了《现代金报》的定位特点。

《宁波晚报》一周本地类别新闻排名依次为社会民生、财经、文娱、教育、体育、法制、时政(2006年同期为社会民生、财经、体育、时政、文娱、教育、法制);《东南商报》排名依次为社会民生、文娱、财经、教育、时政、法制、体育(2006年同期为社会民生、财经、体育、时政、文娱、教育、法制);《现代金报》排名依次是社会民生、财经、文娱、时政、法制、体育、教育(2006年同期为社会民生、时政、财经、体育、文娱、法制、教育)。从所占比例来看,三报基本符合都市报的定位。

因《东南商报》有教育专版，所以本地教育类新闻数量在三报中居于首位。可以说，商报对于教育新闻的开发要优于其他两报，是走差异化的一个具体体现。但从一周的版面来看，教育专版所占比例还是比较少。一周中，《东南商报》只在20日A11～A14版推出教育周刊四个版报道教育新闻，并没有完全的开发出教育新闻。尽管三报对教育新闻的报道相比于2006年同期，在教育类新闻的力度上都有了较大的提高，但三报仍然对教育新闻这个巨大资源没有很好的开发。宁波拥有从初等教育到高等教育的完整体系，学生和教师数量达几十万之众，如果报道好教育新闻这块，三报读者人数和发行量都会增加。但现实情况是三报在学生人群特别是大学生人群中的读者极少(《现代金报》的《前程招聘专版》在一定程度上吸引了一部分就业大学生读者群)。

值得注意的是，《现代金报》的《金评天下》是宁波地区唯一采用独立版面做时评的一份报纸，周一至周五按时出版，在宣传国家大政方针和国际重大新闻方面担当主角，发挥着重大作用。通过言论的力量影响和吸引了一批高端读者，而在其上面刊发的一些重头评论也屡受读者好评。有学者断言，中国的传媒竞争已然进入"观点竞争"的时代。要想在新一轮的竞争中胜出，新颖、独到、尖锐的观点遂成为各媒体新的诉求和新的竞争生长点。对报纸来讲，设立时评版，"出卖有价值的观点"，可以提升读者层次，筛选自己的中低端读者，培养高端读者，进而拉开与竞争对手在价格上和读者层次上的竞争层次，提升自己的办报水平和档次。因此，《现代金报》评论版是报纸在同质化竞争中谋求突破和冲出重围的一个行之有效的策略，是报刊市场制胜的最佳独门武器，具有不可复制的核心竞争力。

从本地新闻所占新闻量比例上来看，《宁波晚报》为35.45%，《东南商报》为30.48%，《现代金报》为30.65%。三报在本地新闻的开发报道中，仍有较大的发展空间。

四、同源新闻差异

同源新闻竞争是指不同媒体从不同方向关注同一新闻事件(或新闻现象)，并且做出相关报道，由此引发的新闻竞争现象，是新闻竞争的必然趋势和主要内容。在新闻竞争日趋激烈的今天，报纸如何在共同的新闻资源报道的运行中实现对新闻资源的个性化开发，做到同源新闻取得创新就显得极为重要。

(1)三报关于“党的十七大”的报道(见表 9-11)

表 9-11　关于“党的十七大特别报道”的系列报道

日期	16 日	17 日	18 日	19 日	20 日	21 日	22 日	总计
《宁波晚报》专版	4 版	2 版	2 版	4 版	2 版	2 版	5 版	21 版
版面总数	32 版	40 版	48 版	40 版	20 版	16 版	28 版	224 版
占　比	12.50%	5.00%	4.17%	10.00%	10.00%	12.50%	17.85%	9.37%
《东南商报》专版	6 版	3 版	2 版	3 版	2 版	2 版	5 版	23 版
版面总数	40 版	40 版	40 版	32 版	24 版	16 版	24 版	216 版
占　比	15.00%	7.50%	5.00%	9.30%	8.30%	12.50%	20.83%	10.65%
《现代金报》专版	6 版	3 版	2 版	2 版	2 版	3 版	5 版	23 版
版面总数	28 版	40 版	44 版	48 版	24 版	16 版	24 版	224 版
占　比	21.42%	7.50%	4.54%	4.17%	8.33%	18.75%	20.83	10.26%

这一周,恰逢国家盛事党的十七大召开,换届之年,人事的变更和新一届党中央集体的政策方针,对于国民更具有特殊意义,全世界媒体都聚焦北京,一场媒介大战风起云涌。从传播手段看,集图像、声音于一体的电视有先天优势。报纸大都采用通稿,对于宁波这样的地方媒体采写如此重大会议的报道,虽无优势可言,但有亮点可寻。美国评论家李普曼说过:“作为报纸的读者,他们总希望从中发现某种与自己有关的东西。”所以,地方媒体必须十分注意利用新闻的接近性来吸引读者。

三报都推出了有关党的十七大特别报道的专题,其中《东南商报》和《现代金报》有 23 个专版,分别占本报版面的 10.65%和 10.26%;《宁波晚报》有 21 个专版,占本报版面的 9.37%,并且三报的头版头条在这一周都是关于党的十七大的内容。

《宁波晚报》周一到周六的头版上,都有一个小栏目,由该报特约记者魏萍写稿——聚焦十七大北京日记。这种专栏,以十七大亲历记者身份,讲述一天见闻,关于十七大的观察或思考,或者是十七大会场的趣味或花絮,显得真实亲切,更能吸引读者的兴趣。

在内容上,围绕盛事主题,结合宁波的实际情况,采访宁波代表,报道他们参加盛会的情况、他们提出的议案,同时以一个工作者——记者的身份来写出对盛会气氛等的种种感受,地域上和心理上有亲近性。如根据党的十七大提出的民生问题,记者专门采访了宁波代表鄞州区委书记寿永年,结合鄞州区的民生落实问题，算了一笔民生账。再如《争抢发言》一文，虽然只有500字左右的篇幅，却生动报道了代表们在驻地热烈讨论的情景，把前线代表们的进程和动态及时反映给读者，起到枢纽的作用。

此外，《东南商报》和《现代金报》都策划推出了"十七大代表手记"。《东南商报》由宁波代表周宁芝（宁波第二百货商店内衣妇用部主任）供稿，《现代金报》由裘秀菊（宁波余姚市人民医院大内科护士长）供稿，感受党的十七大的气氛，各自思想动态，参加会议、讨论等的情况。这种形式让代表和读者直接交流，显得更加生动、亲切。

可见，三报关于党的十七大话题报道在聚焦重点、热点的同时，也具有区域性特点。从这些当地市民能切身感受到的热点切入，在全国这个大背景和大视野中进行讨论，追根溯源，释疑解惑，以促进问题解决，达到了很好的报道效果，赢得了更多读者。

但是，这样的策划所占的比例不大，95%以上的稿件来自新华社的通稿。对于本地化的新闻，在题材和角度的选择上虽然类似，但略显差异化。如在采访党的十七大代表宁波市委书记巴音朝鲁的报道中，《宁波晚报》和《现代金报》报道的内容、篇幅类似，标题也接近。前者为"十七大代表巴音朝鲁信心百倍话未来"，后者为"对于未来，我们信心百倍——访十七大代表巴音朝鲁"。相比之下，《现代金报》全文采用了问答式进行报道，"宁波是怎样具体实践中国特色社会主义道路"、"实施'六大联合'、'六大提升'战略给百姓带来了哪些具体的实惠"之类的问题，更好地结合了宁波的实际。报道比前两者更翔实、全面。

对于党的十七大的报道，作为都市报，他们的报道角度是成功的，也符合自身的定位以及读者群的喜好，都市报不是党报，这是最基本的。

（2）其他同源新闻情况（见表9-12）

表9-12　三报本地新闻同源报道情况

10月16日

版面	《宁波晚报》	字数	版面	《东南商报》	字数	版面	《现代金报》	字数
A12	《内销的宁波装明年会多起来》	500～1000字	A20	《甬企广交会上接单格外谨慎》	1000字以上	A12	《广交会：一块甬企应变的"试金石"》	1000字以上

续表

10 月 17 日

版面	《宁波晚报》	字数	版面	《东南商报》	字数	版面	《现代金报》	字数
				《宁波老地名将受到保护》	1000 字以上		《阿拉宁波的地名，得来知多少》	1000 字以上
				《老人免费坐出租车逛甬城》	100～500 字		《的士司机当“导游”，带 40 位老人逛宁波》	100～500 字
				《调频广播发射台昨正式启用》	100～500 字		《调频广播发射台昨日启用》	100～500 字
	《148 名志愿者将微笑亮相服装节》	100～500 字		《148 名志愿者昨微笑亮相》	100～500 字		《服装发布会、论坛将悉数登场》	500～1000 字
	《1400 辆出租车将服务服装节》	100～500 字		《1400 辆出租车将到现场服务》	100～500 字			
				《重阳节邀老党员看新宁波》	100～500 字		《重阳节邀老党员看甬城变化》	100～500 字
				《宁波彩民获 39 万“双色球”二等奖》	100～500 字		《宁波彩民得百万大奖》	100～500 字
	《42 街宁波演出，所有的道具都能上舞台》	500～1000 字		《42 街今晚见》	500～1000 字			

10 月 18 日

版面	《宁波晚报》	字数	版面	《东南商报》	字数	版面	《现代金报》	字数
	《〈42 街〉昨晚“踢”动甬城》	500～1000 字		《〈42 街〉首演获满堂彩》	500～1000 字			
A6	《“长寿之村”办起长寿节》	100～500 字	A1	《相聚长寿节》	100～500 字	A7	《解开奉化“长寿村”村民长寿之谜》	1000 字以上
	《辛苦创下的品牌当心被别人抢注去》	500～1000 字		《市民申请注册百余知名商标》	500～1000 字			
	《我市展团意向成交逾 2 亿》	100～500 字		《高交会我市意向成交逾 2 亿》	100～500 字			

续表

版面	《宁波晚报》	字数	版面	《东南商报》	字数	版面	《现代金报》	字数
	《大四女生勇夺10万元创业大奖》	100～500字		《大四女生勇夺10万创业大奖》	100～500字			
	《蒙眼拆枪械》	100～500字		《缉私警大比武》	100～500字			

10月19日

版面	《宁波晚报》	字数	版面	《东南商报》	字数	版面	《现代金报》	字数
	《德国电影周11部电影等你来看》	100～500字		《我市将办"德国电影展"》	100～500字		《德国文化周》	100～500字
	《〈兄弟〉和〈美食总动员〉相继上映》	100～500字		《迪斯尼动画〈美食总动员〉今上映》	100～500字		《〈兄弟〉登陆甬城》	100～500字
	《两个不足三岁的小女孩，人行路上行走》	100～500字					《三岁姐姐，带着两岁妹妹，过马路吓人一跳》	100～500字
	《东部新城开建金融中心》			《宁波国际金融服务中心昨日正式开工建设》	100～500字			
	《看病费用增长低于居民收入增长比例》	500～1000字		《每次门诊人均费用150元》	500～1000字			

10月20日

版面	《宁波晚报》	字数	版面	《东南商报》	字数	版面	《现代金报》	字数
	《群众看病难近三年明显改观》	500～1000字					《宁波"看病难"逐步得到缓解》	100～500字

10月21日

版面	《宁波晚报》	字数	版面	《东南商报》	字数	版面	《现代金报》	字数
	《干杯！以友谊的名义，中德啤酒盛宴昨欢快开饮》	100～500字		《痛饮啤酒，不亦乐乎》	500～1000字		《德国市长连夸"中国啤酒比德国啤酒要好喝》	100～500字

续表

版面	《宁波晚报》	字数	版面	《东南商报》	字数	版面	《现代金报》	字数
	《"青年最爱"服装品牌雅戈尔列首位》	100～500字		《"青年最爱"十大品牌揭晓》	100～500字			
				《大客车自燃22名乘客无恙》	100～500字		《豪华大巴成"火"车，满载的乘客安然无恙》	100～500字
	《青年服装时尚周吉祥物"洋洋"亮相》	100～500字					《"时尚绿色精灵"成主角，中国青年服装时尚周昨天开幕》	500～1000字
				《台湾人气王TANK来甬》	100～500字		《新人气王TANK直认周董是前辈》	100～500字
	《纪念应昌期诞辰90周年，两岸棋手慈城友谊赛》	100～500字		《宁波棋手黄晨不敌周俊勋》	100～500字		《世界冠军说宁波是福地》	1000字以上

10月22日

版面	《宁波晚报》	字数	版面	《东南商报》	字数	版面	《现代金报》	字数
	《服装节昨晚开幕》	500～1000字		《第十一届宁波国际服装节开幕》	500～1000字		《全球服装业盛宴在宁波开席》	500～1000字
	《少儿服饰节》	100～500字		《少儿服饰文化节精彩亮相》	100～500字		《"小模特"，"小设计师"大放异彩》	500～1000字
	《以会展为桥梁，中德加深合作》	100～500字					《会展大国与会展强国在甬实现了首度对话》	100～500字

同质化，是同城报业竞争中不可避免的，在本地新闻报道中尤为明显，主要体现在读者目标定位趋同、报道内容与版面设置以及编辑手法的趋同。如《东南商报》和《现代金报》都不约而同地设立了社区记者，把城市居民作为首要争取目标；不仅如此，据笔者统计，2007年10月，《宁波晚报》、《东南商报》和《现代金报》三家报纸，用同一新闻事件作为头版头条或次头条的就有20天。将一周报

纸的相同版面与特色版面数量进行对比，发现相同内容占总版数比率最低为35%，最高的为54%，尤其是碰到国内外重大新闻事件时，如党的十七大的报道、土耳其拟派兵伊拉克边境、普京访问伊拉克等重大事件，这种“撞车”现象更为明显，报道大都用了新华社的稿件或图片，内容几乎没有差异。如此高的趋同率，难怪读者会产生“看哪份报纸都似曾相识”的感觉。

还有一个问题，就是直接抄袭大报或者网站，这让受众深恶痛绝，这其实也是对订户的不尊重和职业失职，属于渎职行为。

新闻来源的同质化目前虽然不可避免，但好记者能从众人熟视无睹、习以为常的事件中，独具慧眼，发掘最有新闻价值的亮点，能见别人视而不见之物，又能明别人知而不明之理。

如10月19日重阳节三报都有关于长寿村的报道。《宁波晚报》10月19日A6版图片新闻《“长寿之村”办起长寿节》，《东南商报》头版《相聚长寿节》；此两报都只是简单的报道，而《现代金报》却做了专题报道，《解开奉化“长寿村”村民长寿之谜》，深入地报道了“长寿村”里有关适宜居住的环境条件，如空气质量优良、气候适宜、水质好等，报道角度新颖，深入挖掘新闻，在同质化竞争中取得了更大的差异。

三报中都有明显的漏报现象，如10月17日的《调频广播发射台昨正式启用》，《现代金报》、《东南商报》都有报道，《宁波晚报》却漏掉了；再如10月20日，《宁波晚报》的一条新闻是《安监局：矿山出重大事故被吊销资格证》，《现代金报》关于该条新闻的标题为《出现事故矿主被吊证》，而该新闻在《东南商报》上却缺席了。

五、一周财经新闻差异

三报一周财经新闻差异见表9-13至表9-15。

表9-13　三报财经版面占总版面情况

日　期	16日	17日	18日	19日	20日	21日	22日
《宁波晚报》总版数	32版	40版	48版	40版	20版	16版	28版
财经版数	2版	2版	2版	3版	0	1版	1版
占　比	6.25%	5.00%	4.17%	7.50%	0	6.25%	3.57%
《现代金报》总版数	28版	40版	44版	48版	24版	16版	24版
财经版数	5版	13版	5版	5版	7版	0	0

续表

日 期	16日	17日	18日	19日	20日	21日	22日
占 比	17.85%	32.50%	11.36%	10.42%	29.17%	0	0
《东南商报》总版数	40版	40版	40版	32版	24版	16版	24版
财经版数	5版	5版	7版	6版	4版	0	0
占 比	12.50%	12.50%	17.50%	18.75%	16.67%	0	0

表 9-14 一周财经新闻占新闻总条数的比例统计

日 期	16日	17日	18日	19日	20日	21日	22日	总计
《东南商报》财经新闻条数	18	20	23	19	14	0	0	94
新闻总条数	106	102	117	82	81	51	60	599
占 比	17.0%	17.0%	17.0%	23.2%	17.3%	0	0	15.7%
《现代金报》财经新闻条数	22	30	27	28	10	0	2	119
新闻总条数	67	103	119	85	63	53	81	571
占 比	32.8%	29.1%	22.7%	32.9%	15.9%	0	2.5%	20.8%
《宁波晚报》财经新闻条数	9	11	9	8	0	2	4	43
新闻总条数	98	110	122	116	58	42	83	629
占 比	9.2%	10.0%	7.4%	7.0%	0	4.7%	4.8%	6.8%

表 9-15 一周本地财经新闻占本地新闻条数的比例统计

日期	16日	17日	18日	19日	20日	21日	22日	总计
《宁波晚报》本地财经新闻	1	8	5	1	0	0	0	15
本地新闻条数	41	38	47	34	18	16	29	223
占 比	2.4%	21.1%	10.6%	2.9%	0	0	0	6.7%
《东南商报》本地财经新闻	5	3	4	1	0	0	0	13
本地新闻条数	22	33	34	28	56	11	12	196
占 比	22.7%	9.1%	11.8%	3.6%	0	0	0	6.6%
《现代金报》本地财经新闻	1	2	1	3	1	0	0	8
本地新闻条数	30	42	27	28	17	14	17	175
占 比	3.3%	4.7%	3.7%	10.7%	5.8%	0	0	4.6%

财经新闻在综合性报纸上的数量和地位,经历了由少到多、由次要到重要的发展过程。这种变化,一方面是由于报纸自身的发展、内容的增加,另一方面是由于我国整个社会的经济转型。宁波三份都市报都有财经专版,都用了版组的形式,便于读者筛选信息,有选择性地读报。

在2007年10月16—22日这一周中,《宁波晚报》有11个财经专版,比2006年同期多了10个版面。《东南商报》一周财经专版总量为27版,比2006年同期也多了10个版面,《现代金报》财经版最多,版面总量为35版,与2006年同期相比多了19个版。由此可见财经内容在报刊中的重要地位。

虽然版面大幅度的增加,但是本地财经新闻的比例并没有随之递增,反而递减。《宁波晚报》一周本地财经新闻15条(2006年同期为18条),占该报一周本地新闻的比例为6.7%;《东南商报》一周本地财经新闻13条(2006年同期为17条),占该报一周本地新闻的比例为6.6%;《现代金报》一周本地财经新闻8条(2006年同期为17条),占该报一周本地新闻的比例为4.6%。

这一周除了本地财经新闻是报纸记者采编以外,90%以上的稿件基本上是现成材料或通讯稿件,内容枯燥无味。对定位为财经类都市报的《东南商报》、《现代金报》来说,这样的情况是不能凸显其定位的。

在采写本地财经新闻的体裁和形式上,《宁波晚报》、《东南商报》采用了基本的消息体裁,长度一般在几百至一千字。内容包括一般性的市场行情报道、股市、理财、产业或公司报道等信息,如《宁波晚报》10月18日的A14版《第九届中国国际高交会在深圳落幕——我市展团意向成交逾两亿》、《东南商报》10月17日A13版《酒店房价本周开始攀升》。这是一种常见和传统的写作方法,长期以来广泛应用于财经新闻报道。它以简洁、客观、快速、准确见长,写作方法简便易操作,重点放在信息的传递上。这种形式有利于新闻工作者快速处理各类突发新闻的快速报道,也有利于读者用很短的时间了解各类行业信息。

相反,《现代金报》在体裁和形式上,大多采用了故事化的报道,趣味性、可读性很强,新闻价值也体现得很好。如10月17日的B13版中的《巾帼不让须眉,几十万元变为上千万》,其文章内容:"在期货这个行业很少见到女性,陈静却是一个例外,平时爱看书,喜欢研究金融知识,从老师这样的职业变成风险巨大的专职期货交易投资者,只能说是命运的安排。陈静平静地向记者表示……心理素质在期货交易中非常重要,为做好期货,她每天坚持写自己的投资心得,并整理好各类信息,三年多时间,写了40本……真正能赚钱的人反而就是这些心态好、不浮躁的人。”文章的导语讲述了一个做期货的平凡女性，引起大家的兴趣，同时充分运用细节，并兼顾了财经信息的传递，给人留下深刻的印象。

因此相比之下，《现代金报》在“如何赚钱、如何省钱、如何理财”的财经新闻上有明显的特色。

《现代金报》的“金理财”栏目，每期就如何投资国债、股票、基金、店铺等，发布理财情报，传授理财技巧，提供理财方案。这些财经资讯贴近百姓生活，而记者采写的新闻本身也是生动活泼、通俗易懂。

《现代金报》的“18 创富”栏目定位是帮助中小企业，成为服务中小企业的第一媒体品牌。它专为宁波中小企业服务，提供资讯、求购、订单等各种信息，同时策划各种形式的推荐会、加盟会、18 活动等。

新闻本地化是都市报的策略，但是三报在财经类本地新闻的开发上略显不足。三报唯有不断发掘新的增长点，不断满足受众的需求，才能保持市场地位。从财经新闻入手，调整财经版块的内容经营策略，将是创造差异化竞争优势的一个良好契机。

时刻关注经济利益的重新分配，从财经新闻中找突破口，帮助读者掌握有用的信息，整理财经信息，突出“服务性、实用性和可读性”。其中，《东南商报》应更突出“商”字，增加有关商企财经信息，体现商报特性；而《宁波晚报》则应充分利用本地优势，开拓本地财经新闻来吸引眼球；至于《现代金报》，作为“舶来品”，要想成功打入宁波，需要不断提升自身的竞争力，在财经新闻报道上应更灵活多变，坚持原有的原创新闻，多方面报道分析。这样，才有可能在有限的资源上创造出更大的效益。

六、三报广告情况

广告经营的好坏，将直接影响报社的盈亏平衡，同样，它也是衡量报纸创办成功与否的重要标志。宁波日报报业集团的广告由广告部负责，按照报业集团在市场上的优势地位，广告部完全可以控制广告资源，甚至可以对广告资源进行计划分配。《现代金报》是宁波市第一家实行广告代理制的媒体，需要让利给广告公司，由诸多的广告公司来替自己去开发市场，以谋求广告市场的切分。

《宁波晚报》广告营业额从办报之初的 1995 年到 2006 年的年均增长率达到了 35%以上，尤其是 2001 年至 2004 年还保持了 28%的年均增速。2006 年广告营业额为 1.6 亿元，实际到款额为 1.5 亿元，分别占报业集团三张主报的 47%左右，占同城平面媒体的 43%左右，之前三年也大体是这个比例。从 2007

年的数据看，《宁波晚报》的广告占比同样保持了这个水平，证明《宁波晚报》的广告强度相对坚挺，确保了广告市场的份额。《宁波晚报》的广告在宁波都市报中一直处于首位，主要是对广告商而言，本地化的报纸比区域性或全国性的报纸更具吸引力。新产品的推广往往是按照地区依次开展的，因此广告商乐于选择当地的媒体发布广告，它们的受众更具体、更有针对性，而《宁波晚报》相对《东南商报》和《现代金报》，是本地化做得最好的一份报纸。还有就是《宁波晚报》的品牌广告客户群比较稳定。

随着报业市场的细分，广告商越来越注重自己目标群与报纸读者群的一致，也越来越注重报纸的有效阅读率。报纸定位及内容设置必须参照广告市场的特点进行统筹，使广告内容在吸引读者上有符合性和互动性。比如，《宁波晚报》10月17日A22体育新闻版上，刊登的是房产广告，一般来说，体育新闻和房产都为广大男性所关注，所以这样的配置提高了广告的阅读有效性。相比《东南商报》18日的A20财经·证券版，其读者多为男性，而该版刊登的广告都是美容广告，一是某女性美容会所，一是某祛眼袋产品，这些一般而言是女性关注的东西，如此，广告的阅读效率就降低了。

另外，《东南商报》10月18日A05宁波社会版中一条题为《金丰机械捐5万多救治杨女士》的消息，约占版面的1/5，其余为广告版面；A08宁波·现场版，题为《电动车行驶中自燃吓坏车主》的新闻占版面的1/3，其余是广告版，占2/3；B13文娱新闻版，题为《新“西游”难觅美猴王》的新闻，占版面的1/4，其余版面为广告部分。这样的版面配置情况令人觉得是广告版面上穿插了新闻，也反映出商报新闻的不够而拿大量广告来填补版面。

就头版的广告而言，因为恰逢党的十七大盛事，所以三报头版的广告数量大幅下跌，分别从2006年的40.7%、31.75%和33.3%下降到2007年的14.5%、0和10.4%。在排版方面，三报都有一个共同的弊病，那就是广告不够突出，容易被人忽略。

广告专版数方面，《现代金报》有53个，而《东南商报》则有67个。两报专版数占总版面数的比例只相差1.52个百分点。而且两家报纸的广告内容差不多，主体部分都是房产和汽车广告。

就非专版广告而言，《现代金报》中非专版广告占全版的比例为20.3%，《东南商报》则为14.9%。从整张报纸的广告的占版率来看，《现代金报》为43.96%，《东南商报》仅为34.84%，可见《现代金报》的广告市场较《东南商报》更为广阔。据“世界媒体实验室”披露，长期以来，报纸刊物忽视广告占版率，有时过度占用版面资源刊登广告，不但招致读者不满，而且广告客户也会感到效果不好。广告占版率过高，报纸必须增版，给读者以补偿，否则就破坏了报纸与读者之间的交换原则，发行量就会降低，从而影响广告量。所以，《现代金报》的广告占版率达到 43.96%是否为明智之举仍值得考虑。

9.3　三报替代率、差异系数分析

对报业来说，竞争对手的报纸是可以在市场上直接公开获得的，这里面蕴涵了竞争对手大量的信息。我们可以通过替代率和差异系数的比较来揭示各家报纸竞争状况。

设《现代金报》总版数为 T_1，相同内容的版数为 S_1，相同内容版数占各自总版数的比率为 V_1。相应的，《东南商报》所对应的值分别为 T_2、S_2、V_2。

$T_1=28+40+44+48+24+16+24=224$

$T_2=40+40+40+32+24+16+24=216$

$S_1=57$

$S_2=54$

$V_1=S_1/T_1=57/224=0.254$

$V_2=S_2/T_2=54/216=0.25$

$R=(S_1/T_1)/(S_2/T_2)=(57/224)/(54/216)=1.016$

设《现代金报》的差异系数为 D_1，《东南商报》的差异系数为 D_2，则

$V^*=(25.4\%+25.0\%)/(224+216)=0.504\div 440=0.001145$

$D_1=[(T_1-S_1)/T_1]/V^*=(1-V_1)/V^*=(1-25.4\%)/0.001145=652$

$D_2=[(T_2-S_2)/T_2]/V^*=(1-V_2)/V^*=(1-25\%)/0.001145=655$

分别用 1 和 3 表示《现代金报》和《宁波晚报》，它们的总版数分别为 T_1 和 T_3，相同内容版数占各自总版数的比率为 V_1 和 V_3；替代率用 R 表示。

$T_1=224$

$T_3=224$

$S_1=57$

$S_3=56$

$V_1=S_1/T_1=57/224=0.254$

$V_3=S_3/T_3=56/224=0.25$

$R=(S_1/T_1)/(S_2/T_2)=(57/224)/(56/224)=1.016$

设《现代金报》的差异系数为 D_1，《宁波晚报》的差异系数为 D_3，则

$V^* = (25.4\% + 25.0\%)/(224 + 224) = 0.504/448 = 0.001125$

$D_1 = [(T_1 - S_1)/T_1]/V^* = (1 - V_1)/V^* = (1 - 25.4\%)/0.001125 = 663$

$D_3 = [(T_3 - S_3)/T_3]/V^* = (1 - V_3)/V^* = (1 - 25.0\%)/0.001125 = 667$

分别用 2 和 3 表示《东南商报》和《宁波晚报》，它们的总版数分别为 T_2 和 T_3，相同内容版数占各自总版数的比率为 V_2 和 V_3；替代率用 R 表示。

$T_2 = 216$

$T_3 = 224$

$S_2 = 54$

$S_3 = 56$

$V_2 = S_2/T_2 = 54/216 = 0.25$

$V_3 = S_3/T_3 = 56/224 = 0.25$

$R = (S_2/T_2)/(S_3/T_3) = (54/216)/(56/224) = 1$

设《东南商报》的差异系数为 D_2，《宁波晚报》的差异系数为 D_3，则

$V^* = (25.0\% + 25.0\%)/(216 + 224) = 0.50 \div 440 = 0.001136$

$D_2 = [(T_2 - S_2)/T_2]/V^* = (1 - V_2)/V^* = (1 - 25.0\%)/0.001136 = 660$

$D_3 = [(T_3 - S_3)/T_3]/V^* = (1 - V_3)/V^* = (1 - 25.0\%)/0.001136 = 660$

从上面的数据分析，《现代金报》与《东南商报》替代率为 1.016，与 2006 年同期的 0.723 和 2005 年同期的 0.77 相比，三年来首次超过 1，可见两家报纸可替代性增强，竞争也愈加激烈。《现代金报》差异系数为 652，《东南商报》差异系数为 655，与 2006 年同期的 829 和 766 相比，有了比较明显的下降，况且两报的差异系数非常接近，差异性越来越小，而同质化的内容却越来越多。

《宁波晚报》与《现代金报》替代率为 1.016，此数据与《现代金报》和《东南商报》替代率相同。与 2006 年同期的 0.721 相比，报纸的替代率增大，竞争加强。《宁波晚报》差异系数为 667，《现代金报》差异系数为 663，相比 2006 年同期的 1177 和 1247，仍然是呈下降的态势，但从差异系数上看，《宁波晚报》比《现代金报》略具特色，受众也更广泛。

《宁波晚报》与《东南商报》替代率为 1，《宁波晚报》和《东南商报》的差异系数均为 660，很明显两报可替代性很强，从差异系数上看，在内容上差别很少。《东南商报》作为与《宁波晚报》同一报业集团的都市报，有着资源共享的天然优势，作为市场跟随者，显然差异化做得并不成功，仅仅是对《宁波晚报》的简单复制，似乎又陷入了“第二张晚报”的怪圈。这一点，宁波报业集团是需要警觉的。

宁波都市报的竞争越来越激烈,同时同质化也越来越严重,原先较有特色的《现代金报》经过几年的发展,失去了以往的锐气,一方面是为了适应本地化的需要,是战略的调整,另一方面是竞争对手《宁波晚报》和《东南商报》的背后有着雄厚实力的报业集团撑腰,正所谓"强龙压不过地头蛇"。同属报业集团的《宁波晚报》和《东南商报》并没有实现资源利用效益最大化,而是造成内容的同质化,这并不符合报业集团走集约化道路的策略,反而是一种内耗。

9.4 宁波都市报的发展对策选择

一、核心竞争力——构建文化认同空间

从现代报业理论来看,报纸具有明显的地域特色,报纸的读者也有着天然的地域亲近性。美国报业经济学家罗伯特·G.皮卡德在《媒介经济:理论和实践》一书中就指出:报纸生来就是地方性产品,它通过传送与特定地理区域有关的新闻和广告而与之打成一片。像宁波这样区域的都市报最大的优势在于其独特的地域文化身份。生活在不同区域的人们具有不同的区域特性,其信息交流的方式也会有浓厚的地域文化色彩。作为都市文化的传承者和宣传者,如何构筑这种优势至关重要,也就是都市报的核心竞争力。

(1)本土化竞争策略

本土新闻是地方媒体的立足点之一。没有本土新闻的优势,地方媒体就很难在新闻竞争中站住脚跟、发展壮大。因此三报要力求使本土新闻贴近本地读者的现实生活,发挥本土优势,以平民的视觉尽量多报道老百姓喜闻乐见的身边人。身边事,激发读者的兴趣和参与热情,从而稳固自己的读者,同时向国际、国内新闻拓展,用地方视角来加以报道,进一步拓展市场,以赢得读者的青睐。

首先,增大本地信息量,强化自身特点。宁波都市报目前的信息量无法满足市民的信息需求,仍需进一步加强。三报不仅要在增加新闻条数上下工夫,更要在增加有效信息上下工夫,强化服务功能,突出实用性,以此扩大有效信息容量。宁波都市报都有自己的网络报纸,可以借助网络多媒体手段,提供新闻事件的活动,如文字报道、专访、静态图片、分析述评,从而增强报道的丰富性、多样性。

其次,挖掘开发本地"土味"新闻,进一步提高报纸的品味。宁波是全国历史文化名城之一,拥有7000多年历史的河姆渡遗址,又是中国海洋文化和造船航海的发源地之一。宁波既有悠久的人文历史,又有现代文艺事业,应注重从城市

文化的视角入手，寻找和捕捉那些富有人文气息、具有价值的当地文化传统、名胜古迹、民俗风情、人文地理等人文景观。这类本土新闻文化底蕴和人文气息浓厚，知识含量丰富、故事性强，不但能引起当地读者心理上的兴趣和情感上的共鸣，而且能提升报纸的品味。

最后，加强本地新闻采写的广度和深度。进一步加强离市区较远的县市的新闻开发，扩大在宁波市场本地读者的范围。杭州《都市快报》是一张全省发行的报纸，不一定每个县市都有新闻在报上显示，但是几乎每个县市的受众每天都期待看到这张报纸。它的风格、亲和力、角度，值得三报学习。《现代金报》和《东南商报》都有社区新闻，它们已经将新闻采访与报道的"触角"延伸到了大城市内更多的社区、人群；重视本地新闻报道的深度开发、开掘新闻背后深层次的原因以及新闻在时间和空间上的纵横信息的收集，进一步树立在区域报道上的权威。

(2)差异化竞争策略

同质竞争作为一种临时的竞争应对措施，可以暂用一下。但是要想走长期发展之路，则必须另找出路。只有通过持之以恒的差异化竞争来树立起自己的品牌，报纸才能最终走上以品牌取胜的良性循环轨道。以不同的读者为服务对象，并通过各自的特色编织自己的读者网络，让信息的功能、质量与其他媒体同类产品相比具有明显的优势和不同，形成自己的核心竞争力。通俗地讲，用"人无我有、人有我优"来描述核心竞争力的内涵就比较贴切。

首先，"内容为王"是差异化竞争的核心。内容的生产是媒介市场价值的保障。注重报道内容的创新，就能有效避免新闻的同质化，使报纸在竞争中取得更大的影响力。比如在重大主题报道策划中提供翔实而独特的背景材料、新颖的视角、深刻的思想性等，在同源新闻中进一步"同中求新"、"同中求先"、"同中求深"。《宁波晚报》要减少一些政治性的硬新闻，加强新闻的选题、报道的角度、稿件的编辑等方面的创新，确保在宁波报业市场上的强势地位；属同一报业集团的《东南商报》，对于一般新闻不能简单地"雷同化"处理，而需要进一步创新，根据自身的定位对新闻进行取舍，也需努力突出财经新闻；而以深度见长的《现代金报》则应从信息的加宽、加值方面，独家的选择、制作、组合和视角方面以及独家的价值判断方面入手，形成与众不同的品牌特色，以确定都市报的主流地位。

其次，形式上的差别是差异化竞争的重要内容。一张好看的报纸应当是"传播有效信息"与"信息有效传播"的完美结合，也就是好看的内容与好看的编排的完美组合。不同的版式设计和色彩表现不同的编辑思路，形成不同的报纸风格，同时也是各路媒体竞争的开路先锋。版式设计主要表现在：文字与图片等符号运作的别具匠心，版面安排、色彩处理、标题和体裁的选择特色等。宁波都市报在版式设计上似乎都没什么吸引之处，尤其是《宁波晚报》连续三年的版式结构几乎没什么改变，让人感觉死板、僵硬、毫无特色可言；相比之下，《现代金报》和《东南商报》风格更加活泼。因此三报要明确报纸定位，结合时代气息，形成个性化版式风格，让报纸更加好看，更加好读。

二、加强都市报市场经营管理

要赢得市场，都市报必然要以市场观念经营。在发行渠道上，征订与零售相结合。在新的市场环境下，征订应加强市场化的改造，以更易为读者接受的方式促销，引进以敲门发行为主的征订手段，或采用活动促销的方式进行征订，稳定的读者是报纸存在的根基；广告销售上版面承包与搭建平台相结合，采用从"个人承包"到"集体承包"的方式，以此带动广告经营。

注重人才培养，用好人才。可以从以下五个方面做到用好人才：一是大力支持人才"创新创业"，尊重其个性化劳动；二是建立一整套系统的激励方法和制度，让员工对自己的工作形成预期，知道该怎样在工作中努力做得更好；三是促进人才合理流动、公平竞争，形成优秀人才脱颖而出的机制；四是畅通沟通渠道，促进决策的民主化、科学化；五是正确引导人才进行职业生涯规划，实现个人能力的不断提升，促成人与工作和谐互动。

在报纸同质化的时代，信息批量生产、大规模复制，使独家新闻越来越少，新闻资源相对不足。通过对宁波都市报的对比、量化、分析，我们不难发现宁波的报业竞争并不充分。较 2005、2006 年同期相比，《宁波晚报》变化不是很大，虽然还继续保持在宁波地区的第一大综合性报纸地位，但连续三年蝉联全国晚报都市报报纸竞争力 20 强的地位已经不保，这值得思考；《东南商报》在市场竞争中，内容和风格上都有所改变，逐步回归财经类报纸的定位，但与主流媒体的目标还相差甚远；《现代金报》继续坚持"主流大报"的目标，新闻本土化进一步加强，立足宁波，已被广大群众所接受，但先前的锐气已减。

报纸要想在竞争中取胜，就必须有自己的核心竞争力，应该从同质化竞争策略向相对差异化竞争策略转变。需要依赖独特的创意、策划，进一步挖掘自己的潜力，找出适合本报发展的新的增长点，把自己的优势做足、做大、做强，确立自己的不可代替性，在读者中树立起专业品牌的优势。这样，报纸才能够保持良好的发展势头，走可持续发展的道路，在激烈的竞争中拥有一份属于自己的地盘。

卷三　实证数据库

对区域报纸的分析需要一个强大的数据库作为支撑。从 2005—2007 年,我们对宁波市的三家都市报进行了长期的跟踪统计。一个城市的报业生态,一个经济区域的传媒趋势,通过这些看似枯燥的数字显现出来。

10　数据库2005：《现代金报》和《东南商报》

2005 年 10 月 17—23 日一周《现代金报》和《东南商报》相关数据统计见表 10-1 至表 10-27。

表 10-1　两报一周版面数量统计

报纸日期	17 日	18 日	19 日	20 日	21 日	22 日	23 日	总计
《现代金报》	20 版	36 版	40 版	40 版	44 版	32 版	16 版	228 版
《东南商报》	20 版	28 版	32 版	28 版	40 版	20 版	16 版	184 版

表 10-2　两报一周版面具体分布

2005 年 10 月 17 日　星期一

《东南商报》	A1 版	A2 版	A3 版	A4 版	A5 版	A6 版	A7 版	A8 版
版面名称	神六凌晨计划到家	神六飞天特刊	神六飞天特刊	神六飞天特刊	宁波·综合	宁波·社会/广告	宁波·现场	宁波·气象·资讯·广告
《现代金报》	A1 版	A2 版	A3 版	A4 版	A5 版	A6 版	A7 版	A8 版
版面名称	神六今晨巡天回	金评天下	神六特别报道	神六特别报道	宁波社会	宁波综合	都市/资讯	浙江新闻
《东南商报》	A9 版	A10 版	A11 版	A12 版	A13 版	A14 版	A15 版	A16 版
版面名称	商报财经	财经·证券	中国新闻/广告	国际新闻/广告	国际新闻/广告	广告(房产)	十运快报	广告(房产)
《现代金报》	A9 版	A10 版	A11 版	A12 版	A13 版	A14 版	A15 版	A16 版
版面名称	旅游地带	国内综合	国际时政	国际社会	文体/副刊	连载/宁波地理	金十运·一击即中	体育新闻
《东南商报》	A17 版	A18 版	A19 版	A20 版				
版面名称	十运快报	情感倾诉	都市笔记/广告	体娱新闻				
《现代金报》	A17 版	A18 版	A19 版	A20 版				
版面名称	18 产经/收藏	小记者金刊	分类 GG 专版(广告)	分类 GG 专版(广告)				

续表

2005 年 10 月 18 日　星期二

《东南商报》	A1 版	A2 版	A3 版	A4 版	A5 版	A6 版	A7 版	A8 版
版面名称	巴金逝世	宁波要闻/广告	宁波要闻/广告	宁波社会/广告	宁波·热线	宁波·资讯/红绿灯	商报财经	财经·视点
《现代金报》	A1 版	A2 版	A3 版	A4 版	A5 版	A6 版	A7 版	A8 版
版面名称	神六英雄凯旋	神六特别报道	神六特别报道	神六特别报道	神六特别报道	神六特别报道	神六特别报道	金评天下
《东南商报》	A9 版	A10 版	A11 版	A12 版	A13 版	A14 版	A15 版	A16 版
版面名称	财经·证券/广告	十运快报	国际新闻/广告	巴金逝世（百年图集）	巴金逝世（情感世界）	巴金逝世（精神财富）	巴金逝世（风雨人生）	巴金逝世（整版大图）
《现代金报》	A9 版	A10 版	A11 版	A12 版	A13 版	A14 版	A15 版	A16 版
版面名称	宁波时政	宁波综合	宁波社会	宁波社会	都市/资讯	浙江新闻	国内综合	国际时政
《现代金报》	A17 版	A18 版	A19 版	A20 版	A21 版	A22 版	A23 版	A24 版
版面名称	金十运·一击即中	金十运·浙不一样	巴金·特别报道	巴金特别报道	巴金特别报道	巴金特别报道	巴金特别报道	巴金特别报道
《东南商报》	B1 版	B2 版	B3 版	B4 版	B5 版	B6 版	B7 版	B8 版
版面名称	神六·凯旋	神六·着陆现场	神六·举国欢庆	神六·全景回放	神六·航天历程	神六·国际合作	神六·未来战略	神六·未来战略
《现代金报》	B1 版	B2 版	B3 版	B4 版	B5 版	B6 版	B7 版	B8 版
版面名称	“国际”版先富带后富	财经焦点	财经·股市经纬	财经·机构动向	财经·服务/数据	18 产经	18 理财	副刊/人间
《东南商报》	B9 版	B10 版	B11 版	B12 版				
版面名称	旅游（动态/广告）	旅游	彩经	情感·倾诉				
《现代金报》	B9 版	B10 版	B11 版	B12 版				
版面名称	连载/世象	健康养生	健康预防	新知培训				

2005 年 10 月 19 日 星期三 续表

《东南商报》	A1 版	A2 版	A3 版	A4 版	A5 版	A6 版	A7 版	A8 版
版面名称	卖二手房要缴20％个税	焦点新闻	宁波·要闻	宁波社会/广告	宁波现场·广告	宁波·气象·资讯	专题广告	宁波综合/广告
《现代金报》	A1 版	A2 版	A3 版	A4 版	A5 版	A6 版	A7 版	A8 版
版面名称	天然气下月有望进户	金评天下	特别报道	宁波时政	广告	宁波综合	宁波社会	宁波社会
《东南商报》	A9 版	A10 版	A11 版	A12 版	A13 版	A14 版	A15 版	A16 版
版面名称	宁波/红绿灯下	商报财经	财经·房产	财经·证券	财经·证券	中国新闻/广告	中国新闻	国际新闻/广告
《现代金报》	A9 版	A10 版	A11 版	A12 版	A13 版	A14 版	A15 版	A16 版
版面名称	民生资讯	宁波都市	浙江新闻	国际焦点	国际焦点	国内时政	国内时政	国内社会
《东南商报》	A17 版	A18 版	A19 版	A20 版	A21 版	A22 版	A23 版	A24 版
版面名称	国际新闻	国际新闻/广告	娱乐新闻/广告	文化新闻	十运快报	广告	十运快报	广告
《现代金报》	A17 版	A18 版	A19 版	A20 版	A21 版	A22 版	A23 版	A24 版
版面名称	国际综合	分类 GG 专版	巴金特别报道	文体新闻	文娱/大事件	金十运·一击即中	金十运·浙不一样	广告
《东南商报》	B1 版	B2 版	B3 版	B4 版	B5 版	B6 版	B7 版	B8 版
版面名称	汽车（焦点/广告）	车市	车市	车市	财富/广告	广告	情感倾诉/广告	商报看台
《现代金报》	B1 版	B2 版	B3 版	B4 版	B5 版	B6 版	B7 版	B8 版
版面名称	中美汇率争端尘埃落定	财经焦点	财经股市经纬	财经·求购动向	财经·服务/数据	18 产经	18 收藏/金点互动	连载/世象
《现代金报》	T1 版	T2 版	T3 版	T4 版	T5 版	T6 版	T7 版	T8 版
版面名称	金楼市	置业参谋	业界动态	居家时尚	壹车行·提醒	壹车行·资讯	壹车行·赏车	壹车行

2005 年 10 月 20 日星期四

《东南商报》	A1 版	A2 版	A3 版	A4 版	A5 版	A6 版	A7 版	A8 版
版面名称	今年时装节劲吹时尚风	焦点新闻/广告	广告	宁波·要闻	宁波社会	宁波热线/广告	宁波气象资讯	宁波·红绿灯下/广告

续表

《现代金报》	A1 版	A2 版	A3 版	A4 版	A5 版	A6 版	A7 版	A8 版
版面名称	帮就业困难者参保就业	金评天下	特别报道	特别报道	广告	宁波综合	宁波焦点	广告
《东南商报》	A9 版	A10 版	A11 版	A12 版	A13 版	A14 版	A15 版	A16 版
版面名称	商报财经	财经·综合	财经·证券·产品	中国新闻	中国新闻/广告	中国新闻/广告	中国新闻/广告	国际新闻/广告
《现代金报》	A9 版	A10 版	A11 版	A12 版	A13 版	A14 版	A15 版	A16 版
版面名称	宁波社会	民生资讯	宁波都市	浙江新闻	国内时政	国内综合	国际综合	国际焦点
《东南商报》	A17 版	A18 版	A19 版	A20 版				
版面名称	国际新闻/广告	广告	十运快报	广告				
《现代金报》	A17 版	A18 版	A19 版	A20 版	A21 版	A22 版	A23 版	A24 版
版面名称	国际焦点	新知培训（广告）	文体/副刊	文娱综合	连载/世象	金运/浙不一样	金十运·一击即中	广告
《东南商报》	B1 版	B2 版	B3 版	B4 版	B5 版	B6 版	B7 版	B8 版
版面名称	文化新闻/广告	娱乐新闻	体育新闻/广告	商报视窗/广告	情感倾诉/广告	都市笔记/广告	商报看台	广告
《现代金报》	B1 版	B2 版	B3 版	B4 版	B5 版	B6 版	B7 版	B8 版
版面名称	2005 金融富豪榜	财经焦点	财经·股市经纬	财经·机构动向	财经·服务/数据	18 产经	18 理财	前程招聘专版
《现代金报》	B9 版	B10 版	B11 版	B12 版	B13 版	B14 版	B15 版	B16 版
版面名称	前程招聘专版	前程招聘专版	前程招聘专版	前程招聘专版	前程招聘专版	新知培训/广告	副刊人间	视界

2005 年 10 月 21 日　星期五

《东南商报》	A1 版	A2 版	A3 版	A4 版	A5 版	A6 版	A7 版	A8 版
版面名称	全国前三季 GDP 增 9.4%	焦点新闻·广告	广告	第四届宁波国际服装节	广告	宁波·要闻/广告	宁波社会/广告	宁波·红绿灯/广告
《现代金报》	A1 版	A2 版	A3 版	A4 版	A5 版	A6 版	A7 版	A8 版
版面名称	宁波国际服装节	广告	金评天下	服装节特别报道	广告	服装节特别报道	广告	服装节特别报道

续表

《东南商报》	A9 版	A10 版	A11 版	A12 版	A13 版	A14 版	A15 版	A16 版
版面名称	宁波·热线/广告	宁波现场/广告	宁波气象/资讯广告	商报财经	财经焦点/广告	财经·证券	财经·房产广告	中国新闻
《现代金报》	A9 版	A10 版	A11 版	A12 版	A13 版	A14 版	A15 版	A16 版
版面名称	服装节特别报道	宁波焦点	广告	宁波时政	广告	宁波社会	宁波都市	浙江新闻
《东南商报》	A17 版	A18 版	A19 版	A20 版	A21 版	A22 版	A23 版	A24 版
版面名称	中国新闻	国际新闻/广告	国际新闻/广告	国际新闻	广告	十运快报	十运快报	广告
《现代金报》	A17 版	A18 版	A19 版	A20 版	A21 版	A22 版	A23 版	A24 版
版面名称	广告	国内焦点	国内综合	国内综合	文体新闻	金十运·一击即中	专刊	广告
《东南商报》	B1 版	B2 版	B3 版	B4 版	B5 版	B6 版	B7 版	B8 版
版面名称	时尚(动态/广告)	健康	健康	商场	家电	家居	家居	家居
《现代金报》	B1 版	B2 版	B3 版	B4 版	B5 版	B6 版	B7 版	B8 版
版面名称	前三季 GDP 增长 9.4%	财经·股市经纬	财经·机构动向	财经·服务/数据	18 产经	18 彩经	分类 GG 专版	分类 GG 专版
《东南商报》	B9 版	B10 版	B11 版	B12 版	B13 版	B14 版	B15 版	B16 版
版面名称	娱乐新闻	娱乐新闻	文化新闻	商报看台	情感倾诉/广告	广告	彩经	广告
《现代金报》	T1 版	T2 版	T3 版	T4 版	T5 版	T6 版	T7 版	T8 版
版面名称	广告	金楼市	金楼市	金楼市	壹车行·赏车	商界	消费·IT	消费·居家
《现代金报》	T9 版	T10 版	T11 版	T12 版				
版面名称	金点活动	分类 GG 专版	分类 GG 专版	消费美容				

2005 年 10 月 22 日 星期六

《东南商报》	A1 版	A2 版	A3 版	A4 版	A5 版	A6 版	A7 版	A8 版
版面名称	服装节开幕	九届国际服装节	九届国际服装节	宁波·综合	宁波气象·资讯	宁波·社会/广告	商报财经	财经·证券/广告

续表

《现代金报》	A1 版	A2 版	A3 版	A4 版	A5 版	A6 版	A7 版	A8 版
版面名称	万余商客云集服装节	金评天下	广告	九届服装节特别报道	九届服装节特别报道	九届服装节特别报道	九届服装节特别报道	宁波综合
《东南商报》	A9 版	A10 版	A11 版	A12 版	A13 版	A14 版	A15 版	A16 版
版面名称	中国新闻/广告	国际新闻/广告	国际新闻/广告	娱乐新闻/广告	广告	广告	教育	教育新闻
《现代金报》	A9 版	A10 版	A11 版	A12 版	A13 版	A14 版	A15 版	A16 版
版面名称	都市/资讯	宁波社会	专题	浙江新闻	焦点新闻	国内综合	国际综合	财经焦点
《东南商报》	A17 版	A18 版	A19 版	A20 版				
版面名称	校园观察	求知广角	十运快报	商报看台				
《现代金报》	A17 版	A18 版	A19 版	A20 版	A21 版	A22 版	A23 版	A24 版
版面名称	广告	证券行情	财经·机构动向	广告	连载/世象	文体新闻	金十运·两岸观火	金十运·一击即中
《现代金报》	1 版	2 版	3 版	4 版	5 版	6 版	7 版	8 版
版面名称	金报两周年报庆特刊	报庆特刊·印象	报庆特刊·特色	报庆特刊·同喜	报庆特刊·同喜	报庆特刊·影响	报庆特刊·经营	报庆特刊·盛宴

2005 年 10 月 23 日　星期日

《东南商报》	A1 版	A2 版	A3 版	A4 版	A5 版	A6 版	A7 版	A8 版
版面名称	个税起征拟提到1600元	九届国际服装节	九届国际服装节	宁波社会/广告	宁波·气象/资讯	中国新闻	健康周刊	卫生经纬
《现代金报》	A1 版	A2 版	A3 版	A4 版	A5 版	A6 版	A7 版	A8 版
版面名称	个税起征拟提到1600元	国内焦点	宁波民生	九届国际服装节	综合/资讯	宁波焦点	浙江新闻	国际社会
《东南商报》	A9 版	A10 版	A11 版	A12 版	A13 版	A14 版	A15 版	A16 版
版面名称	健康快车	医疗指南	国际新闻广告	十运快报	十运快报	娱乐新闻/广告	情感倾诉	商报看台/广告
《现代金报》	A9 版	A10 版	A11 版	A12 版	A13 版	A14 版	A15 版	A16 版
版面名称	专题	国际时政	国内综合	连载/世象	文体新闻	文娱/综合	分类 GG 专版	金十运

表 10-3　两报“阶段性战役”非本地新闻策划报道版面情况

两报“服装节”专题版面情况

日　期	17日	18日	19日	20日	21日	22日	23日	总　计
《现代金报》专版	0	0	0	0	4版	4版	1版	9版
版面总数	20版	36版	40版	40版	44版	32版	16版	228版
占　比	0	0	0	0	9.1%	12.5%	6.3%	3.9%
《东南商报》专版	0	0	0	0	1版	2版	2版	5版
版面总数	20版	28版	32版	28版	40版	20版	16版	184版
占　比	0	0	0	0	2.5%	10.0%	12.5%	2.7%

两报“十运会”专题版面情况

日　期	17日	18日	19日	20日	21日	22日	23日	总　计
《现代金报》专版	1版	2版	2版	2版	1版	2版	1版	11版
版面总数	20版	36版	40版	40版	44版	32版	16版	228版
占　比	5.0%	5.6%	5.0%	5.0%	2.2%	6.2%	6.2%	4.8%
《东南商报》专版	2版	1版	2版	1版	2版	1版	2版	11版
版面总数	20版	28版	32版	28版	40版	20版	16版	184版
占　比	5.0%	3.6%	6.2%	3.5%	5.0%	5.0%	12.5%	5.9%

两报“巴金逝世”专题版面情况

日　期	17日	18日	19日	20日	21日	22日	23日	总　计
《现代金报》专版	0	6版	1版	0	0	0	0	7版
版面总数	20版	36版	40版	40版	44版	32版	16版	228版
占　比	0	16.7%	2.5%	0	0	0	0	3.1%
《东南商报》专版	0	6版	0	0	0	0	0	6版
版面总数	20版	28版	32版	28版	40版	20版	16版	184版
占　比	0	21.4%	0	0	0	0	0	3.3%

两报“神六”专题版面情况

日　期	17日	18日	19日	20日	21日	22日	23日	总　计
《现代金报》专版	3版	2版	0	0	0	0	0	5版
版面总数	20版	36版	40版	40版	44版	32版	16版	228版
占　比	15.0%	5.5%	0	0	0	0	0	2.2%
《东南商报》专版	4版	8版	0	0	0	0	0	12版
版面总数	20版	28版	32版	28版	40版	20版	16版	184版
占　比	20.0%	28.6%	0	0	0	0	0	6.5%

表 10-4　两报新闻版面比重

《现代金报》新闻版面比重

日　期	17 日	18 日	19 日	20 日	21 日	22 日	23 日	总计
版面总数	20 版	36 版	40 版	40 版	44 版	32 版	16 版	228 版
新闻版面总数	12 版	25 版	26 版	20 版	17 版	17 版	12 版	129 版
新闻版面比例	60.0%	69.4%	65.0%	50.0%	38.6%	53.1%	75.0%	56.6%
本地新闻版面数	3 版	5 版	5 版	7 版	9 版	7 版	4 版	40 版
本地新闻版面数/新闻版面总数	25.0%	20.0%	19.2%	35.0%	53.0%	41.2%	33.3%	31.0%
本地新闻版面数/版面总数	15.0%	13.9%	12.5%	17.5%	20.5%	21.9%	25.0%	17.5%

《东南商报》新闻版面比重

日　期	17 日	18 日	19 日	20 日	21 日	22 日	23 日	总计
版面总数	20 版	28 版	32 版	28 版	40 版	20 版	16 版	184 版
新闻版面总数	15 版	20 版	19 版	18 版	22 版	12 版	7 版	113 版
新闻版面比例	75.0%	71.4%	59.3%	64.3%	55.0%	60.0%	43.8%	61.4%
本地新闻版面数	4 版	5 版	6 版	5 版	7 版	5 版	4 版	36 版
本地新闻版面数/新闻版面总数	26.7%	25.0%	31.6%	27.8%	31.8%	41.7%	57.1%	31.9%
本地新闻版面数/版面总数	20.0%	17.9%	18.8%	17.9%	17.5%	25.0%	25.0%	19.6%

表 10-5　两报稿件信息含量统计

17 日《东南商报》

字数范围	100～500 字	500～1000 字	1000 字以上
条　数	63	19	5
占　比	72.4%	21.8%	5.7%

17 日《现代金报》

字数范围	100～500 字	500～1000 字	1000 字以上
条　数	77	23	9
占　比	70.6%	21.1%	8.3%

18 日《东南商报》　　　　续表

字数范围	100～500 字	500～1000 字	1000 字以上
条　数	56	21	7
占　比	66.7%	25.0%	8.3%

18 日《现代金报》

字数范围	100～500 字	500～1000 字	1000 字以上
条　数	81	40	17
比　例	58.7%	29.0%	12.3%

19 日《东南商报》

字数范围	100～500 字	500～1000 字	1000 字以上
条　数	63	25	13
占　比	62.4%	24.6%	12.9%

19 日《现代金报》

字数范围	100～500 字	500～1000 字	1000 字以上
条　数	87	42	12
占　比	61.7%	29.8%	8.5%

20 日《东南商报》

字数范围	100～500 字	500～1000 字	1000 字以上
条　数	56	25	6
占　比	64.4%	28.7%	6.9%

20 日《现代金报》

字数范围	100～500 字	500～1000 字	1000 字以上
条　数	65	23	12
占　比	65.0%	23.0%	12.0%

21 日《东南商报》

字数范围	100～500 字	500～1000 字	1000 字以上
条　数	69	32	13
占　比	60.5%	28.1%	11.4%

续表

21 日《现代金报》

字数范围	100～500 字	500～1000 字	1000 字以上
条　数	55	23	12
占　比	61.1%	25.6%	13.3%

22 日《东南商报》

字数范围	100～500 字	500～1000 字	1000 字以上
条　数	43	17	10
占　比	61.4%	24.3%	14.3%

22 日《现代金报》

字数范围	100～500 字	500～1000 字	1000 字以上
条　数	52	18	10
占　比	65.0%	22.5%	12.5%

23 日《东南商报》

字数范围	100～500 字	500～1000 字	1000 字以上
条　数	62	16	6
占　比	73.8%	19.0%	7.1%

23 日《现代金报》

字数范围	100～500 字	500～1000 字	1000 字以上
条　数	49	14	9
占　比	68.1%	19.4%	12.5%

表 10-6　两报一周新闻来源分析

17 日

类　别	记　者	通讯员	读者热线	通讯社	其他报纸	网　络	读者来稿
《东南商报》	13	5	4	51	13	1	0
占　比	14.9%	5.7%	4.6%	58.6%	14.9%	1.1%	0
《现代金报》	48	2	5	38	11	1	4
占　比	44.0%	1.8%	4.6%	34.9%	10.1%	0.9%	3.7%

18日 续表

类　别	记　者	通讯员	读者热线	通讯社	其他报纸	网　络	读者来稿
《东南商报》	20	12	10	30	11	1	0
占　比	23.8%	14.3%	11.9%	35.7%	13.1%	1.2%	0
《现代金报》	57	21	6	37	13	0	4
占　比	41.3%	15.2%	4.3%	26.8%	9.4%	0	2.9%

19日

类　别	记　者	通讯员	读者热线	通讯社	其他报纸	网　络	读者来稿
《东南商报》	30	10	3	45	13	0	0
占　比	29.7%	9.9%	3.0%	44.6%	12.7%	0	0
《现代金报》	72	11	1	34	16	1	6
占　比	51.1%	7.8%	0.7%	24.1%	11.3%	0.7%	4.3%

20日

类　别	记　者	通讯员	读者热线	通讯社	其他报纸	网　络	读者来稿
《东南商报》	18	13	9	36	10	1	0
占　比	20.7%	14.9%	10.3%	41.4%	11.5%	1.1%	0
《现代金报》	51	9	3	28	3	0	6
占　比	51.0%	9.0%	3.0%	28.0%	3.0%	0	6.0

21日

类　别	记　者	通讯员	读者热线	通讯社	其他报纸	网　络	读者来稿
《东南商报》	44	8	8	46	8	0	0
占　比	38.6%	7.0%	7.0%	40.4%	7.0%	0	0
《现代金报》	50	5	0	24	5	0	6
占　比	55.6%	5.6%	0	26.5%	5.6%	0	6.7%

22日

类　别	记　者	通讯员	读者热线	通讯社	其他报纸	网　络	读者来稿
《东南商报》	38	7	0	15	5	0	5
占　比	54.3%	10%	0	21.4%	7.1%	0	7.1%
《现代金报》	46	6	0	17	7	0	4
占　比	57.5%	7.6%	0	21.1%	8.8%	0	5.0%

续表

23 日

类　别	记　者	通讯员	读者热线	通讯社	其他报纸	网　络	读者来稿
《东南商报》	55	5	6	11	4	2	1
占　比	65.5%	6.0%	7.1%	12.6%	4.5%	2.4%	1.1%
《现代金报》	32	5	0	28	7	0	0
占　比	44.4%	6.9%	0	38.9%	9.7%	0	0

注：表中"读者来稿"指时评类稿件

表 10-7　两报一周副刊情况

日　期	17 日	18 日	19 日	20 日	21 日	22 日	23 日	总　计
《东南商报》	4 版	6 版	10 版	6 版	14 版	6 版	5 版	51 版
占　比	20.00%	21.40%	31.25%	21.43%	35.00%	30.00%	31.25%	27.20%
《现代金报》	6 版	12 版	16 版	10 版	17 版	13 版	2 版	76 版
占　比	30.00%	33.30%	40.00%	25.00%	38.64%	40.63%	12.50%	31.60%

表 10-8　《东南商报》广告占版情况

日　期	17 日	18 日	19 日	20 日	21 日	22 日	23 日	总　计
广告专版数	2 版	1 版	4 版	4 版	6 版	2 版	0 版	19 版
面积(平方厘米)	1488	828	3312	3312	4968	1656	0	15564
占总版面比例	9.03%	3.58%	12.60%	14.30%	15.10%	10.10%	0	10.22%
非专版广告总面积(平方厘米)	2491.5	4232.15	5763.11	4079.3	6276.92	3417.62	1512.76	27762.11
占总版面比例	15.12%	18.32%	21.83%	17.67%	19.04%	20.74%	11.49%	18.22%
广告总占比	24.15%	21.90%	34.43%	31.97%	34.14%	30.29%	11.49%	28.44%

表 10-9　《现代金报》广告占版情况

日　期	17 日	18 日	19 日	20 日	21 日	22 日	23 日	总　计
广告专版数	2 版	0 版	3 版	11 版	11 版	3 版	1 版	31 版
面积(平方厘米)	1776	0	2664	9768	9768	2664	888	27528
占总版面比例	10.05%	0	7.55%	27.65%	25.12%	9.41%	6.29%	13.60%
非专版广告总面积(平方厘米)	2606.46	6921.05	9650.40	7351.04	9138.84	5607.11	1559.58	42834.48
占总版面比例	14.76%	21.87%	27.35%	20.81%	23.51%	19.80%	11.05%	21.16%
广告总占比	24.81%	21.87%	34.90%	48.46%	48.63%	29.21%	17.34%	34.76%

表 10-10　两报头版广告占版比例

《东南商报》	17 日	18 日	19 日	20 日	21 日	22 日	23 日	总　计
面积（平方厘米）	271.2	284	420	355.2	384	124.8	114.46	1953.66
占总版面比例	36.45%	38.17%	56.45%	47.74%	51.61%	27.80%	27.92%	51.4%
《现代金报》	17 日	18 日	19 日	20 日	21 日	22 日	23 日	总计
面积（平方厘米）	252	240	388.8	451.2	456	360	288	2436
占总版面比例	31.82%	30.30%	49.09%	56.97%	57.58%	45.45%	38.07%	39.19%

表 10-11　图片大小

17 日《东南商报》

规　格	一栏	二栏	三栏及以上
数　量	7	14	9
占　比	22.58%	45.16%	29.03%

17 日《现代金报》

规　格	一栏	二栏	三栏及以上
数　量	12	8	13
占　比	36.36%	24.24%	39.39%

18 日《东南商报》

规　格	一栏	二栏	三栏及以上
数　量	14	16	15
占　比	31.11%	35.56%	33.33%

18 日《现代金报》

规　格	一栏	二栏	三栏及以上
数　量	19	13	18
占　比	38.00%	26.00%	36.00%

19 日《东南商报》

规　格	一栏	二栏	三栏及以上
数　量	10	18	11
占　比	25.64%	46.15%	28.20%

续表

19 日《现代金报》

规　格	一栏	二栏	三栏及以上
数　量	24	9	24
占　比	42.10%	15.79%	42.10%

20 日《东南商报》

规　格	一栏	二栏	三栏及以上
数　量	20	16	12
占　比	41.67%	33.33%	25.00%

20 日《现代金报》

规　格	一栏	二栏	三栏及以上
数　量	19	14	10
占　比	44.19%	32.56%	23.26%

21 日《东南商报》

规　格	一栏	二栏	三栏及以上
数　量	26	21	12
占　比	44.07%	35.59%	20.34%

21 日《现代金报》

规　格	一栏	二栏	三栏及以上
数　量	15	13	15
占　比	34.88%	30.23%	34.88%

22 日《东南商报》

规　格	一栏	二栏	三栏及以上
数　量	5	17	7
占　比	17.24%	58.62%	24.13%

22 日《现代金报》

规　格	一栏	二栏	三栏及以上
数　量	43	20	13
占　比	56.58%	26.31%	44.83%

23 日《东南商报》 续表

规 格	一栏	二栏	三栏及以上
数 量	12	11	8
占 比	38.71%	3.23%	25.81%

23 日《现代金报》

规 格	一栏	二栏	三栏及以上
数 量	18	4	12
占 比	52.94%	11.76%	35.29%

表 10-12 图片来源

17 日《东南商报》

来 源	该报记者	通讯社	资料图片	未注明
数 量	9	19	0	3
占 比	29.63%	61.29%	0	9.68%

17 日《现代金报》

来 源	该报记者	通讯社	资料图片	未注明
数 量	11	12	6	4
占 比	33.33%	36.36%	18.18%	12.12%

18 日《东南商报》

来 源	该报记者	通讯社	资料图片	未注明
数 量	5	27	2	11
占 比	11.11%	60.00%	4.44%	24.44%

18 日《现代金报》

来 源	该报记者	通讯社	资料图片	未注明
数 量	10	21	10	9
占 比	20.00%	42.00%	20.00%	18.00%

19 日《东南商报》

来 源	该报记者	通讯社	资料图片	未注明
数 量	11	22	1	5
占 比	28.20%	56.40%	2.56%	12.82%

续表

19 日《现代金报》

来　源	该报记者	通讯社	资料图片	未注明
数　量	13	12	26	6
占　比	22.80%	21.45%	45.61%	10.52%

20 日《东南商报》

来　源	该报记者	通讯社	资料图片	未注明
数　量	13	27	3	5
占　比	27.08%	56.25%	6.25%	10.42%

20 日《现代金报》

来　源	该报记者	通讯社	资料图片	未注明
数　量	22	9	4	8
占　比	51.16%	20.93%	9.30%	18.60%

21 日《东南商报》

来　源	该报记者	通讯社	资料图片	未注明
数　量	22	15	1	21
占　比	37.29%	25.42%	1.69%	35.59%

21 日《现代金报》

来　源	该报记者	通讯社	资料图片	未注明
数　量	12	6	10	15
占　比	27.91%	13.95%	23.26%	34.88%

22 日《东南商报》

来　源	该报记者	通讯社	资料图片	未注明
数　量	18	6	0	5
占　比	62.06%	20.69%	0	17.24%

22 日《现代金报》

来　源	该报记者	通讯社	资料图片	未注明
数　量	57	6	3	10
占　比	75.00%	7.89%	3.94%	13.16%

23 日《东南商报》 续表

来 源	该报记者	通讯社	资料图片	未注明
数 量	21	2	0	8
占 比	67.74%	6.45%	0	25.81%

23 日《现代金报》

来 源	该报记者	通讯社	资料图片	未注明
数 量	13	6	1	14
占 比	38.24%	17.65%	2.94%	41.17%

表 10-13 图片类别

17 日《东南商报》

类 别	彩 色	黑 白	电脑制图	漫 画
数 量	12	13	3	3
占 比	38.71%	41.94%	9.68%	9.68%

17 日《现代金报》

类 别	彩 色	黑 白	电脑制图	漫 画
数 量	4	21	4	4
占 比	12.12%	63.64%	12.12%	12.12%

18 日《东南商报》

类 别	彩 色	黑 白	电脑制图	漫 画
数 量	20	18	6	1
占 比	44.44%	40.00%	13.33%	2.22%

18 日《现代金报》

类 别	彩 色	黑 白	电脑制图	漫 画
数 量	13	29	1	7
占 比	26.00%	58.00%	2.00%	14.00%

19 日《东南商报》

类 别	彩 色	黑 白	电脑制图	漫 画
数 量	18	19	0	2
占 比	46.25%	48.71%	0	5.12%

续表

19 日《现代金报》

类　别	彩　色	黑　白	电脑制图	漫　画
数　量	32	21	1	3
占　比	56.14%	36.84%	1.75%	5.26%

20 日《东南商报》

类　别	彩　色	黑　白	电脑制图	漫　画
数　量	15	24	5	4
占　比	31.25%	50.00%	10.40%	8.35%

20 日《现代金报》

类　别	彩　色	黑　白	电脑制图	漫　画
数　量	14	22	2	5
占　比	32.56%	51.16%	4.65%	11.62%

21 日《东南商报》

类　别	彩　色	黑　白	电脑制图	漫　画
数　量	44	11	2	2
占　比	74.58%	18.64%	3.39%	3.39%

21 日《现代金报》

类　别	彩　色	黑　白	电脑制图	漫　画
数　量	18	14	5	6
占　比	41.86%	32.56%	11.63%	13.95%

22 日《东南商报》

类　别	彩　色	黑　白	电脑制图	漫　画
数　量	18	10	1	0
占　比	62.06%	34.48%	3.45%	0

22 日《现代金报》

类　别	彩　色	黑　白	电脑制图	漫　画
数　量	24	18	19	5
占　比	31.58%	23.69%	25.00%	6.58%

23 日《东南商报》　　　　续表

类　别	彩　色	黑　白	电脑制图	漫　画
数　量	16	13	1	1
占　比	51.61%	41.95%	3.22%	3.22%

23 日《现代金报》

类　别	彩　色	黑　白	电脑制图	漫　画
数　量	14	16	0	4
占　比	41.18%	47.06%	0	11.76%

表 10-14　宁波本地新闻信息含量统计

17 日

字数范围	100～500 字	500～1000 字	1000 字以上	总　计
《现代金报》	12	5	2	19
占　比	63.2%	26.3%	10.5%	
《东南商报》	8	6	1	15
占　比	53.3%	40.0%	6.7%	

18 日

字数范围	100～500 字	500～1000 字	1000 字以上	总　计
《现代金报》	16	6	2	24
占　比	66.7%	25.0%	8.3%	
《东南商报》	20	10	3	33
占　比	60.6%	30.3%	9.1%	

19 日

字数范围	100～500 字	500～1000 字	1000 字以上	总　计
《现代金报》	25	10	3	38
占　比	65.8%	26.3%	7.9%	
《东南商报》	21	6	3	30
占　比	70.0%	20.0%	10.0%	

续表

20 日

字数范围	100～500 字	500～1000 字	1000 字以上	总　计
《现代金报》	17	16	2	35
占　比	45%	48.2%	6.8%	
《东南商报》	16	5	2	23
占　比	69.6%	21.7%	8.7%	

21 日

字数范围	100～500 字	500～1000 字	1000 字以上	总　计
《现代金报》	8	5	6	19
占　比	42.1%	26.3%	31.6%	
《东南商报》	24	6	1	31
占　比	77.4%	19.4%	3.2%	

22 日

字数范围	100～500 字	500～1000 字	1000 字以上	总　计
《现代金报》	17	6	4	27
占　比	60.0%	22.2%	14.8%	
《东南商报》	26	7	4	37
占　比	70.2%	18.9%	10.8%	

23 日

字数范围	100～500 字	500～1000 字	1000 字以上	总　计
《现代金报》	9	5	4	18
占　比	50.0%	27.8%	22.2%	
《东南商报》	27	8	0	35
占　比	77.1%	22.9%	0	

17—23 日宁波本地新闻信息含量统计汇总

字数范围	100～500 字	500～1000 字	1000 字以上	总　计
《现代金报》	104	53	23	180
占　比	57.8%	29.4%	12.8%	
《东南商报》	142	48	14	204
占　比	69.6%	23.5%	6.9%	

表 10-15　两报本地新闻地域及类别分布情况

17 日《现代金报》

类别	时政	社会民生	法制	文娱	体育	财经	教育	总计
海曙		5				1		6
江东		2						2
江北								0
鄞州					1			1
北仑								0
镇海								0
余姚								0
慈溪								0
奉化								0
象山								0
宁海								0
老三区相关	1					3	3	7
全市相关	1	1		1				3
合计	2	8	0	1	1	4	3	19

17 日《东南商报》

类别	时政	社会民生	法制	文娱	体育	财经	教育	总计
海曙		4						4
江东		2						2
江北								0
鄞州								0
北仑								0
镇海								0
余姚								0
慈溪								0
奉化								0
象山								0
宁海								0
老三区相关		3		1		4		8
全市相关						1		1
合计	0	9	0	1	0	5	0	15

续表

18 日《现代金报》

类别	时政	社会民生	法制	文娱	体育	财经	教育	总计
海曙	1	4						5
江东	1		1					2
江北		2						2
鄞州			1					1
北仑	1							1
镇海		2	1					3
余姚								0
慈溪								0
奉化		1						1
象山								0
宁海								0
老三区相关		2				1		3
全市相关		4				2		6
合计	3	15	3	0	0	3	0	24

18 日《东南商报》

类别	时政	社会民生	法制	文娱	体育	财经	教育	总计
海曙	3	3					1	7
江东	1	4						5
江北								0
鄞州								0
北仑	1	2						3
镇海		1						1
余姚		1						1
慈溪								0
奉化								0
象山			1					1
宁海								0
老三区相关	1	1				1		3
全市相关		6		1	3	2		12
合计	6	18	1	1	3	3	1	33

19 日《现代金报》 续表

类别	时政	社会民生	法制	文娱	体育	财经	教育	总计
海曙	2	4						6
江东	1	6		1				8
江北		1					1	2
鄞州		2						2
北仑		2						2
镇海		2				1		3
余姚		1						1
慈溪		2						2
奉化								0
象山								0
宁海			1					1
老三区相关	1	1		1				3
全市相关				1		7		8
合计	4	21	1	3	0	8	1	38

19 日《东南商报》

类别	时政	社会民生	法制	文娱	体育	财经	教育	总计
海曙	2	2						4
江东	1	1	1			1		4
江北		1		1				2
鄞州		1			1			2
北仑								
镇海								
余姚		1	1					2
慈溪								
奉化		2						2
象山								
宁海			1					1
老三区相关	1	1				2		4
全市相关	1	1		1	4	2		9
合计	5	10	3	2	5	5	0	30

续表

20 日《现代金报》

类别	时政	社会民生	法制	文娱	体育	财经	教育	总计
海曙	2	4				2	1	9
江东		2						2
江北					1		1	2
鄞州		1					2	3
北仑								0
镇海								0
余姚								0
慈溪		1						1
奉化								0
象山			1					1
宁海								0
老三区相关		5					1	6
全市相关	3	3				5		11
合计	5	16	1	0	1	7	5	35

20 日《东南商报》

类别	时政	社会民生	法制	文娱	体育	财经	教育	总计
海曙	1	6						7
江东				2				2
江北								
鄞州		1		1				2
北仑								
镇海		1						1
余姚								
慈溪		1						1
奉化								
象山								
宁海		1						1
老三区相关		2						2
全市相关	2	1		1		2	1	7
合计	3	13	0	4	0	2	1	23

21 日《现代金报》 续表

类别	时政	社会民生	法制	文娱	体育	财经	教育	总计
海曙	2	2	1	1				6
江东		1					1	2
江北								0
鄞州								0
北仑			1					1
镇海		1						1
余姚								0
慈溪								0
奉化								0
象山								0
宁海								0
老三区相关	1	1				1		3
全市相关	1	2				3		6
合计	4	7	2	1	0	4	1	19

21 日《东南商报》

类别	时政	社会民生	法制	文娱	体育	财经	教育	总计
海曙	1	4		1				6
江东		3					1	4
江北		1						1
鄞州		2					1	3
北仑	1		2					3
镇海			1					1
余姚		1						1
慈溪			1					1
奉化			1					1
象山								0
宁海								0
老三区相关	1	5				1		7
全市相关	3							3
合计	6	16	5	1	0	1	2	31

续表

22 日《现代金报》

类别	时政	社会民生	法制	文娱	体育	财经	教育	总计
海曙		2	1	1		4		8
江东	2	4						6
江北						3		3
鄞州	1						1	2
北仑								0
镇海								0
余姚		1						1
慈溪								0
奉化								0
象山								0
宁海								0
老三区相关								0
全市相关		3			4			7
合计	3	10	1	1	4	7	1	27

22 日《东南商报》

类别	时政	社会民生	法制	文娱	体育	财经	教育	总计
海曙		3		1			2	6
江东	1	1						2
江北		1		1			1	3
鄞州			1	1			3	5
北仑		1	1				4	6
镇海							2	2
余姚		2						2
慈溪							1	1
奉化								0
象山								0
宁海							1	1
老三区相关		1				1	1	3
全市相关	1	2					3	6
合计	2	11	2	3	0	1	18	37

23 日《现代金报》 续表

类别	时政	社会民生	法制	文娱	体育	财经	教育	总计
海曙		4		1			1	6
江东		2		1				3
江北								0
鄞州								0
北仑				1				1
镇海								0
余姚				1				1
慈溪								0
奉化						1		1
象山								0
宁海								0
老三区相关		2			1	2		5
全市相关		1						1
合计	0	9	0	4	1	3	1	18

23 日《东南商报》

类别	时政	社会民生	法制	文娱	体育	财经	教育	总计
海曙		4					1	5
江东		3						3
江北	1		1					2
鄞州					1			1
北仑	1	1						2
镇海		1						1
余姚		1						1
慈溪		1	2					3
奉化						1		1
象山								0
宁海								0
老三区相关	2	5				2	1	10
全市相关	1	3					2	6
合计	5	19	3	0	1	3	4	35

续表

两报一周本地新闻总量

日　期	17日	18日	19日	20日	21日	22日	23日	总计
《现代金报》	19	24	38	35	19	27	18	180
《东南商报》	15	33	30	23	31	37	35	204

两报一周本地新闻类别分布情况

《现代金报》

类　别	时政	社会民生	法制	文娱	体育	财经	教育
条　数	21	86	8	10	7	36	12
比　例	11.7%	47.8%	4.4%	5.6%	3.9%	20%	6.7%

《东南商报》

条　数	27	96	14	12	9	21	25
比　例	13.2%	47.1%	6.8%	5.9%	4.4%	9.8%	12.3%

两报一周本地新闻地域分布情况

地区	海曙	江东	江北	鄞州	北仑	镇海	余姚	慈溪	奉化	象山	宁海	老三区相关	全市相关
《现代金报》	25.6%	13.9%	5.0%	5.0%	2.8%	3.9%	1.7%	1.7%	1.1%	0.5%	0.5%	15.0%	23.3%
《东南商报》	19.1%	10.8%	3.4%	6.4%	5.9%	2.9%	3.4%	3.0%	2.0%	0.5%	2.9%	18.1%	21.6%

两报一周本地类别地域新闻分布情况

《现代金报》

类别	时政	社会民生	法制	文娱	体育	财经	教育
海曙	7/21=33.3%	25/86=29.1%	2/8=25.0%	3/10=30.0%	0	7/36=19.4%	2/12=16.7%
江东	4/21=19.0%	17/86=19.8%	1/8=12.5%	2/10=20.0%	0	0	1/12=8.3%
江北	0	3/86=3.5%	0	0	1/7=14.3%	3/36=8.3%	2/12=16.7%
鄞州	1/21=4.8%	3/86=3.5%	1/8=12.5%	0	1/7=14.3%	0	3/12=25.0%
北仑	1/21=4.8%	2/86=2.3%	1/8=12.5%	1/10=10.0%	0	0	0
镇海	0	5/86=5.8%	1/8=12.5%	0	0	1/36=2.8%	0
余姚	0	2/86=2.3%	0	1/10=10.0%	0	0	0
慈溪	0	3/86=3.5%	0	0	0	0	0

续表

类别	时政	社会民生	法制	文娱	体育	财经	教育
奉化	0	1/86=1.2%	0	0	0	1/36=2.8%	0
象山	0	0	1/8=12.5%	0	0	0	0
宁海	0	0	1/8=12.5%	0	0	0	0
老三区相关	3/21=14.3%	11/86=12.8%	0	1/10=10%	1/7=14.3%	7/36=19.4%	4/12=33.3%
全市相关	5/21=23.8%	12/86=14.0%	0	2/10=20%	6/7=85.7%	17/36=47.2%	0

《东南商报》

类别	时政	社会民生	法制	文娱	体育	财经	教育
海曙	7/27=25.9%	26/95=27.4%	0	2/12=16.7%	0	0	4/26=15.4%
江东	3/27=11.1%	14/95=14.7%	1/14=7.1%	2/12=16.7%	0	1/19=5.3%	1/26=3.8%
江北	1/27=3.7%	3/95=3.2%	1/14=7.1%	2/12=16.7%	0	0	1/26=3.8%
鄞州	0	4/95=4.2%	1/14=7.1%	2/12=16.7%	2/9=22.2%	0	4/26=15.4%
北仑	3/27=11.1%	4/95=4.2%	3/14=21.4%	0	0	0	4/26=15.4%
镇海	0	3/95=3.2%	1/14=7.1%	0	0	0	2/26=7.7%
余姚	0	6/95=6.3%	1/14=7.1%	0	0	0	0
慈溪	0	2/95=2.1%	3/14=21.4%	0	0	0	1/26=3.8%
奉化	0	2/95=2.1%	1/14=7.1%	0	0	1/19=5.3%	0
象山	0	0	1/14=7.1%	0	0	0	0
宁海	0	1/95=1.0%	1/14=7.1%	0	0	0	1/26=3.8%
老三区相关	5/27=18.5%	18/95=18.9%	0	1/12=8.3%	0	10/19=52.6%	2/26=7.7%
全市相关	8/27=29.6%	13/95=13.7%	0	3/12=25.0%	7/9=77.8%	7/19=36.8%	6/26=23.1%

表 10-16 两报本地图片新闻、配图新闻比较

日 期	报 纸	新闻总数	本地新闻数	本地配图新闻	本地图片新闻	所有图片新闻	所有配图新闻
17日	《现代金报》	109	19	7	0	1	22
	《东南商报》	87	15	5	0	3	15
18日	《现代金报》	183	24	6	0	3	24
	《东南商报》	84	33	4	1	11	17
19日	《现代金报》	141	35	7	2	5	22
	《东南商报》	101	30	6	2	3	26

续表

日期	报纸	新闻总数	本地新闻数	本地配图新闻	本地图片新闻	所有图片新闻	所有配图新闻
20日	《现代金报》	100	35	8	7	10	23
	《东南商报》	87	23	8	2	11	24
21日	《现代金报》	90	19	9	2	3	20
	《东南商报》	114	31	5	3	6	27
22日	《现代金报》	80	27	9	8	10	22
	《东南商报》	70	37	4	12	12	11
23日	《现代金报》	72	18	5	3	4	16
	《东南商报》	84	35	8	5	7	19

占比情况

日期	报纸	本地配图/本地新闻	本地图片/所有图片新闻	本地配图/所有配图	本地新闻/所有新闻
17日	《现代金报》	36.8%	0	31.8%	18.3%
	《东南商报》	33.3%	0	33.3%	17.2%
18日	《现代金报》	25.0%	0	25.0%	19.6%
	《东南商报》	12.1%	9.1%	23.5%	41.7%
19日	《现代金报》	20.0%	40.0%	31.8%	36.9%
	《东南商报》	20.0%	66.7%	23.1%	28.7%
20日	《现代金报》	22.9%	70.0%	34.8%	29.0%
	《东南商报》	34.8%	18.2%	33.3%	29.9%
21日	《现代金报》	47.7%	66.7%	45.0%	20.0%
	《东南商报》	16.1%	50.0%	18.5%	26.3%
22日	《现代金报》	33.3%	80.0%	40.9%	31.3%
	《东南商报》	10.8%	100%	36.4%	55.7%
23日	《现代金报》	27.8%	75.0%	31.3%	37.5%
	《东南商报》	22.9%	71.4%	42.1%	21.4%

表 10-17　宁波本地新闻版面广告占版面积　　单位：平方厘米

日期 报纸	17日	18日	19日	20日	21日	22日	23日	总计
《现代金报》	0/3版	760/5版	1152/5版	1269.2/7版	822/9版	1436.9/7版	0/4版	5440.1
《东南商报》	273.3/4版	639.75/5版	1215.05/6版	314.2/5版	1018.53/7版	824/5版	99.7/4版	4384.53

表 10-18 宁波本地新闻版面中广告所占本地新闻版面比例

日期 报纸	17日	18日	19日	20日	21日	22日	23日	总计
《现代金报》	0	18.3%	26.0%	21.8%	10.3%	24.3%	0	15.3%
《东南商报》	8.5%	15.9%	28.0%	6.8%	18.1%	20.7%	2.9%	14.7%

表 10-19 宁波本地新闻数量情况

日期	17日	18日	19日	20日	21日	22日	23日	总计
《现代金报》本地新闻数量	19	24	38	35	19	27	18	180
新闻总量	109	138	141	100	90	80	72	730
占比	17.4%	17.4%	27.0%	35%	21.1%	33.8%	25%	24.7%
《东南商报》本地新闻数量	15	33	30	23	31	37	35	204
新闻总量	87	84	101	87	114	70	84	627
占比	17.2%	39.2%	29.7%	26.4%	27.2%	52.9%	41.7%	32.5%

表 10-20 两报头版新闻、图片情况

《现代金报》与《东南商报》一周头版头条情况

报纸 日期	《现代金报》	《东南商报》
17日	《神六今晨巡天归来》	《神六凌晨按计划回家》
18日	《神六英雄凯旋》	《巴金逝世》
19日	《天然气下月有望进户》	《卖二手房要缴20%个税》
20日	《帮就业困难者参保缴费》	《今年服装节劲吹时尚风》
21日	《宁波服装节揭开红盖头》	《全国前三季GDP增9.4%》
22日	《万余客商云集服装节》	《服装节盛大开幕》
23日	《个税起征调整到1600元》	《个税起征拟提至1600元》

续表

《现代金报》头版新闻图片情况

日期	17 日	18 日	19 日	20 日	21 日	22 日	23 日	总计
本地新闻	3	2	3	2	3	4	3	20
头版总数	9	6	6	6	6	9	10	52
占　比	33.33%	33.33%	50.00%	33.33%	50.00%	44.44%	30.00%	38.46%
本地图片	0	0	0	1	1	1	2	5
图片数	1	2	1	1	1	1	2	9
占　比	0	0	0	100%	100%	100%	100%	55.56%

《东南商报》头版新闻图片情况

日期	17 日	18 日	19 日	20 日	21 日	22 日	23 日	总计
本地新闻	5	0	1	2	0	1	1	10
头版总数	6	2	2	3	3	2	6	24
占　比	83.33%	0	50.00%	66.67%	0	50.00%	16.67%	41.67%
本地图片	1	0	1	1	1	1	1	6
图片数	6	1	1	1	1	1	1	12
占　比	16.67%	0	100%	100%	100%	100%	100%	50.00%

表 10-21　两报本地新闻同源报道情况

17 日

版　面	《东南商报》	字　数	版　面	《现代金报》	字　数
A13	《小百花张小君获戏剧梅花奖》	100～500 字	A13	《宁波越剧演员摘得第三朵梅花》	100～500 字
A5	《广交会纺织服装交易大幅下降》	500～1000 字	A17	《广交会首日成交 4 亿元 宁波团开门红》	100～500 字

18 日

版　面	《东南商报》	字　数	版　面	《现代金报》	字　数
A2	《庆丰桥将进入地面施工》	100～500 字	A10	《庆丰桥将上地施工》	100～500 字
A2	《机关枪齐刷刷对准“走私船”东海最大规模反走私演习昨上演》	500～1000 字	A10	《7 分钟拿下“可疑船只”东海昨上演历史最大规模反走私演习》	500～1000 字
A3	《2005 宁波科技大赛胜出 88 个项目两份“白纸”融资 1400 万》	500～1000 字	A10	《科技创业大赛昨落幕两项目融资 1400 万》	100～500 字

续表

版 面	《东南商报》	字 数	版 面	《现代金报》	字 数
A3	《地产精英齐聚宁波 中城联盟宁波峰会本周举行》	100～500字	A10	《中城联盟22日开峰会 房产巨头来甬“论房”》	100～500字
A3	《第四季度粮价有望稳中有降》	100～500字	A10	《未冲击陈米市场 新米上市价略降》	100～500字
A3	《11类账户不受影响》	100～500字	A10	《小额账户工行也要收费 300元内快去归并或注销 11类账户不受影响》	500～1000字
A4	《12名孤残儿免费手术》	100～500字	A10	《12名孤残患儿已被选出 今明实施矫正手术》	100～500字
A4	《公交拖伤老太赔13万》	100～500字	A12	《老太下车被车拖倒 公交公司赔偿13万余元》	100～500字

19日

版 面	《东南商报》	字 数	版 面	《现代金报》	字 数
A4	《18辆“自由舰”服务盛会》	100～500字	A3	《18辆自由舰为服装节客商开路》	100～500字
A3	《县市区也可设限制乞讨区》	100～500字	A4	《医院拒收乞儿将问责》	100～500字
A3	《慈善一日捐募款890万》	100～500字	A6	《慈善一日捐善款890万》	100～500字
A4	《为了服装节昨起夜间交通整治》	100～500字	A4	《提前为节保畅通交警便衣查三车》	100～500字
A5	《金库值班员监守自盗50万案发 宁海一信用社2名嫌疑人已分别在南京、泉州落网》	500～1000字	A8	《信用社出纳盗金库52万 警方20天破案两嫌疑人落网》	500～1000字
A21	《晴好天气持续至明天》	100～500字	A6	《后天起宁波降温有小雨》	100～500字
A19	《用琴声抒发乡思乡情》	500～1000字	A19	《10万美元邀老乡》	1000字以上
A19	《国际声乐赛昨晚落幕》	500～1000字	A20	《中国金嗓勇夺魁》	500～1000字

续表

20 日

版　面	《东南商报》	字　数	版　面	《现代金报》	字　数
A4	《从四大创新看服装节求 变本报记者专访副市长余红艺》	1000 字以上	A4	《三大新特色灿烂服装节专访副市长余红艺》	500～1000 字
A5	《两台晚会带来精彩艺术享受》	100～500 字	A4	《培罗成之夜唱响七彩梦》	100～500 字
A5	《男子爬上 8 米高景观柱》	100～500 字	A9	《一男无工作夜坐柱子顶》	500～1000 字
A5	《三歹徒夜抢的哥 7 分钟后主谋落网》	100～500 字	A9	《的哥遭抢 抓一歹徒》	100～500 字

21 日

版　面	《东南商报》	字　数	版　面	《现代金报》	字　数
A5	《宁波国际服装节揭开七彩盖头》	100～500 字	A9	《八方霓裳今起献演连台好戏》	100～500 字
A4	《七彩梦演绎宁波装》	100～500 字	A4	《宁波人的梦是七彩梦》	500～1000 字
A4	《香港服装学院设分院》	100～500 字	A4	《甬港联袂“造”名师港服院第 8 分院落户宁波》	100～500 字
A4	《首套服装专题邮票发行》	100～500 字	A4	《中国首套服装邮票宁波造》	100～500 字
A10	《一核二轴三心商务文化并重》	1000 字以上	A10	《海曙新版图将有 11 个街区》	1000 字以上
A9	《余姚段两车追尾三人死亡》	100～500 字	A14	《两车追尾夺命 3 条》	500～1000 字
A7	《水龙头 3 晚被盗 200 多只 窃贼竟是 5 个小男孩》	100～500 字	A14	《为玩游戏公园“找钱”5 少年夜盗 200 水龙头》	100～500 字

22 日

版　面	《东南商报》	字　数	版　面	《现代金报》	字　数
A2	《服装节商机勃发生意兴隆》	500～1000 字	A4	《1 万多海内外客商聚甬城》	500～1000 字
A2	《甬港联会 25 岁了》	100～500 字	A4	《甬港联谊会 25 周岁》	100～500 字

续表

版　面	《东南商报》	字　数	版　面	《现代金报》	字　数
A2	《青年最喜爱服装揭晓》	100～500字	A2	《李宁雅戈尔列前二》	100～500字
A2	《设计大赛决出金奖》	100～500字	A4	《甬衣朱绣设计大赛夺冠》	100～500字
A2	《美术馆有两大展览》	100～500字	A4	《时尚中国摄影大赛揭晓》	100～500字

23日

版　面	《东南商报》	字　数	版　面	《现代金报》	字　数
A2	《400多年前意大利就熟知宁波》	1000字以上	A4	《宁波400多年前已是名城》	500～1000字
A2	《爱伊美获得出口免检》	100～500字	A4	《甬诞生出口免检企业》	100～500字
A2	《青年服装展示馆揭幕》	100～500字	A4	《青年设计展示馆开馆》	100～500字
A2	《香港宁波帮捐助家乡学子》	100～500字	A4	《甬港联谊会昨发助学金53名 宁波学子获资助》	100～500字
A2	《红帮传人来甬踊跃捐赠藏品》	100～500字	A4	《20位红帮传人昨聚首》	500～1000字
A4	《6人及时献血挽救3命》	500～1000字	A8	《稀有血型血需求大》	1000字以上

表10-22　两报本地新闻相同条数

17日

报　纸	《现代金报》	《东南商报》
相同条数	2	2
总条数	20	15
占　比	10.0%	13.3%

18日

报　纸	《现代金报》	《东南商报》
相同条数	8	8
总条数	27	35
占　比	29.6%	22.9%

续表

19 日

报　纸	《现代金报》	《东南商报》
相同条数	8	8
总条数	50	29
占　比	16.0％	27.6％

20 日

报　纸	《现代金报》	《东南商报》
相同条数	4	4
总条数	29	26
占　比	13.8％	15.4％

21 日

报　纸	《现代金报》	《东南商报》
相同条数	7	7
总条数	18	30
占　比	38.9％	23.3％

22 日

报　纸	《现代金报》	《东南商报》
相同条数	5	5
总条数	25	36
占　比	20.0％	13.9％

23 日

报　纸	《现代金报》	《东南商报》
相同条数	6	6
总条数	18	27
占　比	33.3％	22.2％

汇总

报　纸	《现代金报》	《东南商报》
一周总相同条数	40	40
一周宁波新闻总条数	187	198
占　比	21.4％	20.2％

表 10-23　两报"阶段性战役"报道情况

两报关于"服装节"的报道情况(条数)

日　期	17 日	18 日	19 日	20 日	21 日	22 日	23 日
《现代金报》	1	0	5	2	9	14	8
《东南商报》	1	0	5	3	7	10	13

占本地新闻的比例

日　期	17 日	18 日	19 日	20 日	21 日	22 日	23 日
《现代金报》	1/20=5%	0	5/50=10%	2/29=6.9%	9/18=50%	14/25=56%	8/18=44.4%
《东南商报》	1/15=6.7%	0	5/29=17.2%	3/26=11.5%	7/30=23.3%	10/36=27.8%	13/27=48.1%

总计

报　纸	"服装节"总报道数	本地新闻总数	占　比
《现代金报》	39	180	21.7%
《东南商报》	39	204	19.1%

两报关于"巴金逝世"的报道情况(条数)

日　期	17 日	18 日	19 日	20 日	21 日	22 日	23 日
《现代金报》	0	6	1	0	0	0	0
《东南商报》	0	5	3	3	5	0	0

占本地新闻的比例

日期	17 日	18 日	19 日	20 日	21 日	22 日	23 日
《现代金报》	0	6/27=22.2%	1/50=2.0%	0	0	0	0
《东南商报》	0	5/35=14.3%	3/29=10.3%	3/26=11.5%	5/30=16.7%	0	0

总计

报　纸	巴金逝世总报道数	非本地新闻总数	占　比
《现代金报》	7	543	1.3%
《东南商报》	16	429	3.7%

两报关于"神六"的报道情况

日　期	17 日	18 日	19 日	20 日	21 日	22 日	23 日
《现代金报》	9	27	1	2	0	0	0
《东南商报》	16	15	5	1	1	0	0

续表

占非本地新闻的比例

日　期	17 日	18 日	19 日	20 日	21 日	22 日	23 日
《现代金报》	9/89=10.1%	27/111=24.3%	1/91=1.1%	2/71=2.8%	0	0	0
《东南商报》	16/72=22.2%	15/49=30.6%	5/72=6.9%	1/61=1.6%	1/84=1.2%	0	0

总计

报　纸	神六总报道数	非本地新闻总数	占　比
《现代金报》	39	543	7.2%
《东南商报》	38	429	8.9%

两报关于“十运会”的报道情况(条数)

日　期	17 日	18 日	19 日	20 日	21 日	22 日	23 日
《现代金报》	5	9	3	5	5	9	7
《东南商报》	8	5	15	6	8	3	8

占所有新闻的比例

日　期	17 日	18 日	19 日	20 日	21 日	22 日	23 日
《现代金报》	5/109=4.6%	9/183=4.9%	3/141=2.1%	5/100=5.0%	5/90=5.6%	9/80=11.3%	7/72=9.7%
《东南商报》	8/87=9.2%	5/84=6.0%	15/101=14.9%	6/87=6.9%	8/114=7.0%	3/70=4.3%	8/84=9.5%

总计

报　纸	十运会总报道数	新闻总数	所占比例
《现代金报》	43	775	5.5%
《东南商报》	53	627	8.5%

表 10-24　其他非宁波新闻同源情况

17 日

报　纸	《现代金报》	《东南商报》
相同条数	8	8
总条数	89	72
占　比	9.0%	11.1%

18 日 续表

报　纸	《现代金报》	《东南商报》
相同条数	6	6
总条数	111	49
占　比	5.4%	12.2%

19 日

报　纸	《现代金报》	《东南商报》
相同条数	3	3
总条数	91	72
占　比	3.3%	4.2%

20 日

报　纸	《现代金报》	《东南商报》
相同条数	11	11
总条数	71	61
占　比	15.5%	18.0%

21 日

报　纸	《现代金报》	《东南商报》
相同条数	8	8
总条数	72	84
占　比	11.1%	9.5%

22 日

报　纸	《现代金报》	《东南商报》
相同条数	7	7
总条数	55	34
占　比	12.7%	20.6%

23 日

报　纸	《现代金报》	《东南商报》
相同条数	5	5
总条数	54	57
占　比	9.3%	8.8%

续表

汇总

报　纸	《现代金报》	《东南商报》
一周总相同条数	48	48
一周非宁波地区总新闻条数	543	429
占　比	8.8%	11.2%

表 10-25　两报财经版面占总版面情况

日　期	17日	18日	19日	20日	21日	22日	23日	总计
《现代金报》专版	1	6	10	7	8	2	0	34
版面总数	20	36	40	40	44	32	16	228
占　比	5.0%	16.7%	25.0%	17.5%	18.2%	6.3%	0	14.9%
《东南商报》专版	2	4	9	3	4	2	0	24
版面总数	20	28	32	28	40	20	16	184
占　比	10.0%	14.3%	28.1%	10.7%	10.0%	10.0%	18.8%	13.0%

表 10-26　两报一周财经新闻占宁波新闻比例

17日

报　纸	《现代金报》	《东南商报》
财经新闻条数	1	2
宁波新闻总条数	19	15
占　比	5.3%	13.3%

18日

报　纸	《现代金报》	《东南商报》
财经新闻条数	6	4
宁波新闻总条数	24	33
占　比	25.0%	12.1%

19日

报　纸	《现代金报》	《东南商报》
财经新闻条数	10	9
宁波新闻总条数	38	30
占　比	26.3%	30.0%

20 日 续表

报 纸	《现代金报》	《东南商报》
财经新闻条数	7	3
宁波新闻总条数	35	23
占 比	20.0%	13.0%

21 日

报 纸	《现代金报》	《东南商报》
财经新闻条数	8	4
宁波新闻总条数	19	31
占 比	42.1%	12.9%

22 日

报 纸	《现代金报》	《东南商报》
财经新闻条数	3	2
宁波新闻总条数	27	37
占 比	11.1%	5.4%

23 日

报 纸	《现代金报》	《东南商报》
财经新闻条数	0	0
宁波新闻总条数	18	16
占 比	0	0

汇总

报 纸	《现代金报》	《东南商报》
财经新闻条数	35	24
宁波新闻总条数	180	204
占 比	19.4%	11.8%

表 10-27 两报一周本地新闻勘误

日 期	17 日	18 日	19 日	20 日	21 日	22 日	23 日	总 计
《现代金报》	14	6	4	3	7	7	5	46
《东南商报》	7	10	12	5	6	3	7	50

11 数据库2006：《现代金报》、《东南商报》和《宁波晚报》

2006年10月16—22日一周《现代金报》、《东南商报》和《宁波晚报》相关数据统计见表11-1至表11-26。

表11-1 三报一周版面统计

日 期	16日	17日	18日	19日	20日	21日	22日	总 计
《宁波晚报》	20版	28版	36版	48版	36版	20版	16版	204版
《现代金报》版	20版	36版	40版	64版	40版	20版	32版	252版
《东南商报》版	20版	44版	44版	36版	36版	28版	16版	224版

表11-2 三报一周头版头条情况

日 期	《现代金报》	《东南商报》	《宁波晚报》
16日	《制裁朝鲜：排除用武力》	《温总理鼓励甬创业创新开拓》	《温家宝总理寄语宁波企业要注重自主创新，小产品有大市场》
17日	《欣弗事件撤职5人》	《动物咬伤处置规定首次公布》	《一起寻找感人的慈善故事》
18日	《服装节将开幕交警先指路》	《你我共建和谐宁波》	《罗成山会是下一个国家地质公园吗》
19日	《南站旅客救急基金告急》	《天气偏热青菜价格猛跌》	《共建共享和谐社会》
20日	《浙江楼市降温了》	《超八成市民认为生活很滋润》	《市民对环保满意率达到83%》
21日	《公交临时调整，请你看清线路》	《胡锦涛、温家宝分别会见赖斯》	《下午2时大卫雕像落户宁波大剧院》
22日	《服装节酒会环卫工成贵宾》	《宁波国际服装节精彩开幕》	《第十届中国国际服交会上午开幕》
本地新闻总计	4	4	6
比例	57.14%	57.14%	85.70%

表 11-3 三报一周版面具体分布

2006 年 10 月 16 日

《宁波晚报》	A1	A2	A3	A4	A5	A6	A7	A8	A9
版面名称	—	特别报道	特别报道/广告	昨夜星辰/广告	宁波新闻综合/广告	宁波新闻社会/广告	宁波新闻经济/广告	财经新闻/广告	中国新闻时政/广告
《东南商报》	A1	A2	A3	A4	A5	A6	A7	A8	A9
版面名称	—	宁波要闻/广告	宁波社会/广告	宁波综合	商报财经	财经综合/广告	财经证券/广告	中国综合	宁波周末
《现代金报》	A1	A2	A3	A4	A5	A6	A7	A8	A9
版面名称	—	金评天下	发现和谐	宁波综合	宁波社会	浙江新闻	天下聚焦	中国旅行投资洽谈会	旅游地带
《宁波晚报》	A10	A11	A12	A13	A14	A15	A16	A17	A18
版面名称	中国新闻聚焦/广告	中国新闻社会/广告	世界新闻时政/广告	世界新闻社会/广告	副刊连载	建材家居/广告	文化新闻/广告	健康广告	娱乐新闻/广告
《东南商报》	A10	A11	A12	A13	A14	A15	A16	A17	A18
版面名称	宁波资讯/广告	国际社会/广告	国际焦点/广告	体育新闻/广告	省运烽火	广告	广告	广告	娱乐新闻
《现代金报》	A10	A11	A12	A13	A14	A15	A16	A17	A18
版面名称	旅游地带	国内焦点	国内综合	国际综合	文体副刊	体育新闻	情感连载	创富周刊	财富世界
《宁波晚报》	A19	A20							
版面名称	体育新闻广告	CBA特刊							
《东南商报》	A19	A20							
版面名称	情感倾诉	商报看台							
《现代金报》	A19	A20							
版面名称	18 创富	金点理财							

续表

2006 年 10 月 17 日

《宁波晚报》	A1	A2	A3	A4	A5	A6	A7	A8
版面名称		宁波新闻民生/广告	广告	唱响和谐曲	唱响和谐曲	昨夜今晨/广告	宁波新闻热线/广告	宁波新闻社会/广告
《东南商报》	A1	A2	A3	A4	A5	A6	A7	A8
版面名称		焦点新闻/广告	宁波综合	宁波热线	宁波资讯/广告	商报财经	财经综合/广告	财经证券
《现代金报》	A1	A2	A3	A4	A5	A6	A7	A8
版面名称		金评天下	发现和谐	宁波时政	宁波经济	宁波社会	浙江新闻	天下聚焦
《宁波晚报》	A9	A10	A11	A12	A13	A14	A15	A16
版面名称	宁波新闻经济/广告	中国新闻时政/广告	中国新闻聚焦/广告	中国新闻综合/广告	中国新闻社会/广告	世界新闻时政	世界新闻社会/广告	世界新闻时政/广告
《东南商报》	A9	A10	A11	A12	A13	A14	A15	A16
版面名称	浙江新闻	中国聚焦/广告	中国综合	国际社会/广告	国际焦点/广告	国际焦点/广告	体育新闻/广告	体育新闻/广告
《现代金报》	A9	A10	A11	A12	A13	A14	A15	A16
版面名称	国际焦点	国际综合	国内综合	文体新闻	文娱新闻	体育新闻	广告	情感连载
《宁波晚报》	A17	A18	A19	A20	B1	B2	B3	B4
版面名称	文化新闻/广告	文娱新闻	体彩/广告	体育新闻	健康周刊	大众保健/广告	健康资讯/广告	广告
《东南商报》	A17	A18	A19	A20	A21	A22	A23	A24
版面名称	专版	省运烽火	文娱新闻/广告	文娱新闻	互动公社/广告	专版	财经/广告	商报看台连载
《现代金报》	A17	A18	A19	A20	B1	B2	B3	B4
版面名称	财经新闻	财经股市经纬	财经服务数据	连载福彩	生活宁波	都市 QQ	市民热线	生活伴侣
《宁波晚报》	B5	B6	B7	B8				
版面名称	健康资讯/广告	深度阅读	副刊连载	健康资讯				

续表

《东南商报》	B5	B6	B7	B8	B9	B10	B11	B12
版面名称	旅游/广告	健康/广告	健康广场/广告	广告	广告	广告	宁波画报	情感倾诉/广告
《现代金报》	B5	B6	B7	B8	B9	B10	B11	B12
版面名称	新知培训	新知培训	新知培训	新知培训	健康	健康	健康	健康
《现代金报》	B13	B14	B15	B16				
版面名称	健康	健康	健康	健康				

2006 年 10 月 18 日

《宁波晚报》	A1	A2	A3	A4	A5	A6	A7	A8
版面名称		宁波新闻民生/广告	唱响和谐曲	昨夜今晨/广告	宁波新闻时政/广告	宁波新闻社会/广告	宁波新闻民生	宁波新闻经济/广告
《东南商报》	A1	A2	A3	A4	A5	A6	A7	A8
版面名称		宁波要闻/广告	宁波综合/广告	宁波热线/广告	宁波社会/广告	商报财经	财经综合	财经证券/广告
《现代金报》	A1	A2	A3	A4	A5	A6	A7	A8
版面名称		金评天下	发现和谐	宁波时政	宁波经济	18 创富	宁波社会	浙江新闻
《宁波晚报》	A9	A10	A11	A12	A13	A14	A15	A16
版面名称	中国新闻时政/广告	中国新闻社会/广告	中国新闻综合/广告	广告	中国新闻聚焦/广告	世界新闻综合/广告	健康/广告	副刊连载
《东南商报》	A9	A10	A11	A12	A13	A14	A15	A16
版面名称	共建共享和谐社会	共建共享和谐社会	共建共享和谐社会	共建共享和谐社会	共建共享和谐社会	共建共享和谐社会	气象资讯/广告	浙江新闻/广告
《现代金报》	A9	A10	A11	A12	A13	A14	A15	A16
版面名称	天下聚焦	国内焦点	国内综合	国际社会	文体新闻	文娱新闻	体育新闻	广告
《宁波晚报》	A17	A18	A19	A20	B1	B2	B3	B4
版面名称	文娱新闻/广告	体育新闻/广告	健康/广告	体育新闻/广告	家周刊	置业顾问/广告	广告	房产资讯/广告
《东南商报》	A17	A18	A19	A20	A21	A22	A23	A24
版面名称	中国时政/广告	国际时政/广告	国际焦点/广告	国际社会/广告	文娱新闻/广告	缤纷银行卡/广告	体育新闻/广告	广告

续表

《现代金报》	B1	B2	B3	B4	B5	B6	B7	B8
版面名称	生活宁波	都市 QQ	市民热线	生活伴侣	财经新闻	财经股市经纬	财经服务数据	情感连载
《宁波晚报》	B5	B6	B7	B8	B9	B10	B11	B12
版面名称	广告	房产天地/广告	二手房/广告	房产天地	房产天地	家装天地/广告	深度阅读	今日文摘/广告
《东南商报》	B5	B6	B7	B8	B9	B10	B11	B12
版面名称	旅游/广告	健康/广告	健康广场/广告	广告	广告	广告	宁波画报	情感倾诉/广告
《现代金报》	T1	T2	T3	T4	T5	T6	T7	T8
版面名称	金楼市	金楼市	金楼市	金楼市	金楼市	金楼市	金楼市	金楼市
《宁波晚报》	B13	B14	B15	B16				
版面名称	休闲广场/广告	旅游/广告	旅游/广告	玩周刊				
《东南商报》	B13	B14	B15	B16	B17	B18	B19	B20
版面名称	车市动态广告	车市活动广告	车市生活广告	车市导购广告	广告	广告	情感倾诉	商报看台连载
《现代金报》	T9	T10	T11	T12	T13	T14	T15	T16
版面名称	金楼市	汽车	汽车	汽车	汽车	汽车	汽车	汽车

2006 年 10 月 19 日

《宁波晚报》	A1	A2	A3	A4	A5	A6	A7	A8
版面名称		要闻广告	要闻广告	要闻广告	唱响和谐曲	宁波新闻民生/广告	宁波新闻综合/广告	昨夜今晨/广告
《东南商报》	A1	A2	A3	A4	A5	A6	A7	A8
版面名称		宁波要闻/广告	广告	宁波综合/广告	广告	宁波热线	宁波气象资讯/广告	商报财经
《现代金报》	A1	A2	A3	A4	A5	A6	A7	A8
版面名称		金评天下	广告	特别关注	发现和谐	宁波时政	宁波社会	宁波经济
《宁波晚报》	A9	A10	A11	A12	A13	A14	A15	A16
版面名称	宁波新闻社会/广告	广告	宁波新闻热线/广告	广告	广告	宁波新闻经济/广告	世界新闻时政/广告	世界新闻社会/广告

续表

《东南商报》	A9	A10	A11	A12	A13	A14	A15	A16
版面名称	财经综合/广告	财经证券/广告	浙江新闻	中国综合/广告	中国时政/广告	国际社会/广告	国际时政/广告	特别报道
《现代金报》	A9	A10	A11	A12	A13	A14	A15	A16
版面名称	浙江新闻	天下聚焦	国际综合/广告	国内聚焦	国内综合	财经新闻	财经股市经纬	财经服务数据
《宁波晚报》	A17	A18	A19	A20	A21	A22	A23	A24
版面名称	中国新闻时政/广告	中国新闻时政/广告	健康广告	娱乐新闻/广告	文化新闻/广告	CBA 特刊	体育新闻/广告	广告
《东南商报》	A17	A18	A19	A20	A21	A22	A23	A24
版面名称	特别报道/广告	特别报道	国际焦点/广告	体育新闻/广告	体育新闻	商报看台连载/广告	广告	广告
《现代金报》	A17	A18	A19	A20	A21	A22	A23	A24
版面名称	生活宁波健康	健康互动	健康提醒/广告	文体新闻	体育新闻	文娱新闻	福彩在线	广告
《宁波晚报》	B1	B2	B3	B4	B5	B6	B7	B8
版面名称	时尚天地/广告	金管家广告	时尚资讯/广告	广告	今日文摘	健康广告	副刊连载	健康广告
《东南商报》	B1	B2	B3	B4	B5	B6	B7	B8
版面名称	文娱新闻	文娱新闻/广告	广告	广告	寻工跳槽/广告	寻工跳槽/广告	寻工跳槽/广告	寻工跳槽/广告
《现代金报》	B1	B2	B3	B4	B5	B6	B7	B8
版面名称	生活宁波	都市 QQ	市民热线	生活伴侣	分类 GG 专版	现代金报前程招聘专版	现代金报前程招聘专版	现代金报前程招聘专版
《宁波晚报》	B9	B10	C1	C2	C3	C4	C5	C6
版面名称	副刊连载	健康广告	周刊	招聘信息广告	招聘信息广告	招聘信息广告	招聘信息广告	广告
《东南商报》	B9	B10	B11	B12				
版面名称	广告	健康广场/广告	健康广场/广告	情感倾诉/广告				

续表

《现代金报》	B9	B10	B11	B12	B13	B14	B15	B16
版面名称	现代金报前程招聘专版	现代金报前程招聘专版	现代金报前程招聘专版	现代金报前程招聘专版	纪念鲁迅逝世70周年	情感连载	新知培训	新知培训
《宁波晚报》	C7	C8	C9	C10	C11	C12		
版面名称	广告	留学天地/广告	职场人生/广告	早教天地/广告	财市资讯/广告	深度阅读		
《现代金报》	T1－T13	T14－T24						
版面名称	金品家居	波谱						

2006 年 10 月 20 日

《宁波晚报》	A1	A2	A3	A4	A5	A6	A7	A8
版面名称		宁波新闻民生	宁波新闻综合/广告	昨夜今晨/广告	宁波新闻社会/广告	宁波新闻热线	宁波新闻民生	宁波新闻经济/广告
《东南商报》	A1	A2	A3	A4	A5	A6	A7	A8
版面名称		广告	宁波综合/广告	宁波焦点	宁波热线/广告	共建共享和谐社会	宁波气象资讯	宁波社会/广告
《现代金报》	A1	A2	A3	A4	A5	A6	A7	A8
版面名称		广告	金评天下	专刊	宁波时政	发现和谐	宁波经济	宁波社会
《宁波晚报》	A9	A10	A11	A12	A13	A14	A15	A16
版面名称	阳光海岸行现代渔村	中国新闻要闻/广告	中国新闻要闻/广告	中国新闻时政/广告	中国新闻社会/广告	中国新闻社会/广告	中国新闻时政	世界新闻社会/广告
《东南商报》	A9	A10	A11	A12	A13	A14	A15	A16
版面名称	商报财经	财经综合	财经证券	浙江新闻/广告	中国综合/广告	中国时政/广告	中国时政/广告	中国焦点/广告
《现代金报》	A9	A10	A11	A12	A13	A14	A15	A16
版面名称	《卖谱》倡导宁波商界文化	《卖谱》倡导宁波商界文化	《卖谱》倡导宁波商界文化	《卖谱》倡导宁波商界文化	《卖谱》倡导宁波商界文化	《卖谱》倡导宁波商界文化	《卖谱》倡导宁波商界文化	《卖谱》倡导宁波商界文化

续表

《宁波晚报》	A17	A18	A19	A20	A21	A22	A23	A24
版面名称	文化新闻/广告	广告	娱乐新闻/广告	体育新闻/广告	体育新闻/广告	广告	副刊连载	广告
《东南商报》	A17	A18	A19	A20	A21	A22	A23	A24
版面名称	国际社会/广告	国际时政	国际焦点/广告	体育新闻	体育新闻/广告	移动在线/广告	商报看台连载	广告
《现代金报》	A17	A18	A19	A20	A21	A22	A23	A24
版面名称	浙江新闻	天下聚焦	国际综合	国内综合	广告	E 专刊	国内焦点	18 创富理财
《宁波晚报》	B1	B2	B3	B4	B5	B6	B7	B8
版面名称	车周刊	汽车天地	车与生活/广告	车友天地/广告	车与生活/广告	广告	车市资讯/广告	广告
《东南商报》	B1	B2	B3	B4	B5	B6	B7	B8
版面名称	大消费	商业广场/广告	商业广场/广告	广告	一周维权/广告	广告	广告	文娱新闻/广告
《现代金报》	A25	A26	A27	A28	A29	A30	A31	A32
版面名称	财经新闻	财经股市经纬	财经服务数据	时尚娱乐	体育新闻	体育新闻	副刊情感	连载读书
《宁波晚报》	B9	B10	B11	B12				
版面名称	深度阅读/广告	通讯家电/广告	健康广告	近日文摘/广告				
《东南商报》	B9	B10	B11	B12				
版面名称	文娱新闻/广告	宁波读本	情感倾诉/广告	广告				

2006 年 10 月 21 日

《宁波晚报》	A1	A2	A3	A4	A5	A6	A7	A8
版面名称		宁波新闻综合/广告	宁波新闻社会/广告	唱响和谐曲	中国新闻时政/广告	中国新闻社会/广告	世界新闻/广告	世界社会/广告
《东南商报》	A1	A2	A3	A4	A5	A6	A7	A8
版面名称		宁波要闻/广告	宁波社会	宁波热线/广告	宁波气象资讯	商报财经	财经证券	体育新闻
《现代金报》	A1	A2	A3	A4	A5	A6	A7	A8
版面名称		金评天下	金视点	发现和谐	宁波综合	宁波社会	浙江新闻	天下聚焦

续表

《宁波晚报》	A9	A10	A11	A12	A13	A14	A15	A16
版面名称	文娱新闻/广告	CBA 特别报道	星期六周刊	专题/广告	讲坛	招聘信息/广告	男女/广告	老宁波/广告
《东南商报》	A9	A10	A11	A12	A13	A14	A15	A16
版面名称	体育新闻	国内综合	国内社会	文体新闻	体育新闻	体育新闻	广告	情感连载
《现代金报》	A9	A10	A11	A12	A13	A14	A15	A16
版面名称	国际焦点	国际综合	国内综合	文体新闻	文娱新闻	体育新闻	广告	情感连载
《宁波晚报》	A17	A18	A19	A20				
版面名称	生活/广告	闲话/广告	生活笑品连载	人物/广告				
《东南商报》	A17	A18	A19	A20	B1	B2	B3	B4
版面名称	寰宇人物	广告	广告	国际周刊	文娱新闻	文娱新闻/广告	商报看台连载	情感倾诉
《现代金报》	A17	A18	A19	A20				
版面名称	财经新闻	财经股市经纬	财经服务数据	分类 GG 专版				

2006 年 10 月 22 日

《宁波晚报》	A1	A2	A3	A4	A5	A6	A7	A8
版面名称		东方霓裳 2006	宁波新闻综合	宁波新闻社会	中国新闻综合/广告	中国新闻社会/广告	中国新闻聚焦/广告	世界新闻聚焦/广告
《东南商报》	A1	A2	A3	A4	A5	A6	A7	A8
版面名称		服装节特别报道	服装节特别报道	宁波社会	宁波综合资讯	中国综合	国际时政	国际社会
《现代金报》	A1	A2	A3	A4	A5	A6	A7	A8
版面名称		感恩读者大行动	感恩读者大行动	服装节	服装节	NEWS 新闻综合	NEWS 浙江新闻	天下 NEWS 新闻
《宁波晚报》	A9	A10	A11	A12	A13	A14	A15	A16
版面名称	世界新闻综合/广告	副刊连载/广告	小记者	小记者	娱乐新闻福彩	文化新闻/广告	体育新闻/广告	体育新闻
《东南商报》	A9	A10	A11	A12	A13	A14	A15	A16
版面名称	文娱新闻/广告	体育新闻/广告	健康周刊	卫生经纬	医药指南	健康快车	广告	商报看台连载/广告

续表

《现代金报》	A9	A10	A11	A12	A13	A14	A15	A16
版面名称	NEWS 国内综合	NEWS 国内焦点	NEWS 国际综合	成长金刊	分类 GG 专版	文体 NEWS 新闻	NEWS 体育新闻	金博客连载
《现代金报》	T1～T16							
版面名称	金报创刊三周年感恩							

表 11-4 三报“阶段性战役”非本地新闻策划报道版面情况

主题:“构建和谐社会”

日　期	16 日	17 日	18 日	19 日	20 日	21 日	22 日	总　计
《宁波晚报》	0	0	0	3 版	2 版	0	0	5 版
版面总数	20 版	28 版	36 版	48 版	36 版	20 版	16 版	204 版
占　比	0	0	0	6.25%	5.56%	0	0	2.45%
《现代金报》	0	0	0	0	0	0	0	0
版面总数	20 版	36 版	40 版	64 版	40 版	20 版	32 版	252 版
占　比	0	0	0	0	0	0	0	0
《东南商报》	0	0	0	3 版	2 版	0	0	5 版
版面总数	20 版	36 版	44 版	36 版	36 版	28 版	16 版	216 版
占　比	0	0	0	8.33%	5.56%	0	0	2.31%

主题:“欣弗事件”

日　期	16 日	17 日	18 日	19 日	20 日	21 日	22 日	总　计
《宁波晚报》	0	1 版	0	0	0	0	0	1 版
版面总数	20 版	28 版	36 版	48 版	36 版	20 版	16 版	204 版
占　比	0	3.57%	0	0	0	0	0	0.49%
《现代金报》	0	1 版	0	0	0	0	0	1 版
版面总数	20 版	36 版	40 版	64 版	40 版	20 版	32 版	252 版
占　比	0	2.78%	0	0	0	0	0	0.4%
《东南商报》	0	版 1	0	0	0	0	0	1 版
版面总数	20 版	36 版	44 版	36 版	36 版	28 版	16 版	216 版
占　比	0	2.78%	0	0	0	0	0	0.46%

表 11-5　三报新闻版面比重

《东南商报》新闻版面比重

日　期	16日	17日	18日	19日	20日	21日	22日
版面总数	20版	36版	44版	36版	36版	28版	16版
新闻版面总数	14版	20版	22版	21版	23版	14版	13版
新闻版面比例	70.00%	55.56%	50.00%	58.33%	63.89%	50.00%	81.25%
本地新闻版面数	4版	3版	11版	2版	8版	11版	6版
本地新闻版面数/新闻版面总数	28.57%	15.00%	50.00%	9.52%	34.78%	78.57%	46.15%
本地新闻版面数/版面总数	20.00%	8.33%	25.00%	5.56%	22.22%	39.29%	37.50%

《现代金报》新闻版面比重

日　期	16日	17日	18日	19日	20日	21日	22日
版面总数	20版	36版	40版	64版	40版	20版	32版
新闻版面总数	11版	24版	20版	22版	20版	13版	24版
新闻版面比例	55.00%	66.67%	50.00%	34.37%	50.00%	65.00%	75.00%
本地新闻版面数	3版	11版	10版	12版	5版	4版	15版
本地新闻版面数/新闻版面总数	27.20%	45.80%	50.00%	54.54%	25.00%	30.77%	62.50%
本地新闻版面数/版面总数	15.00%	30.56%	25.00%	18.75%	12.50%	20.00%	46.87%

《宁波晚报》新闻版面比重

日　期	16日	17日	18日	19日	20日	21日	22日
版面总数	20版	28版	36版	48版	36版	20版	16版
新闻版面总数	17版	18版	23版	26版	26版	14版	13版
新闻版面比例	85.00%	64.28%	63.89%	54.17%	72.22%	70.00%	81.25%
本地新闻版面数	6版	9版	10版	10版	9版	6版	4版
本地新闻版面数/新闻版面总数	35.29%	50.00%	43.48%	38.46%	34.61%	42.86%	30.77%
本地新闻版面数/版面总数	30.00%	32.14%	27.78%	20.83%	25.00%	30.00%	25.00%

表 11-6　三报稿件信息含量统计

2006 年 10 月 16 日

字数范围	100～500 字	500～1000 字	1000 字以上	总　计
《现代金报》	43	16	9	68
占　比	63.23%	23.53%	13.24%	100%
《东南商报》	55	21	9	85
占　比	55.22%	31.34%	13.44%	100%
《宁波晚报》	33	24	13	70
占　比	47.14%	34.29%	18.57%	100%

2006 年 10 月 17 日

字数范围	100～500 字	500～1000 字	1000 字以上	总　计
《现代金报》	63	21	7	91
占　比	69.23%	23.08%	7.69%	100%
《东南商报》	33	20	16	69
占　比	47.83%	28.99%	23.18%	100%
《宁波晚报》	33	24	13	70
占　比	47.14%	34.29%	18.57%	100%

2006 年 10 月 18 日

字数范围	100～500 字	500～1000 字	1000 字以上	总　计
《现代金报》	55	28	5	88
占　比	62.50%	31.82%	5.68%	100%
《东南商报》	39	28	26	93
占　比	41.94%	30.11%	27.95%	100%
《宁波晚报》	43	16	6	65
占　比	66.15%	24.16%	9.23%	100%

2006 年 10 月 19 日

字数范围	100～500 字	500～1000 字	1000 字以上	总　计
《现代金报》	46	31	11	88
占　比	52.27%	35.23%	12.50%	100%
《东南商报》	37	17	9	63
占　比	58.73%	26.98%	14.29%	100%
《宁波晚报》	37	14	11	62
占　比	59.68%	22.58%	17.74%	100%

续表

2006年10月20日

字数范围	100～500字	500～1000字	1000字以上	总　计
《现代金报》	68	19	5	92
占　比	73.91%	20.65%	5.43%	100%
《东南商报》	43	23	16	82
占　比	52.44%	28.05%	19.51%	100%
《宁波晚报》	70	20	5	95
占　比	73.68%	21.10%	5.22%	100%

2006年10月21日

字数范围	100～500字	500～1000字	1000字以上	总　计
《现代金报》	52	20	4	76
占　比	68.42%	26.32%	5.26%	100%
《东南商报》	42	19	19	80
占　比	52.25%	23.75%	23.75%	100%
《宁波晚报》	38	12	4	54
占　比	70.37%	20.22%	7.41%	100%

2006年10月22日

字数范围	100～500字	500～1000字	1000字以上	总　计
《现代金报》	47	15	6	68
占　比	69.12%	22.06%	8.82%	100%
《东南商报》	33	24	7	64
占　比	51.56%	37.5%	10.94%	100%
《宁波晚报》	52	16	2	70
占　比	74.28%	22.86%	2.86%	100%

三报一周新闻信息含量统计

字数范围	100～500字	500～1000字	1000字以上	总　计
《现代金报》	374	150	47	571
占　比	65.50%	26.27%	8.23%	100%
《东南商报》	282	152	102	536
占　比	52.61%	28.30%	19.03%	100%
《宁波晚报》	306	126	54	486
占　比	62.96%	25.93%	11.11%	100%

表 11-7　三报一周新闻来源分析

2006 年 10 月 16 日

类　别	记者	通讯员	读者热线	通讯社	其他报纸	网络	读者稿
《宁波晚报》	47	1		14	8		
占　比	67.10%	1.43%		20.00%	11.43%		
《东南商报》	64			15	6		
占　比	75.20%			17.65%	7.06%		
《现代金报》	45			15	3		5
占　比	66.10%			22.06%	4.41%		7.35%

2006 年 10 月 17 日

类　别	记者	通讯员	读者热线	通讯社	其他报纸	网络	读者稿
《宁波晚报》	54			18	13		
占　比	63.50%			21.18%	15.29%		
《东南商报》	49			12	8		
占　比	71%			17.39%	11.59%		
《现代金报》	60	10		14	3		4
占　比	65.90%	10.99%		15.38%	3.30%		4.40%

2006 年 10 月 18 日

类　别	记者	通讯员	读者热线	通讯社	其他报纸	网络	读者稿
《宁波晚报》	36			19	20		
占　比	40.00%			29.23%	30.77%		
《东南商报》	55		2	22	7	1	6
占　比	59.10%		2.15%	23.66%	7.53%	1.08%	6.45%
《现代金报》	61	5		18	4		5
占　比	69.30%	5.68%		20.45%	4.55%		5.68%

2006 年 10 月 19 日

类　别	记者	通讯员	读者热线	通讯社	其他报纸	网络	读者稿
《宁波晚报》	30			17	15		
占　比	48.39%			27.42%	24.19%		

续表

类　别	记者	通讯员	读者热线	通讯社	其他报纸	网络	读者稿
《东南商报》	28		2	22	8	3	
占　比	44.44%		3.17%	34.92%	12.70%	4.76%	
《现代金报》	62	7		8	5		6
占　比	70.45%	7.95%		9.09%	5.68%		6.82%

2006 年 10 月 20 日

类　别	记者	通讯员	读者热线	通讯社	其他报纸	网络	读者稿
《宁波晚报》	63			21	17	2	
占　比	66.32%			22.11%	17.89%	2.11%	
《东南商报》	50	4		21	6	1	
占　比	60.98%	4.88%		25.61%	7.32%	1.22%	
《现代金报》	60	1		22	4		5
占　比	65.22%	1.09%		23.91%	4.35%		5.43%

2006 年 10 月 21 日

类　别	记者	通讯员	读者热线	通讯社	其他报纸	网络	读者来稿
《宁波晚报》	29			17	8		
占　比	53.70%			31.48%	14.81%		
《东南商报》	60		4	14	2		
占　比	75.00%		5.00%	17.50%	2.50%		
《现代金报》	36		1	30	5		4
占　比	47.37%		1.32%	39.47%	6.58%		5.26%

2006 年 10 月 22 日

类　别	记者	通讯员	读者热线	通讯社	其他报纸	网络	读者来稿
《宁波晚报》	47			15	8		
占　比	67.14%			21.43%	11.43%		
《东南商报》	51			10	3		
占　比	79.69%			15.63%	4.69%		
《现代金报》	46	7		9	5		1
占　比	67.65%	10.29%		13.24%	7.35%		1.47%

注：读者稿指时评稿件。

表 11-8 三报一周副刊情况

日 期	16日	17日	18日	19日	20日	21日	22日	总 计
《东南商报》	2版	3版	2版	2版	3版	2版	1版	15版
占 比	10.00%	6.80%	4.50%	5.50%	8.33%	7.14%	6.25%	6.90%
《现代金报》	2版	3版	2版	3版	3版	1版	2版	16版
占 比	10.00%	8.30%	5.00%	4.00%	7.50%	5.00%	10.00%	6.30%
《宁波晚报》	1版	2版	2版	3版	2版	8版	3版	21版
占 比	5.00%	7.10%	5.56%	6.25%	5.56%	40.00%	18.75%	10.29%

表 11-9 三报一周广告占版情况

《东南商报》广告占版情况

单位:平方厘米

日 期	16日	17日	18日	19日	20日	21日	22日	总 计
广告专版数	3版	3版	6版	11版	8版	2版	1版	34版
广告专版面积	2577.3	2577.3	5154.6	9451.1	6872.8	1718.2	859.1	29209.4
全版广告总面积	17182	30927.6	37800.4	30927.6	30927.6	24054.8	17345.6	1859165.6
广告专版占全版比例	15.0%	8.3%	13.6%	30.6%	22.2%	7.1%	6.3%	15.7%
非专版广告面积	2818.89	6147.38	819.82	5231	5586.78	2209.35	494	30607.2
非专版占全版比例	16.4%	19.9%	21.5%	17.0%	18.0%	9.2%	3.6%	16.5%
总占比	31.4%	28.2%	35.1%	47.6%	40.2%	16.3%	9.9%	32.2%

《现代金报》广告占版情况

日 期	16日	17日	18日	19日	20日	21日	22日	总 计
广告专版数	2版	9版	5版	25版	9版	2版	1版	53版
广告专版面积	1878	8451	4695	23475	8451	1878	939	49767
全版广告总面积	18780	33804	37560	60096	37560	18780	30048	236628
广告专版占全版比例	10.0%	25.0%	12.5%	39.1%	22.5%	10.0%	3.1%	20.0%

续表

日　期	16 日	17 日	18 日	19 日	20 日	21 日	22 日	总　计
非专版广告面积	3925.48	5969.76	10223.7	8453.45	6035	2845.12	1378.7	38821.2
非专版占全版比例	20.9%	17.7%	27.2%	14.1%	16.1%	15.1%	4.6%	16.4%
总占比	30.9%	42.7%	39.7%	53.1%	38.6%	25.1%	7.7%	37.4%

《宁波晚报》广告占版情况

日　期	16 日	17 日	18 日	19 日	20 日	21 日	22 日	总　计
广告专版数	0 版	2 版	4 版	12 版	5 版	1 版	0 版	24 版
广告专版面积	0	1833	3666	10998	4582.5	916.5	0	21996
全版广告总面积	18330	25662	32994	43992	32994	18330	14664	186966
广告专版占全版比例	0	7.1%	11.1%	25.0%	13.9%	5.0%	0	11.8%
非专版广告面积	4780	5473.37	7134.5	10788.5	7924	3415.25	1838.25	41353.8
非专版占全版比例	26.1%	21.3%	21.6%	24.5%	24.0%	18.6%	12.5%	22.1%
总占比	26.1%	28.5%	32.7%	49.5%	37.9%	23.6%	12.5%	33.9%

表 11-10　三报头版广告占版比例

日　期	16 日	17 日	18 日	19 日	20 日	21 日	22 日	总　计
《现代金报》面积(平方厘米)	430.20	266.40	470.93	461.70	388.80	523.93	137.37	2679.32
占总版面面积比例	45.75%	28.33%	50.08%	49.10%	41.34%	55.71%	14.61%	40.70%
《东南商报》面积(平方厘米)	276	163.03	276.36	384	396	72.63	288	1856
占总版面面积比例	33.17%	19.59%	33.22%	46.15%	47.60%	8.73%	34.62%	31.87%
《宁波晚报》面积(平方厘米)	251.25	376	376	376	362.75	369.5	28.75	2140.24
占总版面面积比例	27.31%	40.87%	40.87%	40.87%	39.43%	40.16%	3.13%	33.23%

表 11-11　图片来源

2006 年 10 月 16 日				
图片来源	该报记者	通讯社	资料图片	未注明
数　据	8	5	2	7
占　比	36.36%	22.73%	9.09%	31.82%
2006 年 10 月 17 日				
图片来源	该报记者	通讯社	资料图片	未注明
数　据	9	4	2	12
占　比	33.33%	14.82%	7.41%	44.44%
2006 年 10 月 18 日				
图片来源	该报记者	通讯社	资料图片	未注明
数　据	8	5	14	4
占　比	25.81%	16.12%	45.16%	12.90%
2006 年 10 月 19 日				
图片来源	该报记者	通讯社	资料图片	未注明
数　据	7	10	0	8
占　比	28.00%	40.00%	0	32.00%
2006 年 10 月 20 日				
图片来源	该报记者	通讯社	资料图片	未注明
数　据	7	7	1	10
占　比	28.00%	28.00%	4.00%	40.00%
2006 年 10 月 21 日				
图片来源	该报记者	通讯社	资料图片	未注明
数　据	18	19	0	19
占　比	32.14%	33.92%	0	33.92%
2006 年 10 月 22 日				
图片来源	该报记者	通讯社	资料图片	未注明
数　据	12	4	0	9
占　比	48.00%	16.00%	0	36.00%
一周总计				
图片来源	该报记者	通讯社	资料图片	未注明
一周数据	69	54	19	69
占　比	32.70%	25.59%	9.00%	32.70%

续表

《现代金报》	2006年10月16日				
	图片来源	该报记者	通讯社	资料图片	未注明
	数　据	12	6	1	0
	占　比	63.16%	31.58%	5.26%	0
	2006年10月17日				
	图片来源	该报记者	通讯社	资料图片	未注明
	数　据	9	4	4	2
	占　比	47.37%	21.05%	21.05%	10.53%
	2006年10月18日				
	图片来源	该报记者	通讯社	资料图片	未注明
	数　据	6	4	4	3
	占　比	35.29%	23.53%	23.53%	17.65%
	2006年10月19日				
	图片来源	该报记者	通讯社	资料图片	未注明
	数　据	14	6	1	2
	占　比	60.87%	26.08%	4.35%	8.70%
	2006年10月20日				
	图片来源	该报记者	通讯社	资料图片	未注明
	数　据	15	8	10	14
	占　比	31.91%	17.02%	21.28%	29.79%
	2006年10月21日				
	图片来源	该报记者	通讯社	资料图片	未注明
	数　据	3	7	0	1
	占　比	27.27%	63.64%	0	9.09%
	2006年10月22日				
	图片来源	该报记者	通讯社	资料图片	未注明
	数　据	16	5	1	0
	占　比	72.73%	22.73%	4.54%	0
	一周总计				
	图片来源	该报记者	通讯社	资料图片	未注明
	一周数据	75	40	21	22
	占　比	47.47%	25.32%	13.29%	13.92%

续表

2006 年 10 月 16 日				
图片来源	该报记者	通讯社	资料图片	未注明
数　据	20	6	0	5
占　比	64.52%	19.35%	0	16.1%
2006 年 10 月 17 日				
图片来源	该报记者	通讯社	资料图片	未注明
数　据	12	13	0	6
占　比	38.71%	41.94%	0	19.35%
2006 年 10 月 18 日				
图片来源	该报记者	通讯社	资料图片	未注明
数　据	11	9	2	2
占　比	45.83%	37.51%	8.33%	8.33%
2006 年 10 月 19 日				
图片来源	该报记者	通讯社	资料图片	未注明
数　据	10	7	0	3
占　比	50.00%	35.00%	0	15.00%
2006 年 10 月 20 日				
图片来源	该报记者	通讯社	资料图片	未注明
数　据	14	11	0	5
占　比	46.67%	36.67%	0	16.66%
2006 年 10 月 21 日				
图片来源	该报记者	通讯社	资料图片	未注明
数　据	8	7	0	1
占　比	50.00%	43.75%	0	6.25%
2006 年 10 月 22 日				
图片来源	该报记者	通讯社	资料图片	未注明
数　据	10	9	0	2
占　比	47.62%	42.86%	0	9.52%
一周总计				
图片来源	该报记者	通讯社	资料图片	未注明
数　据	85	62	2	23
占　比	49.42%	36.05%	1.16%	13.37%

《宁波晚报》

表 11-12　图片大小

《东南商报》			
2006 年 10 月 16 日			
图片大小	一栏	二栏	三栏
数　量	12	6	5
占　比	52.17%	26.09%	21.74%
2006 年 10 月 17 日			
图片大小	一栏	二栏	三栏
数　量	6	16	5
占　比	22.22%	59.26%	16.52%
2006 年 10 月 18 日			
图片大小	一栏	二栏	三栏
数　量	13	9	11
占　比	39.40%	27.27%	33.33%
2006 年 10 月 19 日			
图片大小	一栏	二栏	三栏
数　量	10	10	5
占　比	40.00%	40.00%	20.00%
2006 年 10 月 20 日			
图片大小	一栏	二栏	三栏
数　量	9	9	7
占　比	36.00%	36.00%	28.00%
2006 年 10 月 21 日			
图片大小	一栏	二栏	三栏
数　量	37	16	4
占　比	64.91%	28.07%	7.02%
2006 年 10 月 22 日			
图片大小	一栏	二栏	三栏
数　量	9	12	4
占　比	36.00%	48.00%	16.00%
一周总计			
图片大小	一栏	二栏	三栏
一周数量	96	78	41
占　比	44.65%	36.28%	19.10%

续表

《现代金报》

2006 年 10 月 16 日			
图片大小	一栏	二栏	三栏
数　量	8	6	9
占　比	34.78%	26.09%	39.13%
2006 年 10 月 17 日			
图片大小	一栏	二栏	三栏
数　量	9	7	4
占　比	45.00%	35.00%	20.00%
2006 年 10 月 18 日			
图片大小	一栏	二栏	三栏
数　量	6	8	4
占　比	33.33%	44.44%	22.23%
2006 年 10 月 19 日			
图片大小	一栏	二栏	三栏
数　量	6	10	7
占　比	26.09%	43.48%	30.43%
2006 年 10 月 20 日			
图片大小	一栏	二栏	三栏
数　量	11	7	7
占　比	44.00%	28.00%	28.00%
2006 年 10 月 21 日			
图片大小	一栏	二栏	三栏
数　量	2	5	6
占　比	15.38%	38.46%	46.16%
2006 年 10 月 22 日			
图片大小	一栏	二栏	三栏
数　量	12	3	10
占　比	48.00%	12.00%	40.00%
一周总计			
图片大小	一栏	二栏	三栏
一周数量	54	46	54
占　比	35.06%	29.88%	35.06%

续表

	2006 年 10 月 16 日			
	图片大小	一栏	二栏	三栏
	数　量	19	10	2
	占　比	61.29%	32.26%	6.45%
	2006 年 10 月 17 日			
	图片大小	一栏	二栏	三栏
	数　量	16	15	0
	占　比	51.61%	48.39%	0
	2006 年 10 月 18 日			
	图片大小	一栏	二栏	三栏
	数　量	14	10	0
	占　比	58.33%	41.67%	0
	2006 年 10 月 19 日			
	图片大小	一栏	二栏	三栏
	数　量	6	13	1
《宁波晚报》	占　比	30.00%	65.00%	5.00%
	2006 年 10 月 20 日			
	图片大小	一栏	二栏	三栏
	数　量	13	14	3
	占　比	43.33%	46.66%	1.00%
	2006 年 10 月 21 日			
	图片大小	一栏	二栏	三栏
	数　量	8	7	1
	占　比	50.00%	43.75%	6.25%
	2006 年 10 月 22 日			
	图片大小	一栏	二栏	三栏
	数　量	7	12	2
	占　比	33.33%	57.14%	9.53%
	一周总计			
	图片大小	一栏	二栏	三栏
	一周数量	83	81	9
	占　比	47.98%	46.82%	5.20%

表 11-13 图片类别

2006 年 10 月 16 日				
图片类别	彩 色	黑 白	电脑制图	漫 画
数 量	12	9	2	0
占 比	52.17%	39.13%	8.70%	0
2006 年 10 月 17 日				
图片类别	彩 色	黑 白	电脑制图	漫 画
数 量	13	12	1	1
占 比	48.15%	44.45%	3.70%	3.70%
2006 年 10 月 18 日				
图片类别	彩 色	黑 白	电脑制图	漫 画
数 量	16	17	1	1
占 比	45.71%	48.57%	2.86%	2.86%
2006 年 10 月 19 日				
图片类别	彩 色	黑 白	电脑制图	漫 画
数 量	9	16	0	0
占 比	36.00%	64.00%	0	0
2006 年 10 月 20 日				
图片类别	彩 色	黑 白	电脑制图	漫 画
数 量	16	7	1	1
占 比	64.00%	28.00%	4.00%	4.00%
2006 年 10 月 21 日				
图片类别	彩 色	黑 白	电脑制图	漫 画
数 量	28	22	5	1
占 比	50.00%	39.29%	8.93%	1.78%
2006 年 10 月 22 日				
图片类别	彩 色	黑 白	电脑制图	漫 画
数 量	13	12	0	0
占 比	52.00%	48.00%	0	0
一周总计				
图片类别	彩 色	黑 白	电脑制图	漫 画
一周数量	107	95	10	4
占 比	49.54%	43.98%	4.63%	1.85%

续表

《现代金报》	2006年10月16日				
	图片类别	彩　色	黑　白	电脑制图	漫　画
	数　量	6	13	0	1
	占　比	30.00%	65.00%	0	5.00%
	2006年10月17日				
	图片类别	彩　色	黑　白	电脑制图	漫　画
	数　量	5	13	1	1
	占　比	25.00%	65.00%	5.00%	5.00%
	2006年10月18日				
	图片类别	彩　色	黑　白	电脑制图	漫　画
	数　量	3	14	0	1
	占　比	16.67%	77.78%	0	5.60%
	2006年10月19日				
	图片类别	彩　色	黑　白	电脑制图	漫　画
	数　量	7	15	0	1
	占　比	30.43%	65.22%	0	4.35%
	2006年10月20日				
	图片类别	彩　色	黑　白	电脑制图	漫　画
	数　量	10	14	0	1
	占　比	40.00%	56.00%	0	4.00%
	2006年10月21日				
	图片类别	彩　色	黑　白	电脑制图	漫　画
	数　量	4	6	1	2
	占　比	30.80%	46.20%	7.70%	15.40%
	2006年10月22日				
	图片类别	彩　色	黑　白	电脑制图	漫　画
	数　量	9	15	0	0
	占　比	37.50%	62.50%	0	0
	一周总计				
	图片类别	彩　色	黑　白	电脑制图	漫　画
	一周数量	44	77	2	7
	占　比	33.85%	59.23%	1.54%	5.38%

续表

《宁波晚报》				
2006 年 10 月 16 日				
图片类别	彩　色	黑　白	电脑制图	漫　画
数　量	16	15	0	0
占　比	51.61％	48.39％	0	0
2006 年 10 月 17 日				
图片类别	彩　色	黑　白	电脑制图	漫　画
数　量	15	15	1	0
占　比	48.38％	48.38％	3.24％	0
2006 年 10 月 18 日				
图片类别	彩　色	黑　白	电脑制图	漫　画
数　量	11	12	0	1
占　比	45.83％	50.00％	0	4.17％
2006 年 10 月 19 日				
图片类别	彩　色	黑　白	电脑制图	漫　画
数　量	8	11	6	0
占　比	32.00％	44.00％	24.00％	0
2006 年 10 月 20 日				
图片类别	彩　色	黑　白	电脑制图	漫　画
数　量	14	11	0	5
占　比	46.66％	36.66％	0	16.66％
2006 年 10 月 21 日				
图片类别	彩　色	黑　白	电脑制图	漫　画
数　量	7	9	0	0
占　比	43.75％	56.25％	0	0
2006 年 10 月 22 日				
图片类别	彩　色	黑　白	电脑制图	漫　画
数　量	13	8	0	0
占　比	61.90％	38.10％	0	0
一周总计				
图片类别	彩　色	黑　白	电脑制图	漫　画
一周总数	84	81	7	6
占　比	47.19％	45.51％	3.93％	3.37％

表 11-14　宁波本地新闻信息含量统计

2006 年 10 月 16 日

字数范围	100～500 字	500～1000 字	1000 字以上	总　计
《现代金报》	15	7	4	26
占　比	57.69%	26.92%	15.38%	100%
《宁波晚报》	22	9	2	33
占　比	66.67%	27.27%	6.06%	100%
《东南商报》	13	7	1	21
占　比	61.90%	33.33%	4.77%	100%

2006 年 10 月 17 日

字数范围	100～500 字	500～1000 字	1000 字以上	总　计
《现代金报》	21	10	2	33
占　比	63.64%	30.30%	6.06%	100%
《宁波晚报》	17	8	2	27
占　比	62.96%	29.63%	7.41%	100%
《东南商报》	26	8	3	37
占　比	70.27%	21.62%	8.11%	100%

2006 年 10 月 18 日

字数范围	100～500 字	500～1000 字	1000 字以上	总　计
《现代金报》	21	12	3	36
占　比	58.33%	33.33%	8.34%	100%
《宁波晚报》	19	7	4	30
占　比	63.33%	23.33%	13.34%	100%
《东南商报》	17	9	6	32
占　比	53.13%	28.13%	18.75%	100%

2006 年 10 月 19 日

字数范围	100～500 字	500～1000 字	1000 字以上	总　计
《现代金报》	21	8	5	34
占　比	61.76%	23.53%	14.71%	100%

续表

《宁波晚报》	15	7	5	27
占　比	55.56%	25.93%	18.51%	100%
《东南商报》	24	6	2	32
占　比	75.00%	18.75%	6.25%	100%

2006 年 10 月 20 日

字数范围	100～500 字	500～1000 字	1000 字以上	总　计
《现代金报》	33	6	3	42
占　比	78.57%	14.29%	7.14%	100%
《宁波晚报》	21	9	3	33
占　比	63.64%	27.27%	9.09%	100%
《东南商报》	10	10	2	22
占　比	45.45%	45.45%	9.10%	100%

2006 年 10 月 21 日

字数范围	100～500 字	500～1000 字	1000 字以上	总　计
《现代金报》	11	10	4	25
占　比	44.00%	40.00%	16.00%	100%
《宁波晚报》	10	1	2	13
占　比	76.92%	7.70%	15.38%	100%
《东南商报》	7	10	1	18
占　比	38.89%	55.56%	5.55%	100%

2006 年 10 月 22 日

字数范围	100～500 字	500～1000 字	1000 字以上	总　计
《现代金报》	11	6	2	19
占　比	57.89%	31.58%	10.53%	100%
《宁波晚报》	23	6	0	29
占　比	79.31%	20.69%	0	100%
《东南商报》	20	5	0	25
占　比	80.00%	20.00%	0	100%

表 11-15　三报本地新闻地域及类别分布情况

2006 年 10 月 16 日

	类别	时政	社会民生	法制	文娱	体育	财经	教育	总计
《宁波晚报》	海曙		1						1
	江东	1	2						3
	江北		1						1
	鄞州		3			1			4
	北仑		1						1
	镇海		1	1				1	3
	余姚								
	慈溪		1						1
	奉化		1						1
	象山		1						1
	宁海								
	老三区相关								
	全市相关	1	9		1		5	1	17
《东南商报》	海曙		2						2
	江东		3						3
	江北		3						3
	鄞州		2						2
	北仑								
	镇海								
	余姚								
	慈溪								
	奉化								
	象山								
	宁海								
	老三区相关								
	全市相关	3	4			2	2		11

续表

	类别	时政	社会民生	法制	文娱	体育	财经	教育	总计
《现代金报》	海曙		2						2
	江东		2						2
	江北								
	鄞州								
	北仑								
	镇海								
	余姚								
	慈溪		2						2
	奉化								
	象山								
	宁海								
	老三区相关								
	全市相关	2	5		1	2	3		13

2006 年 10 月 17 日

	类别	时政	社会民生	法制	文娱	体育	财经	教育	总计
《宁波晚报》	海曙		3						3
	江东		3						3
	江北		1						1
	鄞州		4			1			5
	北仑		1						1
	镇海								
	余姚								
	慈溪								
	奉化		1						1
	象山		2						2
	宁海								
	老三区相关		2						2
	全市相关		5			2	2		9

续表

	类别	时政	社会民生	法制	文娱	体育	财经	教育	总计
《东南商报》	海曙		4	1					5
	江东		3		1				4
	江北		5						5
	鄞州								
	北仑								
	镇海								
	余姚								
	慈溪		1						1
	奉化								
	象山								
	宁海								
	老三区相关		3						3
	全市相关	1	13			2	4		20
《现代金报》	海曙		2						2
	江东		3						3
	江北		3						3
	鄞州		1						1
	北仑		1						1
	镇海								
	余姚		1						1
	慈溪								
	奉化								
	象山								
	宁海								
	老三区相关		2		2				4
	全市相关	6	6			3	2		17

续表

2006 年 10 月 18 日

	类别	时政	社会民生	法制	文娱	体育	财经	教育	总计
《宁波晚报》	海曙		2						2
	江东		3						3
	江北		2				1		3
	鄞州	1	4						5
	北仑		2						2
	镇海								
	余姚	1							1
	慈溪								
	奉化								
	象山		3						3
	宁海								
	老三区相关								
	全市相关	2	4		1		3	1	11
《东南商报》	海曙		4		1				5
	江东		2						2
	江北		2						2
	鄞州		3					1	4
	北仑								
	镇海								
	余姚								
	慈溪								
	奉化		1						1
	象山		1						1
	宁海								
	老三区相关		3						3
	全市相关	2	5			3	2		12

续表

	类别	时政	社会民生	法制	文娱	体育	财经	教育	总计
《现代金报》	海曙		3						3
	江东		2						2
	江北		3						3
	鄞州		2			1			3
	北仑		1				1		2
	镇海								
	余姚								
	慈溪								
	奉化		1						1
	象山								
	宁海								
	老三区相关	2	2						4
	全市相关	2	10	1	1	1	1		16

2006 年 10 月 19 日

	类别	时政	社会民生	法制	文娱	体育	财经	教育	总计
《宁波晚报》	海曙		4				1		5
	江东		1		1				2
	江北		4						4
	鄞州		1						1
	北仑								
	镇海		1						1
	余姚								
	慈溪						1		1
	奉化								
	象山		1						1
	宁海		1						1
	老三区相关								
	全市相关		7		1		4		12

续表

	类别	时政	社会民生	法制	文娱	体育	财经	教育	总计
《东南商报》	海曙		5					1	6
	江东		4		1				5
	江北		3						3
	鄞州		1	1					2
	北仑								
	镇海								
	余姚								
	慈溪								
	奉化								
	象山								
	宁海								
	老三区相关								
	全市相关	2	5		3	2	5		17
《现代金报》	海曙	1	2						3
	江东		2						2
	江北		3						3
	鄞州	2						1	3
	北仑		1						1
	镇海								
	余姚	1							1
	慈溪		1						1
	奉化		1						1
	象山								
	宁海								
	老三区相关								
	全市相关	3	12		4				19

续表

2006 年 10 月 20 日

	类别	时政	社会民生	法制	文娱	体育	财经	教育	总计
《宁波晚报》	海曙		3						3
	江东		1						1
	江北		1						1
	鄞州		1			1			2
	北仑		4			1			5
	镇海		2						2
	余姚		1						1
	慈溪		2						2
	奉化		2						2
	象山		1						1
	宁海								
	老三区相关								
	全市相关		12				1		13
《东南商报》	海曙	1	3						4
	江东		2						2
	江北		2						2
	鄞州		3	1				1	5
	北仑								
	镇海								
	余姚								
	慈溪								
	奉化								
	象山								
	宁海								
	老三区相关								
	全市相关		6		2		5		13

续表

	类别	时政	社会民生	法制	文娱	体育	财经	教育	总计
《现代金报》	海曙	1	7						8
	江东	1	5						6
	江北		3						3
	鄞州	1	3						4
	北仑		1						1
	镇海								
	余姚								
	慈溪								
	奉化								
	象山								
	宁海								
	老三区相关		2	1					3
	全市相关		13		1	3	2		19

2006 年 10 月 21 日

	类别	时政	社会民生	法制	文娱	体育	财经	教育	总计
《宁波晚报》	海曙		1						1
	江东								
	江北								
	鄞州		1						1
	北仑		1						1
	镇海								
	余姚								
	慈溪		1						1
	奉化		1						1
	象山								
	宁海		1						1
	老三区相关		1						1
	全市相关		4	1					5

续表

	类别	时政	社会民生	法制	文娱	体育	财经	教育	总计
《东南商报》	海曙		1		1				2
	江东		1						1
	江北		1						1
	鄞州		2						2
	北仑								
	镇海								
	余姚								
	慈溪								
	奉化		2						2
	象山								
	宁海								
	老三区相关								
	全市相关		7		2	1	2		12
《现代金报》	海曙		5						5
	江东		3						3
	江北		4						4
	鄞州								
	北仑								
	镇海								
	余姚								
	慈溪								
	奉化		1						1
	象山								
	宁海								
	老三区相关		3						3
	全市相关		7		1	2	2		12

续表

2006 年 10 月 22 日

	类别	时政	社会民生	法制	文娱	体育	财经	教育	总计
《宁波晚报》	海曙		3						3
	江东		4			1			5
	江北		3						3
	鄞州		1						1
	北仑					1			1
	镇海								
	余姚		1						1
	慈溪		1						1
	奉化		1						1
	象山		1						1
	宁海								
	老三区相关		2						2
	全市相关		10						10
《东南商报》	海曙		4		1				5
	江东		5						5
	江北		4						4
	鄞州								
	北仑								
	镇海								
	余姚								
	慈溪								
	奉化								
	象山								
	宁海								
	老三区相关		3						3
	全市相关		7			1			8

续表

	类别	时政	社会民生	法制	文娱	体育	财经	教育	总计
《现代金报》	海曙		2						2
	江东	1	3						4
	江北								
	鄞州		2						2
	北仑								
	镇海								
	余姚								
	慈溪								
	奉化								
	象山								
	宁海								
	老三区相关								
	全市相关	2	8			1			11

表 11-16 三报一周本地新闻类别地域分布情况

	类别	时政	社会民生	法制	文娱	体育	财经	教育
《宁波晚报》	海曙	0	8.85%	0	0	0	0.52%	0
	江东	0	7.81%	0	0.52%	1.56%	1.04%	0
	江北	0	4.68%	0	0	0	0.52%	0
	鄞州	0.52%	6.25%	0	0	0.52%	0	0
	北仑	0	4.16%	0	0	0	0	0
	镇海	0	2.08%	0.52%	0	0	0	0.52%
	余姚	0.52%	1.04%	0	0	0	0	0
	慈溪	0	2.08%	0	0	0	0	0
	奉化	0	2.6%	0	0	0	0	0
	象山	0	4.68%	0	0	0	0	0
	宁海	0	1.04%	0	0	0	0	0
	老三区相关	0	3.12%	0	0	0	0	0
	全市相关	1.56%	38.54%	0.52%	1.56%	1.56%	8.30%	1.04%

续表

	类别	时政	社会民生	法制	文娱	体育	财经	教育
《东南商报》	海曙	0.53%	12.29%	0.53%	0.53%	0	0	0
	江东	0	10.69%	0	1.06%	0	0	0
	江北	0	10.69%	0	0	0	0	0
	鄞州	0	6.95%	0.53%	0	0	0	0
	北仑	0	1.06%	0	0	0	0	0
	镇海	0	0	0	0	0	0	0
	余姚	0	0.53%	0	0	0	0	0
	慈溪	0	0.53%	0	0	0	0	0
	奉化	0	2.13%	0	0	0	0	0
	象山	0	0.53%	0	0	0	0	0
	宁海	0	0	0	0	0	0	0
	老三区相关	0	6.95%	0	0	0	0	0
	全市相关	3.20%	19.25%	0.53%	1.60%	4.81%	10.69%	1.60%
《现代金报》	海曙	0.93%	10.69%	0	0	0	0	0
	江东	0.93%	8.83%	0	0.46%	0.46%	0	0
	江北	0	10.23%	0	0	0	0	0
	鄞州	1.39%	3.72%	0	0	0.46%	0	0.46%
	北仑	0	1.86%	0	0	0	0.46%	0
	镇海	0	0	0	0	0	0	0
	余姚	0.46%	0.46%	0	0	0	0	0
	慈溪	0	1.39%	0	0	0	0	0
	奉化	0	1.39%	0	0	0	0	0
	象山	0	0	0	0	0	0	0
	宁海	0	0	0	0	0	0	0
	老三区相关	0	6.51%	0	0.93%	0	0	0
	全市相关	6.04%	29.76%	0.93%	3.25%	4.65%	7.44%	0

续表

	报纸	《宁波晚报》	《东南商报》	《现代金报》
汇总	海曙	9.30%	15.50%	12.09%
	江东	8.85%	11.76%	11.16%
	江北	6.77%	10.69%	8.37%
	鄞州	9.37%	7.48%	5.11%
	北仑	5.21%	0	2.32%
	镇海	3.12%	0	0
	余姚	1.56%	0	0.93%
	慈溪	3.12%	0.53%	1.39%
	奉化	3.12%	0.53%	0.93%
	象山	5.21%	1.60%	0
	宁海	1.04%	0	0
	老三区相关	3.64%	3.20%	10.23%
	全市相关	39.06%	39.03%	46.50%

表 11-17　三报一周本地新闻类别分布情况

类　别		时政	社会民生	法制	文娱	体育	财经	教育
《宁波晚报》	条　数	5	157	2	4	7	20	3
	占　比	2.6%	79.3%	1.0%	2.0%	3.5%	10.1%	1.5%
《东南商报》	条　数	7	134	3	6	9	20	3
	占　比	3.9%	73.6%	1.6%	3.3%	5.0%	11.0%	1.6%
《现代金报》	条　数	21	151	2	10	12	17	1
	占　比	9.8%	70.6%	0.9%	4.7%	5.6%	7.9%	0.5%

表 11-18　三报本地图片新闻、配图新闻比较

日　期	报　纸	新闻总条数	所有配图新闻总数	本地配图新闻	所有图片
16 日	《东南商报》	85	19	6	7
	《现代金报》	68	12	3	4
	《宁波晚报》	70	18	5	5

续表

日　期	报　纸	新闻总条数	所有配图新闻总数	本地配图新闻	所有图片
17 日	《东南商报》	69	18	5	3
	《现代金报》	91	11	2	4
	《宁波晚报》	85	27	5	5
18 日	《东南商报》	93	19	9	5
	《现代金报》	88	15	5	3
	《宁波晚报》	65	15	3	5
19 日	《东南商报》	63	22	6	4
	《现代金报》	88	23	11	5
	《宁波晚报》	62	16	7	4
20 日	《东南商报》	82	19	5	4
	《现代金报》	92	16	6	7
	《宁波晚报》	95	20	5	5
21 日	《东南商报》	80	30	15	9
	《现代金报》	76	12	4	2
	《宁波晚报》	54	18	5	3
22 日	《东南商报》	64	20	6	6
	《现代金报》	68	33	26	3
	《宁波晚报》	70	35	6	3

表 11-19　三报本地配图占所有配图新闻总数比例

日　期	报　纸	本地配图/新闻总条数	所有配图新闻总数/新闻总条数
16 日	《东南商报》	7.05%	22.35%
	《现代金报》	4.41%	17.64%
	《宁波晚报》	7.14%	25.71%
17 日	《东南商报》	7.24%	26.08%
	《现代金报》	2.19%	12.08%
	《宁波晚报》	5.88%	31.76%
18 日	《东南商报》	9.67%	20.43%
	《现代金报》	5.68%	17.04%
	《宁波晚报》	4.61%	23.07%

续表

日期	报纸	本地配图/新闻总条数	所有配图新闻总数/新闻总条数
19日	《东南商报》	9.52%	34.92%
	《现代金报》	12.50%	26.13%
	《宁波晚报》	11.29%	25.81%
20日	《东南商报》	6.09%	23.17%
	《现代金报》	6.52%	23.52%
	《宁波晚报》	5.26%	21.05%
21日	《东南商报》	18.75%	37.50%
	《现代金报》	5.26%	18.42%
	《宁波晚报》	9.25%	33.33%
22日	《东南商报》	9.38%	31.25%
	《现代金报》	38.23%	48.53%
	《宁波晚报》	8.57%	21.42%

表 11-20　其他非宁波新闻同源报道情况

日期	16日	17日	18日	19日	20日	21日	22日	总计
《宁波晚报》相同条数	0	2	0	2	0	0	4	8
总条数	70	85	65	62	95	54	70	501
占比	0	2.35%	0	3.23%	0	0	5.71%	1.60%
《现代金报》相同条数	0	5	0	0	2	0	0	7
总条数	68	91	88	88	92	76	68	571
占比	0	5.49%	0	0	2.17%	0	0	1.23%
《东南商报》相同条数	0	2	0	0	0	0	0	2
总条数	85	69	93	63	82	80	64	536
占比	0	2.90%	0	0	0	0	0	0.37%

表 11-21　三报"阶段性战役"报道情况

关于"共建和谐宁波"的系列报道

日期	16 日	17 日	18 日	19 日	20 日	21 日	22 日	总　计
《宁波晚报》专版	0	2	1	1	0	1	0	5
版面总数	20	28	36	48	36	20	16	204
占　比	0	7.14%	2.78%	2.08%	0	5.00%	0	2.45%
《东南商报》专版	0	1	6	0	1	2	0	10
版面总数	20	36	44	36	36	28	16	216
占　比	0	2.78%	13.64%	0	2.78%	7.14%	0	4.36%
《现代金报》专版	1	1	1	1	1	1	0	6
版面总数	20	36	40	64	40	20	32	252
占　比	5.00%	2.78%	2.50%	1.56%	2.50%	5.00%	0	2.38%

关于"宁波第十届国际服装节"系列报道

日　期	16 日	17 日	18 日	19 日	20 日	21 日	22 日	总　计
《宁波晚报》	0	0	0	0	1	1	2	4
总版面	20	28	36	48	36	20	16	204
占　比	0	0	0	0	2.78%	5.00%	12.50%	1.96%
《现代金报》	0	0	1	0	0	0	2	3
总版面	20	36	40	64	40	20	32	252
占　比	0	0	2.50%	0	0	0	6.25%	1.19%
《东南商报》	0	0	0	0	1	0	2	3
总版面	20	36	44	36	36	28	26	216
占　比	0	0	0	0	2.78%	0	7.69%	1.39%

关于"服装节"的报道情况

日　期	16 日	17 日	18 日	19 日	20 日	21 日	22 日
《宁波晚报》	0	0	0	0	1	2	4
占本地新闻的比例	0	0	0	0	3.00%	15.40%	13.80%
《东南商报》	0	0	2	0	0	3	12
占本地新闻的比例	0	0	6.25%	0	0	16.70%	48.00%
《现代金报》	0	0	0	0	0	0	8
占本地新闻的比例	0	0	0	0	0	0	42.00%

续表

总　计

报　纸	服装节总报道数	本地新闻总数	占　比
《宁波晚报》	7	192	3.65%
《东南商报》	12	187	6.42%
《现代金报》	8	215	3.72%

表 11-22　三报头版本地新闻及图片情况

《现代金报》一周头版本地新闻及图片情况

日　期	16 日	17 日	18 日	19 日	20 日	21 日	22 日	总　计
本地新闻	4	3	3	3	4	3	3	23
头版新闻总数	7	8	6	7	8	6	3	45
占　比	57.14%	37.50%	50.00%	42.86%	50.00%	50.00%	100%	51.11%
本地图片	1	1	0	0	0	0	1	3
图片总数	1	1	1	0	1	0	1	5
占　比	100%	100%	0	0	0	0	100%	60.00%

《东南商报》一周头版本地新闻及图片情况

日　期	16 日	17 日	18 日	19 日	20 日	21 日	22 日	总　计
本地新闻	4	3	5	2	5	5	3	27
头版新闻总数	8	7	9	6	7	10	5	52
占　比	50.00%	42.86%	55.56%	33.33%	71.43%	50.00%	60.00%	51.92%
本地图片	1	1	1	0	1	3	1	8
图片总数	1	1	1	1	1	3	1	9
占　比	100%	100%	100%	0	100%	100%	100%	88.89%

《宁波晚报》一周头版本地新闻及图片情况

日　期	16 日	17 日	18 日	19 日	20 日	21 日	22 日	总　计
本地新闻	6	5	4	5	6	3	3	32
头版新闻总数	9	7	6	7	9	6	8	52
占　比	66.67%	71.43%	66.67%	71.43%	66.67%	50.00%	37.50%	61.54%
本地图片	3	1	1	1	1	2	3	12
图片总数	3	1	1	1	1	2	4	13
占　比	100%	100%	100%	100%	100%	100%	75.00%	92.31%

表 11-23　三报本地新闻同源报道情况

2006 年 10 月 16 日

版面	《宁波晚报》	字数	版面	《东南商报》	字数	版面	《现代金报》	字数
A1	《老外志愿者昨精彩亮相》	100～500 字	A5	《600 名外籍人士当服装节志愿者》	100～500 字	A4	《国际志愿者首次亮相服装节》	100～500 字
A7	《广交会送出宁波礼品 800 件，千玉琉璃让外国友人赞不绝口》	500～1000 字	A2	《广交会昨送出 800 件"宁波礼品"赠予外国友人 薄熙来赞千玉琉璃》	500～1000 字	A4	《薄熙来在宁波赞礼品好》	100～500 字
A6	《白领丽人大赛》(图片新闻)	100～500 字	无	无	无	A14	《白领丽人昨甬城斗艳》	100～500 字
A19	《宁波代表团力争"榜眼"》	100～500 字	A14	《宁波代表团有望实现争二保三》	100～500 字	A15	《省运会昨日台州开幕》	500～1000 字

2006 年 10 月 17 日

版面	《宁波晚报》	字数	版面	《东南商报》	字数	版面	《现代金报》	字数
A4～A5	《唱响和谐曲》	1000 字以上	A1	《共建共享和谐社会》	100～500 字	A3	《关注身边人和事》	1000 字以上

2006 年 10 月 18 日

版面	《宁波晚报》	字数	版面	《东南商报》	字数	版面	《现代金报》	字数
A5	《杭甬运河打造水上黄金通道》	500～1000 字	A2	《杭甬运河将通 500 吨级船舶》	500～1000 字	A5	《杭甬运河改造明年完工》	500～1000 字
A20	《宁波姑娘何宁世锦赛初体验》	500～1000 字	A23	《宁波体操走在复兴路上》	500～1000 字	A15	《体操比赛昨落幕，宁波 11 金排第二》	100～500 字

2006 年 10 月 19 日

版面	《宁波晚报》	字数	版面	《东南商报》	字数	版面	《现代金报》	字数
A21	《印度总领事盛赞〈阿育王〉》	500～1000 字	B1	《印度总领事来甬看戏》	100～500 字	A22	《新版〈阿育王〉看点多》	500～1000 字
A23	《田径场上甬将"掘金" 跳高刘翔临阵退赛》	100～500 字	A20	《田径项目取得开门红，宁波又收获 9 金》	100～500 字	A21	《宁波田径开门红》	100～500 字
A7	《智能公交系统方便多多》	500～1000 字	A2	《站台实时播报公交车到站时间》	1000 字以上	无	无	无

续表

2006年10月20日

版面	《宁波晚报》	字数	版面	《东南商报》	字数	版面	《现代金报》	字数
A20	《18枚！夺金最高潮》	100～500字	A21	《宁波团昨天大丰收》	500～1000字	A30	《宁波队日进18金》	100～500字
无	无	无	A20	《他们眼中的世界冠军何宁》	100～500字	A29	《冠军阿拉宁波人》	100～500字
A2	《宁波国际服装节组委会办公室负责人答记者问》	1000字以上	A7	《宁波国际服装节组委会办公室负责人答记者问》	1000字以上	无	无	无

2006年10月21日

版面	《宁波晚报》	字数	版面	《东南商报》	字数	版面	《现代金报》	字数
A1	《第十届宁波国际服装节今晚开幕，下午2时大卫雕像落户宁波大剧院广场》	100～500字	A10—11	《穿越时空的使者 漂洋过海来看你》	1000字以上	无	无	无

2006年10月22日

版面	《宁波晚报》	字数	版面	《东南商报》	字数	版面	《现代金报》	字数
A1	《第十届中国国际服交会上午开幕》	100～500字	A2—A3	《第十届宁波国际服装节昨晚隆重开幕 大卫不远万里来当宁波"市民"》	500～1000字	A4—A5	《第十届宁波国际服装节昨晚隆重开幕》	500～1000字
A1	《烟花璀璨霓裳夜》	100～500字	A1	《火树银花迎盛会》	100～500字	A1	《火树银花夜甬城满眼笑》	500～1000字
A16	《宁波游泳从头开始往上赶》	500～1000字	无	无	无	A15	《浙江游泳后劲足，宁波勇夺9金》	500～1000字

汇总

报　纸	《宁波晚报》	《东南商报》
一周相同条数	49	49
一周本地新闻总条数	192	187
所占比例	25.50%	26.20%

续表

报　纸	《宁波晚报》	《现代金报》
一周相同条数	32	32
一周本地新闻总条数	192	215
所占比例	16.70%	14.90%
报　纸	《东南商报》	《现代金报》
一周相同条数	43	43
一周本地新闻总条数	187	215
所占比例	22.99%	20.00%

表 11-24　三报财经版面占总版面情况

日　期	16 日	17 日	18 日	19 日	20 日	21 日	22 日	总　计
《现代金报》专版	1 版	3 版	3 版	3 版	3 版	3 版	0	16 版
版面总数	20 版	36 版	40 版	64 版	40 版	20 版	32 版	252 版
占　比	5.00%	8.33%	7.50%	4.69%	7.50%	15.00%	0	6.35%
《东南商报》专版	3 版	3 版	3 版	3 版	3 版	2 版	0	17 版
版面总数	20 版	36 版	44 版	36 版	36 版	28 版	16 版	216 版
占　比	15.00%	8.33%	6.81%	8.33%	8.33%	7.14%	0	7.88%
《宁波晚报》专版	1 版	0	0	0	0	0	0	1 版
版面总数	20 版	28 版	36 版	48 版	36 版	20 版	16 版	204 版
占　比	5.00%	0	0	0	0	0	0	0.50%

表 11-25　一周财经新闻占新闻总条数的比例

日　期	16 日	17 日	18 日	19 日	20 日	21 日	22 日	总　计
《东南商报》财经新闻条数	17	18	17	21	22	12	0	107
新闻总条数	85	69	93	63	82	80	64	536
占　比	20.00%	26.09%	18.28%	33.33%	26.83%	15.00%	0	19.96%
《现代金报》财经新闻条数	0	15	12	13	11	16	0	67
新闻总条数	68	91	88	88	92	76	68	571
占　比	0	16.48%	13.64%	14.77%	11.96%	21.05%	0	11.73%
《宁波晚报》财经新闻条数	13	12	12	14	11	7	0	69
新闻总条数	70	85	65	62	95	54	70	501
占　比	18.57%	14.92%	18.46%	22.58%	11.58%	12.96%	0	13.77%

表 11-26　一周本地财经新闻占本地新闻条数的比例统计

日　期	16 日	17 日	18 日	19 日	20 日	21 日	22 日	总　计
《宁波晚报》本地财经新闻条数	5	2	4	6	1	0	0	18
本地新闻条数	33	27	30	27	33	13	29	192
占　比	15.15%	7.41%	13.33%	22.22%	3.03%	0	0	9.38%
《东南商报》本地财经新闻条数	2	4	2	5	2	2	0	17
本地新闻条数	21	37	32	32	22	18	25	187
占　比	9.52%	10.81%	6.25%	15.63%	9.09%	11.11%	0	9.09%
《现代金报》本地财经新闻条数	9	2	2	0	2	2	0	17
本地新闻条数	26	33	36	34	42	25	19	215
占　比	34.62%	6.06%	5.65%	0	4.76%	8.00%	0	7.91%

12 数据库2007:《现代金报》、《东南商报》和《宁波晚报》

2007年10月16—22日一周《现代金报》、《东南商报》和《宁波晚报》相关数据统计见表12-1至表12-25。

表12-1 一周版面统计

日 期	16日	17日	18日	19日	20日	21日	22日	总 计
《宁波晚报》	32版	40版	48版	40版	20版	16版	28版	224版
《现代金报》	28版	40版	44版	48版	24版	16版	24版	224版
《东南商报》	40版	40版	40版	32版	24版	16版	24版	216版

表12-2 三报一周头版头条情况

日 期	《现代金报》	《东南商报》	《宁波晚报》
16日	《党的十七大在京开幕》	《党的十七大在京开幕》	《高举中国特色社会主义伟大旗帜,为夺取全面建设小康社会新胜利而奋斗》
17日	《代表解读何为财产性收入》	《人均GDP到2020年翻两番》	《沿海发达省份要率先转变经济发展方式》
18日	《人人享有基本医疗卫生服务》	《十七大主席团举行第二次会议》	《十七大主席团举行第二次会议》
19日	《如何实现百姓住有所居》	《物价大幅上涨的可能性不大》	《人人享有小康社会重要目标》
20日	《中国面临五大挑战》	《注意从基层一线选拔干部》	《十七大代表热评全面小康十大亮点》
21日	《十七大主席团举行第三次会议》	《十七大举行第三次会议》	《十七大上午在京闭幕》
22日	《新一届中央委员会产生》	《党的十七大胜利闭幕》	《党中央新的领导机构产生》
本地新闻总计	0	0	0
占 比	0	0	0

表 12-3 《宁波晚报》一周版面具体分布

2007 年 10 月 16 日

A1	A2	A3	A4	A5	A6	A7
—	党的十七大特别报道	党的十七大特别报道	党的十七大特别报道	党的十七大特别报道	宁波新闻	广告
A8	A9	A10	A11	A12	A13	A14
城事记录/广告	现场报道/广告	市井新闻/广告	资讯帮办/广告	财经新闻	财经新闻/广告	国内国际
A15	A16	A17	A18	A19	A20	A21
中国社会/广告	世界社会/广告	世界时政/广告	世界聚焦/广告	广告	文娱综合	文体新闻/广告
A22	A23	A24	B1	B2	B3	B4
体育新闻/广告	体育新闻	广告	健周刊	健康宝宝/广告	健康生活/广告	广告
B5	B6	B7	B8			
大众保健/广告	广告	休闲美容/广告	副刊/连载			

2007 年 10 月 17 日

A1	A2	A3	A4	A5	A6	A7
—	党的十七大特别报道	党的十七大特别报道	宁波新闻	城事记录/广告	现场报道/广告	市井新闻/广告
A8	A9	A10	A11	A12	A13	A14
资讯提醒/广告	民间新闻/广告	财经新闻	财经新闻/广告	广告	国内国际	中国综合
A15	A16	A17	A18	A19	A20	A21
世界新知/广告	世界社会/广告	世界时政/广告	问卷调查/广告	广告	文体新闻	文娱综合
A22	A23	A24	B1	B2	B3	B4
体育新闻/广告	副刊连载	体育新闻/广告	广告	家周刊	甬城楼市/广告	我爱我家/广告
B5	B6	B7	B8	C1	C2	C3
二手楼市/广告	广告	广告	广告	玩周刊	行走天下/广告	广告
C4	C5	C6	C7	C8		
休闲/广告	广告	吃在旅途/广告	吃吧/广告	吃吧/广告		

续表

2007年10月18日

A1	A2	A3	A4	A5	A6	A7
—	党的十七大特别报道	广告	党的十七大特别报道	广告	宁波新闻	城事记录/广告
A8	A9	A10	A11	A12	A13	A14
广告	现场报道	市井新闻/广告	资讯提醒	广告	广告	财经新闻
A15	A16	A17	A18	A19	A20	A21
财经新闻	国际国内	世界聚焦/广告	世界社会/广告	世界时政/广告	文体新闻	体彩/广告
A22	A23	A24	B1	B2	B3	B4
文娱新闻/广告	体育新闻/广告	广告	—	消费参考/广告	广告	消费视野
B5	B6	B7	B8	B9	B10	B11
广告	消费参考/广告	消费视野/广告	副刊连载	广告	金周刊	金周刊/广告
B12	C1	C2	C3	C4	C5	C6
金周刊/广告	才周刊	才市资料/广告	招聘信息/广告	招聘信息/广告	招聘信息/广告	招聘信息/广告
C7	C8					
职场纵横/广告	人在职场/广告					

2008年10月19日

A1	A2	A3	A4	A5	A6	A7
—	党的十七大特别报道	党的十七大特别报道	党的十七大特别报道	党的十七大特别报道	现场报道/广告	广告
A8	A9	A10	A11	A12	A13	A14
资讯提醒/广告	市井新闻	广告	民间新闻	财经新闻	财经新闻/广告	财经新闻
A15	A16	A17	A18	A19	A20	A21
国际国内	世界社会	广告	世界聚焦/广告	中国综合	文体新闻	文娱新闻/广告
A22	A23	A24	B1	B2	B3	B4
运动都市	体育新闻/广告	广告	—	车市焦点/广告	车友天地/广告	汽车世界/广告

续表

B5	B6	B7	B8	B9	B10	B11
汽车消费/广告	车市资讯/广告	车市资讯/广告	车与生活/广告	消费参考/广告	通讯家电/广告	副刊连载
B12						
金周刊/广告						

2007 年 10 月 20 日

A1	A2	A3	A4	A5	A6	A7
—	党的十七大特别报道	党的十七大特别报道	宁波新闻/广告	宁波新闻/广告	中国综合/广告	招聘信息/广告
A8	A9	A10	A11	A12	A13	A14
广告	世界综合	文娱新闻/广告	体育新闻/广告	广告	—	情趣广告
A15	A16	A17	A18	A19	A20	
专题广告	圆桌广告	老宁波/广告	生活/广告	副刊连载	人物/广告	

2007 年 10 月 21 日

A1	A2	A3	A4	A5	A6	A7
—	党的十七大特别报道	党的十七大特别报道	宁波新闻/广告	民间新闻/广告	财经新闻/广告	广告
A8	A9	A10	A11	A12	A13	A14
中国综合/广告	世界综合/广告	小记者	小记者	小记者	文娱新闻/福彩	体育新闻/广告
A15	A16					
体育新闻/广告	副刊连载					

2007 年 10 月 22 日

A1	A2	A3	A4	A5	A6	A7
—	党的十七大特别报道	党的十七大特别报道	党的十七大特别报道	党的十七大特别报道	党的十七大特别报道	宁波新闻/广告
A8	A9	A10	A11	A12	A13	A14
广告	城事记录/广告	现场报道/广告	市井新闻/广告	广告	资讯提醒/广告	广告
A15	A16	A17	A18	A19	A20	A21
财经新闻/广告	中国综合/广告	建林家居/广告	广告	世界综合/广告	建林家居/广告	文娱新闻/广告

续表

A22	A23	A24	A25	A26	A27	A28
文娱综合/广告	—	警营内外	警方服务	警界视点	副刊连载	体育新闻/广告

表 12-4 《东南商报》一周版面具体分布

2007 年 10 月 16 日

A1	A2	A3	A4	A5	A6	A7
欢庆党的十七大特别报道	欢庆党的十七大特别报道	欢庆党的十七大特别报道	欢庆党的十七大特别报道	欢庆党的十七大特别报道	欢庆党的十七大特别报道	宁波社会/广告
A8	A9	A10	A11	A12	A13	A14
广告	宁波热线/广告	中国综合	国际焦点	国际综合	商报财经	财经证券/广告
A15	A16	A17	A18	A19	A20	A21
财经证券	财经证券/广告	财经证券/广告	财经基金/广告	财经/广告	民营经济周刊	民营经济综合
A22	A23	A24	B1	B2	B3	B4
民营经济资讯	体育新闻/广告	体育新闻	旅游休闲	旅游/广告	旅游/广告	旅游/广告
B5	B6	B7	B8	B9	B10	B11
—	健康广场/广告	广告	广告	广告	广告	广告
B12	B13	B14	B15	B16		
文娱新闻/广告	文娱新闻/连载/广告	气象资讯广告	在线社区/广告	情感倾诉/广告		

2007 年 10 月 17 日

A1	A2	A3	A4	A5	A6	A7
欢庆党的十七大特别报道	欢庆党的十七大特别报道	欢庆党的十七大特别报道	欢庆党的十七大特别报道	宁波综合/广告	宁波社会/广告	宁波社会/广告
A8	A9	A10	A11	A12	A13	A14
中国焦点/广告	中国综合/广告	国际综合/广告	体育新闻/广告	文娱新闻/连载/广告	商报财经	财经证券/广告
A15	A16	A17	A18	A19	A20	
财经证券/广告	财经证券/广告	财经基金/广告	财经证券/广告	福彩	广告	

续表

B1	B2	B3	B4	B5	B6	B7
楼市星期三	置业	广告	置业	焦点	广告	二手房
B8	B9	B10	B11	B12	B13	B14
广告	汽车时代	车市调查/广告	车市焦点/广告	车市看台/广告	车市看台/广告	车市动态/广告
B15	B16	B17	B18	B19	B20	
车市动态/广告	车市动态/广告	广告	气象资讯/广告	在线社区/广告	情感倾诉/广告	

2007 年 10 月 18 日

A1	A2	A3	A4	A5	A6	A7
欢庆党的十七大特别报道	欢庆党的十七大特别报道	宁波社会	宁波社会/广告	宁波综合/广告	宁波综合/广告	在线社区/广告
A8	A9	A10	A11	A12	A13	A14
宁波现场/广告	中国综合/广告	中国焦点/广告	国际焦点	国际综合/广告	体育新闻/广告	体育新闻
A15	A16	A17	A18	A19	A20	A21
银联缤纷银行卡专版	商报财经	财经综合/广告	财经证券/广告	财经证券/广告	财经证券/广告	财经证券/广告
A22	A23	A24	B1	B2	B3	B4
财经基金/广告	气象/资讯/广告	广告	家居时尚	家装/广告	家居/广告	家装/广告
B5	B6	B7	B8	B9	B10	B11
时尚餐饮	时尚餐饮/广告	健康广场/广告	广告	广告	广告	广告
B12	B13	B14	B15	B16		
文娱新闻/连载/广告	文娱新闻/广告	情感倾诉/广告	新教育/广告	新教育/广告		

2007 年 10 月 19 日

A1	A2	A3	A4	A5	A6	A7
—	欢庆党的十七大特别报道	欢庆党的十七大特别报道	欢庆党的十七大特别报道	宁波综合/广告	特别报道/广告	宁波社会/广告
A8	A9	A10	A11	A12	A13	A14
在线社区/广告	宁波热线	中国焦点/广告	中国综合	广告	广告	国际综合/广告

续表

A15	A16	A17	A18	A19	A20	A21
广告	体育新闻/广告	商报财经	财经证券/广告	财经证券/广告	财经证券/广告	财经证券/广告
A22	A23	A24	B1	B2	B3	B4
财经证券/广告	气象/资讯/广告	情感倾诉	大消费	大消费商业广场/广告	大消费商业聚集/广告	广告
B5	B6	B7	B8			
广告	广告	文娱新闻/广告	文娱新闻/连载/广告			

2007 年 10 月 20 日

A1	A2	A3	A4	A5	A6	A7
—	欢庆党的十七大特别报道	欢庆党的十七大特别报道	宁波要闻	宁波社会热线广告	商报财经	中国综合/广告
A8	A9	A10	A11	A12	A13	A14
国际综合/广告	体育新闻/广告	文娱新闻/连载/广告	教育周刊	教育新闻	校园视窗	求知广角
A15	A16	A17	A18	A19	A20	A21
气象/资讯/广告	证券基金/广告	证券板块/广告	广告	广告	证券资讯/广告	广告
A22	A23	A24				
广告	广告	证券周刊				

2007 年 10 月 21 日

A1	A2	A3	A4	A5	A6	A7
—	欢庆党的十七大特别报道	欢庆党的十七大特别报道	宁波综合	中国综合	国际综合	广告
A8	A9	A10	A11	A12	A13	A14
文娱新闻/连载/广告	体育新闻/连载	气象/资讯/广告	少年作家	广告	宁波一周（英文版）	宁波读本/倾诉
A15	A16					
宁波读本/人文	宁波读本					

续表

2007年10月22日

A1	A2	A3	A4	A5	A6	A7
—	欢庆党的十七大特别报道	欢庆党的十七大特别报道	欢庆党的十七大特别报道	欢庆党的十七大特别报道	欢庆党的十七大特别报道	宁波社会/广告
A8	A9	A10	A11	A12	A13	A14
时尚风色彩潮	时尚风色彩潮	宁波综合/广告	在线社区/广告	中国综合	国际综合/广告	国际时政/广告
A15	A16	A17	A18	A19	A20	A21
体育新闻/广告	文娱新闻/连载/广告	文娱新闻/广告	广告	广告	养殖周刊	心窗
A22	A23	A24				
气象资讯	广告	情感倾诉				

表12-5 《现代金报》一周版面具体分布

2007年10月16日

A1	A2	A3	A4	A5	A6	A7
—	党的十七大特别报道	党的十七大特别报道	党的十七大特别报道	党的十七大特别报道	党的十七大特别报道	党的十七大特别报道
A8	A9	A10	A11	A12	A13	A14
宁波时政	社会/热线	都市故事	民生资讯	财经新闻/第一视点	新闻浙江/浙江纵览	天下新闻/国际综合
A15	A16	A17	A18	A19	A20	A21
国内综合	文体新闻	体育报道	体育报道/连载	福彩在线	市场观察	投资操作
A22	A23	A24	B1	B2	B3	B4
信息大全	基金投资	股市要闻	金培训	培训服务/广告	分类专版	波普美容

2007年10月17日

A1	A2	A3	A4	A5	A6	A7
—	党的十七大特别报道	党的十七大特别报道	党的十七大特别报道	特别报道	宁波综合	宁波经济
A8	A9	A10	A11	A12	A13	A14
都市故事	社会/热线	民生资讯	浙江纵览	国际焦点	国际综合	国内综合

续表

A15	A16	A17	A18	A19	A20	A21
文娱报道	文娱报道	体育报道	连载/体彩	股市要闻	市场观察	投资操作
A22	A23	A24	B1	B2	B3	B4
信息大全	基金投资	广告	金车市	车市焦点	车市动态	车市市场
B5	B6	B7	B8	B9	B10	B11
车市导购	车市试驾	车市互动	车市二手车	金理财	理财封面/纵深	理财封面/纵深
B12	B13	B14	B15	B16		
理财热点	理财投资/高手	理财收藏	理财金点/互动	18 创富		

2007 年 10 月 18 日

A1	A2	A3	A4	A5	A6	A7
—	党的十七大特别报道	党的十七大特别报道	宁波综合	宁波经济	宁波社会	都市故事
A8	A9	A10	A11	A12	A13	A14
市民热线	民生资讯	浙江纵览	国际焦点	广告	广告	国际综合
A15	A16	A17	A18	A19	A20	A21
国内综合	文娱报道	体育报道	体育报道/连载	股市要闻	市场观察	投资操作
A22	A23	A24				
信息大全	基金投资	广告				

2007 年 10 月 19 日

A1	A2	A3	A4	A5	A6	A7
—	党的十七大特别报道	党的十七大特别报道	宁波时政	广告	宁波社会	都市故事
A8	A9	A10	A11	A12	A13	A14
市民热线	民生资讯	《现代金报》创刊 4 周年特刊				
A15	A16	A17	A18	A19	A20	A21
《现代金报》创刊 4 周年特刊				浙江纵览	国际焦点	国际综合
A22	A23	A24	A25	A26	A27	A28
国内综合	文娱报道	体育报道	体育报道	财经新闻/第一视点	股市要闻	市场观察

续表

A29	A30	A31	A32	B1	B2	B3
投资操作	信息大全	基金投资	广告	《现代金报》创刊 4 周年特刊		
B4	B5	B6	B7	B8	T1	T2
《现代金报》创刊 4 周年特刊			分类专版	情感/连载	金楼市	楼市广告
T3	T4	T5	T6	T7	T8	
楼市政策	楼市广告	楼市广告	楼市纵深	楼市广告	楼市观察	

2007 年 10 月 20 日

A1	A2	A3	A4	A5	A6	A7
党的十七大特别报道	党的十七大特别报道	重阳节特别报道	宁波综合	收藏/广告	宁波社会	浙江纵览
A8	A9	A10	A11	A12	A13	A14
国际焦点	国际综合	国内综合	体育报道	广告	文娱报道	副刊/连载
A15	A16	A17	A18	A19	A20	A21
分类专版	股金专刊	股市要闻	谈股论金	研究报道	实用数据	信息大全
A22	A23	A24				
基金投资	收藏/广告	收藏/广告				

2007 年 10 月 21 日

A1	A2	A3	A4	A5	A6	A7
党的十七大特别报道	党的十七大特别报道	党的十七大特别报道	宁波综合	都市/社会	国际综合	国内综合
A8	A9	A10	A11	A12	A13	A14
宁波回忆	城市脸谱	情感连载	话说民间	浙江纵览	分类专版	体育报道
A15	A16					
文娱报道	文娱报道					

2007 年 10 月 22 日

A1	A2	A3	A4	A5	A6	A7
—	党的十七大特别报道	党的十七大特别报道	党的十七大特别报道	党的十七大特别报道	党的十七大特别报道	第八届宁波国际服装节特别报道
A8	A9	A10	A11	A12	A13	A14
宁波综合	广告	浙江纵览	国内综合	国际综合	副刊/连载	体育报道

续表

A15	A16	A17	A18	A19	A20	A21
分类专版	文娱报道	《现代金报》创刊 4 周年特刊				
A22	A23	A24				
《现代金报》创刊 4 周年特刊						

表 12-6　三报"阶段性战役"非本地新闻策划报道版面情况

	版　面	占该版面比例	字　数	新　闻
《宁波晚报》	A19	4.35%	108 字	《土议会批准派军入伊动议》
	A18	16.67%	1282 字	《土政府寻求议会批准发兵伊拉克》
	A17	25%	722 字	《土伊"外交角力"派军入伊问题》
	A17	33.33%	541 字	《普京:不屑暗杀阴谋,推迟几小时抵达伊朗》
	A17	50%	1405 字	《不理会漫天"暗杀传言",里海峰会普京如约而至》
	A23	66.67%	2124 字	《世界杯预选赛中缅之战客场定在吉隆坡》
	A24	12.50%	418 字	《亚足联朝令夕改,中缅之战又改到槟城》
	A19	33.33%	1240 字	《流亡海外八年,准备参加议会选举。贝布托确认今日回国》
	A18	80%	1600 字	《贝布托回国,脚刚着地就遭袭。今晨卡拉奇大爆炸 500 余人死亡》
	A09	25%	652 字	《贝布托遭暗杀后首次公开讲话,"我绝不低头"》
	A09	16.67%	627 字	《网上通缉的"娈童狂"泰国落网》
	A09	8.33%	378 字	《加拿大"娈童狂"将在泰国受审》
	A23	10%	486 字	《三国围棋擂台赛,韩国人当上擂主》
	A23	21.43%	846 字	《三国围棋擂台赛,中日韩形式扯平》
《东南商报》	版　面	占该版面比例	字　数	新　闻
	A14	50%	1600 字	《土耳其将派军入伊剿乱》
	A14	33.33%	1245 字	《库尔德工人党偷袭土军营地,造成至少 28 名士兵死伤》
	A10	4.17%	224 字	《"第一夫人"再次缺席国事访问,法国总统即将离婚》
	A14	7.14%	253 字	《法总统萨科奇夫妇正式宣布离婚》
	A13	20%	528 字	《法媒体披露萨科奇离婚内幕》

续表

	版　面	占该版面比例	字　数	新　闻
《现代金报》	A20	50%	1234 字	《流亡八年，贝布托回国。面临人弹袭击，巴基斯坦政府出动 3 万军警保护》
	A7	25%	980 字	《贝布托遇袭后首次讲话，绝不会向极端主义低头》
	A14	20%	750 字	《对阵半职业队缅甸，国足今晚开始世界杯之夜》
	A14	20%	750 字	《赛前损失一员大将，客场最终确定在吉隆坡》
	A14	33.33%	804 字	《7：0 国足大胜缅甸队》
	A11	66.67%	1200 字	《土议会批准政府越境“剿乱”》
	A21	4%	204 字	《关于库尔德工人党武装问题，土外长称可外交解决》

表 12-7　三报一周新闻版面比重

《宁波晚报》新闻版面比重

日　期	16 日	17 日	18 日	19 日	20 日	21 日	22 日
版面总数	32 版	40 版	48 版	40 版	20 版	16 版	28 版
新闻版面总数	19 版	19 版	19 版	19 版	10 版	14 版	11 版
新闻版面占比	59.4%	47.5%	39.6%	47.5%	50.0%	87.5%	39.3%
本地新闻版面总数	6 版	8 版	8 版	4 版	4 版	5 版	7 版
本地新闻版面总数/新闻版面总数	31.6%	42.1%	42.1%	21.1%	40.0%	35.7%	63.6%
本地新闻版面总数/版面总数	18.8%	20.0%	16.7%	10.0%	20.0%	31.3%	25.0%

《现代金报》新闻版面比重

日　期	16 日	17 日	18 日	19 日	20 日	21 日	22 日
版面总数	28 版	40 版	44 版	48 版	24 版	16 版	24 版
新闻版面总数	21 版	31 版	20 版	18 版	14 版	11 版	15 版
新闻版面占比	75.0%	77.5%	45.5%	37.5%	58.3%	68.8%	62.5%
本地新闻版面总数	5 版	18 版	7 版	9 版	5 版	2 版	4 版
本地新闻版面总数/新闻版面总数	23.8%	58.1%	35.0%	50.0%	35.7%	18.2%	26.7%
本地新闻版面总数/版面总数	17.9%	45.0%	15.9%	18.8%	20.8%	12.5%	16.7%

续表

《东南商报》新闻版面比重

日　期	16 日	17 日	18 日	19 日	20 日	21 日	22 日
版面总数	40 版	40 版	40 版	32 版	24 版	16 版	24 版
新闻版面总数	23 版	26 版	20 版	20 版	20 版	8 版	17 版
新闻版面占比	57.5%	65.0%	50.0%	62.5%	83.3%	50.0%	70.8%
本地新闻版面总数	4 版	17 版	4 版	4 版	8 版	1 版	5 版
本地新闻版面总数/新闻版面总数	17.4%	65.4%	20.0%	20.0%	40.0%	12.5%	29.4%
本地新闻版面数/版面总数	10.0%	42.5%	10.0%	12.5%	33.3%	6.25%	20.8%

表 12-8　三报一周稿件信息含量统计

2007 年 10 月 16 日

字数范围	100～500 字	500～1000 字	1000 字以上	总　计
《现代金报》	34	13	20	67
占　比	50.7%	19.4%	29.9%	
《宁波晚报》	63	25	10	98
占　比	64.3%	25.5%	10.2%	
《东南商报》	67	21	18	106
占　比	63.2%	19.8%	17.0%	

2007 年 10 月 17 日

字数范围	100～500 字	500～1000 字	1000 字以上	总　计
《现代金报》	57	28	18	103
占　比	55.3%	27.2%	17.5%	
《宁波晚报》	74	24	12	110
占　比	67.3%	21.8%	10.9%	
《东南商报》	66	15	21	102
占　比	64.7%	14.7%	20.6%	

续表

2007 年 10 月 18 日

字数范围	100～500 字	500～1000 字	1000 字以上	总　计
《现代金报》	99	17	3	119
占　比	83.2%	14.3%	2.5%	
《宁波晚报》	78	28	16	122
占　比	63.9%	23.0%	13.1%	
《东南商报》	90	22	5	117
占　比	76.9%	18.8%	4.3%	

2007 年 10 月 19 日

字数范围	100～500 字	500～1000 字	1000 字以上	总　计
《现代金报》	56	16	13	85
占　比	65.9%	18.8%	15.3%	
《宁波晚报》	71	23	22	116
占　比	61.2%	19.8%	19.0%	
《东南商报》	45	23	14	82
占　比	54.9%	28.0%	17.1%	

2007 年 10 月 20 日

字数范围	100～500 字	500～1000 字	1000 字以上	总　计
《现代金报》	38	11	14	63
占　比	60.3%	17.5%	22.2%	
《宁波晚报》	35	16	7	58
占　比	60.3%	27.6%	12.1%	
《东南商报》	62	13	6	81
占　比	76.6%	16.0%	7.4%	

2007 年 10 月 21 日

字数范围	100～500 字	500～1000 字	1000 字以上	总　计
《现代金报》	29	13	11	53
占　比	54.7%	24.5%	20.8%	
《宁波晚报》	23	13	6	42
占　比	54.8%	31.0%	14.2%	
《东南商报》	43	6	2	51
占　比	84.3%	11.8%	3.9%	

续表

2007 年 10 月 22 日

字数范围	100～500 字	500～1000 字	1000 字以上	总　计
《现代金报》	48	18	15	81
占　比	59.3%	22.2%	18.5%	
《宁波晚报》	48	19	16	83
占　比	57.8%	22.9%	19.3%	
《东南商报》	36	15	9	60
占　比	60.0%	25.0%	15.0%	

三报一周新闻信息含量统计

字数范围	100～500 字	500～1000 字	1000 字以上	总　计
《宁波晚报》	392	148	89	629
占　比	62.3%	23.5%	14.2%	
《东南商报》	409	115	75	599
占　比	68.3%	19.2%	12.5%	
《现代金报》	361	116	94	571
占　比	63.2%	20.3%	16.5%	

表 12-9　三报一周新闻来源分析

2007 年 10 月 16 日

类　型	记　者	通讯员	读　者	通讯社	其他报纸	网　络	读者来稿
《宁波晚报》	80	2			16		
占　比	81.6%	2.0%			16.4%		
《东南商报》	70	8		16	8	4	
占　比	66.1%	7.5%		15.1%	7.5%	3.8%	
《现代金报》	26	8	3	27	3		
占　比	38.8%	11.9%	4.5%	40.3%	4.5%		

续表

2007 年 10 月 17 日

类　型	记　者	通讯员	读　者	通讯社	其他报纸	网　络	读者来稿
《宁波晚报》	60	1		33	16		
占　比	54.5%	0.9%		30.0%	14.6%		
《东南商报》	76	1		18	7		
占　比	74.5%	1.0%		17.7%	6.8%		
《现代金报》	55	19		21	6		
占　比	54.5%	18.8%		20.8%	5.9%		

2007 年 10 月 18 日

类　型	记　者	通讯员	读　者	通讯社	其他报纸	网　络	读者来稿
《宁波晚报》	57	3		35	11	2	
占　比	52.8%	2.8%		32.4%	10.1%	1.9%	
《东南商报》	75	1		29	8	4	
占　比	64.1%	0.9%		24.8%	6.8%	3.4%	
《现代金报》	55	16	4	42	2		
占　比	46.2%	13.4%	3.4%	35.3%	1.7%		

2007 年 10 月 19 日

类　型	记　者	通讯员	读　者	通讯社	其他报纸	网　络	读者来稿
《宁波晚报》	67			21	21	7	
占　比	57.8%			18.1%	18.1%	6.0%	
《东南商报》	40	3		22	13	4	
占　比	48.8%	3.6%		26.8%	15.9%	4.9%	
《现代金报》	39	14		25	4	1	2
占　比	45.9%	16.4%		29.4%	4.7%	1.2%	2.4%

2007 年 10 月 20 日

类　型	记　者	通讯员	读　者	通讯社	其他报纸	网　络	读者来稿
《宁波晚报》	34	1		18	5		
占　比	58.6%	1.7%		31.0%	8.7%		
《东南商报》							
占　比							
《现代金报》	27	8		22	6		
占　比	42.9%	12.8%		34.9%	9.5%		

续表

2007 年 10 月 21 日

类　型	记　者	通讯员	读　者	通讯社	其他报纸	网　络	读者来稿
《宁波晚报》	23			14	5		
占　比	54.8%			33.3%	11.9%		
《东南商报》	19	1		17	14		
占　比	37.3%	2.0%		33.3%	27.4%		
《现代金报》	15	4	2	25	5		
占　比	29.4%	7.8%	3.9%	49.1%	9.8%		

2007 年 10 月 22 日

类　型	记　者	通讯员	读　者	通讯社	其他报纸	网　络	读者来稿
《宁波晚报》	54	2		17	10		
占　比	65.1%	2.4%		20.5%	12.0%		
《东南商报》	29			23	6	1	1
占　比	48.3%			38.3%	10.0%	1.7%	1.7%
《现代金报》	49	4		25	4		
占　比	59.7%	4.9%		30.5%	4.9%		

表 12-10　三报一周副刊情况

日　期	16 日	17 日	18 日	19 日	20 日	21 日	22 日	总　计
《东南商报》	2	9	10	4		5	3	33
占　比	5.0%	22.5%	25.0%	12.5%		31.3%	12.5%	15.57%
《宁波晚报》	6	6	5	8	8	4	3	40
占　比	18.8%	15.0%	10.4%	20.0%	40.0%	25.0%	10.7%	19.98%
《现代金报》	3	11	7	13	1	4	2	41
占　比	10.7%	27.5%	15.9%	27.1%	4.2%	25.0%	8.3%	16.95%

表 12-11 三报一周广告占版情况

《东南商报》广告占版情况 单位:平方厘米

日期	16日	17日	18日	19日	20日	21日	22日	总计
广告专版数	12版	11版	8版	7版	24版	2版	3版	67版
广告专版面积	11209.4	10275.3	7472.9	6538.8	4670.6	1868.2	2802.4	44837.8
全版广告总面积	37364.8	37364.8	37364.8	29891.8	22418.9	14945.9	12590	191941
广告专版占全版比例	30.0%	27.5%	20.0%	21.9%	20.8%	12.5%	22.3%	23.4%
非专版广告面积	4370.2	8407.1	8140.9	4727.2	2300	1089.8	2082.5	31117.8
非专版占全版比例	11.7%	22.5%	21.8%	15.8%	10.3%	7.3%	16.5%	16.2%
总占比	41.7%	50.0%	41.8%	37.7%	31.1%	19.8%	38.8%	39.6%

《现代金报》广告占版情况

日期	16日	17日	18日	19日	20日	21日	22日	总计
广告专版数	4版	2版	23版	11版	4版	1版	8版	53版
广告专版面积	3736.5	1868.2	21484.8	10275.3	3736.5	934.1	7473.0	49508.4
全版广告总面积	26155.4	37364.8	41101.3	44837.8	22418.9	14945.9	22418.9	209242.9
广告专版占全版比例	14.3%	5.0%	52.3%	22.9%	16.7%	6.3%	33.3%	23.7%
非专版广告面积	4076	16825.5	6240.4	7407.0	2861.2	1219.5	3854.5	42484.0
非专版占全版比例	15.6%	45.0%	15.2%	16.5%	12.8%	8.2%	17.2%	20.3%
总占比	29.9%	50.0%	67.5%	39.4%	29.5%	14.5%	50.5%	44.0%

表 12-12 三报一周头版广告占版比例

《现代金报》 单位:平方厘米

日期	16日	17日	18日	19日	20日	21日	22日	总计
面积	0	387.2	310.2	177.4	70.44	22.5	0	967.74
占比	0	41.50%	33.20%	19.00%	7.50%	2.40%	0	14.50%

《东南商报》

面积	0	0	0	0	0	0	0	0
占比	0	0	0	0	0	0	0	0

续表

《宁波晚报》

面　积	0	0	387.2	0	292.5	0	0	97.14
占　比	0	0	41.50%	0	31.30%	0	0	10.40%

表 12-13　图片来源

《宁波晚报》

日　期	16 日	17 日	18 日	19 日	20 日	21 日	22 日
该报记者	10	16	13	17	9	12	27
占　比	27.8%	38.1%	40.6%	38.6%	39.1%	54.6%	75.0%
通讯社	19	19	12	19	11	7	9
占　比	52.8%	45.2%	37.5%	43.2%	47.8%	31.8%	25.0%
资料图片	3	1	4	8	0	1	0
占　比	8.3%	2.4%	12.5%	18.2%	0	4.5%	0
未注明	4	6	3	0	3	2	0
占　比	11.1%	14.3%	9.4%	0	13.0%	9.1%	0
总　计	36	42	32	44	23	22	36

《东南商报》

日　期	16 日	17 日	18 日	19 日	20 日	21 日	22 日
该报记者	11	6	10	11	9	7	9
占　比	36.7%	30.0%	38.5%	44.0%	37.5%	43.8%	37.5%
通讯社	15	6	7	8	12	6	8
占　比	50.0%	30.0%	26.9%	32.0%	50.0%	37.5%	33.3%
资料图片	0	0	0	0	0	0	0
占　比	0	0	0	0	0	0	0
未注明	4	8	9	6	3	3	7
占　比	13.3%	40.0%	34.6%	24.0%	12.5%	19.0%	29.2%
总　计	30	20	26	25	24	16	24

《现代金报》

日　期	16 日	17 日	18 日	19 日	20 日	21 日	22 日
该报记者	6	9	6	17	6	8	4
占　比	27.3%	39.1%	33.3%	65.4%	40.0%	53.3%	33.4%
通讯社	12	7	7	4	6	4	6

续表

日　期	16 日	17 日	18 日	19 日	20 日	21 日	22 日
占　比	54.5%	30.5%	38.9%	15.4%	40.0%	26.7%	50.0%
资料图片	2	3	3	2	1	1	1
占　比	9.1%	13.0%	16.7%	7.7%	6.7%	6.7%	8.3%
未注明	2	4	1	3	2	2	1
占　比	9.1%	17.4%	5.6%	11.5%	14.3%	13.3%	8.3%
总　计	22	23	18	26	15	15	12

表 12-14　图片大小

《宁波晚报》

日　期	16 日	17 日	18 日	19 日	20 日	21 日	22 日
一栏	23	26	15	28	17	11	24
占　比	63.9%	61.9%	46.9%	62.3%	73.9%	50.0%	66.6%
二栏	13	14	17	15	6	11	10
占　比	36.1%	33.3%	53.1%	33.3%	26.1%	50.0%	27.8%
三栏	0	2	0	2	0		1
占　比	0	4.8%	0	4.4%	0	0	2.8%
四栏	0	0	0	0	0		1
占　比	0	0	0	0	0	0	2.8%
总计	36	42	32	45	23	22	36

《东南商报》

日　期	16 日	17 日	18 日	19 日	20 日	21 日	22 日
一　栏	8	7	8	9	11	7	11
占　比	26.7%	35.0%	30.8%	36.0%	45.8%	43.8%	45.8%
二　栏	12	7	15	12	9	8	7
占　比	40.0%	35.0%	57.7%	48.0%	37.5%	50.0%	29.2%
三　栏	9	5	3	3	3	1	5
占　比	30.0%	25.0%	11.5%	12.0%	12.5%	6.2%	20.8%
四　栏	1	1	0	1	1	0	1
占　比	3.3%	5.0%	0	4.0%	4.2%	0	4.2%
总　计	30	20	26	25	24	16	24

续表

《现代金报》

日　期	16 日	17 日	18 日	19 日	20 日	21 日	22 日
一　栏	8	7	5	10	3	4	4
占　比	36.4%	30.4%	27.8%	38.5%	21.4%	26.7%	40.0%
二　栏	8	11	9	10	5	6	4
占　比	36.4%	47.8%	50.0%	38.5%	35.7%	40.0%	40.0%
三　栏	6	5	4	5	5	5	1
占　比	27.2%	21.8%	22.2%	19.2%	35.7%	33.3%	10.0%
四　栏	0	0	0	1	1	0	1
占　比	0	0	0	3.8%	7.2%	0	10.0%
总　计	22	23	18	26	14	15	10

表 12-15　图片类别

	日　期	16 日	17 日	18 日	19 日	20 日	21 日	22 日
《宁波晚报》	黑　白	18	20	23	36	9	11	22
	占　比	50.0%	48.0%	72.0%	82.0%	39.0%	50.0%	61.0%
	电脑制图	1	1	2	2	0	0	0
	占　比	2.8%	2.0%	6.0%	5.0%	0	0	0
	漫　画	1	2	0	0	0	2	0
	占　比	2.8%	5.0%	0	0	0	9.0%	0
	彩　色	16	19	7	8	14	10	13
	占　比	44.4%	45.0%	22.0%	18.0%	61.0%	45.0%	36.0%
	总　计	36	42	32	44	23	22	36
《东南商报》	日　期	16 日	17 日	18 日	19 日	20 日	21 日	22 日
	黑　白	10	10	14	16	11	8	11
	占　比	33.3%	50.0%	53.8%	64.0%	45.8%	50.0%	45.8%
	电脑制图	1			1	2	1	1
	占　比	3.3%	0	0	4.0%	8.4%	6.3%	4.2%
	漫　画	3	1	2	3	0	1	0
	占　比	10.0%	5.0%	7.7%	12.0%	0	6.3%	0
	彩　色	16	9	10	5	11	6	12
	占　比	53.4%	45.0%	38.5%	20.0%	45.8%	37.4%	50.0%
	总　计	30	20	26	25	24	16	24

续表

	日　期	16 日	17 日	18 日	19 日	20 日	21 日	
《现代金报》	黑　白	14	12	13	10	10	8	
	占　比	63.6%	52.2%	72.2%	38.5%	71.4%	53.3%	
	彩　色	7	8	4	15	4	7	
	占　比	31.8%	34.8%	22.2%	57.7%	28.6%	46.7%	
	电脑制图	1	1	1	1	0	0	
	占　比	4.6%	4.3%	5.6%	3.8%	0	0	
	漫　画	0	2	0	0	0	0	
	占　比	0	8.7%	0	0	0	0	
	总　计	22	23	18	26	14	15	

表 12-16　宁波本地新闻信息含量统计

16 日

字数范围	100～500 字	500～1000 字	1000 字以上	总　计
《现代金报》	18	7	5	30
占　比	60.0%	22.3%	16.7%	
《宁波晚报》	23	14	4	41
占　比	56.1%	34.1%	9.8%	
《东南商报》	9	10	7	26
占　比	36.1%	37%	26.9%	

17 日

字数范围	100～500 字	500～1000 字	1000 字以上	总　计
《现代金报》	22	17	3	42
占　比	52.4%	40.5%	7.1%	
《宁波晚报》	19	16	3	38
占　比	50.0%	42.1%	7.9%	
《东南商报》	20	7	6	33
占　比	60.6%	21.2%	18.2%	

续表

18 日

字数范围	100～500 字	500～1000 字	1000 字以上	总 计
《现代金报》	20	6	1	27
占 比	74.1%	22.2%	3.7%	
《宁波晚报》	28	13	6	47
占 比	59.5%	27.8%	12.7%	
《东南商报》	20	13	1	34
占 比	58.8%	38.2%	3.0%	

19 日

字数范围	100～500 字	500～1000 字	1000 字以上	总 计
《现代金报》	19	7	2	28
占 比	67.9%	25%	7.1%	
《宁波晚报》	26	6	2	34
占 比	76.5%	17.6%	5.9%	
《东南商报》	14	11	3	28
占 比	50.0%	39.3%	10.7%	

20 日

字数范围	100～500 字	500～1000 字	1000 字以上	总 计
《现代金报》	15	2	0	17
占 比	88.2%	11.8%	0	
《宁波晚报》	3	4	2	9
占 比	66.7%	22.2%	11.1%	
《东南商报》	28	12	2	42
占 比	75.0%	21.4%	3.6%	

21 日

字数范围	100～500 字	500～1000 字	1000 字以上	总 计
《现代金报》	9	3	3	14
占 比	60.0%	20.0%	20.0%	
《宁波晚报》	13	2	1	16
占 比	81.3%	12.5%	6.2%	
《东南商报》	9	2	0	11
占 比	81.8%	18.2%	0	

续表

22 日

字数范围	100～500 字	500～1000 字	1000 字以上	总　计
《现代金报》	12	5	0	17
占　比	70.6%	29.4%	0	
《宁波晚报》	17	7	5	29
占　比	58.6%	24.1%	17.3%	
《东南商报》	6	3	3	12
占　比	50.0%	25.0%	25.0%	

表 12-17　三报一周本地新闻地域及类别分布情况

《宁波晚报》

	类别	时政	社会民生	法制	文娱	体育	财经	教育	总计
16 日	海曙		1		1				2
	江东		1						1
	江北								
	鄞州		1					1	2
	北仑		1						1
	镇海		1					1	2
	余姚								
	慈溪								
	奉化		1						1
	象山								
	宁海								
	老三区相关		2		1				3
	全市相关	2	7		2		6	3	20

续表

	类别	时政	社会民生	法制	文娱	体育	财经	教育	总计
17日	海曙		2		1			1	4
	江东		2					1	3
	江北		1						1
	鄞州		2		1	1	1	1	6
	北仑								
	镇海		2					1	3
	余姚								
	慈溪								
	奉化		1						1
	象山								
	宁海								
	老三区相关		5		1	1		2	9
	全市相关	2	7		3	3	2	9	26
18日	类别	时政	社会民生	法制	文娱	体育	财经	教育	总计
	海曙		1						1
	江东		2		1			1	4
	江北		1					1	2
	鄞州		3					1	4
	北仑		1						1
	镇海								
	余姚							1	1
	慈溪								
	奉化		1						1
	象山								
	宁海								
	老三区相关		4		1			2	7
	全市相关		18	1	1			5	25

续表

	类别	时政	社会民生	法制	文娱	体育	财经	教育	总计
19 日	海曙				1				1
	江东		5						5
	江北		1						1
	鄞州				1				1
	北仑								
	镇海								
	余姚		1						1
	慈溪								
	奉化		1		1				2
	象山								
	宁海								
	老三区相关		6		1				7
	全市相关		16	3			2	1	22
20 日	类别	时政	社会民生	法制	文娱	体育	财经	教育	总计
	海曙				1				1
	江东		1						
	江北								
	鄞州		1						1
	北仑								
	镇海		1						1
	余姚								
	慈溪								
	奉化		1						1
	象山								
	宁海								
	老三区相关		1						1
	全市相关		9	2	2				13

续表

	类别	时政	社会民生	法制	文娱	体育	财经	教育	总计
21 日	海曙				1				1
	江东								
	江北		1			1			2
	鄞州					1			1
	北仑		2						2
	镇海								
	余姚								
	慈溪								
	奉化		1						1
	象山								
	宁海								
	老三区相关		1			1			2
	全市相关		7		2	1			10
22 日	类别	时政	社会民生	法制	文娱	体育	财经	教育	总计
	海曙		1						1
	江东		3						3
	江北		5						5
	鄞州		2						2
	北仑								
	镇海		1						1
	余姚								
	慈溪								
	奉化		2						2
	象山		1						1
	宁海								
	老三区相关		9						9
	全市相关		8	1	2		2		13

续表

《现代金报》

	类别	时政	社会民生	法制	文娱	体育	财经	教育	总计
16日	海曙	2							2
	江东		1						1
	江北								
	鄞州								
	北仑	1							1
	镇海		1						1
	余姚								
	慈溪								
	奉化								
	象山								
	宁海								
	老三区相关	2	1						3
	全市相关	2	14			1	8		25
17日	类别	时政	社会民生	法制	文娱	体育	财经	教育	总计
	海曙		3		1		1		5
	江东		3						3
	江北								
	鄞州		1						1
	北仑								
	镇海		2	1					3
	余姚								
	慈溪								
	奉化		1						1
	象山		4						4
	宁海								
	老三区相关		6						6
	全市相关		14				11		25

续表

	类别	时政	社会民生	法制	文娱	体育	财经	教育	总计
18 日	海曙		5						5
	江东		2						2
	江北		2						2
	鄞州		2						2
	北仑								
	镇海								
	余姚		2						2
	慈溪		1						1
	奉化		1						1
	象山								
	宁海								
	老三区相关		9						9
	全市相关		10				2		12
19 日	类别	时政	社会民生	法制	文娱	体育	财经	教育	总计
	海曙		1						1
	江东		2		1				3
	江北								
	鄞州					1			1
	北仑		3						3
	镇海			1					1
	余姚		1						1
	慈溪								
	奉化								
	象山		1						1
	宁海								
	老三区相关		3						3
	全市相关	1	12	2	1		1		17

续表

	类别	时政	社会民生	法制	文娱	体育	财经	教育	总计
20日	海曙		1						1
	江东				1				1
	江北								
	鄞州		2	1					3
	北仑		1						1
	镇海		1	1					2
	余姚								
	慈溪								
	奉化								
	象山								
	宁海								
	老三区相关		1						1
	全市相关		6		1		1		8
21日	类别	时政	社会民生	法制	文娱	体育	财经	教育	总计
	海曙				1				1
	江东		2						2
	江北								
	鄞州		1						1
	北仑								
	镇海								
	余姚		1						1
	慈溪								
	奉化								
	象山								
	宁海								
	老三区相关		2						2
	全市相关		5		4		1		10

续表

	类别	时政	社会民生	法制	文娱	体育	财经	教育	总计
22 日	海曙								
	江东								
	江北								
	鄞州		1						1
	北仑		1						1
	镇海								
	余姚								
	慈溪								
	奉化								
	象山								
	宁海								
	老三区相关								
	全市相关		10				5		15

《东南商报》

	类别	时政	社会民生	法制	文娱	体育	财经	教育	总计
16 日	海曙		1		1				2
	江东		2						2
	江北								
	鄞州								
	北仑	1							1
	镇海								
	余姚								
	慈溪								
	奉化								
	象山						1		1
	宁海	1							1
	老三区相关		3		1				4
	全市相关	1	6		3		5		15

续表

	类别	时政	社会民生	法制	文娱	体育	财经	教育	总计
17 日	海曙		1		1				2
	江东								
	江北								
	鄞州		1						1
	北仑			1					1
	镇海								
	余姚								
	慈溪								
	奉化		1						1
	象山								
	宁海								
	老三区相关		1						1
	全市相关		21	1	1	1	5		29
18 日	类别	时政	社会民生	法制	文娱	体育	财经	教育	总计
	海曙		2		1				3
	江东		1				1		2
	江北		1						1
	鄞州		2						2
	北仑		1		1				2
	镇海								
	余姚								
	慈溪								
	奉化								
	象山								
	宁海								
	老三区相关		4				1		5
	全市相关		19		1		6		26

续表

日期	类别	时政	社会民生	法制	文娱	体育	财经	教育	总计
19 日	海曙		1		1				2
	江东	1	1						2
	江北	1							1
	鄞州								
	北仑	1							1
	镇海								
	余姚								
	慈溪		1				1		2
	奉化								
	象山								
	宁海	1							1
	老三区相关	2	2		1				5
	全市相关		11		2		3		16
20 日	类别	时政	社会民生	法制	文娱	体育	财经	教育	总计
	海曙								
	江东								
	江北								
	鄞州						1		1
	北仑		1				1	1	3
	镇海								
	余姚								
	慈溪							1	1
	奉化								
	象山								
	宁海								
	老三区相关								
	全市相关	2	17	3	4	1	2	22	51

续表

	类别	时政	社会民生	法制	文娱	体育	财经	教育	总计
21日	海曙		1		1				2
	江东		1						1
	江北					1			1
	鄞州		1						1
	北仑								
	镇海								
	余姚								
	慈溪								
	奉化								
	象山								
	宁海								
	老三区相关		2			1			3
	全市相关		3		4				7

	类别	时政	社会民生	法制	文娱	体育	财经	教育	总计
22日	海曙				1				1
	江东		1	1					2
	江北		1	1					2
	鄞州								
	北仑								
	镇海								
	余姚								
	慈溪								
	奉化		1						1
	象山								
	宁海								
	老三区相关		1	1					2
	全市相关		2		5		1	1	9

表 12-18 三报一周本地图片新闻、配图新闻比较

	日 期	16日	17日	18日	19日	20日	21日	22日	总 计
《现代金报》	本地新闻图片	4	5	6	8	5	3	3	34
	新闻图片	22	23	18	26	14	15	10	128
	占 比	18.18%	21.74%	33.33%	30.77%	35.71%	20.00%	30.00%	26.56%
《东南商报》	本地新闻图片	5	4	4	9	8	8	7	45
	新闻图片	30	20	26	25	24	16	24	165
	占 比	16.67%	20.00%	15.38%	36.00%	33.30%	50.00%	29.17%	27.27%

表 12-19 其他非宁波新闻同源情况

16日

版面	《宁波晚报》	字数	版面	《东南商报》	字数	版面	《现代金报》	字数
A1～A5	党的十七大特别报道	1000字以上	A1～A5	欢庆党的十七大特别报道	1000字以上	A1～A7	党的十七大特别报道	1000字以上
A15	《老板中彩6500万元却不为所动》	500～1000字				A19	《一人独中6500万元巨奖》	1000字以上
A16	《三美国人同获诺贝尔经济学奖》	500～1000字	A12	《三名美国人获诺贝尔经济学奖》	100～500字	A14	美国三位教授摘得桂冠	500～1000字
A16	《韩国游客过多,压垮朝鲜金刚山铁桥》	100～500字				A14	《朝鲜金刚山铁桥脱钩,韩国多名游客受伤》	100～500字
A16	《无钱租房,德男子揪总统衣领》	100～500字	A12	《德国总统遭男子未遂袭击》	100～500字	A14	《罗马尼亚男子抓衣领袭击德国总统未遂》	100～500字
A13	《权重股推动股指突破6000点,静态市盈率首破70倍》	500～1000字	A14	《上证综指站上6000点整数关,权重股表现神勇》	1000字以上	A20	《蓝筹抱团,沪指站稳6000点》	1000字以上
A13	《中国股市正首现经济"晴雨表"作用》	100～500字				A24	《股市正呈现"晴雨表"作用》	1000字以上

续表

版面	《宁波晚报》	字数	版面	《东南商报》	字数	版面	《现代金报》	字数
A14	《“嫦娥一号”确定最佳发射时间》	100～500字	A10	《“嫦娥一号”正运往发射区》	500～1000字			
A14	《炒菜机器人将送食堂试用》	500～1000字	A10	《10年后每家会有十个机器人》	100～500字			
A17	《普京不屑暗杀阴谋，推迟几小时抵达伊朗》	500～1000字	A11	《俄领导人60多年来首访伊朗，恐怖分子欲在伊朗活捉普京？》	1000字以上	A14	《普京访伊朗面临“肉弹”袭击？》	1000字以上
A17	《印度两大证交所受炸弹袭击威胁》	100～500字	A11	《挤满观众的影院内炸弹突然爆炸》	1000字以上	A14	《炸弹扔向电影院，印度死伤数十人》	100～500字
A21	《中国最早的流行歌曲词作家辞世，差四天百岁，陈蝶衣化蝶》	500～1000字	B13	《99岁陈蝶衣安然辞世》	100～500字			
A21	《歌唱祖国》作者王莘病逝	100～500字	B13	《歌唱祖国》曲作者王莘病逝	100字以下			
A21	《肥肥获“星辉大奖”》	100～500字	A16	《肥姐下个月有望公开露面》	1000字以上			
A23	《国足伤心地重新起步》	1000字以上	A24	《外围赛地点更换，国足要回伤心地》	100～500字			
A23	《丁俊晖再次止步首轮》	500～1000字				A17	《小晖惜败无缘16强》	500～1000字
			A24	《多曼不来可能性很大》	100～500字	A17	《多曼续约再遇坎坷》	1000字以上

续表

17 日

版面	《宁波晚报》	字数	版面	《东南商报》	字数	版面	《现代金报》	字数
A1～A3	党的十七大特别报道	1000 字以上	A1～A4	欢庆党的十七大	1000 字以上	A1～A4	党的十七大特别报道	1000 字以上
A16	《3 名中国女留学生在乌克兰遇袭受伤》	100～500 字	A10	《三名中国女留学生在乌克兰遇袭受伤》	100～500 字			
A22	《女足拼进世青赛》	1000 字以上	A11	《女足挤上世青赛末班车》	1000 字以上	A17	《中青队 1∶0 战胜韩国队搭上世青赛末班车》	100～500 字
A22	《刘翔入围最佳候选名单》	100～500 字	A11	《刘翔候选田径年度最佳》	500～1000 字	A17	《刘翔入围年度最佳》	100～500 字
A22	《百年环法首次冠军易主》	100～500 字	A11	《环法首现冠军易主》	100～500 字	A17	《百年环法冠军易主》	100 字以下
A20	《李小璐接拍好莱坞科幻片》	100～500 字				A16	《李小璐进军好莱坞》	100～500 字
			A09	《房屋缴物业税拟明年试点》	500～1000 字	A6	《物业税有望明年开征》	500～1000 字
A11	《首只股票 QDII 基金 20 天净值增 3%》	100～500 字	A17	《QDII 基金配售比再创新低》	500～1000 字	A23	《首只股票型 QDII 基金 20 天净值增 3%》	100～500 字
A14	《"嫦娥一号"确定 10 月 24 日发射》	500～1000 字	A18	《"嫦娥奔月"助长军工板块》	500～1000 字	A14	《"嫦娥一号"计划 24 日发射》	100～500 字
			A10	《赖斯称已到巴勒斯坦建国时》	1000 字以上	A13	《赖斯中东之行时称已是巴勒斯坦建国时》	100～500 字
			A10	《普京推迟抵达伊朗》	100～500 字	A12	《普京访伊朗，里海示团结》	1000 字以上
			A15	《热点正从二八向八二过渡》	1000 字以上	A20	《"二八"现象正向"八二"现象过渡》	500～1000 字
A17	《美国媒体称美印核能合作濒临破裂》	100～500 字				A13	《美印核能合作濒临破裂》	100～500 字

续表

2007 年 10 月 18 日

版面	《宁波晚报》	字数	版面	《东南商报》	字数	版面	《现代金报》	字数
A1～A2、A4	党的十七大特别报道	1000 字以上	A2～A3	欢庆党的十七大特别报道	1000 字以上	A2～A3	党的十七大特别报道	1000 字以上
			A11	《美放“暗杀普京”传言弄巧成拙》	1000 字以上			
A16	《“嫦娥”太空高歌 30 首经典曲目》	100～500 字	A1	《“嫦娥一号”将在太空播放梁祝》	500～1000 字	A15	《30 首好歌随“嫦娥”奔月》	100～500 字
A17	《垂涎百万平方公里海床资源，英国要到南极洲圈地》	1000 字以上				A14	《英欲抢南极资源》	500～1000 字
A18	《维也纳将举办首个“离婚展会”》	100～500 字				A14	《维也纳将办“离婚展会”》	100～500 字
A19	《土议会批准派军入伊动议》	100～500 字	A11	《土伊边境集结大量土军》	1000 字以上			
A18	《英科学家：过度肥胖减寿 13 年》	100～500 字				A14	《过度肥胖减寿平均 13 年》	500～1000 字
A19	《就里海划分问题，里海沿岸五国未能达成一致》	100～500 字						
A23	《易建联再度首发》	100～500 字	A14	《易建联再度首发》	100～500 字	A17	《易建联首发得九分》	100～500 字
A23	《今年八一双鹿比赛球票有变化》	500～1000 字				A17	《八一双鹿票价比去年上涨约 50%》	100～500 字
A23	《斯特恩谋划组建中国 NBA》	100～500 字				A17	《NBA 要去中国组建第二联赛》	100～500 字

续表

版面	《宁波晚报》	字数	版面	《东南商报》	字数	版面	《现代金报》	字数
A23	《怪兽斗翻小皇帝》	500～1000字				A14	《詹姆斯不敌“魔兽”》	100～500字
A16	《教育部禁止组织未成年学生外出务工》	100～500字				A15	《教育部发出通知禁止未成年学生务工》	100～500字
A16	《我国将对自行车统一编码》	100～500字				A15	《自行车将统一编码》	100～500字
A16	《中国成功减贫加速了世界减贫进程》	500～1000字				A15	《中国贫困人口减少1.95亿》	500～1000字
			A12	《以男子娶八妻生67子还想要第九妻》	100～500字	A14	《生了67个孩子,以男子还想要第九妻》	100～500字
			A14	《不惜一切代价留住多曼》	500～1000字	A18	《多曼续约再遇障碍》	100～500字
			A18	《权重熄火,两市双双回归》	1000字以上	A20	《热点退潮,市场开始震荡》	1000字以上
			A18	《短期震荡可能加剧》	100～500字	A20	《大盘短线震荡加剧》	100～500字
			A18	《八二暂时取代二八》	100～500字	A20	《“二八”现象将逐步改变》	100～500字
			A22	《选择适合自己的投资基金》	100～500字	A23	《四季度基金投“基”趋于分数》	100～500字
			B13	《新“西游”难觅美猴王》	500～1000字	A16	《张纪中这次不得不妥协》	500～1000字

2007年10月19日

版面	《宁波晚报》	字数	版面	《东南商报》	字数	版面	《现代金报》	字数
A1～A4	欢庆党的十七大	1000字以上	A1～A4	欢庆党的十七大	1000字以上	A1～A3	《党的十七大特别报道》	1000字以上
A15	《160万个问题拷问普京》	500～1000字				A20	《普京接受俄民众“拷问”》	100～500字

续表

版面	《宁波晚报》	字数	版面	《东南商报》	字数	版面	《现代金报》	字数
A16	《法国总统离婚了》	500～1000字	A14	《法总统萨科奇夫妇正式宣布离婚》	100～500字	A21	《法总统与妻子分手》	100～500字
A18	《贝布托回国》	1000字以上	A14	《贝布托昨回国》	100～500字	A20	《流亡八年，贝布托回国》	1000字以上
A13	《投资基金大牛市也有风险》	1000字以上				A31	《股指大跌拖累开放式基金》	100～500字
A13	《上投摩根QDII基金配售比例仅为25.8%》	100～500字				A31	《上投摩根QDII基金配售比例不足三成》	100～500字
A23	《中国明星输了24分》	1000字以上						
A19	《拍虎者"经纪人"讲述虎照出笼经过》	500～1000字	A11	《华南虎照片是拼命拍来的》	1000字以上			
A20	《装进纸箱空运重庆》	500～1000字	A11	《140万现金装纸箱当普通行李空运》	100～500字			
A20	《〈色戒〉冲奥遇麻烦》	100～500字	B07	《〈色戒〉被奥斯卡除名》	100～500字			
			A14	《土耳其将派军入伊"剿乱"》	1000字以上	A21	《土外长称可外交解决》	100～500字
			A16	《"嫦娥一号"奔月需八天左右》	1000字以上	A22	《飞到月球需173小时》	100～500
			B08	《刘蓓离婚》	100～500字	A23	《结婚三载小孩一岁，刘蓓张黎因第三者离婚?》	1000字以上
A23	《大范甘迪收到大郅礼物》	100～500字				A24	《范甘迪高看火箭队》	100～500字
A23	《国足周日打响冲击南非世界杯第一枪》	500～1000字				A25	《福拉多低调面对中缅之战》	100～500字

续表

2007 年 10 月 20 日

版面	《宁波晚报》	字数	版面	《东南商报》	字数	版面	《现代金报》	字数
A1～A3	党的十七大特别报道	1000 字以上	A2～A3	欢庆党的十七大	1000 字以上	A1～A2	《党的十七大特别报道》	1000 字以上
A09	《贝布托遭暗杀后首次公开讲话，"我绝不低头"》	100～500 字	A08	《车辆夹层使贝布托躲过暗杀》	1000 字以上	A8	《回国十小时，贝布托遭连环爆炸》	1000 字以上
A06	《安监总局：矿山出重大事故将被吊销资格证》	100～500 字				A10	《出事故矿主将被吊证》	100～500 字

2007 年 10 月 21 日

版面	《宁波晚报》	字数	版面	《东南商报》	字数	版面	《现代金报》	字数
A1～A3	党的十七大特别报道	1000 字以上	A1～A3	党的十七大特别报道	1000 字以上	A1～A3	党的十七大特别报道	1000 字以上
A6	《华南虎拍摄者欲卖原始胶片，当地林业厅再赴现场查看》	500～1000 字	A05	《拍虎英雄自首》	500～1000 字	A6	《华南虎真假再起争议》	1000 字以上
A15	《伊朗核谈判代表人选已确定》	1000 字以上	A7	《伊朗政府发言人说首席核谈判代表辞职》	100～500 字			
A15	《今晚国足起步，第九次冲击世界杯》	500～1000 字				A14	《国足今晚开始世界杯之旅》	500～1000 字
A8	《央视将直播"嫦娥一号"奔月》	500～1000 字	A8	《嫦娥飞天，央视料难直播》	500～1000 字			
			A5	《被开除公职者不得报考公务员》	1000 字以上	A6	《被开除公职者不得报考公务员》	1000 字以上

续表

版面	《宁波晚报》	字数	版面	《东南商报》	字数	版面	《现代金报》	字数
			A6	《英军低空飞,偷窥日光浴》	100~500字	A7	《四名英军飞行员低空飞行偷窥夫妇俩日光浴》	100~500字
			A6	《美朝建交已达到最佳时期》	100~500字	A7	《美朝建交时机已到》	100~500字
			A5	《丈夫淋巴细胞可治习惯性流产》	100~500字	A12	《丈夫淋巴细胞可治习惯性流产》	100~500字

2007年10月22日

版面	《宁波晚报》	字数	版面	《东南商报》	字数	版面	《现代金报》	字数
A1~A6	党的十七大特别报道	1000字以上	A1~A6	欢庆党的十七大特别报道	1000字以上	A1~A6	党的十七大特别报道	1000字以上
A10	《价值千万元的传统藏服明天抵京》	100~500字	A12	《价值千万藏服明天抵京》	100~500字			
A16	《"嫦娥"今日演练奔月过程》	1000字以上				A11	《"嫦娥一号"今日实战合练》	500~1000字
A22	《帕瓦罗蒂留下1800万欧元债务》	500~1000字	A13	《帕瓦罗蒂生前债台高筑》	500~1000字			
A28	《福家军横扫缅甸》	100~500字	A15	《福拉多38天国足已变》	500~1000字			
			A13	《鼓励多生孩子,普京向英雄母亲授勋》	100~500字	A12	《普京向英雄母亲授勋》	100~500字
			A14	《布什险入新西兰刺杀陷阱》	500~1000字	A12	《布什总统躲过刺杀陷阱》	500~1000字
			A15	《皇马首败,球员急躁》	100~500字	A14	《皇马遭遇赛季首败》	100~500字

表 12-20 三报“阶段性战役”本地新闻报道情况

	新 闻	日期	占版面情况或占比	字 数
《宁波晚报》	党的十七大特别报道	16 日	A3～A5	1000 字以上
	党的十七大特别报道	17 日	A2～A3	1000 字以上
	党的十七大特别报道	18 日	A2～A4	1000 字以上
	党的十七大特别报道	19 日	A1～A4	1000 字以上
	党的十七大特别报道	20 日	A2～A3	1000 字以上
	党的十七大特别报道	21 日	A2～A3	1000 字以上
	党的十七大特别报道	22 日	A1～A6	1000 字以上
	《“嫦娥一号”确定最佳发射时间》	16 日	25.00％	100～500 字
	《“嫦娥一号”确定 10 月 24 日发射》	17 日	25.00％	500～1000 字
	《“嫦娥”太空高歌 30 首经典曲目》	18 日	25.00％	500～1000 字
	《天气有利于“嫦娥一号”发射》	20 日	50.00％	500～1000 字
	《宁波不少人都想注册“嫦娥一号”商标》	21 日	20.00％	500～1000 字
	《央视将直播“嫦娥一号”奔月》	21 日	25.00％	500～1000 字
	《“嫦娥”今日演练奔月过程》	22 日	25.00％	500～1000 字
	《42 街》明晚撩面纱	16 日	—	—
	《〈42 街〉在宁波演出，所有的道具都能上舞台》	17 日	—	—
	《百老汇的音乐大餐其实很市民，〈42 街〉昨晚踢动甬城》	18 日	25.00％	500～1000 字
	《百老汇走进达敏学校》	19 日	12.50％	100～500 字
	《〈42 街〉推出“师生专场”》	20 日	18.69％	100～500 字
	《〈42 街〉完美落幕》	22 日	25.00％	100～500 字
	《148 名志愿者将微笑亮相服装节》	17 日	4.17％	100～500 字
	《五场时装秀扮靓服装节》	18 日	12.50％	100～500 字
	《服装节昨晚开幕》	22 日	50.00％	500～1000 字

续表

	新　闻	日期	占版面情况或占比	字　数
《宁波晚报》	《华南虎照片造假?》	17 日	50.00%	1000 字以上
	《拍虎者“经纪人”讲述虎照出笼经过》	19 日	20.00%	100～500 字
	《拍虎者称陕西镇坪华南虎起码有 9 只》	20 日	12.50%	500～1000 字
	《华南虎拍摄者欲卖原始胶片，当地林业厅再赴现场查看》	21 日	25.00%	500～1000 字
	《华南虎照片拍摄者展示胶卷底片》	22 日	12.50%	500～1000 字
《东南商报》	新　闻	日期	占版面情况或占比	字　数
	欢庆十七大特别报道	16 日	A1～A6	1000 字以上
	欢庆十七大特别报道	17 日	A1～A4	1000 字以上
	欢庆十七大特别报道	18 日	A2～A3	1000 字以上
	欢庆十七大特别报道	19 日	A2～A4	1000 字以上
	欢庆十七大特别报道	20 日	—	1000 字以上
	欢庆十七大特别报道	21 日	A1～A3	1000 字以上
	欢庆十七大特别报道	22 日	A1～A6	1000 字以上
	《嫦娥一号正式运往发射区》	16 日	33.33%	500～1000 字
	《“嫦娥”飞天，10 月 24 日下午六时》	17 日	50.00%	1000 字以上
	《“嫦娥一号”将在太空播放〈梁祝〉》	18 日	25.00%	1000 字以上
	《“嫦娥一号”奔月需八天左右》	19 日	50.00%	1000 字以上
	《“嫦娥”飞天，央视料难直播》	21 日	33.33%	500～1000 字
	《“嫦娥一号”今晚模拟点火》	22 日	80.00%	1000 字以上
	《服装节，宁波会展业引擎》	16 日	25.00%	500～1000 字
	《服装节，宁波本土女装品牌将集体亮相》	18 日	33.33%	500～1000 字
	《第十一届宁波国际服装节开幕》	22 日	33.33%	100～500 字
	《重阳节邀老党员参观新宁波》	17 日	12.50%	100～500 字
	《相聚长寿节》	18 日	25.00%	1000 字以上
	《九九重阳源于西汉》	19 日	5.56%	100～500 字
	《重阳“银发经济”期待加盟》	19 日	25.00%	500～1000 字

续表

	新　闻	日期	占版面情况或占比	字　数
《东南商报》	《寻找八旬同龄人活动在宁波启动》	19日	8.33%	100～500字
	《想给老人买手机难如愿》	19日	20.00%	500～1000字
	《女儿迷上自拍,妈妈有点担心》	17日	12.50%	100～500字
	《女儿自拍让妈妈很担心,网友建议需要交流沟通》	19日	12.50%	100～500字
	《42街首演获满堂彩》	18日	33.30%	500～1000字
	《42街完美落幕》	22日	20.00%	500～1000字
	《陕西拍虎英雄回应照片造假说法,华南虎是拼命拍来的》	19日	22.40%	1000字以上
	《中科院院长称华南虎照片系伪造,劝拍虎英雄自首》	21日	33.20%	1000字以上
《现代金报》	新　闻	日期	占版面情况或占比	字　数
	党的十七大特别报道	16日	A1～A7	1000字以上
	党的十七大特别报道	17日	A2～A4	1000字以上
	党的十七大特别报道	18日	A2～A3	1000字以上
	党的十七大特别报道	19日	A2～A3	1000字以上
	党的十七大特别报道	20日	A2	1000字以上
	党的十七大特别报道	21日	A1～A3	1000字以上
	党的十七大特别报道	22日	A1～A6	1000字以上
	第十一届宁波国际服装节特别报道	17日	10.00%	100～500字
	第十一届宁波国际服装节特别报道	19日	25.00%	500～1000字
	第十一届宁波国际服装节特别报道	20日	A7	1000字以上
	第十一届宁波国际服装节特别报道	22日	25.00%	1000字以上
	《我为爷爷奶奶过重阳》	16日	5.56%	100～500字
	《重阳节,选辆好车送长辈》	17日	50.00%	1000字以上

续表

	新　闻	日期	占版面情况或占比	字　数
《现代金报》	《重阳节邀老党员看甬城变化》	17 日	4.12%	100～500 字
	《给老人买礼物好难》	19 日	25.00%	500～1000 字
	《两位百岁寿星的百年人生》	19 日	50.00%	1000 字以上
	《〈赛马〉、〈孔雀〉与老人同乐》	19 日	25.00%	500～1000 字
	《副市长与百岁老人谈养生》	19 日	6.25%	100～500 字
	《重阳节特别报道》	20 日	A3	100～500 字
	《发放老人补贴》	21 日	4.12%	100～500 字
	《奥运冠名权不能随便用》	16 日	5.56%	100～500 字
	《我国隆重发行申奥成功权威纪念藏品》	20 日	50.00%	1000 字以上
	《国家级安保系统保北京奥运》	20 日	66.67%	1000 字以上
	《"嫦娥一号"计划 24 日发射》	17 日	12.50%	500～1000 字
	《30 首好歌随"嫦娥"奔月》	18 日	14.28%	100～500 字
	《有人抢注"嫦娥一号"，其实价值并不大》	19 日	8.33%	100～500 字
	《"嫦娥一号"体重 2 吨多，飞到月球需 173 小时》	19 日	8.33%	100～500 字
	《当地干部估计"嫦娥"6 小时奔月》	20 日	25.00%	500～1000 字
	《"嫦娥一号"今日实战合练》	22 日	26.67%	500～1000 字
	《蔬菜价格普遍高了》	18 日	8.33%	100～500 字
	《保障供应，外地菜将大量入甬》	19 日	25.00%	500～1000 字
	《对虾、蛏子有点贵，部分蔬菜便宜了点》	21 日	8.33%	100～500 字
	《"罗莎"留下后遗症，浙江蔬菜价格有所上涨》	22 日	5.56%	100～500 字
	《"华南虎照片"真假再起争议》	21 日	50.00%	1000 字以上

表 12-21 三报头版本地新闻及图片情况

《现代金报》

日 期	16日	17日	18日	19日	20日	21日	22日	总计
本地新闻	0	1	2	2	2	1	0	8
头版新闻总数	5	6	9	7	8	12	5	52
占 比	0	16.7%	22.2%	28.6%	25.0%	8.3%	0	15.4%
本地图片	0	1	1	1	0	1	0	4
图片总数	1	1	1	1	1	1	2	8
占 比	0	100.0%	100.0%	100.0%	0	100.0%	0	50.0%

《东南商报》

日 期	16日	17日	18日	19日	20日	21日	22日	总计
本地新闻	2	2	3	3	7	3	2	22
头版新闻总数	3	7	8	9	9	7	4	47
占 比	66.7%	28.5%	37.5%	33.3%	77.8%	42.9%	50.0%	46.8%
本地图片	2	0	1	1	1	1	0	6
图片总数	3	1	1	1	1	1	1	9
占 比	66.7%	0	100.0%	100.0%	100.0%	100.0%	0	66.7%

《宁波晚报》

日 期	16日	17日	18日	19日	20日	21日	22日	总计
本地新闻	1	4	2	3	3	3	1	17
头版新闻总数	7	11	7	9	8	8	7	57
占 比	14.3%	36.4%	28.6%	33.3%	37.5%	37.5%	14.3%	29.8%
本地图片	0	1	1	1	1	1	0	5
图片总数	1	1	1	1	1	2	1	8
占 比	0	100.0%	100.0%	100.0%	100.0%	50.0%	0	62.5%

表 12-22 三报本地新闻同源报道情况

2007 年 10 月 16 日

版面	《宁波晚报》	字数	版面	《东南商报》	字数	版面	《现代金报》	字数
A12	《内销的宁波装明年会多起来》	500～1000字	A20	《甬企广交会上接单格外谨慎》	1000字以上	A12	《广交会：一块甬企应变的“试金石”》	1000字以上

续表

2007 年 10 月 17 日

版面	《宁波晚报》	字数	版面	《东南商报》	字数	版面	《现代金报》	字数
				《宁波老地名将受到保护》	1000 字以上		《阿拉宁波地名，得来知多少》	1000 字以上
				《老人免费坐出租车逛甬城》	100～500 字		《的士司机当“导游”，带 40 位老人逛宁波》	100～500 字
				《调频广播发射台昨正式启用》	100～500 字		《调频广播发射台昨日启用》	100～500
	《148 名志愿者将微笑亮相服装节》	100～500 字		《148 名志愿者昨微笑亮相》	100～500 字		《服装发布会、论坛将悉数登场》	500～1000 字
	《1400 辆出租车将服务服装节》	100～500 字		《1400 辆出租车将到现场服务》	100～500 字			
				《重阳节邀老党员看新宁波》	100～500 字		《重阳节邀老党员看甬城变化》	100～500 字
				《宁波彩民获 39 万“双色球”二等奖》	100～500 字		《宁波彩民得百万大奖》	100～500 字
	《42 街宁波演出，所有的道具都能上舞台》	500～1000 字		《42 街今晚见》	500～1000 字			

2007 年 10 月 18 日

版面	《宁波晚报》	字数	版面	《东南商报》	字数	版面	《现代金报》	字数
	《〈42 街〉昨晚踢动甬城》	500～1000 字		《〈42 街〉首演获满堂彩》	500～1000 字			
A6	《“长寿之村”办起长寿节》	100～500 字	A1	《相聚长寿节》	100～500 字	A7	《解开奉化“长寿村”村民长寿之谜》	1000 字以上
	《辛苦创下的品牌当心被别人抢注去》	500～1000 字		《市民申请注册百余知名商标》	500～1000 字			

续表

版面	《宁波晚报》	字数	版面	《东南商报》	字数	版面	《现代金报》	字数
	《我市展团意向成交逾2亿》	100～500字		《高交会我市意向成交逾2亿》	100～500字			
	《大四女生勇夺10万元创业大奖》	100～500字		《大四女生勇夺10万创业大奖》	100～500字			
	《蒙眼拆枪械》	100～500字		《缉私警大比武》	100～500字			

2007年10月19日

版面	《宁波晚报》	字数	版面	《东南商报》	字数	版面	《现代金报》	字数
	《德国电影周11部电影等你来看》	100～500字		《我市将办"德国电影展"》	100～500字		《德国文化周》	100～500字
	《〈兄弟〉和〈美食总动员〉相继上映》	100～500字		《迪斯尼动画〈美食总动员〉今上映》	100～500字		《〈兄弟〉登陆甬城》	100～500字
	《两个不足三岁的小女孩，人行路上行走》	100～500字					《三岁姐姐，带着两岁妹妹，过马路吓人一跳》	100～500字
	《东部新城开建金融中心》			《宁波国际金融服务中心昨日正式开工建设》	100～500字			
	《看病费用增长低于居民收入增长比例》	500～1000字		《每次门诊人均费用150元》	500～1000字			

2007年10月20日

版面	《宁波晚报》	字数	版面	《东南商报》	字数	版面	《现代金报》	字数
	《群众看病难近三年明显改观》	500～1000字					《宁波"看病难"逐步得到缓解》	100～500字

2007年10月21日

版面	《宁波晚报》	字数	版面	《东南商报》	字数	版面	《现代金报》	字数
	《干杯！以友谊的名义，中德啤酒盛宴昨欢快开饮》	100～500字		《痛饮啤酒，不亦乐乎》	500～1000字		《德国市长连夸"中国啤酒比德国啤酒好喝"》	100～500字

续表

版面	《宁波晚报》	字数	版面	《东南商报》	字数	版面	《现代金报》	字数
	《“青年最爱”服装品牌雅戈尔列首位》	100～500字		《“青年最爱”十大品牌揭晓》	100～500字			
				《大客车自燃22名乘客无恙》	100～500字		《豪华大巴成“火”车，满载的乘客安然无恙》	100～500字
	《青年服装时尚周吉祥物“洋洋”亮相》	100～500字					《“时尚绿色精灵”成主角，中国青年服装时尚周昨天开幕》	500～1000字
				《台湾人气王TANK来甬》	100～500字		《新人气王TANK直认周董是前辈》	100～500字
	《纪念应昌期诞辰90周年，两岸棋手慈城友谊赛》	100～500字		《宁波棋手黄晨不敌周俊勋》	100～500字		《世界冠军说宁波是福地》	1000字以上

2007年10月22日

版面	《宁波晚报》	字数	版面	《东南商报》	字数	版面	《现代金报》	字数
	《服装节昨晚开幕》	500～1000字		《第十一届宁波国际服装节开幕》	500～1000字		《全球服装业盛宴在宁波开席》	500～1000字
	《少儿服饰节》	100～500字		《少儿服饰文化节精彩亮相》	100～500字		《“小模特”，“小设计师”大放异彩》	500～1000字
	《以会展为桥梁，中德加深合作》	100～500字					《会展大国与会展强国在甬实现了首度对话》	100～500字

表 12-23 三报财经版面占总版面情况

日 期	16 日	17 日	18 日	19 日	20 日	21 日	22 日
《宁波晚报》总版数	32 版	40 版	48 版	40 版	20 版	16 版	28 版
财经版数	2 版	2 版	2 版	3 版	0	1 版	1 版
占 比	6.25%	5.00%	4.17%	7.50%	0	6.25%	3.57%
《现代金报》总版数	28 版	40 版	44 版	48 版	24 版	16 版	24 版
财经版数	5 版	13 版	5 版	5 版	7 版	0	0
占 比	17.85%	32.50%	11.36%	10.42%	29.17%	0	0
《东南商报》总版数	40 版	40 版	40 版	32 版	24 版	16 版	24 版
财经版数	5 版	5 版	7 版	6 版	4 版	0	0
占 比	12.50%	12.50%	17.59%	18.75%	16.67%	0	0

表 12-24 一周财经新闻占新闻总条数的比例

日 期	16 日	17 日	18 日	19 日	20 日	21 日	22 日	总计
《东南商报》财政新闻条数	18	20	23	19	14	0	0	94
新闻总条数	106	102	117	82	81	51	60	599
占 比	17.0%	17.0%	17.0%	23.2%	17.3%	0	0	15.7%
《现代金报》财政新闻条数	22	30	27	28	10	0	2	119
新闻总条数	67	103	119	85	63	53	81	571
占 比	32.8%	29.1%	22.7%	32.9%	15.9%	0	2.5%	20.8%
《宁波晚报》财政新闻条数	9	11	9	8	0	2	4	43
新闻总条数	98	110	122	116	58	42	83	629
占 比	9.2%	10.0%	7.4%	7.0%	0	4.7%	4.8%	6.8%

表 12-25　一周本地财经新闻占本地新闻条数的比例

日　期	16 日	17 日	18 日	19 日	20 日	21 日	22 日	总计
《宁波晚报》本地财政新闻条数	1	8	5	1	0	0	0	15
本地新闻条数	41	38	47	34	18	16	29	223
占　比	2.4%	21.1%	10.6%	2.9%	0	0	0	6.7%
《东南商报》本地财政新闻条数	5	3	4	1	0	0	0	13
本地新闻条数	22	33	34	28	56	11	12	196
占　比	22.7%	9.1%	11.8%	3.6%	0	0	0	6.6%
《现代金报》本地财政新闻条数	1	2	1	3	1	0	0	8
本地新闻条数	30	42	27	28	17	14	17	175
占　比	3.3%	4.7%	3.7%	10.7%	5.8%	0	0	4.6%

卷四 采编范式观察

所谓范式，就是看待研究对象的方式和视角，它决定了我们如何看待对象，把对象看成什么，在对象中看到什么、忽视什么。从这个意义上说，我们的媒体观察，重在采编的现实表现。

13 金报今评

一、封面导读和内文报道标题不要一模一样

2005-10-11 《现代金报》升级改版，总体是亮点多多，可以读出一种蓬勃上升的状态，但与相关的其他媒体对比阅读，并细阅各版，仍能发现一些操作中的问题。

A1 版封面：头条稿《小青菜奇贵 每千克 8 元》选择与百姓生活相关的消费信息特别推出，在当天是个好点子，让读者感受一下金报未来对现代市民阶层的关注，也为第二天再做“神六”留出余地。因为这是一个大导读题，从与第 6 版的关联度上来讲，两个版的标题应该尽量传递更多的信息。就是说，导读版这样做了，6 版的标题应该选择更具体的点来开掘，充分利用版面空间。关于“浙江保险业的霸王条款”不做头条，但至少应该制作突出导读，这对封面来说是一个重要的漏点。主图德女总理选点出奇。

二、漫画占栏要协调

2005-10-11 A2 版“金评天下”：和以前比变化不大，和《钱江晚报》对比在活跃性上还有差距。区域媒体每天都应该针对地方新闻展开评论，每天至少有一条评论是宁波的。另外，漫画占用三栏的空间过大，要有一个解决的办法。

A3 版“金视点”：标题《577 份合同挖出 2100 个问题》的标题应该是几家中较好的，所给的位置和版面容量也是最大的，但是封面版没有给出导读是个损失。

A4 版“特别报道”：版面制作形式呆板，失去了应有的活力。这是一个很吸引读者眼球的题目，但是没有达到预期的效果，甚至不如当天《宁波日报》的专版好。类似这样的国内专题新闻，在内容上因为新华社或者快报有前线记者的稿件可以为我所用，在编辑制作上要想尽办法做好。现在看，“消息头”上没有发报地点，应该用“电”字的地方用了常规的“讯”字，没有把事件的特殊性表达出来。在版式制作上应有一些突破框框的做法。

三、新闻配图要有新闻价值

2005-10-11　A5版“宁波时政”:《巴音朝鲁重阳问“夕阳”》是个很好的标题,这个稿的图片是个大问题:一是图片不是记者拍的,明显是业余水平;二是编辑处理上没有对图片进行裁剪,图片左侧的多余的手和上部没有用的空间应该裁剪掉。二题《心理专家现场测　近半人有抑郁症》一稿不如《东南商报》的同源新闻采写制作得好,再者,这个稿件的配图是根本没有新闻价值的,可以不发。

A7版“宁波社会”:稿件《八匪徒持刀夜扫王空弄》是一条难得的突发新闻,制作的配图为版面更添彩。

A8版“宁波社会”:杨美事件的图片感觉倾向性过于明显。批评性的报道要注意的是,不能无意中得罪更多的人或者部门,办报小环境的经营很不易。《抽血查艾滋　竟遭人“投诉”》是一条特别好的新闻,但是写作上并不成功。

四、社区新闻大有做头

2005-10-11　A9版“宁波都市”:“社区记事本”是个好栏目,长期坚持必有好回报。头条和倒头条稿件都不错。

A11版“浙江新闻”:整版信息总量够多,但是这个版上涉“钱”新闻太多,如《名品街开街》及石材展、轻博会、房博会等,如果长期这样,不会给读者留下好印象。

A12版“国内时政”:边栏中的7条稿件令人觉得无序,在编辑处理时还应该更细一些,有所归类或者在标题上加栏目。

五、对读者尽量面面俱到

2005-10-11　A13、A14版“国内社会”:一个共同的问题是大多数消息的标题中均无事发地点。要为读者着想,大多数读者不一定看你的报眉是不是“国内新闻”,如果他光看标题不看报眉也许还以为是在宁波发生的事。如果说在电头上加了“据《江南都市报》报道、据《羊城晚报》报道、据《华商晨报》报道、据《法制晚报》报道、据《华西都市报》报道、据《东方早报》报道”等,那么这些报纸所在的省市,读者是应该被视为不知道的,这里就给读者设置了阅读障碍。较好的解决办法是在消息头上加地名,如“江西南昌电　据《江南都市报》报道”。在制作消息标题时把事发地点因素考虑进去。

另外,13版上《养熊人落入熊口》一稿最后一个小标题“恶熊翻脸不顾情分咬主人"是很可笑的。因为动物常识告诉我们,熊是一种非常记仇的动物,活熊取胆对熊是极其残酷的行为,根本不会有什么"情分"之说。另外,"活熊取胆"字样应该不能在报道中出现,相关部门有明文规定。

六、媒体对比才能高出一筹

2005-10-11 《宁波日报》的《天一阁明代科举录修复》是一条很好的文化新闻,这样的新闻《现代金报》今后不应再漏,而且在写法上和制作上应该比日报更好。

当天《都市快报》的"浙江新闻"版关于湖州车祸的报道专题《把我们的逃生经历告诉大家》策划落点非常好,值得借鉴。另外,该报"宁波新闻"版关于一女子被警察打的报道分寸把握得好,要高出一筹。

关于"成人高考"的信息,《钱江晚报》和《宁波日报》都有,这样的新闻会有很多读者,应该关注。

关于"杭州名牌街"的新闻,金报只在"浙江新闻"版发出一幅图片,《钱江晚报》的《谁来赴名牌的盛宴》新闻策划非常到位,值得借鉴。

朝鲜阅兵的女兵正步走的图片对读者来说是有"欣赏欲"的,不应不发。

注意署名问题:读者很可能不知道实习记者、实习生、见习记者等署名有什么区别,是怎么回事,应该统一一下。另外,消息头上已经是"金报讯",后面括号中的"本报记者"字样中的"本报"二字可以去掉。

七、一个编辑原则:减少阅读障碍

2005-12-29 要让读者一目了然。一版导读《委商店爆炸 两华人殒命》中的"委",对读者来说明显就是一个阅读障碍,虽然编辑知道,部分读者能"猜"出来是委内瑞拉,但我们的一个编辑原则是:把一切读者都设定成他们什么都不知道。翻到"国际焦点"版,"委"又变成了"委国",再看导语才知道是委内瑞拉。但是这个国家在哪儿? 遵从以上原则,编辑要在导语里把"拉丁美洲"的字样加进去。国际新闻经常会出现这样的情况,因为有些国名实在是太长,标题里处理起来实在是太难,但是也不能任意将国名"缩水",将其设计到引题或者副题里的办法有很多种。

八、少犯时间性错误

2005-12-29 一版作为主图的《甬金高速通车》说明中写的是"29日""当日"

通车。而到了“焦点新闻”版里则是相对于见报日而言的“昨起通车”，提前了一天，即28日。这两个日期如果细加分析会知道是头版的错了，但是对读者而言，就如坠五里云雾了。记者编辑在“时间”上翻船的先例太多了，这类看似不起眼的小错误一多起来，好一点的读者就会怀疑报纸的采编水平，“不好”的读者就会放弃你了。时间性的错误在年前年后一段尤其易犯，需格外注意。

九、编辑处理时时都要精雕细琢

2005-12-29　A6版“宁波时政”的《20余家网吧娱乐场有隐患》：第一，容易以为是整个宁波市有20余家网吧娱乐场有隐患，看文才知是一个区；第二，不知道是什么隐患，图片说明里说的是“消防隐患”，读过全文倒觉得应该是“安全隐患”。

A17版“国际时政”头条《“伽利略”首颗卫星升空》的报道，副题只说了这“30颗系统卫星2010年可望部署完毕”，但更重要的新闻点在导语中没提出，就是“多国参与，世界将从美国主导卫星定位系统走向竞争合作共存”，这是这条新闻的核心价值点。另外，此版的图表太小了，要么大些，要么不发。

A22版“体育新闻”，争取“让奥运火炬穿越杭州湾跨海大桥”的新闻有被埋没的感觉。不妨下一步去挖些料出来。

B5版“金收藏”，边栏稿件偏长。内容虽好，但从版面上讲这么长的边栏稿太沉闷了些。

十、做什么样的“高端新闻”?

2005-12-29　B6版的头条《企业求解“RoHS”困局》，对我等“知识残缺”的人来说实在是看不明白。把文字细看一遍还是不太明白。那么此稿一定是针对宁波的企业而采编发的。怎么认识报纸的功能？怎么理解所谓的“小众”人群？作为一份综合性日报，如果想抓住所谓的“高端读者”，这样的新闻能办得到吗？除了专业人士和与此相关的企业主，其他的读者一下子就会被这个标题“打倒”，弃之而去。即便是做“产经”，也要做到大众可懂。新闻写作教科书中所谓“第二种翻译”就是对此而言的。不是不能做，而是要做懂。

十一、要做卖点不妨“狠点儿”

2005-12-29　A14版“国内焦点”头条“贵州怪脸女”的报道，是一个无论怎么渲染都不会出问题的“原料”，在媒体竞争的“现阶段”和“下阶段”，这类报道能给读者好奇心以必要的满足，是永远的卖点。那么“制造”这个“卖点”完全可以下手狠一点儿。现在的标题是《怪脸妇“做脸”手术成功》，过于平淡了些，既然用了这么大的篇幅，就不必要“夹着尾巴做报道”了。为什么不把副题中的“肚子上挖肉补脸”这个最有意思的看点做到主标题里，把“手术成功”做到副题里去呢？比如做成《贵州怪脸女 脸上挖洞肚肉补脸》，是不是更“抓”读者呢？

当然，如此做法的前提是，你选的这一组报道无论如何“折腾”都没“事”儿。

十二、“有用”也是一项重要的要素

2005-12-29 关于甬金高速的报道，用了一个焦点版，加之头版的主图抢位，够分量了。用了三幅图片：一个空中俯瞰的“静态新闻”，一个气球满天的“伪动态新闻”，一个是“新闻资料”图片。编辑在使用图片时一定要注意不要被一些“伪动态新闻”图片蒙蔽。“伪动态新闻”这个词是笔者“创造”的，但是不论文字新闻还是图片新闻都有不少这类情况，它们初看似新闻，但是细究一下，什么特别的新闻要素也没有传达，或者说非常少。记者很辛苦地拍回来，要用，但是对一组报道来说，版面传达的终极效果是不考虑报社内部的采编流程因素的，所以，从总体上来说，焦点版上对读者最有用的图片，就是那幅新闻资料图片。让读者看得真真切切，感受新闻传达出来的意图。

十三、广告代表形象

2005-12-30 报纸很厚，读着很过瘾。

“厚报时代”对宁波的读者来说还提不上日程，因为现有的版面已经基本够赚了，利润空间很大，这和其他北方城市不同。从另一个角度说，采编人员总是觉得版面不够，发挥受影响，但是换一个角度想，版面“翻一番，翻两番”也还是不够用的。因为新闻是海量的，而版面不是。

《波谱 0506》非常精彩，过瘾在于广告多。广告一多，报纸的形象就不好了。2006 是个好年头，因为有 6，建议准备个“66 大顺”特刊在 2006 年 6 月 6 日时推出。

十四、重点报道细节“精编”

2005-12-30 凡是作为核心报道确定的选题，更要做到精编。

A3 版“今视点”把市领导节前走访困难群众作为报道要点，这是一个“阶段性”的任务。关于领导干部与群众关系的新闻报道是一个永远常新的“命题作文”，这类报道写不出新意，读者与群众不满意，如果在报道中有一点错，领导们是不会买你的账的。看得出记者编辑对这篇稿件下了一定的工夫，像标题《巴音拧开水龙头 水出心宽》从亲民的细节下手，是很不错的。但此版的小标题区用“1 路”、“2 路”、“3 路”……的字样制作，效果有点像公车站牌，可以用“第一路”、“第二路”、“第三路”……会更好些。同时，副标题里应该标明市领导“数路”的字样。

这篇稿件中的小标题有两个是有问题的。一个是“市人大主任一行”，一个是“市委副书记一行”。“市人大主任”必须在“主任”前加“常委会”，因为他是人大常委会的主任，而人大没有主任。另一个要问：宁波有几个市委副书记？今天去的是哪一个？是不是几个副书记都去了？还是只有一个？这样一问就知道这个小标题不准确了。

再有，A4 版“特别报道”《宁波消费者考问“完美”产品》也是一篇事件性的核心报道。但是大标题中是“考问”，到了小标题中就变成“追问”了。

十五、明确提示，做好事要做在明处

2005-12-30　为什么这么说？因为报纸作为公众获取信息的渠道，传媒的制作发布者首先要有一个服务的心态，一切为了读者阅读和“使用”的方便。这个“使用”就是读者发现的这条信息他今天能用上，或者以后的某一天会用上，他要随时能找到这个他印象中的新闻或信息。我们传媒的编辑就要先想到这一点，为读者做得更尽心一点。比如 A1 版和 A10 版的头条是关于“鄞州救助小日怡”的报道。把报道重点做在“目前已有 18 万捐款”没问题，但是到了报道结束部分才把应该怎样捐款标注出来就欠妥。像这样的救助类慈善报道，特别是作为一个独立的新闻事件开展的报道，对媒体来说是在做好事。下一步的续捐也是非常重要的，在制作的时候不应该“悄无声息”地处理，即使不把捐款方式做在副标题里，也要在文后用黑体单独做出来，让有可能捐款的读者一下子就看到，或者等他要捐的时候翻报纸一下子就能找到。这就是要把好事做在明处。类似的新闻报道处理有很多种情况，时时处处都要想着把“明确的提示”部分做到标题里，或者是单独切出来。

十六、核心新闻要素说在明处

2005-12-30　A11 版“宁波都市”中的主图片是一个动物。设想一下这个场面：一个孩子在翻今天的《现代金报》，一下子看到这个照片，马上问妈妈：“这是个什么熊啊?”妈妈一看也搞不太清楚是什么熊?“可能是……北极熊吧?”再细读,确认是北极熊。“是北极熊。”

如果作为这条新闻的编辑,我们只能无言而又无颜地面对这个孩子和妈妈。因为我们完全可以在制作这条图片新闻时在说明的标题上明确地标示出“北极熊”这个核心的新闻要素,让读者一目了然。

A13 版“浙江新闻”中的主图片是《雾锁杭城》,黑乎乎的能看出是一排车闪着尾灯。看了半天,如果记者和编辑不把这张图片的拍摄时间标出来,那么这张图片几乎与废片无异。如果是晚上拍的,那就成了假新闻,而且拍摄技术太差;如果是白天拍的,那么是上午还是下午?是几点钟?这条新闻图片的最关键部分为什么被省略了?

十七、漏新闻

2005-12-30　有些新闻可以漏,有些不能漏。宁波的省重点工程“五路四桥”的报道是绝不应该漏的。第一,市政建设永远是城市里老百姓关注的热点,所以跑建设口的记者责任重大;第二,如果这样的新闻总是漏掉,长期下去读者的信任度就会下降;第三,这样的新闻应该在当天的电视报道中出现,可以监控下来。

十八、关于漫画的版面规则

2005-12-31　当天 A2 版的漫画和 A3 版的漫画,一个发两栏,一个发三栏,这样做道理是什么?是评论版可以发两栏而新闻版必须发三栏吗?还是因为“医生拿回扣犯商业受贿罪”比“‘杭州话’测试涉嫌歧视”新闻重要所以大出一栏?想必都不是。这就涉及一个版面总规则问题。一般情况下,一幅单幅漫画在五个标准栏的四开版面上占两栏是完全可以表达清晰而完整的。如果一定要发三栏,那么单幅漫画内容含量就会不足,就要开发成连环漫画的形式。这是一个解决方案,A3 版就可以由漫画者或者美术编辑做成 3 小幅或者 4 小幅的连环漫画。这样既遵守了报纸版面的总规则,又在单独的版面上形成了新的漫画内容和开发形式。

十九、时效为先,要解决线索的“第一落点”

2005-12-31　要抢时效,抢突发,抢现场,特别是社会新闻,这是争夺市场的一个重要手段。如果我们的新闻总是晚几天,市场就会跟着软下去。

A10版的宁波社会头条稿件《半年违章停车竟达24次——外地车主心存侥幸，最终还得一一“埋单”》，因为是几天前的“新闻”，所以成色大减。本来可以做成事件新闻的好材料现在只好做成“半事件半现象”了，新闻的冲击力度大减。主要原因可能是当事件发生时没拿到线索，后来通过通讯员或者其他渠道获得。这里涉及热线线索建设及记者跑线和渠道建设两个方面，不再赘述。

同版上《民工争权益遭起诉——企业诉请昨被驳回，这一案例值得借鉴》一稿也是“第二落点”的新闻了。

二十、边栏区标题处理的一个误区

2005-12-31　边栏的标题区小，标题一是不太受重视，二是实在不太好做，三是出新的办法不是太多。这里不应该被忽略，我们报纸的信息量主要靠边栏来实现。现在存在的问题，一是稿件过长，二是有些好稿被发“瞎”了，三是标题制作上存在很大的问题。

边栏标题处理不妥，这种现象在金报的很多版面上存在，现以A10版为例：三条稿件的标题是：《这老招术还想害人 被村民识破行骗人获刑》、《卖400张临时车牌 他获有期徒刑一年》、《想发财去偷盆灯 这3人难逃铁窗生涯》，都没什么问题。问题是排到版上的主题与副题字形差别和字号大小造成的阅读效果：这老招数还想害人、卖400张临时车牌、想发财去偷盆灯。

标题制作的一个规律是：主题与副题并存的时候，你可以将副题视做无。

如果将这几个题的副题视做无，那么再看看是不是导向上有些问题？最简单的办法，如果主题不能完整表达新闻主旨，那么主与副的字号在边栏里不要差别过大。

二十一、强调“人文关怀”的感觉

2005-12-31　A15版“宁波热线”，图片的大标题是《面食店着火烧死一女子》，“烧死”一词用在此，一点“人文关怀”的感觉都没有。建议用一些有同情心、慈悲心的词。

文体版面各种成分比较活跃，但还是在31日被孙英杰的新闻给涮了。30日以金报名义采访的她没钱的事到31日成了《女儿的钱一分没少》。文体在这类新闻的操作上要特别小心，真真假假，容易把自己装进去。

B叠头版连续几天的“排榜”选题都不错，今天的《电影院比房地产更暴利》“热读”选题似更高一筹。在眼下EVD国标口水战中从这个角度来推张宝全，的确可圈可点。金报的"热读选题"，就宁波来说和商报的"杂碎信息"，在财经上有了明显的区别。

二十二、让金报特刊持续不断

2006-01-01　金报新年巨献：《2005，为什么是宁波？》策划到位，基本成功。特刊回顾过去的一年，目的还是要向读者传达金报 2006 全面融入宁波的信心和动作，一份报纸必须做到全面融入才能赢得读者。细读全篇，发现内容的充实度还是略有不足，文字略粗。内容上要向职能部门"要"东西，同时把它新闻化操作到实处会更好。看上去，有一点外人看宁波，而不是宁波人自己展示宁波的感觉。

这个特刊本身的展示效果很好。一个问题是，A1 版的导读处理过小，这样一个大动作在封面版上没有赢得应有的尊重。因为封面的广告不多，在头条处胡锦涛总书记的祝词下完全可以用四栏的区域做一个精美的导读。

看眼下的发展趋势，报纸上的特刊频度越来越密，原来的一些专题新闻报道在版面的展示上已经不仅仅是专业化，只要有可能，就处理成特刊或者小特刊，目的还是要吸引读者眼球。让特刊持续不断，就要保证新闻报道策划和新闻活动策划持续不断。在常规报道的基础上，把一个时期的重点报道、战役报道，地方的重心工作和热门话题等都可以考虑作为特刊推介。

二十三、大时政的头条选点

2006-01-01　元旦，党和国家领导人有讲话，1 版一定是头条。其他的日子如"春节"、"五一"、"七一"、"十一"等，有时临时可能会有这样的情况。这样的时候必须做头条，但是这样的头条是不是要像党报一样"一本正经"地做？肯定不是。最关键的是在这条新闻里选点。

金报的主标题是《让全体人民共享改革成果》，2 版用的标题是胡锦涛总书记新年讲话中最后一句《祝大家在新年里幸福安康》；《东南商报》的主标题是《建设和平繁荣的和谐世界》，而杭州的媒体基本都用的是"建设和平繁荣的和谐世界"。

如此看来，金报做的应该是最好的。但如果把二版的标题和一版的标题对换一下会更好。因为这个点，老百姓（读者）对党中央的关怀可以感受得更直接、更明了一些。

作为社会文化生活类（中宣部语）媒体，完全可以从自己媒体特点出发，选择读者更易接受的点来做。因为只要不是像党报一样承担宣传的职责，我们应该更灵活地对同一新闻源传递更丰富的信息。

二十四、尽量用实片,图片绝不可变形

2006-01-01　越到节假日,或者纪念日,越要注意用实片,尽量不要用没有新闻信息的制作图片。金报两叠的封面主图片都是"虚"图,如果特刊一定要用,那么A1版完全可以另想办法。《钱江晚报》的剪纸新闻图片就技高一筹。

A6版"浙江新闻"的核心稿件《杭城再掀购物潮》的配图两幅,一幅想要表达的"动感"效果并不好,另一幅居然在做版的时候给"拉长"了一点。这样不行,新闻图片除了裁剪以外,是不能动的。放大或缩小要按对角线来处理。

二十五、不要"断词"处理

2006-01-02　就像在标题里不能把一个词断开另起一行一样,在用美术手段修饰标题的时候,也不能把一个词给"断了气"。比如A1版的主图标题《撞钟祈福》,把一个"福"字单独修饰,加了个红菱框,那么就把一个完整的词"祈福"给弄残废了,成了"撞钟祈,福"。这样的情况还可能以其他方式出现,应该注意。

二十六、好新闻要图文一起见

2006-01-02　《撞钟祈福》一图非常有趣,说的是108名属狗的网友从宁波各地聚集到宁海的事。但是只有这一个图,原想这个有意思的新闻在后面应该有文字报道,但是令人失望的是,没有。是文字记者没去?还是摄影记者没写?节假日的新闻淡季有这么好的题材,不应该浪费。其实即使是当晚临时做也是来得及的。

二十七、窗口问题新闻的写作取向

2006-01-02　对职能部门、服务窗口的问题报道不是不能做,而是做的时候不要流露出"看笑话"、唯恐乱子小的心态和姿态。不然的话,只图一时痛快,之后长久的痛只会留在自己身上。

A3版头条发了《农行网点元旦全关门了》的报道。这篇报道行文没问题。只是这个标题的分寸没把握好。这个标题本身表述新闻事实没有错,但有点落井下石的味道,一个"全"字、一个"了"字表露无遗。这样的处理一定会把农行"得罪"的,反过来想,如果你是农行的领导看了金报的这篇报道是不是会生气?这个结果就是:你报道了人家的"问题"事件,人家没什么事,结果真的受伤害的

反倒是媒体自己。

这里就涉及一个采编人员如何从经营的角度想问题的大问题了。

从说明、解释的角度去做这个新闻，替人说话，替人圆场，是最有效的方式。这样既给读者报道了新闻，又与报社交下了朋友，维护了采访环境，为什么不做呢？

二十八、不要从未发生的事实切入

2006-01-02　这也是一个经常发生的问题。一些记者编辑为了自己的“料”猛一点，往往从新闻事实找那些最“要命”的点来制作、渲染。而往往这些“点”可能并没有发生。这样的制作往往会给自己带来不必要的官司或者纠纷。

比如 A4 版“浙江新闻”下面的一稿：《劫车杀人还想抢信用社　湖州 6 名歹徒日前被提起公诉》。主标题“劫车杀人还想抢信用社”就是这样，从没有发生的点上进入。“还想抢信用社”这个点毕竟是没有发生的犯罪事实。

二十九、边栏上也可以考虑做个小头条

2006-01-02　边栏的稿件不好做大，但是边栏有时候处理起来不妨变通一下。

比如 A12 版“文娱新闻”的边栏里有一篇很不错的稿件《徐玉兰昨现身宁波》，现在这样处理未免太“受气”了点。因为主稿《齐秦北京演唱会一乐手坠台身亡》是不能挤的，只有在边栏里。如果把边栏里常规的处理方式变通一下，把此稿顶上去，把主标题《徐玉兰昨现身宁波》做两行放大，是不是可以相当于一个小头条呢？

三十、同类的稿件应尽量协调组合

2006-01-03　当天的 A3 版“宁波综合”里的稿件《2005，宁波是什么天？——有 4 次重影响强风，有幸出现 4 次降雪，高温天气多了 19 天》，和 A4 版“浙江新闻”里的《灾害天气频频光顾浙江——专家表示：应尽快建立长三角统一预警机制》应该放在一起编处并刊发。而这样简单“组合”后的传播效果要比现在这样强很多。

三十一、归类两可的稿件应仔细斟酌

2006-01-03　当天“文体新闻”板块中 A10 版选取的《张海狱中告状》的特

稿，和体育的关系实在不大，这是一篇财经类的特稿，插在体育里实在是勉为其难了。

经常会有这样的情况出现：国际国内新闻有些稿可能会和财经新闻冲突，国内新闻有些稿可能会和文体新闻冲突，地方经济的有些稿可能会和经济专刊的冲突，等等。有些好分有些不好分，要仔细斟酌，而且要注意不能重稿。

三十二、尽量少用“有关人士”

2006-01-04　有时候为了一些特殊的要求：比如要保护线索人或者消息源，在新闻报道中偶尔可以使用“据有关人士说”、“据相关人士介绍”等一些模糊的称谓。这样做一般是没有办法的办法，因为新闻要素涉及“何人”这一条“不实”。这种情况有时候也给记者或者写稿的人提供了一个“省事”的办法：有些时候没有采访，或者采访不实，也弄出个自己心里认定的说法，然后以“据有关人士说”一交了之，蒙混过关。

新闻追踪稿件《假乞丐背后有“大师”包装》（A3 版“社会/热线”）是前一天《两妇女唆使小孩拦路乞讨》的后续报道，应该说是可读的稿件。但是今天的稿件在谈到到底谁应该治理这些小乞丐的关键问题时出现了“据有关人士”的字样，感觉是故意含糊其辞。

一些报道中经常性地出现“据有关人士”，应该引起注意。

另外，此稿中大标题是“大师”，文中小题却变成了“高人”，而且这个“高人”没有加引号，更是不对了。

三十三、一些小调查要“实打实”

2006-01-04　A4 版“都市/资讯”上的一篇“软报道”《对孩子“悬赏”引来攀比风》，报道有三个小部分：现象、调查和专家。“现象”部分做实了。关于“调查”部分：虽然随机调查也是调查方法的一种，但是在新闻报道中同样会出现记者或者调查者不负责任地以一两个采访现象代替数字统计的问题，也就是说，容易造成“既定思路指导下的想当然问题”。所以建议小型新闻调查稿件一定要做实，尽量少用所谓的“随机调查”。最后的“专家”部分也有一个小问题：青少年问题研究专家邵丽是谁？建议再有这样报道的时候记者能够多说一句。

三十四、正面报道“小题大做”只可偶一为之

2006-01-04　头版头条《宁波廉政文艺作品进社区》是一个从非常巧的角度

将一个太过平常的时政新闻做出彩来的报道，其他同城的媒体基本上用了“通稿”，而且都处理在后面的版上，没当回事。但也要提醒：这样的正面报道“小题大做”只可偶一为之，弄多了就有点虚张声势。

另外，此稿在A2版上的一条相关新闻《北仑成全国纠风联系点》，读过后觉得应该还没“成”，只是“符合条件”“上报”，国务院还没选定呢。

三十五、晚发一天要想办法“后发制人”

2006-01-04　A11版“文体副刊”的稿件《小品、相声搞笑台词提前曝光》是晚了一天的新闻，别家已经在头一天见报了。这种情况只有两种处理办法：第一，割爱，放弃，吸取教训。不过不提倡。第二，深挖后续猛料，重新做大，稍带出漏掉的信息，在别家洋洋得意之际“后发制人”。

关于春节晚会的报道年年到这时候都是重点，一般都是有点内幕尽快“抖”出去。这个版面效果是想以《狗年春晚想“缩时”》为新点带出漏了的“搞笑台词提前曝光”，但是效果并不好，因为台词部分没有“进展”。

三十六、出错误在于不认真

2006-01-04　A5版“浙江新闻”《浙江40个开发区又通过国家核准》的标题中“又”放错了地方，正确应为“浙江又有40个开发区通过国家核准”。

三十七、春运总是重头戏

2006-01-05　春运还没开始，但是春运报道战算是非正式开场了。

纵观在甬三家都市类媒体，都对市政府新闻办的新闻发布做出重要反应：晚报做了头版全版处理，这种做法非同寻常。但是核心新闻点选在《今年春运将发送旅客1500万》这个点还是有点“虚”，毕竟是个预测结果，对眼下需要出行的人没有意义。反而商报做得略好，直接在头版头条导读说《今年春运形势依然严峻》，副题中提到了“民工专列”，发出“专列”的预报，而且加上了“民工”的提示。应该说处理得最好的是金报，没做头条导读，是因为有一个更重头的独家新闻《甬金高速宁波段暂时关闭》。而且选点主题是《宁波将增开至阜阳春运专列》，这个点很具体，很有用，它不是预测，而是预告。一个遗憾是，标题中的“春运”二字换成“民工”就更精彩了，细看版面上面的版头上已经有“春运”，下面副题中也有“春运”了，形成了现在的“三重”春运的局面。稿件的拆分处理当然也是金报最好。

三十八、典型报道工夫不少

2006-01-05　各家都发出了关于“全国一级英模、宁波消防支队队长邵裕桥”的典型人物新闻。

这是一个“任务典型”，是按统一要求采编刊发的。这种情况是经常的，最后的报面效果就看哪家用心用力用功了。既然一定要发，而且要发大发好，那就只好事先在采、编方面策划一下，不能原封不动地来什么发什么。

不知道为什么《宁波晚报》上没有这一条。商报封面没导读，2 版用的标题是《他在火魔面前视死如归——记一级英模、宁波消防支队队长邵裕桥》，写作比较老套，编辑常规。但是选用的两幅图片比较活跃。金报的标题《他，使宁波避免了一场灾难——妻子和战士眼中的全国一级英模、宁波消防支队队长邵裕桥》，标题渲染的浓度标准有变化，内容切入角度也更好。问题是图片，商报比较动感，金报给人的感觉太雷同了。毕竟“一个工作日的回放”不如当时的新闻现场回放。

三十九、国际新闻如何推进新闻的“层次”

2006-01-05　近几日关于“俄乌天然气争端”的报道一直是关注焦点，今天事件算是有了了结。就金报和商报来说，金报的点做在事件的“后部”，即对谈判结果的分析，商报的点做在了“前面”，即事件结束，两家握手。从这个角度说，金报的意识好，提前推进新闻的“层次”，但是也有不足，就是标题把人弄糊涂了：《俄乌谈判结果雾里看花》，看字面到底是谈成没谈成都成问题了，其实要说的是结果已经产生，这个结果“雾里看花”。

四十、元旦前后容易出的问题

2006-01-05　A16 版“文娱新闻”头条《冯爷又发飙》的压题提示中说“前年在《天下无贼》招商会上，他几句话将某媒体女记者骂得当众大哭”。到了文后“相关链接”里又变成了“2004 年 10 月 18 日，在《天下无贼》的新闻发布会上”，如何如何。到底是什么会？是“招商会”还是“新闻发布会”，或者不是一个会？如果不是同一个会，冯是不是又骂了一次？

四十一、五个标准栏的尴尬

2006-01-06　从 A2 版左下角半通栏广告右边的一条不伦不类的底纹，就可以看出报纸分成五个标准栏的尴尬。用一块底纹来填空，只是一个下下策。

4 开的瘦报应该说五栏是最好的栏数，四栏太宽，做出来的版面比较死板，六栏的活跃因素更大，做出来的版会更好看，但是需要将版芯向外扩一点。五栏的最大问题是一遇到半通栏的广告就像“秀才遇见兵，有理说不清”了，差出来的一点简直“束手无策”。这种时候是不是可以稍有变通？比如紧邻广告的文字略作变栏处理？

四十二、“特别报道”不是筐

2006-01-06　特别报道不是筐，不能什么都往里装。有很多时候，临时发现一些好的、可读的报道题材和素材，特别是适合于做成专题或者专页的新闻，匆忙地贯以“特别报道”的版名，临时调整版面发出。这当然有机动性、灵活性，但是长期如此是不妥的，对整个编辑意图、编辑策略是一个“滞后”弥补，而不是提前的设计。对读者来说，整个报纸的版面结构增加了不确定性。

翻开金报，A3 版是一个“特别报道”，报道的是《中国综合国力世界排名第六》的一个中国社会科学院发布的国际形势黄皮书和世界经济黄皮书的解读，是一篇能够引发读者阅读欲望的好东西，叫做“特别报道”亦无不可。再翻，中间是一个“春运”的专题报道，再翻，跨越一个整版的广告，突然又出现了一个“特别报道”：《买只宠物狗一周暴毙咋弄弄》，这回是一篇本地新闻调查。

再加上“金视点”、“宁波焦点”，就更是让人云里雾里搞不清规律了。

这种问题，一般的读者不了解，但是这里面涉及的编辑出版秩序是应该有解决办法的。

四十三、“直接点名”，效果最好

2006-01-06　有两个涉及百姓衣食住行的问题报道，一个在 A10 版“宁波热线”：《开开保暖内衣涉嫌胡吹》，另一个在 A5 版“宁波经济”：《这种薯片咋紧急撤柜》。一个直接点名，另一个没有。探究一下就会发现，“这种薯片”是完全可以直接点名的，把“可比克”直接点在标题里从读者角度可以做到“新闻直达”。而且这么做，从编辑标题处理的形式上是和这个边栏里的其他稿件的标题处理方式不“冲突”的。这还是一个编辑要求：能够直接“说”的一定要在标题里“说”出来。这个问题容易出现在热线版的读者来电询问的问题解答上，总有“这个问题是如何如何”的标题，“这个问题”到底是什么问题在标题里却不出现。

另外一种不仅不“直接点名”，反而更“含糊其辞”的报道“典型”，就是 A9 版

“宁波社会”的头条：《包下宾馆一层楼豪赌 民警缴获33万赌资 抓获涉赌94人》的报道，看了标题最想知道这是哪家宾馆，可是对不起，没有。这可能有方方面面的原因，但读者不会认你的原因。这类现象多了，对报纸的损害就太大了。

所以要尽量做到“直接点名”。

四十四、流行词汇要用准

2006-01-07　封面上的一双大熊猫的选片很不错，但是用了个“姐弟恋”是不准确的。用“姐弟恋”这个社会流行词汇做标题意图很好，但是本来没有近亲含义的“姐弟恋”用在这里容易产生歧义，容易让读者误认为这对赠台大熊猫是一母姐弟。报道中一直强调这对大熊猫没有近亲关系，而我们的题目反倒给拉得如此之近。

四十五、把话“说在前头”

2006-01-07　时评版越来越重要，但是对本地新闻的评价少一直是一个“软肋”。那么逮到好的新闻题材，特别是正面的新闻题材可评的时候就一定不要放过。

A4版“宁波焦点”的核心报道《鄞州6万老人每月喜领补助金》就是一个评论的好题材。该版编辑在编发新闻稿件之余又写了一篇新闻点评：《从鄞州老人喜领补助金说开去》。新闻稿件也发了，新闻评论也发了，但是没有“把话说到前头去”，对这次的“新闻经营”反倒成了一个看不见的损害。

报纸是一个整体，各部分的调配时刻都应该进行，不能说这里已经定了那里就不能动了。

如果把“补助金”点评做成时评发在“金评天下”（当然发在新闻版里可以用现在这种写法和标题，发在评论版里就不能用“说开去”这样的“编后”风格），引带出后面新闻报道，这条新闻就会更加抢眼，评论立言的报纸特征也会传递得更充分。

四十六、有些词不能见报，有些词也别乱用

2006-01-07　有些词平时我们在口语里怎么说都行，但是到了白纸黑字的报纸上就不行，比如A5版的《的哥也可过礼拜了》，这里“礼拜”这个词是不应该出现的。换成“周末”不是也很好吗？因为“礼拜”是个宗教词汇。

有些词不能乱用。比如“农民”这个词，被“整个儿”用来“定位”于一个24岁

犯了罪的农村小伙儿，就是不明智的。A6“宁波社会”的报道《农民办色情网站敛财被判3年》，这个“农民”的特指性就没了，而且话里话外的含义就是“瞧，连农民都能办色情网站了”，要用“农民”一词，至少要在前面加上“一”才妥。其实新闻里已经说明是个“24岁的农村小伙儿”，要是从这个具体点去做标题会更好。

四十七、解决负面新闻的过度集中

2006-01-07 A6“宁波社会”的确是一个负面新闻的大汇合，7条新闻，除一篇新闻监督稿《完美公司接受本报监督》外，有点势不可挡的架势。翻看一段时间以来的社会新闻版，都是这种感觉。各报的社会新闻版可能都会面临这样的问题。负面新闻还是要控制的，因为负面新闻是怎么报也报不完的，是“海量的”。一个版是这样，给它十个版也还是这样。最直接有效的控制办法就是：小来小去的不报，减少条数；好的充分放大，一次做过瘾。比如这个版上的《客车追尾拖拉机》这样的东西以后就可以不报，这样的小东西多的是，你能报得过来吗？它的价值有多大呢？

四十八、监督报道的姿态

2006-01-07 “完美公司”监督报道应该是成功的。但是也暴露了一个问题，就是我们的监督姿态或者说监督意识不是太正确。所谓的“不正确”是说，媒体就是媒体，做媒体的人不要把自己当成职能部门的人；被监督者来本报说明或者是接受批评，都是一种应急公关，媒体要抓住其对消费者即本报读者如何做才是根本。被监督者来报社是做姿态(是真是假都不好说)，报纸不能就此以为达到目的了，“他们不是来了吗？承认了吗?”由此再产生“我多牛”的感觉并传达给读者就更不正确了。监督报道特别要注意不要在报道中“充分强调本报作为”，只求报道事态进展，把被监督者和读者面对面，把自己“缩后”才是正确之道。

后续报道《完美公司接受本报监督》当然没有这么严重，但是在报道一开始的导语部分还是津津乐道于本报如何如何，语言分寸把握不是太好。“完美公司浙江分公司曾先后多次和本报取得联系，表示接受本报的批评，并就报道中牵涉的问题进行了说明和整改。”这几句话一是让报纸成了职能部门，人家要一遍遍地找你，你报纸可比职能部门还厉害啊；二是读者会发现记者可以很舒服地坐在家里等采访对象来找，忘了人家不仅是你的监督(不是批评)对象，更是你的采访对象。

四十九、把信息“变”成现场

2006-01-08　A2 版的倒头条《九龙湖风景区昨起开游》的稿件发了这么大规模,不知是因为周末稿少还是收费稿件,但就算是正常报道,也是一篇读者愿意了解的新闻信息。从读者的角度考虑,对这样一个新闻事实,当然更想感知新闻现场。而现在的结果是,本来可以做成现场新闻的一个素材被处理成一篇“庞大”的新闻信息。从消息头看,这可能是一篇旅游部门的来稿或者是材料,改写后记者署名,也可能是记者了解情况后加署了部门人员为通讯员。但是这样一个应该出现场的新闻却弄成了一篇干巴巴的常规信息。导语过后第二自然段一开始,就是令人“窒息”的“据悉”,才 18 千米远,记者跑一下,写成现场又费多大的事呢?

五十、如果是新闻,不必藏着掖着

2006-01-08　如果是新闻就亮亮堂堂地做,如果认定不是新闻不值得一做就干脆放弃。不能一边想着这是条新闻,应该发,一边想着这条新闻可能涉嫌给人家做广告,又把新闻主体要素“谁”的名字给抹去,把读者搞懵。

A4“浙江新闻”版上的倒头条《杭州一省级医院倡导“温馨服务” 叫病人名字不叫床号》一稿就是这样。一开始我以为是医院的名字太长可能编辑把它放在导语里了,看导语里也没有,再看正文里也没有,最后看了这家医院搞得这么好也还是不知道是哪家医院。这样真的会惹读者生气,好像你专门给读者出题让人家分析哪些个是省级医院,省级医院哪一家可能是你报道的那一家。

现在看来,原先只在报道部队的时候出现的“某部”字样已经发展到医院上了。那么到底哪些单位或者部门的名字可以见报,哪些不行呢?看来这是个非常难弄的问题,因为这涉及新闻原则和市场利益的问题。关键时刻还是要以新闻为重。

反过来想,如果这是一条发生在这家医院的突发新闻,或者是这家医院的一条重要科技新闻,都不可以说医院的名字吗?

五十一、“新闻杂志”应再铺排些

2006-01-09　因为不了解金报的“浙东新闻杂志”的总设计架构,所以只就“抢救宁海绝技”的专题来说,以“杂志”的名义推出,而又只用一个版就有些“捉襟见肘”。这篇《宁海“耍牙”堪比四川“变脸”》无论从任何角度考察都是一篇值得做大的好新闻。现有“原料”中的任何一篇都可以再在标题、配图等制作手段上“放大”，如果再增加一个版，新闻包装效果的强化就不是以一倍来衡定；而且会更符合“新闻杂志”的内涵。如果只像现在这样作为周末新闻偏淡时候的补空处理，就损伤了新闻策划的原本意图。

另外，这篇稿件的标题如果从“宁海‘耍牙’堪比四川‘变脸’”的角度来拟，那么文中就要有相关四川“变脸”的介绍文字或者相关链接，但是现在没有。

五十二、封面图片的标题处理

2006-01-09　现在的封面图片一直是紧贴头条下处理，目的当然是要突出图片的视觉冲击力度；而图片的标题和相关的文字又在图片的下方，多数时候这个标题的字号又过小，实质上会对新闻传递的效果产生不利。以封面为例，《记者直击婚托行骗》的图片很生动，占了标准栏的四栏；但是仅仅看图也可以产生其他的“事先认定”，比如是哪个商家在推销、哪个食点有什么热卖等。这时原问题就是除了少数新闻图片不用标题或者文字就可以达到传达效果外，大多数新闻图片还是离不开标题提示。如果我们选择一幅新闻图片决定在封面推出，就一定要让读者一眼就对这个图片的新闻事件有个掌握。这个时候就要考虑把图片的标题做在图片的上边。做在上边的手段有很多种，比如有些图片可以压图，有些可以在图上左边做大题、右边做一些文字，有些图片可以在上面做一个四栏题，等等。不妨试试，效果会更好。

14 商报商榷

一、时政新闻标题由点切入可能更好

2005-12-30 商报头条主标题《甬江姚江各添两座大桥》的新闻，报道的是省重点工程——宁波市“五路四桥”项目启动的动态。这条新闻采编人员拟定的主标题非常好，由最贴近读者感知的角度下笔，从最核心的事实点切入，形象而又直观。这条标题在当日宁波的几家媒体（金报漏报此新闻）中也是最好的。由此笔者想起不久前省内各媒体在报道“明年秋季起全省九年义务教育免费”的新闻，纵观杭甬各媒体，除商报外均没有离开“九年义务教育”的字样，只有商报在主标题中变幻了“说法”：《全省小学生初中生明秋起免学费》。这个标题真正从读者的角度出发，把新闻事件的事实核心交代得清清楚楚。这也是新闻采编教科书中说的“第二种翻译”，把老百姓可能看不懂的新闻内容更通俗地“转达”出来。

但是标题也有编辑“露怯”的地方。A1 版封面的主图片是市委书记节日慰问的一个比较生动的场面。但是导读式的标题却太“平常”了，新闻的个性特征没有任何表现。翻到 2 版看，这条详细的新闻报道标题也是一样，编辑没有下到工夫。反观金报的同源新闻，编辑在包装制作上下的工夫要大，主标题就是从点切入，从细节下笔的：《巴音拧开水龙头 水出心宽》。有时候，一个生动的细节可以救活一个看似无法出彩的新闻，只看工夫是否用到家。

二、导读的标题和内文的标题不应趋同

2005-12-30 封面导读的标题不必和内文详细报道的标题求同。版面上寸土寸金，应该想办法围绕同一新闻的不同新闻点给读者传递更多的、更丰富的信息。

比如 12 月 30 日商报头版头条《甬江姚江各添两座大桥》和 A3 版的主标题就一模一样，信息重复，只在副题里多出一个“点”：总投资 78 亿元。可以从很多方面考虑新要素的展示，比如可以从“四座大桥一桥一景”挑题，也可以从“五条

路四座桥都在哪儿?”来引导读者看图,等等,操作方式有很多种。

同样的问题:封面的巴音书记去慰问的稿件标题是《送去新年问候》,到了第二版只在前面加了“向困难家庭”几个字完整一下语义,没有传递出更多的新闻要素。

三、同类题材应力避同天集中

2005-12-30　商报发出了两个重头的城建题材稿件,一个是“五路四桥”的,一个是“东部新城建明湖”的。同类题材在同天刊发,就会产生互相抢“风头”的问题。突出了其中的一个,另一个就会“受气”。现在来看,明湖的稿件基本是独家的,那么就可以延后一天发。或者重新整合版面,在一个大一点的版上把它们做在一起,做成一个专题来展示,也会有更好的效果。怕就怕现在这样,本是一家却弄在两个版上互不搭界,谁也不理谁。这就是作为新闻编辑协调整合的工作没做到位。

四、版式规范上的一些细节

2005-12-30　每家报纸都有自己的版式规范。在目前多数 4 开型报纸的版式以纵裂式为主的情况下,商报基本上还以横裂式为模板,倒也独具特色:通版题多,双边栏多。但是,笔者觉得有两个问题是需要略作调整的。

第一,标题的字与字之间不可留空,比如 12 月 30 日 A4 版中心的稿件“市居民身份证服务中心成立”,字间距就有空;这个版边栏上的稿件的标题字间距都过大,字与字不能紧挨在一起。原因估计不是编辑有意留空,而是选的这种字体在飞腾排版软件中本身间距就大造成的。因为报纸不是杂志,更不是黑板报,报纸上无论是题是文都不能把字与字分开。一些老的编辑手法,比如把标题区的字扯开很大距离,对模块化的版面是一个损害,要特别警惕,要与时俱进。

第二,边栏的标题不醒目的问题很突出,比如 12 月 30 日 A9 版“商报财经”,双边栏里的标题实在是成了陪衬,要尽快想办法解决。虽然用了黑体来强调,但是达不到效果。可以参照一下边栏题比较醒目的报纸,很好地解决它。

五、新闻图片的信息含量不足

2005-12-30　版面上的图片不是装点,不是搭配,尤其是新闻图片,更要注意其新闻信息含量是否充足。新闻信息含量大的、好的图片可以发大,不好的就不是发大发小的问题了,而是坚决不发。

商报版面上的核心图片都是占了3栏的，在常规报道中已经足够大了。但是这么大的照片编辑一定要选好，选出真正有分量的来，或者说前期采访部门要拿出真正有价值的新闻图片出来。

A6版“宁波·经济”中的头条《年末调头寸 典当生意忙》的图片“典当行一景”就根本不成景。这幅图片的内涵实在是少得可怜。还有当日A9版“商报财经”上的图片新闻《杭州举行大型房交会》，其图片的新闻信息含量同样也是超低值的。把它发那么大，占了那么大的版面，令人心痛。

六、国内时政新闻编辑处理下手太软

2005-12-30　对国内新闻，特别是国内的一些时政新闻，要是编辑不敢下手，或者下手太软，要么就真正成了给新华社当“下手”的，要么就被机关报的编辑思维给束缚得动也动不得。

新华社的发稿角度是面向全国的，机关报本来基本不用处理，连标题也可以不动，有时一动反倒会“动”出麻烦来。而商报作为集团下的一份承载着不同职责的都市类早报，对大部分国内时政新闻是应该从贴近读者的角度进行一下编辑处理的。

当天A13版“中国新闻”，总共只发了两篇稿件，就因为下手太软，或者根本没有下手，所以版面效果实在是“硬”得不得了，的确有违一家“社会生活类”媒体的新闻编辑的市场化目标。

问题是：“中央农村工作会议在京召开”一稿如果必须发，是不是有必要发这么大？既然编辑已经确立了新闻的核心点做在“国家建设资金更多转向农村”，为什么在消息内文中不进行编辑处理？在一张不承担“指导工作”责任的报纸上，怎么还会让“新华体”中的“一、二、三、四”这样的“新闻官腔”进入到消息中来？“中央农村工作会议在京召开”是否必须在标题中“打头”？为什么不可以在主标题“国家建设资金更多转向农村”下以“在京召开的中央农村工作会议还如何如何”把其他的新闻点糅合进去？当然，对一条新闻的编辑处理方法有很多种，这里提出的问题其实主要是一个编辑思路问题。

具体稿件的编辑思路当然是在一个总的报纸定位和编辑方针指导下完成的。在牢牢把握住正确的舆论导向的前提下，面对新闻的竞争和报业发展的蓬勃态势，商报的目标当中有实现市场的最大化的内涵。如果是这样，那就要在每一条新闻的采编中去实现。目标其实很简单，同样的一条新闻，要让读者喜欢读，只要你的处理方式不同就可以做到。

七、稿件编处要细而又细

2005-12-31 A4 版“宁波要闻”图文相加共有七条新闻。问题分析如下：

头条《12 项制度规范干部选拔任用》是一个重大动向，正常考虑是应该做一个专题版面的。如果像现在这样作为要闻的头条也没问题，问题出在展示手段的使用上：内文排版太过拥挤，提示部分应该做成小标题而不应该是在正常行文中变成黑体了事。

左边栏的两条是和普通读者关联性“远”一点的：《国华电厂正式发电 宁波分得 10 万千瓦》一稿标题表达和新闻点在“宁波分得 10 万千瓦”，而在导语中没有呼应，只在第三段中才提到这个事实。这个问题经常会出现在采编环节上，原稿写作和编辑处理后文题不对应，要引起注意。《杭州绕城高速公路 78 亿元转让经营权》一稿署名方式不规范：消息头没有“本报讯”，只在文后有一个“本报通讯员”。

右边栏的两条是和普通读者关联性“近”一点的：《江东区单位自管房 1479 户将改一户一表》、《贸易部门做出部署 保障节日禽类消费安全》都与老百姓的生活息息相关，但是读过后会发现，这两篇稿件明显删除过当，把两个应该细报的材料弄伤了。

核心图片是关于民俗服饰的，但是标题从“迎新年”的角度“硬性”切入有点“为赋新词强说愁”的感觉（犯同样毛病的还有 A18 版的图片捏陶艺，也被贯以“迎新年”），其实人家和新年可能根本就没什么关系。压底的稿件《3 万元就可开公司》在版面处理上的问题是小标题的黑体和段首的黑体根本分不出层次来。

八、稿件配置要再三掂量

2005-12-31 A4“宁波要闻”版的一个最主要的问题是：稿挤。

A5 版是广告，但是翻过一页，在 A6 版“宁波经济”上我们就会看到这个版的“空空荡荡”：三条“软经济”稿件具备可读性，但是处理上实在是过于铺张，尤其是头条的配图非常之大，而这处图片上的两个“后脑勺”占了极大画面，本身就是一个在新闻构图上有问题的图片。完全可以在 A4 和 A6 版之间做一下调配，这样两个版的问题都会解决。

九、栏目头让阅读更清晰

2005-12-31 A7 版“宁波综合”边栏里放了一条体育比赛消息，真的是“综合”过度了点儿。后面有文体版,为什么不上那里去呢?是不是付印的时间要求造成?但即使是发在这个版上,那么也应该在标题上做一个“栏目头”出来,举手之劳就可以让读者读起来更有序。

十、专栏稿件组合不应乱搭配

2005-12-31　“边栏”在现代报纸的版面组合上含有专栏属性,不是把杂七杂八的稿件往里面一堆了事,这一点不应被忽视。处理边栏也要有编辑意图。

12 月 31 日 A9 版“宁波社会”的边栏三条新闻就是一个“杂货凑”。在版面以专题形式处理“本报形象大使”的情况下,边栏里居然又“冒”出一个《商报邮票限量发售》来就有点不伦不类了。下面紧跟着一个本身制作错误的标题《买汽车送你假车牌》,还以为是商报的行为,细读才知是“买汽车送你假车牌被公诉”的一条社会新闻。最下面的还是一条社会新闻。

整个版面六条稿件,四条是本报活动,两条社会新闻,现在看来版名叫“宁波社会”都成问题了。

十一、专刊也要按新闻标准要求

2005-12-31　商报的一些周刊表现了自己的特色,比如《教育周刊》、《健康周刊》等。但是即便是“周刊”,也要按照新闻的采编制作标准去要求;即使是与相关部门合作,也不应降低采编质量。

以 A17、A18、A19、A20 版“教育周刊”为例来说。

一是标题制作太简单,太不用心。有些甚至“不制作”,不从读者角度出发,新闻的特征。个性化的表达都没有实现,比如《第二届中小学学科骨干教师开评》、《“四进”主题教育构建德育新体系》等。

二是栏目化的经营不到位、不细致。周刊类的专刊在制作上一定要充分发挥栏目的作用,以栏目为纲是做到周刊内容精细、操作便捷的最有效手段。但现在《教育周刊》的新闻版给人感觉是过于随意地堆放稿件,没有组织。比如 A17、A18 版都是这样。A19 版的三个专栏在版面的展示效果上也不精致。

三是编辑太“放松”。A18 版头条《民工子女融入宁波有点难》是个通讯类的稿件,但编辑为什么一开始就给放上去个“本报讯”?文后的小言论为什么一定要叫“画外音”?“画”在哪里?A19 版的倒头条《让更多学生切身感受师爱》到底是个什么稿件?是个记者的调查,还是学校的来稿?到底是新闻人物还是新闻事件?为什么不做一个引题或者副题交代一下,让读者也感觉一下报纸和编辑的爱？

其实“教育”的关注度之大，新闻采编的活跃性成分之多都给我们新闻采编人员提供了十分广阔的天地，关键还是看如何精心设计更加差异、更加精致的方案来执行。一句话：要把周刊做精品。

十二、大时政的头条选点

2006-01-01 商报的头版主标题是《建设和平繁荣的和谐世界》；金报的主标题是《让全体人民共享改革成果》，2 版用的标题是胡锦涛总书记新年讲话中的最后一句《祝大家在新年里幸福安康》；而杭州的媒体基本都用的是《建设和平繁荣的和谐世界》。关于大时政的头条选点上一章已有说明，此处不再赘述。

十三、新闻活动生猛，表达适度调配

2006-01-01 让新闻活动充分展示出力量。商报形象大使活动在高潮中收尾，用了四个版，外加一版主图，应该说分量很大。这是最重要的一个活动。还有一个活动是“关爱外来务工者行动”，也是一个高潮，但是在新闻展示上就过弱了。是不是可以考虑封面的主图片“使用 1200 名孩子喜领新书包”的这一幅，因为它对读者层面能更具影响力，而且这个图片是个难得的好新闻图片。这样“大使”和“关爱”两个活动在报道的天平上就会有一个平衡。

当然，最精彩的是商报五周年的专刊，让读者对商报有了一个充分的了解。现在，从策划和操作层面上来看，很多报纸的纪念专刊都是一个套路，突破一种模式就成为一个课题了。

十四、图片选发总体掌控不可无序

2006-01-01 图片刊发表现无序，总体没有掌握。

A2 版“焦点新闻”右下角为了调适版面视觉效果，从新华社图库里调用了一张“山东济南街头年味渐浓”的图片，而且与整个版面稿件配合并不紧密。A11 版“商报财经”核心图片也是从新华社图库里调用了一张“吉林长春市狗题材狗商机”的图片，倒也适合版面属性。A14 版“中国新闻”的核心图片又是从新华社图库里调用了一张“河南郑州商家红红火火迎新年”的图片，在这个版上倒也合适。

这个看起来，三幅“过新年”的片子都是编辑自我行为的体现，三张同类题材的图片总体安排在三个不相关的版上，这是绝不可以的。至少暴露出两个问题：

第一,编辑意识里纯粹把图片当成了点缀;第二,对新华社图片没有总体调配。

十五、版式规范的一个"死角":同字体异字号

2006-01-01　关于版式规范中的又一个规则,就是在同一个版上同一种字体尽量少变动字号。不然的话版面层次就会混乱。以1月1日的A22版"体育新闻"为例:除头条用的是"超黑"外,其他题均为黑体的同一种字型。但是在字号大小上至少变了三种:"国足"与"标王"是最"大"号的,"热火"与"恶意"是"中"号的,"莎莎"与"防住"是最"小"号的。那么组合的结果是什么样呢?可以看到,整个版面的层次是特别混乱的。

十六、"两会"报道策划执行有特色

2009年2月　对于重大主题的报道,商报精心策划,呈现自己的特色。2月,宁波"两会"报道为重中之重。"两会"前期,商报在《宁波新闻》版面上推出"'两会'代表委员商报听民声"专栏,更加强调媒体的桥梁和纽带作用。为让"两会"代表委员更直接地倾听民声、了解民情,商报精心组织专栏,进行新闻宣传,显现突出的舆论效果。每期栏目上,由代表提出议题供读者参与,并在下期的栏目中由代表委员在商报接听热线,将反映上来的内容进行报道。虽然略感单调,但商报为增强现场感,每一期的版面上还是附有代表、委员现场接听热线的图片。讨论的议题有出租车燃油附加费问题、医疗卫生问题、教育问题等,与百姓切身利益相关。这种报道策划方式,容易收到实效,如2月6日专栏的议题是"出租车燃油附加费是否取消",在9日的版面上就报道了新闻《出租车运价调整听证方案公布》,促进了问题的解决。

"两会"期间,商报推出《宁波两会特别报道》专栏,专门报道两会新闻。在一些报道形式上比较有亮点:专栏《代表委员声音》,推出《部分区域可让小贩摆摊》、《污水处理后补充内河水》等代表委员反映问题、陈述意见的报道;专栏《社区服务大篷车》报道"代表委员进社区"相关新闻,如《工业区与住宅区太近问题多》,走进社区的形式让新闻更能真实主动地体现问题;19日A4版推出"两会花絮",《从一段顺口溜到7条建议》、《用手机来演绎的一个建议》等报道都是从一些小细节去发现和反映问题;A5版《政府工作报告关键词解读》,提取了10个关键词:扩投资、促销费、劳动就业、药费等,每个关键词配上报告摘要和解读内容,这种形式解读政府工作报告显得比较新颖。还有《政协大会首次安排即席发言》等新闻,都是致力于从不同角度来反映"两会"上的亮点,以避免会议新闻的

程序化报道。

十七、节日报道突出财经取向

2009 年 2 月　2 月期间，春节结束，生活、学习、工作开始恢复原来的秩序。而在金融危机背景下，做好外来务工人员、高校毕业生等找工作情况的报道尤为重要。4 日新闻《宁波节后用工市场有点冷清》，结合人力资源市场的信息以及就职者个案情况，切合实际地对就业上的种种状况进行报道。《求职不懂礼仪当场退还简历》、《本地无业大学生可领取补助》及《找工作被骗 身陷缅甸“杀猪场”》、《骗子到职介所“招聘”酒店服务员》等报道，围绕的都是求职就业这一主题，但报道角度多样，从不同角度给予人们提示或帮助。

本月商报财经版除了报道一些日常财经、证券方面的新闻外，还结合当下的经济形式和宁波本地实际情况开展报道，进行舆论引导。如 10 日的新闻《节日效应减弱 民生商品价格回落》，17 日的新闻《水果和蔬菜价格明显下降》，都附有关于“宁波市区民生商品价格监测信息”表格，对读者的生活等方面都有引导作用，信息实用；栏目《美美临市面》，更是从一些生活细节方面进行报道，如 6 日《洋快餐中式快餐都降价了》，11 日《买高档玫瑰的顾客明显少了》等，与现实生活紧密结合，以栏目的方式推出这类文章，比较有亮点。

9 日为元宵佳节，有 500 字左右文章《汤圆卡在喉咙 老人被送进医院》，提醒老人们吃汤圆要注意，角度细致，体现了人文关怀。

情人节的相关报道集中在 13 日的 B 叠中。当日推出的《我拿什么礼物送给你》、《甬城爱情气氛浓郁》(介绍的是珠宝、鲜花、婚纱之类商品店铺推出的新花样)等，突出财经取向。同时，版面上文章和广告相互交错，使得这个节日的商业气息特别浓厚。

十八、社会新闻采编着力经营

2009 年 2 月　在宁波新闻的报道上，专栏“警世台”和“商报记者眼”力度比较大。

“警世台”推出的报道有 18 日《婚托南昌“撒网”“抽吸”男人钱财》，19 日《没签合同 旅游吃亏难投诉》，25 日《5 男子江中捞宝 涉嫌盗窃被判刑》、《时髦少妇骗走小店 2 天的盈利》等，这类新闻都有共性，一般都是当事人被骗，“警世”的意义也在此。只是此类新闻中，24 日的报道显得较为出色，《酒吧玩色子输掉 200 万 妻离子散诈骗租车行》点出宁波租车市场门槛太低这一问题，同时还进一步延伸新闻,附有链接新闻《租车行门槛太低有隐患》,深入挖掘了新闻的意义。

"记者眼"推出《龙成小区物业因亏损撤离》、《按学生体质成绩给学校排名》、《两年来,教室一直亮着"第三只眼"》等一系列报道,都是由商报记者去调查问题,走访相关人和部门,多方面去了解情况,以期获得解决。28 日《取款时发现摄像头对着密码键盘》的报道,事件来源于记者在网上发现的帖子,此后记者走访调查有关部门,给予读者交代。24 日一篇标题为《想请商报帮忙,我们急需工人》的新闻,报道的是宁海某地一企业需要工人这一新闻,由此也可见此专栏已有一定的影响力,读者会主动通过报纸来寻求帮助。

十九、要启示读者思考

2009 年 2 月　本月个别报道中的一些现象值得商榷。20 日《82 岁老太坠入西塘河溺亡》一稿,其中有这样的字句出现:"居民说,河边护栏太低了,起不了什么作用。""近 3 年打捞上 5 具尸体。"还有一小段描述:"发现西塘河两岸都用一条铁栏作护栏,铁链离地面 12 厘米左右,很容易跨过去,根本起不到防护作用。"此报道中没有出现提醒读者注意安全,或者要促成有关部门来解决该问题的文字,致使报道的人文关怀色彩降低,目的性不强。19 日新闻《捡到手机归还失主却遭群殴》,使用了将近整个版面来进行事实的报道,但没有就此使用新闻评论等更有效的新闻手段挖掘出事件背后的意义,没有启示人们去思考,为什么做了好事还遭人殴打;只在 20 日的"八方声音"专栏里,出现了一篇 300 字以内的对该事件的短评,评论的内容只有 200 字以内的文字,感觉不够深入。

此外在"宁波新闻"版面刊登报道《千余市民争赏元宵花灯》,是关于商报社区服务大篷车,在董孝子庙举行第 100 期特别活动的报道,由两小篇幅报道组合而成,分别是《308 盏居民自制花灯闹元宵》、《1 小时内百余人注册梁祝会员》,均在 500 字以内,还配有一市民赏花灯图片,同时放在 9 日头版的新闻图片也是该项活动的内容。但总体感觉对传统元宵节的文化挖掘不深,不够生动丰富,没有体现宁波本地的民俗风情。

二十、"八方声音"言论引导值得称道

2009 年 3 月　本月商报"八方声音"言论专版发稿多,报道力度强,精心选择言论题材,主题具有多样性。版面上开辟"今日聚焦"、"评论联播"、"有此一说"等专栏,形式多样,长篇短制,或者深度分析,或者点到为止,充分发挥了言论

的引导作用。

4 日《多听听两会上的雷人之语》，评论两会上某代表出言“中国看病不算难，也不算贵，而是患者求医标准过高”；5 日《请珍视陈光标的呼吁》，评论“中国首善”向两会提交议案，呼吁向富人征收遗产税。这样的评论结合“两会”有关情况，体现言论的重要性、贴近性。

17 日刊发的《网友晒家底，官员会跟进?》，加入观点链接《网友“财产公示”不具示范效应》；25 日《“自写讲话稿”应列入官员考核》配有漫画；27 日《别让“免职”成为问题官员的“假期”》，评论被问责官员复出速度越来越快，甚至未经过必要的程序就“复出”这一反常现象。这些言论文章针砭时弊，指向性强，启发广大读者深思，具有深刻意义。多数文章配有漫画，图文结合，增加文章形象性的同时，结合评论特有的风格，对丑陋现象更有讽刺力度，更加生动。

此外还有专门的漫画栏目——“看图说话”。本月刊发的《又见吃霸王餐》、《将虚报财产的官员“揪”出来》、《被偷 80 万，为何不吭声》等，配有简单文字说明或评论，以增加对漫画的阅读与理解，给“八方声音”增色不少。

二十一、“生态看宁波”系列报道可圈可点

2009 年 3 月　针对宁波即将迎接国家园林城市的复查，《东南商报》推出专栏“迎接国家园林城市复查”，在宣传宁波城市绿化和提高全民绿化意识上做出了媒体应有的动作。相关报道有 3 日的《我市建成三大特色公园》，4 日的《园林绿化设施整修工程完成》，8 日的《让城市屋顶也“绿”起来》，9 日的《让市民生活在大花园里》，10 日的《城在绿林中，人在花园里》，11 日的《我市接受国家园林城市复查》等。不足之处在于文章都没有配图片，如果加上城市绿化美景，图文并茂，让读者有更直观地感受，效果应该会更好。

在 12 日植树节来临之际，推出系列专版“生态看宁波”——“环杭州湾生态行特别报道”可圈可点。商报是本次生态行活动的举办方之一。12 日《东钱湖大清淤不影响生态》报道的是环保志愿者现场探访福泉山、东钱湖等地的新闻事实；13 日《高科技环保设备让人大开眼界》报道的是志愿者探访慈溪风电场、杭州湾跨海大桥等地的专题；15 日《石头里也能长出蔬菜》报道了志愿者走进天宫庄园体验生态旅游快乐的新闻。在这些版面上还穿插“媒体声音”、“活动花絮”、“志愿者感言”等小专栏，丰富了报道形式。

二十二、慎用网络流行词

2009 年 3 月　本月商报一些文章标题上，使用“躲猫猫”一词频率较高：4 日

《公费按摩还在“躲猫猫”》，17 日《质检局为何“躲猫猫”?》，5 日 B2 版“地产报道”《“范跑跑”VS“躲猫猫”》，同日 A17 版《“中字头”加油站玩起“躲猫猫”》。“躲猫猫”一词为当下网络红词，而且具有其深刻背景含义，适当使用其来指代某些现象，能更生动形象，但在一份报纸上集中一个时期过多使用确有不妥。

另外，有关涉及犯罪的新闻标题编辑上还要把握一下尺度。如“宁波新闻”8 日《半夜吵架 杀死丈夫》，14 日《小伙掐死凌晨 1 点回家的女友》、《无业男子凌晨残忍杀害按摩女》;“商报看台”10 日《四川一男子毒死父母》，12 日《央视“非常明星”曾是砍人女生》等。诸如此类标题量多了一些，如果在版面处理上不加控制的话，有故意渲染吸引读者眼球之嫌，容易增加受众的惶恐心理。

二十三、学习科学发展观活动报道角度贴切

2009 年 4 月　商报在学习实践科学发展观活动的新闻宣传上做出了特色。13 日开辟专栏《科学发展在身边》，从一个“在身边”的角度，报道市民身边的社会发展、民生改善、生活变化、城市建设、精神文明等。相继推出的报道有《一座图书馆和一个人的成长》、《和谐拆迁赢得民心》、《公交车开到了家门口》等。每一篇都是先从具体某个市民的亲身经历开始写，由点到面，提升主题，使科学发展观在具体事例中得到体现。《一座图书馆和一个人的成长》写的是市民华青六年间在图书馆苦读，拿到本科文凭，并在图书馆与现在丈夫结缘，继而写到公共图书馆的发展，公共文化建设力度和公益性文化建设的加大。报道结合有关专家的点评，起到了升华主题的作用。

二十四、“趣乐吧”值得肯定

2009 年 4 月　“趣乐吧”版面继开创后，现在已逐渐成形，成为商报特有的一个专版。在报纸每天的头版上，栏目标志“趣乐吧”结合当天天气情况一起刊登。在专版上，开设有“天一红人堂”、“我爱美食”、“悠游天下”、“亲子活动”等。报道题材大都是采自网友的帖子，记者再采访。本月“网友互动”栏发出的《怀孕只为保住饭碗?》、《老妈给我 15 万元 我该创业还是买房》等是网友的疑问或者难题，《在“笔尖”上飞翔》(驴友探访奉化笔架山)、《露营括苍山顶“听风说话”》等是网友郊游的经历等。题材丰富广泛，与读者生活非常贴近。

有个细节问题值得注意：前一期的“趣乐吧”用小篇幅文章提示当天会有哪些嘉宾到来，带来什么内容，提示读者可以进入网站点击观看。但在下一期“天一红人堂”栏目中，报道开头部分总有与上一期几乎一样的文字。如 3 日《拍电

影 你也行》中这样写道："提起拍电影，很多人会想到冯小刚、张艺谋等大牌导演，但很少有人想到普通人也能拍电影。在宁波有这样一批人，他们年纪不大，但酷爱电影，他们钞票不多，但也想制作出精品，他们阅历不多，但也期望真实反映身边的现实……"6 日《他们用 DV 追逐"电影梦"》中也出现了这样的文字："提起拍电影，很多人会想到冯小刚、张艺谋等大牌导演，但很少有人想到普通人也能拍电影。其实借助 DV 的普及让人人都能当上导演，借助 DV 这个平台，更多的影视创作人才获得展示才华的机会，在甬城有这样一批人，他们年纪不大，但酷爱电影，他们钞票不多，但也想制作出精品，他们阅历不多，但也期望真实反映身边的现实……"类似的情况还有 17 日《教你夏日纤体小窍门》与 20 日《为了瘦身 快乐"点穴"》之间，开头部分几乎一模一样，有重复累赘之感。建议前后两期报道文字略加处理，避免重复照搬。

二十五、社区新闻与服务平台显优势

2009 年 4 月 《东南商报》特别关注社区居民生活和社区新闻报道，开设有"社区服务大篷车"、"社区记事本"、"社区大喇叭"三个面向社区题材的专栏，形成了社区新闻与服务的平台。"社区服务大篷车"，全称"安利—《东南商报》社区服务大篷车"分期到社区，带去服务或者资讯等。如 13 日《天气热了，空调检修火爆》，报道的是大篷车进入江北孔浦二村社区，带去专家咨询与维修服务项目。"社区记事本"则多记录社区内发生的一些新闻事件或有新闻价值的人物，如 3 日《八旬老翁小区散步被车撞倒》、27 日《江东有个老底子收藏迷》，貌似平凡小事，但挖掘有深度，由点扩大到面。"社区大喇叭"是短小精悍的社区新闻播报，是由社区人员来播报的，内容大致有关营养保健、讲座、社区家庭竞技运动赛等，宽泛而丰富。商报的三个社区栏目板块目前已经形成了一定的特点，在为社区服务、为读者服务的同一个宗旨贯穿下，既相互区别，又相互联系。

15 县市报阅评

一、真正做到写稿和编辑稿件为读者着想

2008 年 4 月　奉化日报　充分发挥党报为读者服务的传统，强化服务性的报道。《奉化日报》4 月 21 日 1 版的《5 班跨省班车下月起改走杭州湾跨海大桥》，提前 10 余天披露信息，真正做到写稿和编辑稿件为读者着想。

《奉化日报》“民生民情”版内容丰富，动态报道与深度报道相结合、服务性与可读性相结合，在整个报纸的版面结构中起到了均衡报道内容的重要作用。《奉化日报》近期开设的“高举旗帜科学发展创业创新深入开展三个年”等专栏起到了正面宣传、推动工作的作用；《“和谐”看奉化》专栏推出的《双向选择，造就了南沙鸟岛》等稿件引人入胜，如果编辑成序列，配发行走路线图，效果会更上一层楼。

从增强县市报服务性、贴近性的要求出发，有些新闻可以改变报道切入角度。例如《奉化日报》4 月 22 日 1 版《全市昨普降大雨》一稿，目前看是一篇完全工作性的报道，如果在此基础上调换角度，从为读者、为市民服务的方向上来做，这篇稿件可以做得更实用、更好看。

一些具体的问题如下：

(1)转载文章需要认真把关，不能盲目信任。如 4 月 19 日 3 版“特写精选”版所引《中国新闻周刊》文章《解密火炬护卫队》中出现“藏人”用语，则属非常敏感用语，应该特别谨慎使用。

(2)版面图片像素达不到出版要求，影响出版质量。如 4 月 19 日 2 版“幽默与讽刺”专栏所引《文汇报》漫画《请！那儿先请！》

(3)作为县市级报纸，时事报道在新闻总量不能确保的情况下，对新闻内容的整合尤其重要，需要下大工夫，找出一个有效的编辑路数，不能随意选堆上版面完事大吉。如《奉化日报》4 月 23 日 4 版“时事”版。

二、做一份精彩的特刊

2008 年 4 月　鄞州日报　《鄞州日报》特刊策划精彩。“《鄞州日报》复刊 15

周年‘读者看成就’特刊”非常精彩，《与美丽家园的一次亲密约会》、《一睹鄞州工业发展的春天》、《欢声笑语感受鄞州新面貌》、《每一个细节都让人感觉美好》四个版块以站点形式推进，内容充实，互动感强，是一组反应成就报道的成功之作。

行业宣传有创新。《税收日记》连续刊发，既有可读性，又为 4 月份的税法宣传月增加了亮点，达到行业客户满意、报面效果突出的目标。

街道与社区新闻的接近性突出。《邱隘新闻》内容丰富，特别是 4 月 30 日“文化视点”版《老邱隘你还认得出吗？新邱隘将来会更美丽》图文并茂，宣传效果良好。

《宁波新闻周刊》在县市报中独树一帜，强调深度，选题策划到位，办出了层次和影响力。

“树新形象创新业绩深入基层破解难题”、“强化执行力全面抓落实加快实施三大行动纲领”等专栏推出了一系列较好的报道

问题如下：

(1)编校质量要加强。4 月 25 日 2 版《“血防”专家指导灭螺》一稿导语中的“吸血虫病”，正文中“变”成“血吸虫病”。

(2)标题制作要注意分寸。4 月 25 日 3 版“社会 · 民生”中《这伙人真大胆宾馆大堂的画也敢偷》就是一个变了味儿的、经不起推敲的标题。同日 4 版《堪培拉圣火传递相当成功》标题中的“相当”二字也欠斟酌。

(3)标题错字，编校质量需加强。4 月 25 日 6 版右下角《“我身边的体育故事”征稿启事》，把“事”错写成了“示”。

(4)标题压缩字数要小心。4 月 26 日 1 版《区人大常委会视察看守所》一题，“区人大常委会”是一级机构，而“视察”的是人的行为，所以标题中“视察”前应加上“领导”二字，不然就是一个错题了。

(5)4 月 29 日 3 版“社会 · 民生”中《天气渐热当心汽车自燃》一稿的标题问题明显。因为这样的标题容易引起“恐慌”，其实报道内文中已经说明，天气热这一条原因和汽车自燃关系不大。为吸引读者眼球，如此制题欠妥。

(6)六栏版面尽量少用或者不用一栏场景新闻图片。国内外报纸目前在处理新闻图片时都强调充分发挥图片效果，对开六栏版面运用新闻图片，一栏图尽量用头像类，场景类尽量避免小图。4 月 29 日 4 版“时事 · 文体”下的 5 幅图片无法达到新闻展示效果。

三、不可随意缩小版面正文字体

2008 年 4 月 *慈溪日报* 《慈溪日报》推出的“迎接大桥通车特别报道”篇

篇引人注目：《城市化迎来提升发展的崭新时代》、《“慈东”打造长三角一流工业新城》、《大桥人家说“变化”》等报道非常出彩。

“加速发展大桥经济全方位融入长三角”专栏地域特色明显，《家电博览会特刊》强调消费服务，《民营经济》专刊强调专业服务，均有所作为。

副刊中《中国作家眼里的慈溪》(4 月 28 日 5 版要闻)活动和报道可圈可点。

问题如下：

(1)要为读者着想，不可随意缩小版面正文字体。4 月 19 日第 4 版专版《慈溪市第九届“五四奖章”评选活动候选人简介》整版文字小至 7 号，不论是何原因均不妥。

(2)小心标题病句。4 月 21 日第 3 版“国际国内新闻”版《隆重举行公祭大禹陵》是一个病句。或者应为“隆重举行大禹陵公祭”，或者应为“隆重举行公祭大禹陵典礼”。

(3)位于第 5 版的“综合新闻”版头过大。若为二级报头，则“综合新闻”4 字不妥，若为报眉，则过大。

(4)标题制作取向。4 月 25 日 7 版“周末文摘”“法制 · 人物”版标题《技术含量高骗局蒙倒资深律师》。

(5)转版过多。4 月 19 日 1 版转版 4 条新闻，标出序号依然令人费解。

四、典型报道成系列、成规模

2008 年 4 月　余姚日报　4 份县市报中相对厚重而精彩的一份报纸。

4 月份中推出的“环杭州湾纪行”报道特别精彩、精致。“四明新曲”典型报道成系列、成规模。《文化周刊》、《社会周刊》、《经济周刊》、《新闻周刊》、《小荷专刊》等各有特色。

问题如下：

(1)栏间距过大。

(2)2 版“地方新闻”版栏目名所用字体过大过重。如“社会新闻”、“一家之言”、“热线新闻”等。

五、重点战役报道探新路

2008 年 5 月　慈溪日报　《慈溪日报》这个月的最重要报道是杭州湾跨海大桥的报道，作为大桥经济的桥头堡媒体，该报承担起了当仁不让的宣传使命。5 月 1 日推出的“杭州湾跨海大桥通车特刊”以对开 4 叠 56 版的巨大规模，全方位展示了杭州湾跨海大桥的建设成就，同时也全面展现了《慈溪日报》采编人员的战役性报道比较高的制作水准。特刊分“大桥篇”包括：大桥纪事、大桥特色、大桥第一、大桥建设者、行车指南、大桥旅游、大桥管理等板块；“桥城篇”包括：千年福地、新慈溪精神、三大文化、市民感言、书画志庆、桥城摄影、三北大地（文艺）等板块；“大桥经济篇”包括：融入长三角、制造业基地、都市农业基地以及慈东工业区、宗汉街道、掌起镇、观海卫镇、胜山镇、新浦镇、匡堰镇、横河镇、长河镇、周巷镇、民政局、外经贸局、五磊山、劳动保障局、贸易粮食局、三北商会、建桥公司、兴桥公司等企业板块。这份特刊总体上达到了宣传目的，但也存在一定的问题，即报道基本上是以前报道的集纳，特刊策划的原创性有待加强；另外特刊前半部新闻充实，后半部广告与新闻混淆，降低了报道公信力。

除特刊外，该报在大桥报道中，新闻、图片、言论三翼齐飞。新闻上除了常规的动态新闻以外，还挖掘出了《桥头农民夫妇公园演“专场”》（5 月 1 日是 5 版）、《明媚春光映彩虹 十里海塘人潮涌 数万群众见证大桥通车》（5 月 2 日 2 版）等报道；言论上发出《大桥时代宣言》、《盛世铸伟业，百年梦成真》等。

关于汶川大地震的报道，《慈溪日报》反应迅速：14 日即发出当地市委市政府安抚灾区籍人员的通知要求，同时启动募捐活动报道。在要闻版、综合新闻版、国内新闻版等全面刊发相关报道。从 5 月 22 日起，该报推出浙江省统一组织的灾后救援行动，慈溪工作人员的“救灾手记”细节丰富、感情真挚、独家视角。

该报的圣火跨越杭州湾的报道，利用地域优势，报道总量充分，有一定规模。

该报本月的问题商榷：

（1）打“擦边球”的广告：《慈溪日报》5 月 2 日 3 版《为浙江喝彩——奥迪恭贺杭州湾跨海大桥通车》的软文与国内新闻混同。

（2）新闻图片新闻内涵不足，主题意图不突出，成为常规资料：如 5 月 10 日头版头条引水工程图片，缺失新闻摄影要素。

（3）标题制作错漏：如 5 月 11 日头版《大桥生态农庄成为我市首个国家 4A 旅游景区》引题和主题因字号不同造成主标题语义有误。5 月 12 日头版《横河多措并举扩大早稻种植面积》，简化成“多措”不妥。

六、精彩周刊靠策划

2008 年 5 月　鄞州日报　《鄞州日报》本月最大的亮点在《宁波新闻周刊》。《宁波新闻周刊》时而推出一系列精彩报道，如《徐剑光：走进〈波士堂〉的宁波企业家》（5 月 7 日），《他们与奥运圣火零距离》（5 月 14 日）。特别是 5 月 21 日，

《宁波新闻周刊》策划推出的《抗震救灾宁波在行动》，版面整合力度很大，内容表现力突出。《救治，以最强的医疗力量——走近首批抵鄞6名震区伤员》策划采写、编辑制作均实现了良好的传播效果。

相比较而言，在宁波县市报均开设“小记者特刊”的情况下，《鄞州日报》的“小记者特刊”比较有特色，更成规模。从5月5日的“小记者特刊”可以看出，相对于其他几家县报的相关版面来说，《鄞州日报》的采编操作更成规模，内容更丰富，形式更生动。

本月该报围绕王应麟读书节等区域文化建设大事，推出了较有影响的系列报道。第二届王应麟读书节的报道5月10日在头版开展了专题报道，很大胆，很新颖。“推进文化强区建设”系列评论很精彩。

该报本月其他报道也是亮点频现：《鄞州茶叶亟待统一品牌——第四届宁波国际茶文化节引出的思考》是一篇反思性强、针对性强的经济报道；汶川地震5月13日即推出“现场”、“救灾”两个整版的专题，反应迅速，内容选择条理清晰，版面编辑制作精到，富有冲击力；关于大桥的报道，除一般动态外，还做了《鄞企搭乘大桥经济直通车》(5月9日2版)等有特色的新闻报道。

该报也存在一定的问题：比如《宁波新闻周刊》除头版头条策划外，地方区域新闻内容设置过少，使人读来感觉更像文摘；广告的文字也要精心把关，如5月7日第12版《试问五一都在哪 东钱湖畔游人织》这个标题“哪”后边一定要有“儿”。

七、新闻价值判断之准确和新闻事实深入挖掘

2008年5月　余姚日报　《余姚日报》本月最重要的地方新闻策划是《留下真情从头说》长篇通讯(5月8日5、6、7版《社会周刊》)，这也是该报这个月中特别突出的亮点。的确像评论中说的那样，这是一首感人的精神文明协奏曲，这样的典型报道发掘，证明《余姚日报》新闻人的新闻敏感和新闻价值判断之准确和新闻事实深入挖掘的能力。

本月该报在头版刊发的一组市委市政府领导的蹲点调研手记引人注目，在新闻报道领导干部的形式上做了一定的探索，有一定的创新。如5月5日的《农民看病难，难在哪里？——市委书记王永康蹲点手记》，5月6日《让农村的文化“活”起来——市委副书记、市长陈伟俊蹲点调研手记》，5月9日《让“新余姚人”更具幸福感》、《为农村党员群众创业致富助力》等新闻报道，写作手法新颖。这一组报道后期还推出了专版(5月23日11版)和蹲点干部的建议书，将报道进

一步推向深入。

《余姚日报》的“报网平台”是一个独具特色的版面。以“话题”引领，充分发挥与读者互动功能，扩大影响力，也为副刊创新探索了新的路数。如5月2日、9日、16日关于踏青，5月29日关于看电影的文章，都非常吸引读者。问题在于，这个版面应该更多地利用新闻热点开展互动，这个月的新闻热点问题在这个版面上均无体现，失去了媒体话语引导主动意识。

该报还挖掘出一批新鲜的新闻，如《四明山镇参事制度助推老区建设》。5月1日1版《杭州湾跨海大桥爱“吃”余姚“营养餐”》独家看点。

该报《文化周刊》每一期重点稿件均可圈可点，在宁波县市报中，独树一帜。本月《天下的才子在江南》(5月7日5版《文化周刊》)报道国学大师文怀沙，令读者印象深刻。

细节问题：5月19日头版头条《“党和政府一定会帮助灾区人民渡过难关”胡锦涛总书记在四川特大地震灾区什邡市看望慰问受灾群众和救援人员》是一条消息，副标题中的破折号要去掉。

八、区域外新闻的本地化

2008年05月　奉化日报　《奉化日报》是几份县市报中版面总量较少的一份报纸。该报本月最突出的是汶川大地震事件本地化的报道。《四川，奉化和你在一起》(5月23日《社会周刊》)、《从奉化到汶川：跨越二千公里的童稚之爱》(5月30日《社会周刊》)、《翻山越岭，来到奉化找新家》(5月29日1版)、《亲人，你在那儿还好吗？》(5月4日2版)、《活着真好，政府真好》(5月20日2版)等均给读者留下了深刻印象。

该报“民生民情”内容较充实，所占版面空间较充裕，新闻效果较好，是四家县报中民生新闻总量较大的一家，但是略显琐碎。

九、抓住县域热点，把握报道主动

2008年6月　鄞州日报　本月宁波日报报业集团所属县市报纸致力于深入推进争创文明城区报道，注重抓住与县域经济相关的热点(如杨梅报道)，及时跟进本月独有新闻事件(如高考报道、汛情报道)，突出作风建设报道，继续做好四川灾区的深入报道，版面采编自觉维护稳定大局，报面总体情况良好。

“文明城区创建”应是本月新闻题材的重中之重。《鄞州日报》充分发挥区位优势，所做关于“文明城区创建”的报道亮点频现。该报在1版持续开设“争创示范文明城区，共建和谐美好家园”专栏，以重要动态新闻稿件或者组稿的形式持续推出一系列精彩报道，《王家弄是“城中村”的榜样》(6日)、《三百楼道组长成文明使者》(19日)等动态报道和分析性报道均抓住新闻关键点展开报道；该报还从下旬开始推出特别报道专版，进一步强化报道力度(27日起)。

《鄞州日报·宁波新闻周刊》头版本月选题仍然突出新闻性的深度特性，6月4日《我们，经历了一场洗礼——宁波“80后”赴四川抗震救灾的感人故事》、11日《与世界海洋文明对话——解读三个宁波古船的传奇》等令读者过目不忘。

该报开设的“城乡会客厅”专栏给读者留下深刻印象：9日2版“城乡会客厅”发出《我们还能为灾区做些什么》的独家策划报道；11日《甬新河拆迁不能再等了》，呼应3日头版《甬新河鄞州段拆迁时不我待》，起到了非常好的宣传推进作用。

本月《鄞州日报》分期推出一系列《复刊15周年报庆特刊》，17日《年轮之轨迹》包括“15位鄞报读者谈鄞报”、“15位鄞报作者说鄞报”、“15位新闻主角忆鄞报”、“15家部门单位话鄞报”、“15位小记者写鄞报”和“鄞报读者奥运情”、“鄞报记者维权行”、“鄞报读者看成就”，总体策划独树一帜，充分扩张了鄞州主流媒体的影响力。

《鄞州日报》关于鄞州博物馆工程的相关报道，关于“数字电影鄞州领先全国”、“鄞州行政服务迈入‘免费时代’”等消息，关于“黄古林草席手编技术面临失传”的专稿新闻及浙洽会相关报道和专版，均可圈可点。

本月该报全文刊发鄞州区委“幸福民生40条”的文件，应是一个重要新闻点，后期新闻解析性报道没有跟上，似有遗憾。

十、“可遇不可求”的社会新闻

2008年6月　慈溪日报　《慈溪日报》本月在杭州湾跨海大桥的新闻上继续做文章，延续上月启动的“杭州湾现代服务休闲区建设系列报道”，本月继续发出《绘就大气磅礴发展蓝图》(3日头版)、《资本逐鹿现代服务休闲板块》(5日头版)等重头报道，逐步将新闻视角引向深入。16日头版报眼新闻《大桥通车后向上海要科技》等动态报道给读者印象深刻。

《慈溪日报》本月还围绕“大桥国际经贸旅游节暨慈溪杨梅节”、“慈溪与美国经贸合作”等新闻事件以及“杨梅仙子”评选等新闻活动展开报道。18日1版《4万余农民月月领取养老金》等新闻挖掘到位。该报本月7日2版刊发的《这14年，妻子竟“藏娇”邻居家》，一条“可遇不可求”的社会新闻，非常精彩，非常吸引读者眼球；该稿后续报道没有跟进，感觉是对好的新闻资源的浪费。

《慈溪日报》版面编辑整体到位，包装感较强。本月综合新闻版的右边栏社会新闻组合编辑处理精细，国际国内新闻版面编辑意图表达及有限版面内新闻整合能力较好。

需要注意的是，行政机构名称不宜简化的不可简化，如该报6月3日2版出现“慈溪市暂口局”字样，就会令不知情的读者费解。

十一、软性新闻强化接近性

2008年6月　余姚日报　《余姚日报》本月突出亮点体现在2版“地方新闻”版中，该报主打栏目“百姓故事”刊发《创新打开创业门》(8日)等一系列软性新闻稿件，是一组接近性非常强的报道，可以持续吸引地方读者的注意力。该版“热线新闻”、“和谐之声”等栏目均有亮点新闻推出。

《余姚日报》在一版出现的“记者博客”专栏新颖，但频率过低，无法形成阅读效应。该报《杨梅红了，农家乐了——看我市如何扮靓杭州湾跨海大桥通车后的首个杨梅节》(6版)从服务角度入笔，是一篇精彩的新闻透视报道。但该报的杨梅报道有时候出现“点散”的现象，如17日1版和2版、6版各有报道，却互不协调。

十二、解读文化现象在新闻样式方面做出探索

2008年6月　奉化日报　《奉化日报》本月关于布袋和尚与弥勒文化的相关动态报道与专题文章结合本地文化特点，解读文化现象，在相关报道样式上做了一定的探索。6月5日2版推出《“限塑令”6月1日已实施，商家执行了吗?》深度调查，全面深入。《奉化日报·社会周刊》推出的重点报道“茶亭文明”、“安全生产”、“奉化巡特警在灾区”等选题用心，文章可读。本月该报关于全国村长论坛第四届执委会的报道过程中推出全国知名村官的系列专访，给读者阅读惊喜。

《奉化日报》6月2日《丹心一片照汗青》通讯，报道奉化消防战士赴川抗震救灾纪实，内容可读性强，但同日4版“视觉平台”专版中一幅照片与通讯稿脱离；将该图片配发在通讯中效果可能更好。同日1版《财税一支部党员：爱心图书送儿童》标题中“财税一支部”易出歧义。同日2版《情系灾区共度六一》图片专栏中部分图片需剪裁，如溪口镇中心幼儿园和岳林中心小学照片不经任何处理，编辑失职。17日4版广告刊发《奉化生态旅游之意义》不伦不类，而且内文

编辑不到位，三个小标题多出句号。

十三、把握民生重点专栏引领导向

2008 年 7 月　鄞州日报　本月宁波日报报业集团所属县市报纸普遍重视经济平稳发展的新闻宣传，在推进重大项目建设、发展现代服务业等方面重点组织报道，有所侧重地继续深化新一轮全国文明城市创建的新闻报道及文化大市建设的报道，变换不同的方式持续开展灾区对口援建新闻宣传，有计划地逐步加温奥运新闻报道。专栏引领，内容丰富，把握重点，关注民生，采编上有所突破，报面总体表现良好。

《鄞州日报》本月重中之重是从 2 日始推出的"解读'幸福民生 40 条'"专栏。专栏陆续刊发《扩大就业：实现民生幸福的基石》、《中小企业：在孵化基地快速成长》、《自主创业：低门槛劲吹创富之风》、《养老保障：统筹城乡增强普惠性》、《文化惠民：构建"十五分钟文化圈"》、《免费教育：众口赞誉的惠民举措》、《医疗保障：系上医疗求助"安全带"》、《流通领域：让群众买得安全吃得放心》等八篇深度解析式报道，以"关键词"、"关键词解读"、"精彩回放"、"记者旁白"的形式，对区域内重大新闻事件开展全方位新闻解读。这一组新闻报道策划到位，精彩纷呈。

《鄞州日报》本月的"争创示范文明城区共建和谐美好家园"专栏也持续不断地推出大量优质的新闻稿件。如 12 日头版头条《让城区清爽迎客》、14 日头版头条《借"迎奥运"东风提升居民素质》、15 日头版《市民小细节城市大文明》、16 日《漂流书屋：爱心在传递中绽放》、17 日头版《交规记心中文明在路上》等稿件，或以动态新闻领引，或以现场新闻专题调研，充分调动各种复合式包装手段，宣传效果明显。

《鄞州日报》本月其他报道重点如"携手同心破难解困加快企业转型发展"也策划、发出了一批有力度的报道。同时该报本月复刊 15 周年报庆系列特刊收尾。7 月 1 日推出的是"年轮之轨迹"，解读了鄞州 15 年的发展标志、惠民举措、改革亮点、重点工程和榜样人物，在庆祝日前为该策划在报面上画上了一个圆满的句号。

十四、"综合新闻"板块的采编创新实践

2008 年 7 月　慈溪日报　《慈溪日报》连续推出相关动态报道、深度分析报道和评论，重点以"文化大发展大繁荣"为核心内容展开了一次宣传高潮，同时在经济形势和经济成就的宣传上也下了很大工夫，6 日头版头条《"横河制造"跨省

市建基地》、3 日 2 版《慈溪：旅游纪念品，拿什么呈献给游客》、14 日头版《牵手两千慈企共拓国际市场》、19 日头版头条《坎墩工业企业积极应对产业"大洗牌"》等报道均给读者留下了深刻印象。

《慈溪日报》一直致力于"综合新闻"板块的采编创新实践，新闻可读性强，内容可圈可点。本月推出《五台山名寺如何"搬"去加拿大》(2 日 5 版）讲述了桥城"鲁班"承揽佛教名山建筑群的背后故事，可读性强；3 日 6 版"要闻"整版推出市政协政情交流会实录报道《食品安全是最大的民生工程》，原汁原味，读者阅读相当"解渴"。"阿明闲话"专栏经营到位，本月刊发的《"第三学期"的困惑》、《什么时候"市长们"接访不忙了》等均微言要义，应该进一步经营好。

《慈溪日报》本月抗震救灾对口援建工作等相关报道方面也有精彩新闻推出。7 日头版头条推出的《四川广元地震灾区的"慈溪速度"》，以纪实笔法报道了浙江天鸿钢构有限公司援建广元临时安置房的事迹；7 日 6 版"公安"专版推出《因为我们是一家人——慈溪特警在四川灾区纪实》，由在灾区的特警执笔，读着越发感人；2 日 5 版《灾区高考前，我们开展了健康高考行动》以口述实录的形式进行报道，吸引读者。

该报本月开设的"夏令热事"专栏十分温馨，如 7 日 5 版推出的《城区 162 辆公交车今年全部更新成空调车，高温天公交车坐得很舒适》读来亲切。这个专栏刊发的《高温天，工地防暑做得如何》、《高温催热"清凉消费"》、《三处清凉地成市民纳凉首选》等。

从本月下旬起，适时推出"奥运新闻"版(如 23 日 2 版），为奥运报道加温。

十五、"记者视点"专栏时有精彩新闻

2008 年 7 月　奉化日报　《奉化日报》本月突出亮点体现在从下旬开始推出的"创业创新·逆风飞扬——08 工业企业风景线"专栏。这个专栏刊发了记者采自创新效益型企业的一线典型报道，展现了企业迎接挑战、克难攻坚、逆风飞扬的风采。这一专栏中的《王翔今年订单已排到年底》(21 日头版）、《光华气动销售额连年出现"涨停"》(23 日头版）。

《奉化日报》"记者视点"专栏时有精彩新闻为报纸增色，2 日 2 版《上技校真的"技"不如人吗?》、4 日 2 版《城管为进城果农开绿灯》、11 日 2 版《您的"经济身份证"保护好了吗?》。

《奉化日报》"社会新闻周刊"精心选题采编，本月推出的《那一瞬间的电闪雷鸣》读来震撼、《奉城"喊"热商家大做"冷文章"》则读来会意、《"三保合一"奉化农

民圆梦养老保障》读来令人欣慰。本月在头版开设的“关注重点工程”专栏连续推出了“走进红胜海塘”系列报道。

十六、县市报纸读者市场对“文摘”导向的操作

2008 年 7 月　余姚日报　《余姚日报》本月的周刊内容持续精彩。“社会周刊”刊发《八百年游子今归来——陕西余姚村严氏后人寻根记》图文并茂。“经济周刊”刊发的《块状经济，撑起我市工业发展“半边天”》、《强力推动全市企业升级》，深入透析产经现实。“文化周刊”也为读者献上了一道道文化宴品。

《余姚日报》本月开设“丰硕三十年——从数字看余姚”专栏，在头版刊出，以图表的形式给读者直观的记录。该报本月在“地方新闻”版开设的“改革开放的民生视窗”，新闻视角特色鲜明，发出了《昔日纸笔交流如今 QQ 传情》、《从敲敲打打到追求品质生活》等过目不忘的“小”报道。

问题、商榷、建议及差错：

(1)县市报纸读者市场对“文摘”导向的操作如何认识？部分集团县市报在局部设置上仍待面向报业市场进行调整。如《鄞州日报》版面总量充足，内容丰富，其“宁波新闻周刊”除头版精彩的地方新闻深入挖掘的重头报道以外，其余版面虽然内容丰富，但给读者的“文摘感”仍是一个存在潜在影响的问题，有待深入研究。

(2)一般来讲，无论是新闻还是广告，报纸版面上的图片是不可随意变形的。《奉化日报》2 日 4 版广告版中左上角的四分之一版“大自然”广告，底图是大自然地板形象大使演员陈道明，图片已经严重变形。新闻标题应该动态制作，9 日 4 版的“时事”右下角图片报道标题《江西三清山风景名胜区》缺少动态要素，应改成“三清山景区列入世遗名录”。

(3)报纸版面色调需要确认一个主色彩。《奉化日报》彩色版面总体无主色调，各种色彩随意使用，特别是各种强对比色彩在同一版面出现，造成版面俗、乱。

(4)现代版面设计语言中，汉字的美观原则，即汉字是方块字，方方正正才最美、最易阅读，所以新闻标题一般情况下尽量少做变形处理，特别不能大幅度拉长或压扁以及过度拉大字距，不然的话会使版面乱上加乱。目前部分县市报在这些细节上极少关注，版面之“乱”的症结主要就在这里。

(5)版面采编细节处置要细而又细。《慈溪日报》7 月 1 日 3 版国内新闻版右下角“奥运圣火传递”标识与“寻找 100 名尿床孩子”紧靠在一起，成为版面的

败笔。图片说明文字处理不细，语言不通：同日5版慈溪新闻右下角图片说明中出现的“近日上午……”图文互不搭界：同日8版中心区《调高油价有利于小排量汽车发展》一文配发的图片竟然是暴雨后水中推车的镜头。同一专栏不同版面分布：日报经济部与其他部门共同开设的专栏“慈溪商人·桥头篇”在7月1日的第111期《民营经济》板块中同日推出两篇，一篇位于1版(《访宁波东星电子有限公司董事长余一平》)，另一篇位于4版(《记慈溪市五丰毛绒有限公司董事长陈雪权》)，而且编辑并无任何交代，似有不妥(22日与此相同)。

(6)以新闻名目发广告：《慈溪日报》2日头版倒头条位置刊发的《慈溪商业块状布局的点睛之作》实为广告，但却冠之“本报综合报道”的消息头，以新闻名义发出，与同日刊发的相关广告配合(如确需刊发，应经专业采编人员重新采写)。

(7)与相关部门合作的版面无论内容还是版面形式都更要遵从新闻采编规律：2日6版“教育”版主办方“慈溪市教育局、慈溪日报社”署名字体过大，居然大过本版六条新闻的标题字号，不够妥当。

十七、围绕宣传重点组织新闻报道

2009年5月　余姚日报　本月“坚定信心 促进发展”、“深入学习实践科学发展观”等专栏对经济形势和学习实践科学发展观主题进行报道，各项工作重点报道都精心组织。

本月《余姚日报》推出的人物报道稿件密集度较高，值得肯定。仅专栏“老劳模新风采”和“百姓故事”就推出报道17篇。“老劳模新风采”设在头版，报道劳动模范等典型人物的先进事迹；“百姓故事”在2版“地方新闻”版面上，共有报道11篇，其中有5篇也是报道市劳模等先进人物的事迹。党报的人物报道重点体现于对先进典型的宣传，但同样要注重报道的可读性和感染力。像2日报道《凝心聚力克时艰——记宁波市劳动模范胡元成》细节体现还不够：“在胡元成的带领下，公司很快摆脱了不利局面，‘我们的秘诀是依靠全体员工的力量……把聪明才智发挥出来’”；“在胡元成的带领下，员工们迸发出饱满的工作热情，公司保持了良好的发展态势”。这样的典型人物报道，往往或多或少带有“塑造”的成分，受人物通讯脸谱化、模式化惯性的影响，以及记者采写深入程度的影响，字句比较笼统，所写人物的共性特征往往强于个性特征。

相比，6日《“葡萄师傅”的桃李情》，多从侧面和细节来写主人公：“每天晚上7时到9时，师傅的手机便成了热线电话，余姚的，慈溪的，省内外各地的葡萄种植户都会向他请教问题";"每十天中有八天的上午时间,他要到合作社去一趟回答葡萄种植户的问题",侧面描写,形象可感可触;23 日《"用心付出,一定能得到回报"》报道大学生村官的事迹,截取了四段她的工作日志,从四个角度来写人物的行为和思想,人物形象饱满。所以县市党报的先进人物报道,要注意克服模式化,要通过深入采访挖掘细节素材来丰富人物形象。

十八、一个月内对一家企业的报道过于集中

2009 年 5 月　慈溪日报　开设专栏"聚焦基层看发展,坚定信心保增长",设置在头版,且报道力度大,多以企业为报道题材,挖掘出各自在发展中的非同寻常之处,具有典型性,启发性强。比如 25 日《伟吉电子研发新型电能表攀上行业之巅》,报道的是一家名不见经传的小企业即使在金融危机下仍坚持新产品核心技术的研发,研制出领先国际技术的新型产品;26 日报道《"中兴"海外资本运作力求"弯道超车"》,开头这样写道:金融危机是什么?在宁波中兴精密技术有限公司董事长张忠良眼里,金融危机就像是创业的弯道,正是企业"超车"好时机。

本月关于方太厨具有限公司的稿件相对比较集中。1 日头版《"方太"荣获德国"红点"设计大奖》,这条动态消息的意义在于这是我国厨具企业第一次荣获此项大奖;在《民营经济》版面,19 日与 26 日推出深度报道《破解企业转型升级难题》(分上、下篇),从方太战略转型、品牌塑造及成功的销售渠道模式等角度加以报道;此外,19 日《创造发明推动"慈溪制造"向"慈溪创造"转型》,以举例方太获奖事件开篇,报道从 2003 年至 2008 年六年来,方太发明专利超出 200 件,并深入挖掘主题,指出"拥有发明专利的产品,会给企业带来品牌效应和核心竞争力,有利于保持企业持续发展",倡导企业努力于科技研发和产品的创新。这一系列的稿件亮点在于不仅仅报道了方太厨具获奖的表层价值,更是由此为切入点,挖掘企业的发展内涵,由点及面点出科技创新对企业产生的深远意义。

问题也是同时产生的,一个月内对一家企业的报道过于集中也是有欠考虑的。虽然方太作为地方上的一家重点企业,在报道上可以有所侧重,但在开展新闻策划和版面配置时仍然需要进行一个合理适度的筹划,免得读者在报纸上总是看到"老面孔"。

十九、出色的专栏经营

2009 年 5 月　奉化日报　本月"民生民情"版面内容丰富。开设的"民生会

客厅”、“60 年 60 事”、“记者视点”都是较出色的专栏。“60 年 60 事”立意于新中国成立 60 周年的新闻宣传，立足于奉化的人与事来进行报道，每期附有“大事纪要”，补充资料，回顾事件，交代事件发生的大背景，内容翔实丰富。报道的标题也大多体现出当时的时代风貌，如 7 日《1971 年夏，天大旱人大干》、14 日《1973 年，许洪涛赴乍得开展农支援助》、29 日《1977，高考梦园》，多体现回想当年的感觉，把读者带进那个时期。

“民生会客厅”每期一个话题，每期报道标题都以问句形式表达，如 4 日《你愿意做体力劳动者还是脑力劳动者?》、18 日《残疾人需要什么样的文体生活?》，通过标题提问然后在报道中开展讨论的形式进行报道，选材贴近百姓生活，体现民生关怀；“记者视点”的形式和“民生会客厅”类似，着重于深度报道。标题也类似：《“80 后”步入婚育期，他们的婚房谁买单?》《幼儿园需要男老师吗?》都是疑问句。从标题形式上来看，两个专栏都一样反倒会显得比较刻板，不够有新意。

此外，栏目“桥兵话题”和“奉川走笔”也值得一提。报道多针对当下的一些现象发出短篇评论，点评到位。如 4 日报道《“V”：汉口厨卫配件产业精彩呈示》，报道汉口厨配业在对应危机、转型升级中的发展轨迹；20 日“奉川走笔”就有评论《我们需要这样的“V”》，升华本质，写道：“这样的 V 给我们以信心……似乎透露着这样的信息，整个经济走出谷底虽还不是就在眼前，但也不是遥不可及了；这样的 V 给我们以启示……与科技共舞，与潮流同行，产品升级，营销创新……不仅鼓舞人心，传达坚定信念，也给予经验学习和启示。”

二十、针对宣传要点，推出专题报道

2009 年 5 月　鄞州日报　针对各大宣传要点，推出相关的专题报道。“保增促调，创业创新”专栏针对性推出 13 篇报道；“科学发展 创优争先”推出 10 篇报道；“鄞州携手 重建家园”推出 13 篇报道，并有专题报道，共 7 个版面。

在国庆 60 周年的报道中，延续上个月推出的小专栏“我的名字叫‘国庆’”，富有情趣。5 日《伴随鄞州巨变的理发师》，12 日《靠劳动得来的幸福最踏实》等报道也由小见大，通过个案报道见证祖国的发展，彰显国家的巨大变化，生动形象且容易引起读者共鸣。“庆祝新中国成立 60 周年 红色足迹”专栏文章多为当事人回忆当年的战事等，讲述红色故事，较有特色。

“鄞州携手 重建家园”专栏的亮点在于报道出鄞州与援建地区之间的新闻。10 日、11 日、12 日、13 日连续报道援建县城青川的情况。10 日报道灾区小学生的状况，孩子们表达感恩心以及鄞州人结对资助情况，和谐美感流泻而出；11 日两篇报道《援建项目一天一个样》、《我省援建青川“输血”又“造血”》，列举数字来说明援建取得的效果，也透露出援建工作正在如火如荼开展着，传递出强大的力量感。

23日报道《娱乐圈内人士举报满文军》，文中小标题用字值得商榷，“满文军9月婚礼或泡汤”中的“或”字虽然没有错误，但是不如直接用“可能”二字更易于普通读者理解。16日报道《孝顺老公把父母接到鄞州，结果矛盾来了夫妻离了》，报道有这样的话：“离婚数是上两周的总和。也许是进入了夏天，也许是过完节，大家的火气都大了起来。”火气大和过完节应该没有什么特别的逻辑关系，这样归因有点牵强。

二十一、区域性新闻是地市报赖以生存的土壤

2009年6月　余姚日报　区域性新闻是地市报赖以生存的土壤，《余姚日报》一直用心经营“地方新闻”版，努力突出地方新闻特色，追求舆论引导的地域性，通过富有特色的地方新闻来吸引读者、引导读者。本月在“地方新闻”版面上，主要有“记者调查”、“百姓故事”、“和谐之声”等栏目。特点主要是取材广泛，从个人故事到群体性事件。这三个栏目本月推出报道共21篇，形成比较大的报道力度。“记者调查”侧重于深度挖掘，如4日《乱扔垃圾有损“迎宾大道”形象》，呼吁市民提高文明素养；“百姓故事”报道平凡百姓的不凡之事，而“和谐之声”重在于和谐氛围的营造，如老年人安享晚年、村民享受文化熏陶等相关报道，成为展现文明创建的一个窗口。

此外，该版面还有一个“民声实录”专栏，每期刊登五则左右的市民来电，反映身边遇到的困扰和问题，以期解决。这种报道方式给了百姓发言的空间，尊重民意，传民之声，不足之处在于有关部门的反馈或者事件回应报道不足，反映问题远多于解决的反馈。

本月15日头版《他们用实际行动诠释“余姚精神”》和21日《群众的支持创造了“余姚速度”》，两篇报道分上下篇，杭甬客专余姚段征迁工作纪实。报道提出“余姚精神”和“余姚速度”两个概念，提升了文章的深度，主题意义深刻，报道干部典型事件的同时也彰显了群众的贡献，报道全面，事例真实感人。

二十二、标题中出现“或”字要细思量

2009年6月　慈溪日报　《慈溪日报》本月在专栏“聚焦基层看发展，坚定信心保增长——新闻集中行动”中推出12篇报道，对企业在“危”中抓“机”，采取

各类措施寻找发展等情况进行报道;这一组报道见人见事见措施,给读者以深刻印象。关于深入学习实践科学发展观的宣传报道共在"学习实践科学发展观 建设效益和谐新慈溪"专栏推出九篇报道,角度都是从有关政府职能部门出发(如团市委帮助青年就业创业,环保局为经济社区发展营造良好环境等),报道相关工作的情况。

本月《慈溪日报》就环境保护、资源节约主题也推出了主题报道。5日,在世界环境日之际推出专版,刊发6篇文章。其中《环境保护需要你我共同参与》是一封给全体市民的公开信,呼吁全体市民参与到环境保护中来。言辞亲切诚恳,且通过书信的方式来呼吁公民提高环保意识,在心理上更容易产生亲近感,达到预期的宣传效果。28日《长胜市村呈现人水和谐美景》,报道农村生活污水治理工程,以实际事例来证实污水生态处理的效果,报道生活污水治理典型,给公众以启示;29日,《我市工业循环经济稳步发展》,报道慈溪市顺应资源节约、环境友好型社会建设要求,实施可持续发展所取得的成绩,通过列举数据以增强说服力。

本月《慈溪日报》多个版面的标题中出现"或"字,虽然不是错误,但仍然容易使某些读者产生迷惑。如15日7版《频繁染发或会带来致命疾病》,26日5版《统计局首次摸底商品房开发成本 或出台新政》,这个"或"在这里都是"可能"的意思,但当媒体面对普通读者时,还是直接用"可能"更好些。

二十三、新闻选材讲"鲜活"

2009年6月 奉化日报 头版推出的由市农林局协办的专栏"农林杯鲜活新闻竞赛"值得一提。从题目即可透露出该栏目的新闻带有新鲜、充满活力之感。从本月发出的15篇报道的选材来看,确实"鲜活":4日《升纺老总:向上班员工说声"早上好"》,16日《"猪倌"王运来自费赴韩国进修》,26日《溪口"快乐婆婆"办起"开心店"》等,贴近普通百姓生活,行文活泼又带亲切,读来生动有趣,从琐碎之中彰显别样情趣。这个专栏的稿件一般以短小精悍为主,但也不乏篇幅较大、选题深入的报道。如24日《汉江让回乡大学生人人实现创业梦想》,是该日的头条新闻,报道汉江街道创建大学生创业实习基地一事,也采访了通过这个平台实现梦想的大学生,在眼下大学生就业难的状况下,这一宣传报道无疑也给人们增添了希望。

"民生新闻"中,11日《公交车全面换容方便百姓出行》值得一提。这条新闻报道了市公交公司对公交车进行安全检查,更换新车并开启夜间运营等情况。

15日“锦溪杂谈”发出短评——《为公交车改革叫好！》，点评改革的意义。这个报道发在成都发生公交车燃烧事件后，对本地公交事业加强管理的视角抓取新闻报道，有利于为安定的社会局面营造良好的社会舆论氛围。

“保增促调提振工业——奉化厨配行业巡礼”这一组报道则立足于厨配行业，着眼于金融危机下各企业的对应出招情况，共发出10篇报道。从报道的结构上来看，大致由成果、企业发展历史、当下对策三个部分组成。也许是新闻资源来源和事实材料渠道的原因，导致报道存在雷同和类似的情况，如3日《米儿厨具：让“美而耐”走向全国》，12日《艾维：以质取胜勇拓国外市场》。因此在这样同类报道题材上，在第三部分的采写上应多花心思求创新，着重突出每家企业的风采和独到之处。

二十四、个案报道，目的在于由点及面

2009年6月　鄞州日报　针对宣传要点，《鄞州日报》本月开设有“心连心 共谋科学发展 手牵手同筑平安鄞州”、“创平安 保稳定 促发展”、“保增促调 创业创新”、“会战攻坚 保增促调”等栏目。

“保增促调 创业创新”专栏报道在本月主题宣传中强化策划，创新求变。特别是推出“融智”服务在鄞州系列报道、鄞州消费高速增长之谜系列解读等，宣传力度大，紧紧扣住区域经济、社会发展中的重大问题和重大部署，深层次地分析。如从城区篇、乡村篇、背景篇等采写视角出发，分析当下鄞州消费高速增长的情况，覆盖全面，数据分析有说服力，扩大了报道影响力。

言论栏目“钱湖走笔”本月发表8篇文章，篇幅短小精悍，评论对象来自当下社会、经济生活中局部的社会问题，主题又往往涉及中心工作、社会发展、人民生活等关键问题。这8篇评论所涉及的主题有节能、就业、食品安全等。这些言论的写作在捕捉到关键问题的同时，也有细致的分析。28日文章《家电不仅下乡，还要“驻乡”》就提出，家电下乡工程在实施过程中，应乘机树立品牌，营造公信力，不仅仅当作金融危机下的救命草，而应该着眼长远，打造信誉，树立品牌；7日《“要真富，修好路”》则根据横溪镇建成全省生态农村公路这一事件，指出良好的环境能够进一步促进经济发展，传统的“要致富、先修路”应提升到“要真富，修好路”的高度重新认识。

《鄞州日报》的“婚姻报告”栏目，每周出一篇文章，将每周的结婚人数、离婚人数进行比较，用数据来显示动态，每期选取几个离婚案例进行报道。虽然个案事例本身显得生动，也容易满足人们的阅读心理，但不足以体现报道的深度。如

6日《本周离婚数量创出日新高》报道中出现这样的内容："他俩一吵架对方父母就打电话来骂他……(男方说)女方对夫妻生活要求太频繁，让他受不了……"如此一来，媒体对读者的引导方向就有一些变味了。建议对于这样的个案报道，应该可以由点及面，不仅仅停留在情节和事情原委上，可以深入挖掘导致婚姻破裂的深层原因，给广大读者以告示，慎重对待婚姻问题，进而提高报道品位。

二十五、突出对经济走势的解读

2009年7月　慈溪日报　本月对一些重要政策展开解读报道，如城乡居民养老保障制度政策、农业户口人员"农转非"政策等；继续加强科学发展观学习报道，结合本地情况，推出《学习科学发展观 建设效益和谐新慈溪》专栏，为各个职能部门提供宣传阵地；综合新闻版既报道当下热点社会问题，如高校毕业生就业，也做好各类常规报道，如"夏令热事"，多具看点，增添了党报亮点；作为在日全食观测上有地理优势的城市，与其他单位机构一起策划、组织邀请市民观日食，"日全食特别报道"专版生动有趣，"阿明闲话"中的评论文章《高价日食眼镜的得与失》使相关新闻看点更丰富。

28日头版《降幅逐渐收窄 回暖信号明显》报道是针对上半年慈溪市工业经济运行情况提炼报道主题，以数据显示情况；同日在综合新闻版面发出《上半年我市工业经济运行综述》报道，在解读数据方面做出很好的补充，总结出特点，指出保增长、促转型的任务依然十分艰巨。两篇报道前后呼应，相得益彰，致力于做深做透重要新闻。

某些报道的标题制作上还需要多斟酌。一是要避免冗长。3日第2版《一只销赃四百五十元的手机 原是受害人花四万多澳元买的》，22日《一种面对新市民的贷款让他们在第二故乡创业不再是梦想》等，这些标题从幅度上看都显得过长，缺少概括，不够精练。另外，澳门货币一般称"澳门币"或"澳币"而非"澳元"。二是主标题要体现新闻价值点。16日综合新闻一则新闻主标题为《水枪停止喷水？淤泥堵住水管！》，副标题为"紧急关头，一消防队员跳下河疏通吸水管保救火"，报道的新闻价值点应该在"跳下河疏通吸水管保救火"，表现出一种积极工作精神和奋不顾身的劲头，该信息应该加以突出，处理成主标题加强凸显比较合适。

二十六、记者调查选题讲求时令特征

2009年7月　余姚日报　本月民生新闻方面比较突出，"记者调查"、"夏令系列报道”等专栏的相关报道都体现了这一特点。

“记者调查”专栏中许多稿件体现出的一个共性是体现盛夏时节的民生关怀，报道选题结合7月盛夏酷暑的季节特性，来挖掘特殊情境下的特有新闻。如4日《盛夏来临，空巢老人过得好吗?》，报道某街道空巢老人的生活状况；28日《融入社会的一次“实战演练”》，报道大学生在各行各业的暑期实习的感受。特别是8日推出的“夏令系列报道”，旨在走进与市民日常生活密切相关的部门，实地了解这些部门夏令工作的准备情况，及时提供有效信息。报道对象有环卫工人、市交管所稽查队、空调安装工等。这一组系列报道可读性较强，贴近民生。建议进一步拓展报道思路，不仅仅将报道对象和报道思路局限在有关部门的工作情况上，更多挖掘夏令里的题材并加以整合，丰富“夏令系列报道”；或者将专栏题目缩小些，以此加强针对性。

《余姚日报》本月经济宣传报道也开展得有声有色，仅《坚定信心 促进发展》一个专栏就推出报道15篇，报道力度有增无减。这些报道或以企业为对象，宣传企业，树立典型；或从行业角度出发广泛选材，进行深度挖掘；或注重多层次、多角度进行经济宣传，29日《我市经济运行出现企稳回升迹象》报道，从工业经济、固定资产等四个角度加以报道，是一则重要的新闻报道。不足之处是，整体报道比较生硬，通篇数据运用很多，而相应的解读不多，阅读起来稍显费劲。

二十七、经济述评亮点突出

2009年7月　奉化日报　本月各项宣传报道中，经济宣传相对比较出彩。特别是在月末推出的栏目《年中经济评述》，致力于为推动经济建设发展营造良好的舆论氛围。这组报道时间上稍显滞后，报道力度还要看下月报道。就本月四篇报道来看，分工业篇、招商引资篇、重点区块重大项目篇以及旅游篇四个篇章，层次角度鲜明。难能可贵的是报道在总结过程中，除了肯定成绩外，也总结现存的问题，如27日《“多少事，从来急”》指出受当前宏观经济形势影响，部分经济指标未能达到“时间过半、任务过半”的要求，多项指标在比较中处于劣势，经济下行压力偏大。这样的报道避免了一味地强调成绩，有助于读者看清问题，有利于报道宣传取得更好的效果。

同样，《奉化日报》也关注到高温天气下的民生问题，15日起推出专栏报道《高温下劳动者身影》。这组报道关注高温下普通民众的工作、生活状态，贴近性强，通过个案报道的形式来增强文章的可读性。《公交司机：开车如同浴桑拿》、《代充煤气工、运水工高温下依然忙碌》、《快递员：“大火炉”中穿梭》等报道都是从高温视角切入，主题点集中于高温、汗水、辛苦、积极工作这几个关键词上。30日发出的《通过自己的努力，去改善生活》，报道一位三轮车女车夫的生活状况，以一种积极乐观的生活状态为主基调，避免了与其他报道角度的相类似，可读性更强，亮点更突出。

7月6日“教育·文化”版专题新闻《奉化教育网3年无刷新访问量超92万》的标题及内文多处出现“无刷新访问量”术语，但从头至尾无相关解释，给读者理解新闻造成障碍。

二十八、版面编排原则要利于阅读

2009年7月　**鄞州日报**　针对各项宣传重点及热点，经济形势、科学发展观学习实践活动、新中国成立60周年、文明创建等主流题材宣传不放松，报道比较及时全面。比如在报道党建成就方面，就推出专栏《我为党旗增辉》，结合宁波区域实际情况，或报道党员先进事迹，或报道党建工作等。本月《鄞州日报》也就高温等民生社会问题做了必要的报道。

本月《鄞州日报》着重推出专栏《鄞州经济年中报告》。从14日开始，共发出稿件11篇，题材丰富。15日《鄞州投创中心上半年财政收入增幅全区第一》，18日《鄞州旅游困中求进逆势飘红》，28日《上半年汽车销售逆势飘红》等，报道各行业取得的进展和当下状况，同时不乏总结提升。特别值得一提的是31日刊发的《鄞州，穿越阴霾见曙光》，报道上半年经济运行情况并配有评论《5.5%的背后》，深入思考成绩取得的原因，解读数据背后的信息，并传达信念与力量。

本月《鄞州日报》重大新闻的报道中多配发评论，多见于头版新闻，评论及时，扩展了新闻深度。9日头版《五载锻剑破寒冰》，报道鄞州实施“双优”战略5年来取得的成绩，配评论《先发优势来自先行一步》；23日《两家鄞企新疆创业“人财两丰”》，配评论《“人才两丰”非偶然》……通过评论对重要新闻作进一步的阐述与引导，强化了宣传效果。

对鄞州新城区水网改造的报道多方兼顾，力度很强，也成为《鄞州日报》本月的民生报道亮点。一方面报道施工情况，如13日《新城区15万居民将喝上水库水》，16日《昨晚9时新城区进入“停水期”》，18日《新城区15万居民昨告别河网水》等，让读者及时了解进程；另一方面注重营造良好的舆论氛围，13日《解读为何停水44小时》，14日《停水44小时，一定能克服》，15日《新城区储水总动员》，17日《众志成城克服“水荒”》……这些关注停水期新城区群众工作生活状况，反映群众支持工作的积极精神面貌的报道组织有力，使和谐良好社会舆论氛围通过一次重要的民生事件得以体现。

本月关于水果的图片新闻较多,如 9 日图片新闻《蜜桃个头大 龙观果农乐》,11 日《“八戒”葡萄熟了》,16 日《天宫庄园蜜梨葡萄节开幕》等,但图片表现的画面无一不是采摘水果的场景,表现形式上比较单一。题材较小的图片新闻报道,也应该多花点心思,丰富报道形式,以免落入俗套。

22 日头版一则报道中,主标题为《“你们辛苦了”》,引用领导的一句话,副标题为“薛维海慰问高温作业工作人员”,主副标题并列同行处理,这样的编排方式不利于阅读习惯,容易将其当作两条新闻。

16　日报观察

一、报道内容和新闻包装形式上寻求新的突破

2008 年 11 月　以纪念改革开放 30 年和宁波计划单列 20 年为核心，重点策划持续推出一系列相关专栏，以“潮起东方”、“‘我与改革开放 30 年’大家谈”、“最具幸福感城市推选活动”为抓手，使《宁波日报》本月在报道内容和新闻包装形式上寻求新的突破。

作为核心报道，《潮起东方》系列专版至中旬全部刊发完毕。专版从“宁波改革开放 30 年 30 事”的大视野出发，继续深入挖掘主题。11 月中上旬刊出的 17 个专版中，选取了“宁波开全国社区直选先河”、“我市五部作品获全国‘五个一’工程奖”、“2300 市民爱心救助青海教师罗南英”、“中国第一所独立设置的中外合作大学——宁波诺丁汉大学落户宁波”、“一座城市的倾城之爱”等核心事件。专版文图并茂，翔实生动；内容丰富，点评到位；综合筹划，版面上乘。

中国(大陆)最具幸福感城市评选活动的宣传本月收官。这个专栏的内容本月大致可以分为三类：“发现身边幸福”、“讲述幸福的故事”、“请投上您的一票”。多角度、多方面，而且能选用具体生动的事例进行报道，另外还刊登了《幸福感调查问卷》，供读者填写，增加了互动。《在宜居城市中感受幸福》、《新农村建设：最大的“幸福感城市”》从相对较为宏观的角度，分别报道了宁波居住条件的改善情况和农村建设取得的成绩；《一名清洁工的幸福生活》、《一名不幸孩子的幸福》选取较为典型、具体的事例来进行报道，特别是《“宁波让我们得到温暖的家”》一文，报道的是四川地震灾区孩子王雪，灾后跟随在宁波打工的父母，来宁波西郊中心学校学习一事，选取角度很新颖且富有意义。

栏目“‘我与改革开放 30 年’大家谈”继续结合典型人物，或是公司董事长，或是某行业的领先人物等围绕改革开放 30 年的主题进行报道。报道以第一人称进行叙述，讲述创业历程或工作经历，真实性强，能吸引读者的兴趣，改革开放的话题大家一起谈，使改革开放的影响深入人心。

本月《宁波日报》还分别刊出了以纪念改革开放 30 周年为主题的部分县市

区特刊，为报纸增色。

二、财经新闻在新闻报道中越发被倚重

2008 年 11 月　紧抓国际国内经济形势的变化，认真做好国际金融危机和国内扩大内需的宣传，并紧密结合宁波地方全局工作，开设相关专栏，组织相关报道，特别是对宁波市委市政府决定明后两年动用 800 亿元政府性投资拉动 3000 亿元社会投资的政策举措的解读性报道，起到了坚定信心、解疑释惑的良好传播效果。

财经新闻在新闻报道中越发被倚重。当下正值全球金融危机，做好经济新闻至关重要。3 日头版有文章报道国家统计局局长马建堂谈当前的经济形式，引用其说的话语“要对中国经济发展充满信心”作为主题，为一个时期的报道定调。在第 5 版“特别关注”栏目中的报道《从宏观调控政策看我国经济发展》，配有漫画，有助于读者更好领会观点。在第 10 版“三江特刊”上，刊出中国人民银行宁波市中心支行关于要学习实践科学发展观，支持地方经济发展的报道。4 日头版有文章《我国经济有条件继续保持平稳较快增长》，内容是发改委有关负责人谈当前经济形式，还有文章《“国家一揽子政策，坚定了我们的信心”——各界人士对宏观经济政策调整的反应》，做好经济新闻的同时，也对当前形式进行把握，引导读者理性思考，而非盲目紧张慌乱。亮点是相关内容的新闻本地化情况。如《应对困局，甬城出口企业各出奇招》、《我市金融业将大力支持重点项目和企业》等，与宁波市民更贴切，富有积极的影响。

本月下旬策划的“扩内需保增长促发展政策解读系列报道”是一组难得的解释性新闻样板。以《800 亿元资金哪里来怎么花，3000 亿元社会投资如何拉动》作为首篇，自 21 日起在“坚定信心　共克时艰　迎难而上”专栏推出，一系列报道对宁波市委市政府贯彻落实党中央、国务院关于进一步扩大内需促进经济增长重大决策的 12 条意见，决定明后两年动用 800 亿元政府性投资拉动 3000 亿元社会投资的政策举措进行了专题式、全方位的解读宣传。

本月“高举旗帜科学发展——加快推进经济发展方式转变”专栏推出余姚、象山一系列报道，同样可圈可点。

三、可预知的新闻与不可预知新闻的处理之道

2008 年 11 月　在可预知的新闻事件，如地方新闻中的首届中国宁波国际港口文化节、住博会、食博会、塑博会、包玉刚 90 周年，国际新闻中的 G20 峰会

等新闻报道均可圈可点；在一些非预知性的新闻，如印度孟买恐怖事件、杭州地面塌陷等新闻的处理上均有独到之处。

本月中，食品博览会开办。5 日是食博会报道的前奏，在“三江特刊”上，推出大标题为“食博会——打造扩大消费的头展会”的系列报道，内容有本届食博会的亮点，历届食博会相关情况的数据，7 日头版和 8 日头版都有开幕式的相关报道。10 日有报道《老字号在食博会上焕发青春 可惜的是，本地老字号却有些沉默》，11 日有报道食博会闭幕式的报道。应该说，日报对食博会的报道相对全面，而且关于老字号品牌的没落状况的报道，选取角度别致，除了描述食博会的盛况外，也点出了其中显现出来的问题，指出需要改善之处。但食博会的系列报道中也有不足之处，比较两篇关于开幕式报道，7 日的报道标题为“2008 中国食品博览会今日开幕”，8 日的为“2008 中国食品博览会开幕”，两者报道角度相近，内容相似。7 日的报道中，有如下内容出现：“本届食博会展览展示面积超出 6 万平方米，设国际标准展位 3000 多个，比上届增加近 500 个，到会代表团有 50 多个，参展企业 2000 余家，比去年增加近 200 家。”8 日的报道中，又出现“展会展出面积达 6.3 万平方米，设国际标准展位 3000 个，参展企业近 2000 家，展出食品及相关机械产品 22 大类 3 万余种。同时，展会还首次设立了境外展区，吸引了来自 20 多个国家和地区的境外食品企业参展。”闭幕式中再度出现：“本届食博会展出面积 6.3 万平方米，参展企业 2000 余家，国际标准展位 3000 个，参展参会代表团 53 个，本届食博会到会的境外参展商和采购商也比上几届明显增加，达到 1200 余人。”这些内容，重复问题明显。和开幕式的报道篇幅相比，闭幕式报道只有百余字，显得很单薄，而闭幕式在对食博会的综述和主题深化上应该有更多新闻作为。

四、时评专栏经营有声有色

2008 年 11 月 时评专栏经营有声有色，国际新闻版面制作切合潮流，地方新闻专刊专版持续不断，社会、文化、体育等常规性新闻版面时有佳作，经济类专刊亦为报纸增色。同时，一些问题与倾向值得注意。

日报的时评专版(栏)特别引人注目。3 日时评版发出的《储吉旺助人有个“四不宣传”》、《文明上网就该从“娃娃”抓起》、《大办提升“新市民”素质正当其时》等篇均从地方新闻素材下笔，贴近性强，让读者切实感受到报纸立言的功能；《明州论坛》推出“学习党的十七届三中全会精神系列谈”，刊发的《推进土地流转的三个“关键词”》等言论有的放矢。问题是专版上的部分稿件与地方接近性不强，新闻由头外落；甚至通盘变成杂谈，离开具体新闻事实，说的再好似是空中楼阁，与密切结合新闻事实、一事一议的“时评”有距离。

本月文化主题的报道比较好的是关于宁波市文化建设方面的宣传有所加强。3日头版上，有篇幅较大的文章《引领 服务 创新 提升——宁波文化大市建设在开拓中前行》。该文的提示题从五个大方面分五点进行引述。正文中，设有三个小标题，结合具体事实，例如2005年获全国文明城市荣誉称号、给灾区捐赠物资等，围绕主题深入报道，内容具体生动，主题挖掘透彻。这是相对宏观的角度。细节上，可以从音乐剧《茜茜公主》的多篇连续报道中体会。4日报道《让宁波观众感受奥地利之美》，是访问音乐剧艺术总监的相关内容，10日《〈茜茜公主〉开启甬城“视听之旅”》，体现出对文化宣传的细致用心。

对本土文化的报道还应该更深入。本月中国宁波奉化雪窦山弥勒文化节开幕，为期三天。9日在头版报道开幕式，10日在2版仅用了一百余字报道闭幕式，报道浅尝辄止，缺失文化判断。如何进行文化的追溯、发掘，更好地弘扬宁波本地的文化，使报纸上的本地文化气息更浓郁，当引起重视。

采编的统筹工作应该强化。1日在报纸第二版上，有百余字的消息《东钱湖国际龙舟赛明天举行》，但具体的专题报道，还有关于“龙舟精神”的挖掘在11日报纸的“四明周刊”上才出现。后者使用了一个专版，主题明显，意义深刻，能更好地对龙舟赛、龙舟精神进行诠释。但两者相隔时间有点久，而且专题的报道不够及时，使其宣传效果有所减弱。

“国际纵横”版面10日A12版，版面制作图表化，符合国际报纸版面趋势。

其他问题：

1日7版《“的姐”救伤员连闯红灯》一稿，应该再追踪采访一下交警，让交警表达一下意见会更好。

国际版的部分栏头制作过大，如3日A5版、9日3版“特别关注”。

6日7版《慈溪鸣鹤发现“年高德劭”匾额》一稿副题及内文中“这块匾是孙中山赐给造福乡里……”其中的“赐”字似有不妥。

22日1版《宁波—舟山港年集装箱吞吐量破1000万标箱》和2版《宁波—舟山港跻身世界十强指日可待》两组稿件本为一组，应在1版发组稿时导出2版主要稿件标题。

五、突出解释功能和服务意识

2008年12月 抓住扩大内需新闻主题不放松，突出财经新闻类新闻报道策划的解释功能和服务意识。

突出报道中央相关精神。本月经济方面的新闻报道力度明显增强，围绕“金融危机”话题，大至宏观大局，细至具体事例，在报道中均有所体现。从全国性视野上着眼，方向性的报道上有11日的《中央经济工作会议在北京召开》，明确明年经济工作总体要求及明年工作重点任务，同时另有报道《迎难而上 奋勇前行——写在中央经济工作会议闭幕之际》，用来解读中央经济工作会议的有关重要内容；12日刊登新华社的报道《不寻常的挑战 不寻常的应对 各地应对国际金融危机纪实》，是几个调研小分队深入了解当前经济发展实情，近距离观察各地落实国家应对危机的举措的效果的报道；《草枯根不死 逢春发新芽——金融危机冲击下的温州困难小企业调查》等报道均为记者实践调查所得，具有实际指导意义；14日推出《国务院办公厅发布关于当前金融促进经济发展的若干意见》；开辟专栏《中央经济工作会议特稿》，推出《改善民生：2009年中国经济发展重头戏》、《解析2009年中国经济新看点》等文章，特别吸引读者关注。

突出报道宁波政府举措。结合宁波实际以及政府的相关政策，在3日报纸的头版推出《巴音朝鲁在余姚慈溪调研时强调 全力打好扩大内需保增长攻坚战 深入谋划经济社会发展新思路》；16日头版《保增长扩内需调结构23条政策正式出台》，主要内容包括进一步减轻企业负担、加大金融保障支持力度、推进产业转型升级、鼓励企业拓展市场、创新要素保障服务、切实保障民生和营造良好发展环境七个方面，同时还配有评论《非常之时 非常之举》，并在A3版全文刊发《宁波市人民政府关于保增长扩内需调结构的若干意见》，作为当前政府中心工作，报道有模有样。

突出报道地方企业动作。对应相关的政策，日报头版的专栏“扩内需保增长促发展政策解读系列报道”，延续上月下旬起的报道视角，推出《努力提高城乡居民收入》、《200亿元投资促进环境和经济双赢》等，继续解读相关政策，结合实际案例，让各层面的读者对相关的政策有更清晰的理解。结合宁波本地企业的相关情况，日报本月推出的报道均以企业的实际情况为素材，本报记者深入采写，如在“开放型经济专题报道”中刊发的《宁波外贸：在逆境中坚强前行》；另有《打造“五个链条”应对金融危机——宁波外向型企业探索解困之道》，采用新华社记者稿件，关注宁波8000多家外贸企业，面对金融危机，积极探索解困之道。此外，在“坚定信心 共克时艰 迎难而上”栏目里，核心报道均以一个区域地方经济发展相应特色展开，如《象山 以大桥建设推进滨海特色产业发展》、《奉化 做大旅游产业 确保经济增长》、《镇海 以升级转型杠杆撬动内需》等，同时在该栏目后期推出“企业家心语”,旨在看企业家如何千方百计在夹缝中求生存,在危机中寻找商机,采访了雅戈尔集团董事长李如成、银亿集团总裁熊续强、陆龙兄弟海产食品有限公司董事长陈苗龙等,报道了其各自企业的对应办法,策划清晰,报道角度深入。

六、强化栏目,重头报道引领

2008 年 12 月　强化相关栏目,重头报道引领,将改革开放 30 周年相关报道推向高潮。

本月是“改革开放三十周年”报道的高潮。日报就此展开的报道形式新颖、内容丰富,值得关注。15 日报道《不朽的丰碑 永远的怀念——改革开放 30 年之际告慰小平》,缅怀改革开放总设计师邓小平;18 日报道《30 年,我们这样走过——评述改革开放伟大历程》,歌颂改革开放的深远意义,带给人民福祉;19 日头版隆重推出动态报道《纪念党的十一届三中全会召开 30 周年大会在京隆重举行》,同时刊出胡锦涛总书记在大会上的重要讲话,在 A7 版同步配发《人民日报》社论《将改革开放伟大事业继续推向前进》。整体报道更深刻,主题挖掘更深入。

将改革开放与宁波市结合,沿继上月的相关专栏,继续从不同角度展开全面报道。本月相继推出更多的总结性的报道,15 日头版《潮起东方铸华章——从 30 年 30 事看宁波改革开放发展之路》,A2 版《发展的成果让百姓共享——宁波 30 年改革开放的启示》,A4 版《宁波市改革开放 30 年典型事例 30 例》公布评选结果,专版《回眸三十年:科学发展在宁波——“中国特色社会主义在宁波的实践理论研讨会”观点摘编》……各类文章所有篇幅都较大,相互间呼应有致,合力挖掘主题,又各自有侧重,注重不同的新闻角度。

另外,专栏《“我与改革开放 30 年”大家谈》持续发出《艰苦创业办起宁波电视台》、《第一只公开发行的股票》、《旅游饭店与城市一起成长》等,涉及面广泛;同时,本月是宁海、海曙、北仑等地改革开放三十周年的特刊,《宁海 跨越三十年》、《幸福海曙》、《东方港城北仑》,仍然是采用通版的形式,全面而又生动地表现各个市县区改革开放以来所取得的成效及所形成的经济和社会发展特色。

本月的《城市周刊》也以年末盘点等形式加入到改革开放 30 年的大合唱之中,角度更加贴近宁波市民。12 月 3 日的《城市周刊》发出《30 年 生活华丽转身之酷》,体现的是私家车时代特征,反映了有车一族的壮大历程;《30 年 生活华丽转身之绚》,从地图上的变化来反映城市的变化;《30 年 生活华丽转身之锐》,

比较60后父母和90后儿女的生存理念；《30年 生活华丽转身之美》，爱心添丁，幸福人家的新儿女，选取典型事例，讲述宁波爱心家庭和领养儿女之间的故事。这四个版面的推出，选取的角度新颖，内容吸引人，较为典型，让人深深感受到现如今生活翻天覆地的变化。

七、文化新闻要着力经营

2008年12月 文化、社会及言论等方面的相关宣传可圈可点。

2日整版《宁波市图书馆 织就一张覆盖全市的服务网络》；6日头版新闻报道《宁波博物馆昨日隆重开馆》；23日《四明周刊》刊登专题报道《绚丽历程五十载——宁波市文学艺术界联合会成立50周年纪实》。对有关的宁波市文艺活动也进行大篇幅的报道和盘点，24日在文娱新闻版进行连续的系列报道《群众文化活动异彩纷呈——甬城文化大事年终盘点之二》，并结合当下现实，推出文章《"洋节"盛行，传统节日怎么办?》，提醒人们热衷于过洋节的时候，不要忘了本土的传统节日。对地域文化挖掘，如15日头版新闻《象山海鲜餐饮叫响长三角》，为的是配合A3版象山地方活动所做的报道，《"千鱼百螺宴"象山"开吃"——2008象山海鲜节12月20日将隆重开幕》，《五届回眸：看象山海鲜节的文化力量》，《象山知名海鲜餐饮企业在长三角》等报道也是有滋有味。只是配图"象山十大名菜"没有文字说明有些遗憾。

社会新闻版的《爱心宁波》专栏精彩不断。宁波向来有"爱心城市"之称，这一专栏，为增添城市的爱心魅力，塑造城市的美好形象增色添彩。专栏报道生活中的爱心事件，弘扬良好的社会道德新风。《慈溪：虞波北园小区门口摆起爱心橘摊 奉化：出租车公司买爱心橘送给外来娃》、《二十多名公交修理工 三年助学情暖大学生》、《用爱挽救工友的母亲 五分钟六百工友捐了近万元》、《白血病男童的困难牵动一座城市》等，继续为宁波的爱心做解读。建议做好该栏目的同时，多挖掘其他角度的爱心事件，使栏目内容更精彩丰富，增强可读性，吸引更多的读者献爱心，帮助身边有困难的人。

本月头版《甬城晨笔》时有妙文。该栏目刊登读者来稿，题材为评论，篇幅不大，一般为500字左右。如《细节体现服务美》，说的是在市住房管理中心办事处感受到的一些细节服务给人的舒适感；《"免费"不能"免责"》，谈的是宁波市博物馆免费开放后，大量参观者涌入，且有损坏参展作品的现象。角度多以小见大，从一些小现象谈开来。存在的不足就是发表文章的密度不够，连续性不强。

八、加强不同渠道新闻资源整合力度

2008 年 12 月 应加强不同渠道新闻资源整合力度。如 12 月 20 日报纸，关于油价的新闻，2 版“宁波新闻”有《部分社会加油站未能及时降价》，3 版“国内新闻”有《国家发改委大幅降低国内航线旅客燃油附加费》，4 版“财经新闻”有《我省统一全省成品油最高零售价》等，如果能加大协调力度，将相关新闻整合到一个报道框架之中，新闻传播效果会更好。

重要主题新闻的地方性内容跟进应引起足够重视。如 12 月 4 日 A6 版“国内新闻”推出整版关于下一代互联网发展的主题报道，主要从我国下一代互联网战略制高点的角度切入，选题意识非常到位。如此策划报道，随后应有宁波本地关于 IPv6 进程的相关报道跟进。

九、典型要做出自己的特色

2009 年 1 月 2009 年元月，《宁波日报》围绕中心、服务大局，承担党报的神圣使命，在新的一年经济工作主题报道中开了一个好头。日报本月最重要的报道核心是“保增促调”。市委市政府已经明确“保增促调”为今年经济工作的主题，并分别开展“会战攻坚”和“创新服务”两大专项行动。日报 5 日起推出“保增长扩内需调结构”专栏，并同时开设出“重大项目会战攻坚”和“创新服务促进企业发展”两个子栏目，密切关注抗击国际金融危机、力保经济平稳较快增长的重要举措和每一个胜利成果。

本月“保增长扩内需调结构”的报道重点之一是关于吉利集团的报道。吉利集团逆势飞扬成为汽车工业寒冬中的一抹亮色，在全国引起了广泛关注。本月中，《人民日报》、新华社、中央电视台等媒体争相给予报道，新浪、搜狐等网站也纷纷转发吉利汽车经验。作为地方党报，《宁波日报》的报道也突出自身更翔实、更透彻的新闻接近性特点，从 1 月 15 日至 17 日，连续三天推出“吉利汽车调查报告”上、中、下三篇报道：《寒冬里的一抹亮色》、《从“中国心”到“生死 3 秒”》、《全球化视野下的低成本扩张》。作为一个全国性的典型报道，日报地方党报策划细密，报道敏锐地抓住吉利化“危”为“机”的要害展开，报道尺度把握准确，在全国大报大台的报道夹缝中做出自己的特色。

十、突出重点做“服务”

2009 年 1 月 从 6 日起，“创新服务促进企业发展”的子栏目中陆续发出

《广博:借“洋人才”拓“洋市场”》、《新海电气:跨国扩张化“危”为“机”》、《海天:在研发中静候“春暖花开”》、《中银电池:两分钱的“防寒衣”》等市委、市政府“创建服务型机关、促进企业发展”活动中深入企业进行政策宣讲服务的报道,同步刊出“企业形势任务教育指导组手记”。这组报道以浙江广博集团股份有限公司、宁波耀明电器有限公司、宁波新海电器股份有限公司、宁波海天集团股份有限公司、宁波神化化学品经营有限责任公司、中银(宁波)电池有限公司6家企业试点为报道重点,展示出政府与企业共克时坚、迎难而上的相关做法。

“保增长扩内需调结构——记者春节见闻录”本月发出的多篇稿件以现场视角切入新闻,丰富了栏目的新闻色彩。28日的《寒冬过后是春天》,29日《“回报给宁波人民一座精品桥”——外滩大桥工地探营》等报道突显出这个策划切合目前宣传要求,又强调新闻规律,使报道更加增强了现场感。

本月开放型经济专题报道以专版的形式,分别于20日、21日的A9版推出《2008年度宁波开放型经济20件大事》、《宁波外贸直面寒流谋突围》,给读者以深刻印象。

十一、强化策划报道“春运”

2009年1月 日报的社会新闻版块在春运报道中抢了头彩。“社会新闻”版从1月7日起连续三天(7日A7版、8日A7版、10日7版)推出策划版面《金牛携喜气,阿拉话平安》,让人眼前一亮,这一组过年“三诀”宝典引案例、出对策,既强调新闻性,又凸显策划性,将媒体的人文关怀立场做了一次生动的展现。

“宁波新闻”版的“我在现场”栏目发出的《爱心年夜饭提前开席》(25日2版)、《我市首个外来人口社区见闻》(24日4版)等报道同样强调现场感。1月12日头版《春运首日 铁路客流赶上去年高峰》、《26个春运服务点同时启用》文图俱佳,现场感极强。春节期间,新闻摄影在版面上发挥了重要作用,每天的版面都有专题式或专栏化的图片报道,在无形中强化了报纸的视觉传递功能。

《四明周刊》6日193期推出《慈城年糕:农耕文明的文化符号》;《城事周刊》21日200期推出《2008百城慈善账本》等报道与策划,表现也是可圈可点。

十二、浓墨重彩探寻“文明”

2009年1月 “保增长扩内需调结构”之外,日报本月另一个重头戏是“我市蝉联全国文明城市”报道。21日在A1版发出《宁波再获全国文明城市殊荣 毛光烈提出我市要力争实现全国文明城市“三连冠”目标》的图文消息,A2版同步推出专题《让文明之花开得更盛更艳——各界畅谈“全国文明城市”荣誉》;之后在22日第三版发出专题《透过“文明元素”品读文明城市》,23日A3版再推出整版专题报道,内容是各界人士谈“文明宁波”、六区文明办主任谈体会。连日来的报道可谓浓墨重彩,虽然在报道形式上以访谈记言为主,略感单调,但整体铺排气势夺人,达到了预期的宣传效果。

本月言论频率有所加大。月内刊发的《早些端上“定心大餐”》、《破货车停小区三年谁之过》、《“不拜年”倡议有深意》、《Happy 牛 year》、《牛年八愿》、《也说给员工早送“定心丸”》等“甬城晨笔”,有滋有味。特别是27日的《Happy 牛 year》对“new”与“牛”的一词之改,别有一番新意。

十三、不可在标题上制造噱头

2009年1月　转载稿件更应注意不可在标题上制造噱头,过度渲染。1月23日B3版的头条《美国武官傻掉了》,报道全文中并无此意,文中只有一句“美国人看得傻掉了”,和美国武官“非常惊讶”的字样。

各类标题制作应细而又细。23日A5版《郑州警方密令人抢银行》,其“抢银行”应加引号;同日A4版《年夜饭卫生状况“牛”于往年》,“牛”字亦不可乱用,这里用“牛”字过于费解。

言论的标题要直接提供观点。1月23日A6版标题《网络拜年折射的社会情绪》,时评在某种意义上就是为读者提供“观点市场”,读者希望直接看到发言者的观点,而不必通过阅读全文才掌握其核心观点。从这个角度看,此文标题将“的”字去掉即可。

新闻图片应尽量制作动态标题。1月29日2版一组图片报道中,《充满乡土气息的演出》是一个词组,如果转化为动态表述语句应为《演出,充满乡土气息》,这样也可与同栏内其他新闻图片的标题形式一致。

21日A8版《姚明助火箭31分胜掘金》标题易歧义。表述为“姚明31分助火箭胜掘金”更妥当。

17　晚报品读

一、"两会"报道的民生视角

2009 年 2 月　在宁波市"两会"的前期报道上,《宁波晚报》的亮点体现在推出专版"宁波两会特别报道"上。10 日报道《代表委员的民生议题,个个落地有声》,刊发的是委员提出的议题,多围绕某个热点话题展开报道;《金融危机下宁波中小企业最需要什么》(12 日)、《拉动内需 关键要让百姓消费"不心虚"》(13 日),内容上是邀请部分市人大代表、市政协委员及有关部门做嘉宾,围绕每期的热点话题进行讨论。晚报"请代表委员递句话"专栏开展得如火如荼,刊登来自市民、网友的意见或建议,让读者也能借此畅所欲言,成为市民和代表、委员沟通的桥梁,以此更好地倾听民声,形成良好的舆论互动氛围。

晚报的"两会"报道也形成了《魏萍看两会》、《小记者跑两会》等特色栏目。前者推出的报道有《深夜再三斟酌提案》、《对两会的期盼》、《会后参与提案审查》等,篇幅不大,一般在 500 字左右,题材来源于记者在报道两会过程中的所见所闻所感。第一人称的手法,亲切自然,让读者通过这个平台感受"两会"气氛。后者的报道全部出自小学生之手。如《学生的心理问题亟待关注》、《学生要学会自我保护视力》、《老师和家长不能忽视自救和救人基本技能》等,通过小记者这样一个特殊群体,以小学生的角度,挖掘出与自身群体相关的值得注意的问题,方式新颖特别。

晚报所报道的来自"两会"的新闻一般都体现出民生视角。18 日《食品安全如何监管》、《今年宁波有望试点停产诱导系统》,19 日《租辆自行车全宁波通取通还》、《公交卡充值还是有人反映不太方便》,21 日《政协委员建议"以房养老"》,21 日《今年供水事业有三大喜讯》等,体现的都是与民生密切相关的诸如衣食住行的问题。《直通两会》栏目所推出的文章《我市部分民工子弟学校办学质量堪忧》结合宁波外来人口多的特点,对外来人口给予关心,比较引人关注。

二、节日报道突出民生选题

2009 年 2 月　节日期间,晚报在一些关乎民生的新闻选题上持续披露或挖掘相关信息，给读者提供受众应该知道的涉及切身利益关系的、负责任的报道，体现出媒体的责任意识。2日A2版报道了蒙牛特仑苏牛奶因为添加OMP而被叫停的相关新闻，同时还有本地链接《蒙牛特仑苏是热销产品 宁波市场暂未受大影响》，与本地情况相结合。此后进行连续报道，在16日A8版，新闻《蒙牛OMP奶被指误导消费者》澄清事件，帮助读者消除误解。类似情况还有关于"问题双黄连"的报道。这样的追踪报道，既有了舆论监督作用，也避免引起读者的恐慌心理，继三鹿奶粉等一系列食品安全问题后，消费者对此类问题自然十分关注，媒介在正确传达该类信息上，更应该认真负责。

晚报本月关于节日的报道平和温馨，可读可亲。如关于过年的有关报道，4日推出《过年大家秀》整版，选登的是读者用文字、照片记录各自过年的故事，体现各自的风俗人情，生动有趣；8日A11、A12版的《星期日周刊》上，使用两个整版，推出报道《春节，飞奔在路上 一个北上自驾游者的"年味感受"》，记录的是一位自驾游者一路走过时看到的风景，感受到的各个地方的不同年味，图文结合，妙趣横生，让广大读者分享到不同的过年气息。此外，9日正值元宵节，在《宁波·综合》版面，推出报道《甬城各地"牛"气洋洋闹元宵》，涉及的地区较多，比较全面地呈现出各地元宵节风采；同日A3版上有报道《把谢意送给最感谢的人》，文章的内容是上月晚报推出"2008，我最感谢的人"的后续活动报道，元宵节前夕记者上门送出意外谢礼，所传达出的不仅仅是节日的喜庆，更有人间的温暖情谊。此外，情人节报道角度特别，在13日财经新闻版面上推出《浪漫消费，图的是一笔"甜蜜财"》、《"爱情保险"也来分一杯羹》，从经济角度来报道，以此避免同质化，同时也增加了新闻价值。

三、常规报道强调服务民生

2009年2月　本月晚报通过一系列连续报道，帮助读者解决困难，在常规报道中强化服务民生。23日A4版文章《宁海农民为救女儿开博客》，报道了一名5岁女孩患再生障碍性贫血的新闻，24日再推出后续报道《把大家的爱汇聚起来》。江厦街道志愿者要开展爱心义卖帮助患病女孩，晚报代其征集义卖物品。同类情况还有25日的报道《两岁女孩跌进滚烫开水锅》，27日有后续《爱心汇向小家乐》报道，女孩得到社会好心人的资助，28日再发《城管局干部职工再助小家乐一万余元》，报道都写得自然朴实，处处都彰显了宁波爱心城市的魅力。

"宁波·热线"与"宁波·服务"两个版面都致力于和读者进行交流，帮忙反映问题，开展走访调查，协调有关部门，以求解决问题。23日发出《幼儿园广播音乐扰人》的报道后，针对此问题还做出《“清静日”活动值得一试》的深入报道以求解决方法，同时配发短评《将心比心 想民所想》，将主题进一步深化；新闻《大福园敬老院怎么说关就关》经报道后，针对读者的质疑和相关问题，又推出报道《非法敬老院为何能开办8年》，给读者一个交代。此外，18日《这个丁字路口是否能添条斑马线》，20日《小区内建起众多土锅炉 居民称：他们是住在一颗颗“定时炸弹”边上》等报道都深入地体现了媒体的服务意识。这两个版面上的新闻，内容较为丰富，题材来自百姓生活，从平民角度进行报道，与群众、与读者贴得很近。

年初找工作也是一个新闻话题关注点。晚报分别在5日的B叠和12日的D叠中，通过《才周刊》专题报道形式推出，内容关乎招聘会进展形式、人才市场动态以及具体到个体的求职故事，同样体现出服务受众意识。

四、系列报道有头无尾或者衔接不畅

2009年2月　本月中一些报道的标题比较生动。在社会新闻方面部分标题比较口语化，24日《发现小区绿化名堂还真不少》，25日《一直就不收门票咋成了惠民举措》等，读来很亲切。特别是几条财经新闻的标题给人印象深刻。24日标题《冰冰凉凉的商海中 章鱼为何游得比带鱼快?》，喻指宁波水产出口业，章鱼烧食品在今年一、二月出口量同比增长60%，而冻鱼糜出口价格至今仍在下跌，这个标题形象生动而有趣，给风格一般都较为严肃的财经新闻增色不少。另有18日《甬城家电卖场“乾坤大挪移”》、25日《美股打喷嚏全球同戚戚 金融海啸第二波来临》，27日“A股‘小牛’奏响片尾曲?”等均可圈可点。

应该引起注意的是一些系列报道出现有头无尾或者衔接不畅的问题。2日推出“早春寻工系列报道”没有持续几期；在10日又推出“牛年工作之事”专栏，与此前的“早春寻工系列报道”角度和内容类似，而且此后该专栏仍没有持续几期，就不了了之。

五、“两会”报道的“语录”特色

2009年3月　本月晚报继续全面深入地就“两会”题材进行挖掘，在报道方式上有了一些新的变化，对两会动态及相关重大问题及时跟进。

有特色的是“语录”型的小栏目，记录来自“两会”上的一些经典语录或者是来自高层的声音，让读者从细节上去感受“两会”气息。“妙语”记录的是记者提问过程中产生的一些有意义的话语；“高层声音”基本都是高层就某情况或事件发表的观点或看法，如《工信部部长李毅中："保八"不易，信心依旧》；"委员读报告"的形式是先摘录报告，然后看政协委员的解读；还有"E 提案"虽然是个篇幅只有百余字的栏目，但对网友在网上发帖所提案的报道和小评议也让人眼前一亮。此外，"宁波声音"也让人称道，10 日《李立新委员：产业要转型，干部也要"转型"》，报道李立新委员关于加强干部作风建设的提议，12 日《家电下乡，售后服务也要下乡》，报道宁波市代表、委员的建议。这样的小栏目为在重大新闻题材增强本地色彩上作出了贡献。

六、新闻采编强化本地色彩

2009 年 3 月 "今日关注"专栏一直比较厚重，本月经营更是时时出彩，多以深度报道的形式，对一些重大热点新闻进行报道，同时视角也更注重本地内容发掘。

3 月 4 日本地专题新闻《政府给农民请保姆》，报道的是宁波开展农村居家养老试验，对应农村日益严峻的老龄化现实的情况，报道不回避面临的困境，引人思考；10 日《消费券的含金量其实很小》点出买近百元的衣服只能抵用 30 元、购房消费券只能在三个楼盘使用等问题，提醒读者：消费券不要成为商家炒作的噱头；11 日推出的是一篇文化主题的报道：《南塘河历史街区将重现"南门三市"盛景》，追溯古城繁华；15 日《15 年了，消费者话语权依然缺失》，在消费者权益保护日推出，报道的是打假名人王海、杨连弟、赵建磊三位名噪一时的职业打假人聚集在一起，探讨相关问题，回望 15 年打假维权历程。这些专题新闻做得有声有色，可读性很强。

七、财经新闻关心百姓身边的财经

2009 年 3 月 本月晚报在财经新闻方面加大报道力度，除了常规的股市、证券新闻外，对生活中的财经问题也颇多关注，关心百姓身边的财经，在经济形式严峻的当下，致力于营造团结一心、攻克难关的氛围。

专栏"中国信心 · 逆风飞扬中的宁波景象"在金融危机的大背景下结合宁波本地实际发掘新闻素材，加以突出报道，整体表现优异。4 日《危机下，宁波蔺草业猛调船头》，9 日《拆迁资金：让企业度过了一个最冷的冬天》，16 日《风暴眼中的海岸线风景》，都富有本地特色，也令读者对宁波有关行业动态、企业状况有了更深入的了解。另外，3 日《手撕保单全面推出客运售票窗口》、《今年空调价格会快速下调》，5 日《宁波菜农江苏建起 300 亩的菜园子》、《宁波绘制肉禽蛋

"销购路线图"》，10 日《3G 带来变革，宁波能抓住多少商机》、《宁波 3G 何时放号仍未确定》等报道，结合一定的民生问题，重点突出财经视角下的社会生机。另外还有"消费调查"栏目推出《消保委调查曝出餐饮行业诸多不合理行规》，"宁波商务天气预报"栏目推出《今年空调价格将会快速下调》，强调新闻服务，也都有滋有味。

八、动态之外关注典型个案

2009 年 3 月　本月晚报在就业主题的报道中倾注了较大精力。

一是报道当下积极的就业政策，做好就业形式的新闻宣传和舆论引导。4 日新闻《当上新型农民可获诸多扶持》，报道鄞州鼓励大学生到农村创业，并在文中点出在当前就业形式相对严峻的情况下，广阔的农村也能让大学生去开拓的主题；5 日《甬城就业市场准入门槛越来越高》，报道内容来自市人才资源市场的信息，表示超过六成的岗位要求具备一定的技术等级资格；19 日头版新闻《企业录用宁波生源高校毕业生政府给予补贴》，鼓励企业聘用宁波高校毕业生，解读政策，及时发布就业信息，使众多求业者能通过报纸获得有关信息，帮助就业。

二是对就业取得成效的政策、方法或者对创业、就业方式上具有典型性的个案进行报道，力图给读者带来启发，鼓励积极就业。这方面推出的报道有 21 日头版《政府埋单办起创业培训班》，报道江东区政府办创业培训班，不少青年受惠此项政策，自主创业。5 日相关新闻《回家种田也是创业》，报道宁波女大学生回乡当起土地 CEO。值得一提的是在 22 日《星期日周刊》上，素描宁波大学生村官《激情与现实的碰撞》，报道出大学生村官的工作、生活，以及他们给农村所带去的改变，让人们对大学生当村官这一现象有了更进一步的了解。

九、活动报道如何深入

2009 年 3 月　晚报本月的一个主要问题是漏报关于梁弄中学校长徐立科这个重大典型人物的报道。无论原因在哪里，作为一份在宁波最具影响力的都市类媒体，在这样一次具有重要影响的新闻报道实践中缺位，是不应该的。

两场活动的报道还不够深入。19 日 A3 版《触摸春天》，报道晚报联合市公管处、81890 部队和梁祝公园举办"触摸春天，爱伴盲人行"活动，帮助 56 位盲人实现踏青心愿的活动；27 日 A3 版《150 名癌症患者桃园踏青》，报道市抗癌健康基金会、宁波协和生物科技有限公司联合组织百名癌症患者踏青观赏桃花的活动。这两次活动意义自不必说，盲人触摸春天，癌症患者感受春光的美好，都显得别有新意。但在报道上似乎还欠缺从活动参与者角度出发挖掘的内容。前者只写出了盲人积极参与的情景，有人提前到来以做好准备，有的带小孩来；后者只当图片新闻处理，只在图片下附两行说明。新闻报道的人文关怀体现在采编环节的任何一处，新闻内涵的发掘要诀在于视角的选择。建议类似活动可以挖掘出参与者参加活动后的感受，听听他们内心的收获，可使报道生动，深化主题。

十、头版新闻突出强调本地化色彩

2009 年 4 月　与宁波其他都市类平面媒体相比较，《宁波晚报》头版的整体规划有序，版面内容充实，除设置了同类媒体共有的导读外，每天的头版还设置有一篇以上的报道全文。这些重点推出的报道多属本地新闻，在本月头版头条中，归属本地新闻类的有 24 条，占总条数的 80%，新闻本地化倾向非常明显，对一些重大的本地主题事件进行策划报道，提升了媒体的传播功能。

新闻本地化也是《宁波晚报》在同城报业竞争中的一个差异化路线。

晚报本月刊发的独家策划系列报道《热心人飞越千里追寻生命希望》，全面地记录了 6 岁女童苗苗不幸患白血病后所发生的一系列事件。从 3 日该新闻登上头版后，依据事态发展状况，不同篇幅、不同系列的相关报道陆续推出。

《刘安亮，你在哪里？》、《刘安亮，请你迈出人生中最重要的一步》、《刘安亮回心转意了》这三篇报道记录了一个亲生父亲在需要做骨髓配型检查时从逃避到站出来的过程；《养母口中的苗苗》、《“苗苗陪我度过最快乐的时光”》的报道显示了养父母家对养女的浓浓情深；《明起张伟牵手“天一义卖基地”连续五天为苗苗举行义卖》、《义卖活动首日市民热情如潮》、《苗苗做骨髓移植手术的钱快筹足了》、《热心市民五天捐款 22.06 万元》等数篇报道，对筹集善款的过程全方位披露，彰显了宁波人的无私爱心。

在这一组报道中，晚报记者也积极推进问题的解决，从寻找亲生父亲到筹集善款全程参与。“今日关注”栏目中推出《贵州山村寻找刘安亮》、《慈溪新浦寻找刘安亮》，分别报道本报记者去贵州山村和慈溪两路寻找亲生父亲；5 日《他们将一起为苗苗的生命续航》，8 日《读者和网友鼓励张伟和苗苗一起加油》，9 日 A5 版《张伟今日回宁波帮助筹集手术费》……散落在这些报道中的晚报记者的爱心行为可圈可点。

十一、深度报道上开展有益探索

2009 年 4 月　“独家看点”、“特别报道”、“今日关注”三个栏目或版面都在深度报道上做出了一些有益的探索。

“独家看点”所涉题材的亮点来源于读者，一般稿件都是根据读者热线电话，记者独家采访所得。如 24 日《这些烂水果变身街头分块水果》，是接到一位读者报料说看到有一群人专门掏垃圾桶里的烂水果，记者由此一路追踪展开报道，配发图片，使新闻真实可感。这样的新闻，传播的目的是使读者再看到街头的分块水果时，就会留神。这样的新闻，题材来自于生活、来自于民间，富有警示意义。

“今日关注”题材来源比较广泛，部分稿件是综合其他媒体的报道而得，部分是本报记者采写。在版面配置上，除了主体报道以外，还配有时评、延伸阅读或其他相关链接，把相关主题的新闻事件放在一起，有了概括和归类。报道形式丰富的同时，也扩展了新闻深度。

这里涉及一个外埠新闻报道本地化采编“落地”的问题。既然是来自其他媒体的非本地新闻，应该考虑如何向本地新闻“转化”的问题。一些有“发散性”的外埠新闻不应只单纯地处理成一条非本地的常规新闻报道，可结合本地的情况安排记者做补充、做外延，或相关提醒，彰显人文关怀的同时，更加强了新闻地域上的贴近感。如 27 日《青岛部分宅地续期遇难题》，说的是山东青岛一小区房子土地使用权要到期了，遇到续期难题；这样的“线索性新闻”完全可以结合对宁波的采访制作成本地新闻：本地是否有这样的状况发生？怎么处理的……让宁波的读者也有个思考或者有经验可以借鉴。

28 日推出“创业路上的大学毕业生”系列报道，《27 岁的她到底赚了多少钱?》，29 日《两年多时间，他们的公司进入宁波广告创意五强》，30 日《河北小伙在宁波追赶马云》，相关报道《给即将创业的大学生几点建议》，这些新闻报道主题突出，特点鲜明，写在高校学生即将毕业之际，刊布经验，启示后来，可读性强。

十二、财经报道应强化解释性新闻环节

2009 年 4 月 11 日《外贸数据回暖为中国经济注入信心》一稿意在说明海关总署 10 日公布 3 月外贸数据，数据显示出口总值有上扬。这是一篇很重要的“数字”消息，披露重要的经济动向。报道只有 200 余字，第一段这样写道：3 月份，我国进出口总值 1620.2 亿美元，同比降 20.9%，其中出口 902.9 亿美元，同比降 17.1%，进口 717.3 亿美元，同比降 25.1%，当月贸易顺差 185.6 亿美元，同比增长 41.2%。按平均工作日水平的可比口径计算环比指标，3 月份进口总值环比大幅度增长 23.8%，其中出口增长 32.8%，进口增长 14%。100 字里面包含了 10 个数字，期间没有任何解读，比较枯燥，读者也难以体会到这些数字背

后的意义,在当下金融危机下,这些数据到底有多少实质性意义,读者可能还体会不到。建议今后类似新闻考虑同步增加专家解读报道,虽然在采编操作上紧张一些、困难一些,但是有利于媒体形象的树立。

另一则26日头版新闻《宁波经济"奥斯卡"昨天颁奖》比较有特色。首先题目比较出彩,报道的是2008年宁波创业创新风云榜颁奖盛典相关事宜,"奥斯卡"经济奖很吸引读者。报道从盛典上的一些小细节写开,避免了类似会议新闻的刻板和模式化,生动有趣。特别是最后让企业家阐述代表宁波的颜色,显现了宁波企业家们对未来的信心和希望。

18 《新侨报》品读

一、策划意识引领周报

2008 年 8 月 《新侨报》本月通过奥运前一期、奥运中两期、奥运后一期的数期内容的整体策划，为读者奉献了一场充满时尚气息的奥运盛宴。作为奥运前一期，《新侨报》周刊在 8 月 4 日第 15 期重点推出一系列精心策划的独家报道。“北京零距离”板块的报道策划有板有眼，读来令人眼前一亮：“名人”栏目下推出独家头条报道《桑兰：微笑的奥运大使》，以电话采访的方式把令宁波人骄傲的桑兰再一次拉进读者的视野；“风采”栏目下的《王雷钧：执哨奥运沙排》，则更是突出了宁波与奥运的“接近性”；“服务”栏目下的宁波奥运志愿者报道《叶生恒：我是奥运 Sport》、《李国栋：奥运厨房显身手》则更是有滋有味。另一板块“我去北京看奥运”报道则策划推出各种类型的“看奥运”众生相。同期推出的“宁波哈奥运”、“时尚奥运”、“快乐奥运”均可圈可点。

《新桥报》8 月 25 日第 18 期，即奥运后第一期，推出了《2008 奥运珍藏版——北京“奥斯卡”颁奖盛典》，以奥运盘点为核心，将竞技体育包装进入娱乐模式，以“最佳男主角”、“最佳女主角”、“最佳男配角”、“最佳女配角”、“最佳新人奖”、“最具人气奖”、“最具突破精神奖”、“最感动人心奖”、“最佳幕后奖”等形式，融入该报自身对奥运的推介话语，整期策划有声有色。

二、时尚与娱乐指向

2008 年 8 月 指向之一是充分发掘新潮元素。例如该报已经形成阅读亮点的栏目“街拍”，拍摄地点随机选择天一广场及中山东路等地，无论是街头的抓拍还是后期的点评，均充分发掘宁波本地的流行时尚元素，吸引眼球。

指向之二是充分发掘娱乐时尚的宁波元素。无论是专题，还是其他生活、娱乐、时尚板块报道，采编人员一直致力于在与宁波的接近性上做文章，例如 8 月 18 日第 17 期的《宁波微笑绽放北京》等，都可见采编取向上的努力。

指向之三是广告的时尚品位。广告也是周刊中的时尚元素之一。通观 8 月

《新侨报》广告，档次与品味均与周刊本身相协调，能够做到相互拉升。这种舍弃低端广告的做法将为周刊的发展赢得更广阔的利润空间，也可以在读者中形成周刊品格。

三、充分发掘实习生潜力

2008 年 8 月　纵观近期《新侨报》，发现该报在实习生的管理、使用上做到了最大化。从报面上的表现来看，实习生不仅没有成为该报的累赘，反而成为充分展示青年学子的时尚元素，发挥年轻人活力因素的平台。该报实习生在专题策划、稿件采写、活动实施、线索提供等方面均得到了最大限度的发挥。这与一般媒体不重视实习生工作，主观认为实习生只能添乱的“常识”相悖，其中的经验值得总结。

问题与建议：

(1)封面设计一段时间以来一直以明星头像来做持续性卖点，但整体设计和印刷效果看起来没有达到预计效果：包装形式单一，报头与封面连接性不强，报头设计创意成分不足，活跃度不高，时尚感不强，印刷效果次于内文。希望下一步研究解决办法，让《新侨报》这一份宁波人时尚周刊更加靓丽动人。

(2)可否在内页制作导读。《新侨报》每期内容丰富性已初具规模，为了读者阅读方便，可以考虑在封面导读的基础上在内页开始或者合适的地方增加一个板块给出主要报道细化的导读，类似目录。

四、一本杂志时尚一座都市

2008 年 9 月　一本杂志时尚一座都市——9 月份《新桥报》致力于生动性的营建和接近性的引领，为读者捧出了一道道时尚套餐。特别是该报的“街拍”专栏，专人专职专心经营，通过在天一广场、中山路、老外滩等地街头抓拍时尚行走者身上的流动风景，并配以精彩的文字点评，引领周刊时尚看点，非常引人注目。

9 月 22 日第 22 期推出《宁波白领时尚假日完全手册》，通过一系列的主题策划，真正让读者“啧一啧宁波的时尚味”。这一组报道和其他各期中《宁波街头师哥行》、《税声中，车生活》等报道一并体现出《新侨报》让时尚在“纸”上生动起来、在地域接近性上下工夫的一贯追求。

9月份的5期封面人物均为当红明星，除两位女星《李冰冰：向往飞蛾扑火的爱情》、《林志玲：心里永远住着一个小女孩》，两位男星《转角遇到罗志祥》、《邓超：“超人”还是凡人》外，令甬上读者眼前一亮的是特别推出了《宁波姑娘童蕾：

我不是“大女人”》。

本月各期话题版推出的《精神艳遇：身未动，心已远》、《恋爱玩家：三十六计钓“金龟”》等选题精心、操作细心，耐读耐品。

9 月 8 日出版的第 20 期用了 20 多个版面推出了“中秋：赏月・思念・团圆”的特别策划，其民俗栏发表的《十六月亮宁波圆》一文晒出多个版本的宁波人十六过中秋的习俗，是一篇与宁波接近性很强、又与时令相关的报道。同期人文专栏推出的《奉化棠云：最后的手工造纸作坊》的报道也给读者留下了深刻印象。

纵观 9 月份《新侨报》，感觉特别有分量的重头报道不多。

图 18-1 《新桥报》样报

五、时尚热点话题讨论探索新路

2008 年 10 月　《新侨报》每期的卷首总编辑寄语看似信手拈来,却也微言大义,本月中的《街市风情》、《服装,时代的符号》、《在河之洲,牵你手归去》等充分结合周刊特点,耐读耐品,无形中确立了刊物的品格。

本月第 24 期和第 25 期专题栏目连续两期直击当下热点话题——动荡的金融股市和改革开放 30 年。这既是对新闻时效性的遵从,更为可贵的是角度新颖、关照全面——时下股市话题铺天盖地,如何在竞争中脱颖而出?《新侨报》选择不走单纯地介绍股市这条寻常路,而是以一个个活生生的例子,用故事叙述的方式来吸引读者,具有趣味性、接近性和可读性。如《王国:三条铁规律闯过 16 年风雨》、《姜峰:在股市中成长》等人物通讯——无论现象还是观点,均以人物为抓手,对相关新闻态势和现象产生极强的周刊特点的新闻铺排,并体现出编辑的策划洞见。

改革开放 30 年,相关话题诸多,似乎总也挖掘不完。《新侨报》则在第 25 期推出专题《衣裳记忆 30 年》,以服装为切入点来讲述 30 年改革变化,所选取的角度很独到。不仅如此,它还从电影中探索服装的变迁,很有时尚感,读者也可以在阅读中回味。

两期专题栏目都邀请了一些专业的、跟事件相关的人士发表评论,使整个报道丰满、全面,不会有失偏颇。

六、新闻制作发挥周刊特长

2008 年 10 月　部分综合性报纸信息容量大,动态性强,但是读者信息反馈不够及时,互动性不强。《新侨报》充分发挥周刊特点,在“网事”等栏目中,强化互动,网友的评论几乎占了与新闻同样的比例,弥补了新闻的弱势,增强了媒介与受众的互动。

在“生活”这一栏目中,《新侨报》结合时下流行元素设置美家、爱车这些专栏,融广告于生活中,增强了可读性,提高了关注度。这样的做法对解决报纸上的广告注意率低的问题是一个有效途径。

问题与建议:

(1)本月《新侨报》第 26 期推出专题《给宁波男人打打分》,这不仅吸引了女性读者,男性受众亦然。阅评感觉《新侨报》的定位不自觉地指向女性,而其中的广告又较多地针对女性,这是迫切需要解决的问题。期望《新侨报》在受众定位上有所宽容。

(2)《新侨报》的定位是娱乐时尚类周刊,但是走在时尚前列的建设性的话题讨论或意见和建议依然有待强化,希望能在引领时尚方面做得更好,走在时尚前沿。

(3)由于印刷质量的问题导致图片色彩失真,建议有些服饰类板块采用彩印,以达到较好的视觉效果。

七、增强周报的服务功能

2009 年 09 月　本月《新侨报》依然深挖时令色彩的时尚内容,并增强周报的服务功能,既体现时尚特色,也贴近民生生活。

9 月 10 日专题为《麻辣老师》,对教师节这一热点及时关注,并力取新鲜角度切入。通过串联主角的一个个故事和片段,通过细节展现典型人物形象,来源现实生活的素材也使人物形象更丰富、更真实、更可感,避免媒体上惯有的典型人物塑造模式化现象。同时,版面上配发各种表情,使整体版面比较活跃轻快,与主题氛围相吻合。

9 月 24 日的专题选择独具新意,围绕着关于买房的主题,借助当下热播电视剧《蜗居》,由电视剧联系现实生活,既贴近生活又很有可读性。特别是稿件《〈蜗居〉的宁波故事》,做成落地稿,一边是"蜗居剧情"回放,一边是现实人物故事的讲述,两者相互对照,紧密联系,形式新颖,吸引读者。《众说蜗居》又通过言论的形式深入挖掘主题深度,使整个专题的报道更加立体化。

本月的"亲子"栏目内容丰富。除了以往的宝宝图和家长祝福外,还设置"妈咪说吧"专栏,探讨关于宝宝的一些话题,如 68 期《孩子只听得进好话》,69 期《怎样跟孩子说再见》等,针对小孩子群体中出现的问题,专家提出对应的观点和建议。这些内容增强了该栏目的可读性,能给家长们提供服务与帮助。

此外本月"人文"栏目中的几期文章都可圈可点。69 期《江南多少事 尽入木雕中》,标题比较有意蕴,而且版面上配发丰富的木雕图案,细致优美,图文并茂,给读者带来阅读快感。70 期《郎官巷那郎官是新郎官 or 侍郎官》,文章既有历史故事,又有前世今生的描述。特别是有下期提示,"猜猜这是哪里",与读者形成互动平台。

问题与建议:

娱乐八卦新闻虽仅供娱乐休闲,但也应该有一定的可读性。像 69 期"星事件"中,一则短信息为《赵忠祥被网友封为"芙蓉姐夫"》,从时效上看,这一新闻很早就在网上流传，再将其刊发，似乎有拾人牙慧之感。娱乐八卦等这类资讯本就每天层出不穷，容易成过眼烟云，读者看过便罢。因此还是需要讲求点时效性，并做出周刊娱乐新闻的个性特色，避免只是为了填充版面的感觉。

参考文献

[1]吕道宁.坚持创新促发展.今传媒,2008 (6).

[2]李淑瑛.宁波都市类报纸发展前景探析.浙江万里学院学报,2006 (5).

[3]夏永辉,孙晶,何琳.报业:生态环境与生态前景.新闻前哨,2008 (6).

[4]陈季冰.中国与西方报业经济结构比较——瑞典报业观察与思索.新闻记者,2004 (8).

[5]孙德坚.都市报的媒介环境分析及发展对策.福州大学学报,2008 (1).

[6]熊江华,樊铁军.都市报面临的竞争环境与发展对策.湖北商业高等专科学校学报,2001 (9).

[7]喻国明.分析新型主流媒体的核心竞争力.2005 年 4 月 17 日"中国财经媒体运营高峰论坛"主题演讲.

[8]孙延海.企业发展战略本质论.http://www.umgr.comblogpostview.aspx?bpid=13147.

[9]唐慧卿.报纸同类竞争:尽力避免同质化.新闻战线,2004 (7).

[10]张立伟.传媒竞争:法则与工具.北京:清华大学出版社,2007.

[11]杨飚,蔡尚伟.媒介竞争论.成都:四川民族出版社,2001.

[12]邵培仁.媒介管理学.北京:高等教育出版社,2002.

[13]吴定勇.都市报对晚报的冲击和晚报的都市报转向.西南民族学院学报,2003 (8).

[14]王守国.论品牌经济时代主流都市报的发展战略——以大河报为例.中州学刊,2006 (2).

[15]Roger D. Wimmer,Joseph R. Dominick. *Mass Media Research*: An Introduction.北京:清华大学出版社,2006.

[16]Conrad C Fink. *Strategic Newspaper Management*. New York: Random House,1996.

[17]William A. Hachten. *The World News Prism*: *Changing Media of International Communication*.北京:新华出版社,2000.

[18]赵韵，韩隽．传媒竞争中的"三四律"及对报业竞争格局的影响．新闻与传播，2007(3)．

[19]董天策，谢影月，刘俊．在平稳中求突破——2004 年中国报业新动态观察．崔保国编．2004 年－2005 年：中国传媒产业发展报告．北京：社科文献出版社，2005．

后 记

创意产业在我国的大力发展，也为作为创意产业重要组成部分的我国传媒业带来了巨大的机遇和挑战。

从宏观的层面来看，政府为推动创意产业的发展而出台的相关优惠政策，可以为传媒的发展提供更大的政策和经济支持；发展创意产业有利于传媒的体制创新和机制创新，有利于不同媒体打破地域上和行政上的界限，实现媒体的跨媒体、跨地域经营；有利于传媒产业的纵向延伸，打造层次更丰富、内容更完整的传媒产业链，从而推动传媒业盈利模式的多样化、科学化；创意产业园区的建设也有利于传媒业发展集群效应的形成。

从媒体本身的视角来看，创意产业的发展，有利于我国媒体树立自身的品牌，由同质化的恶性竞争，向个性化的良性竞争发展，有利于我国媒体从“学习型媒体”向“创造型媒体”转变。按照“创意产业”的公认原则，首先是强调媒体的原创。所谓“学习型媒体”，是指一家媒体通过模仿、学习其他媒体的形式、内容，在已有基础上创作出自己的媒体内容，从而实现媒体盈利。而“创造型媒体”是指根据自身的媒体资源，通过自身媒体人才的创意，创作出全新的媒体传播形式和内容，从而实现产业盈利。

宁波市推出的社会科学“五个一批”项目是推动宁波市创意产业发展的平台。宁波市传媒及文化产业基地的建设，更是从理论上为宁波城市创新、社会经济转型提供了本土化的理念，同时从实践上为宁波市创意产业经济的发展提供了第一手的案例。

时代对媒体的要求将更为严格乃至苛刻，传媒创意的最后落脚点在于采编细节的创意突破。本书是以宁波平面传媒为研究对象的一次对区域媒体的创意采编能力的实证考察。本书从区域都市类平面媒体的核心竞争力建设入手，以宁波这个副中心城市的三家都市报纸为对象，抽取三个年度的部分报纸进行统计分析，建立实证研究数据库；从采编创新范式的角度对宁波都市类平面媒体近五年来的差异化进程进行深入分析点评。

慢功出细活儿。本书中对宁波平面传媒的实证数据统计，承蒙浙江大学宁波理工学院多位新闻学及广告学专业的本科学生参与。王珏、劳炜科、方才晓、张汝芳、徐清炜等同学分别担任了不同年度的负责人,他们和金明月、赵越、林发坚、庞恩峰、章杰、辛娜、周陈亮、周海奇、程维、沈佳佳、潘嘉媚、沙华美、方水浩、阮雪茜、张晓丽、马晓霜、沈心锐、钱兆人、任凝、朱淑园、吴汶家、周肖君、俞燕等同学一起为本书做了相当烦琐的基础工作。王珏、严晶晶、李飞燕、丁彦婷、徐晶璐等同学还参与了相关报刊的调研和基础分析工作,他们的劳动成果也在本书中得到体现。

宁波日报报业集团新闻办主任金君俐先生、副主任胡业其先生,《现代金报》原执行总编辑戴玉松先生、副总编辑刘冬斌先生,慈溪日报社长许玉染先生等为本书中的相关调研工作大开方便之门。没有他们及更多不能一一点名的新闻界同仁的支持,我们的研究工作就会变成空中楼阁。在此向他们表示由衷的感谢。

在这里还要向浙江大学出版社朱玲编辑及出版社其他同志致以诚挚的谢意,感谢其为本书的完善所给予的帮助。同时,特别向促成本书出版的“宁波市传媒及文化产业研究基地浙江大学宁波理工学院点”的首席专家龚缨晏教授和百忙之中为本书写序的浙江大学宁波理工学院党委书记许为民教授表示诚挚谢意。

作　者

2009 年 9 月